단
절

칭화대 쑨리핑 교수가 진단한 90년대 이후 중국 사회

斷裂：20世紀90年代以來中國社會
Copyright ⓒ 2003 Sun Li Ping
Korean Translation Copyright ⓒ 2007 by Sanzini Publishing Co.
This translation is published by arrangement with 社會科學文獻出版社
through Carrot Korea Agency, Seoul.
All rights reserved.

이 책의 한국어판 저작권은 Carrot Korea Agency를 통해
社會科學文獻出版社와의 독점 계약으로 산지니가 소유합니다.
신 저작권법에 의하여 한국 내에서 보호를 받는 저작물이므로
무단전재와 무단복제를 금합니다.

이 도서의 국립중앙도서관 출판시도서목록(CIP)은
e-CIP 홈페이지(http://www.nl.go.kr/cip.php)에서
이용하실 수 있습니다.(CIP 제어번호 : CIP 2007002404)

칭화대 쑨리핑 교수가 진단한
90년대 이후 중국 사회

단절

cleavage

쑨리핑 지음 | 김창경 옮김

산지니

추천사

　『단절』은 사회학적 시각에서 출발하여 90년대 이후 중국 사회에 나타난 일련의 변화에 대해 체계적으로 분석하고 있다. '단절'은 강한 관통력과 학술적 잠재력을 지닌 개념이다. 저자는 이 개념으로 지금 중국 사회의 갖가지 불협화음 현상과 그 원인을 밝히고 있다. 이것에 기초하여 저자는 다음과 같은 명제를 제시했다. 그것은 90년대로 들어서면서 80년대와는 전혀 다른 새로운 사회가 지금 우리의 생활 속에서 점차 정형화되어 간다는 것이다. 중국 사회의 역사적 방향성을 분명히 하는 데 있어 이 점을 인식한다는 것은 중요한 의미를 지닌다.
　　　　　　　　　　　　　　　　　●리챵(李强) 칭화대학 교수

　우리는 『단절』을 통해서 중국 사회의 전환 과정에서 나타나는 사회의 공평성 문제에 대한 저자의 심도 있는 관찰 그리고 이 문제를 분석하는 저자의 예리한 시각과 이론적 자질을 엿볼 수 있다. 사회의 공평성 문제는 학계에서 많은 논의가 있었지만, 본 저서에서는 새로운 맥락으로 다음과 같이 분석하고 있다. 80년대는 자원의 배치가 확산되는 추세였다면 90년대는 자원의 재축척이 이루어지는 추세로 변했다. 이러한 전환으로 지금 중국은 소득격차가 더욱 확대되었고, 아울러 제도적 측면에서 볼 때 이러한 소득격차의 확대는 사회적 불평등을 근본적으로 불러일으키는 원인이 되었다.
　저자는 상술한 문제에 대해 '80년대'와 '90년대'를 비교선상에 두어 분석하였다. 아울러 이러한 점에 기초하여 90년대 이후의 중국 사회가 80년대와 비교해 볼 때 전혀 다른 사회가 되었음을 밝혔다. 이는 아주 심도 있는 가설이다. 이러한 가설은 사회전환에 대한 사회학적 학술연구에 더 많은 힘을 실어줄 것이다.
　　　　　　　　　　　　　●쩡항성(鄭杭生) 중국인민대학 교수

한국어판 서문

심화되고 있는
중국 사회의 단절

　　『단열(斷裂)』의 번역본이 한국 독자들에게 곧 소개될려는 지금, 중국에서는 관심을 끄는 두 가지 사건이 발생했다. 이 두 사건은 중국의 사회구조와 그 변천을 이해하는 데 의미가 있는 것이었다.

　　그 하나는 얼마 전 드러났던 산시(山西)성의 악덕 벽돌가마공장 사건이다. 산시 등지에서 계속 발견된 이런 벽돌가마공장에는 노예 노동제가 정말로 존재하고 있었다. 속아서 이 벽돌가마공장에 온 노무자들은 곧바로 신체적 자유를 잃어버리게 되었다. 이들은 경호원과 셰퍼드로부터 밤낮으로 감시를 받아 도망칠 가능성이라곤 없었다. 그들은 매일 16, 17시간씩 노동을 해야만 했고, 만약 조금이라도 꾸물댄다면 구타를 당했고 심지어는 맞아죽기까지 했다. 그들이 이렇게 힘든 노동을 했건만 노동에 따른 보수라곤 하나도 없었고, 그들이 구출되었을 때에도 손에 쥔 임금이라곤 하나도 없었다.

　　이러한 죄악을 대하면서 사람들은 자본과 노동, 상층과 하층, 엘리트와 민중이라는 이런 개념을 머릿속에 먼저 떠올릴 것이다. 사실 이러한 개념들은 이 사건과 아무런 관련이 없다. 그들은 대부분 동향(同鄕) 관계에 있다. 어떤 기자는 "악덕 벽돌가마공장 대부분이 그렇듯이 그곳의 작업반장과 경호원 그리고 속은 노무자들은 모두 한 고향 사람들로, 동향 사람이 동향 사람을 기만하고 동향사람이 동향사람을 속인다"는 사실을 알았다. 다시 말해서 동향 사람이 동향 사람을 구타하고 죽이는 것이다.

우리는 이러한 벽돌가마공장에서 자본의 그림자라곤 찾을 수 없다. 차오썽(曹生) 마을의 가마 주인이자 사장인 왕삔삔(王斌斌)은 그의 일 년 수입이 몇만 위안에 지나지 않았다. 게다가 지난 몇 년 동안 손해를 보았기에 일반 농민과 별반 차이가 없었다. 그의 최대 권력 배경이라고는 다름 아닌 아주 외진 곳의 일개 마을 지부 서기인 그의 부친이었다. 혐의를 받고 있는 '보호 우산'이라곤 아주 외진 곳의 말단 파출소에 불과했다. 실제로 이 벽돌가마공장을 관리했던 작업반장인 헝팅한(衡庭漢)은 일 년 전만 하더라도 건축현장의 일용노무자로 그가 매달 벌어들이는 수입이라곤 몇백 위안에 불과했다. 살인 혐의를 받고 있는 사람도 매달 수입이 삼백 위안에 불과한 정말 가난한 농민이었다.

정말이지 이상한 점은 여기서 생겨나는 이유는 별로 없었다는 사실이다. 헝팅한이 벽돌가마공장을 청부하여 일 년 동안 모두 삼백만 개의 벽돌을 생산하였다. 이로부터 가마 주인은 11만 위안을 손에 쥐었지만 이 수익이 모두 이윤이라고는 볼 수 없다. 노예 취급을 받은 노무자들이 매일 옥수수 가루나 수수 가루 따위의 잡곡가루를 원추형으로 빚어서 찐 음식에다 차가운 양배추 무침을 먹었다 하더라도, 매일 드는 식비는 아마도 5위안은 들어야 했을 것이다. 이렇다면 가마 노무자들 30여 명의 식비는 적어도 매년 5만 위안은 들게 된다. 이 외에도 경호원을 고용해야 했고 셰퍼드를 길러야 했으며, 게다가 기타 비용인 헝팅한의 매년 소득인 5만 위안이 여기에 더해진다. 그렇다면 가마 주인인 왕뻔뻔의 수입은 헝팅한보다도 못할 것이다. 왕씨 처는 2006년도에 벽돌가마공장에서 벌어들인 돈 가운데 이자와 아이 학비 그리고 일상적인 지출을 제하고는 거의 '조금밖에 남지 않았다'고 했다. 또한 이러한 내막을 잘 아는 사람이, 해당 지역의 소규모 벽돌가마공장에서도 매년 50만 개 정도 벽돌을 생산해내는데, 가마 주인과 작업반장의 수입이 거의 차이가 없으며 대략 매년 일이만 위안 정도라고 했다. 다시 말해서 몇만 위안 심지어 일이만 위안의 이윤을 내고자 이처럼 수십 명을 노예로 만들어 이들을 학대하고 구타하며 심지어 살해까지 하는 일이 생겨난 것이다.

마르크스는 자본의 속성을 이렇게 묘사하고 있다. "자본가는 자연계가 진공(眞空)을 두려워하는 것과 마찬가지로 이윤이 없거나 이윤이 너무 적은 것을 두려워한다. 적당한 이윤이 생기면 자본은 대담해지기 시작한다. 만약 10% 이윤이 생긴다면 그 자본을 도처에 사용할 것이고, 20% 이윤이 생기면 활기를 띠기 시작할 것이며, 50% 이윤이 생기면 모험을 마다하지 않을 것이다. 100% 이윤을 위해선 자본은 인간의 일체 법률을 유린할 것이고, 만약 300%의 이윤이 생긴다면, 자본은 어떠한 범행이라도 저지를 것이고 심한 경우 교살의 위험까지 무릅쓸 것이다." 마르크스가 여기서 말하는 것은 이윤 특히 자본운용에 대한 폭리(暴利)인 것이다. 그러나 이러한 벽돌가마공장 사건에서 여기에는 아무런 폭리가 존재하지 않고 각 부분에서의 이윤 또한 상당히 미약한 것임을 알 수 있다. 그렇지만 바로 이런 미약한 이윤으로 말미암아 혹독할 정도로 잔혹한 짓을 야기했고 심지어 비인도적인 방법으로 또 범죄행위까지 저지르며 더 나아가 살인까지 해가며 잔혹하게 착취를 자행했던 것이다.

여기에서 우리는 이러한 악덕 벽돌가마공장에서 드러난 죄악을 통해 다음과 같은 사실을 발견할 수 있다. 이 사건은 생존환경이 끊임없이 악화되는 배경 아래 말단 계층이 비합법적으로 생존하고 있는 것이고, 또 이러한 배경 아래 말단 계층 간에 서로 유린하고 압박하는 것이며, 가난한 사람이 가난한 사람을 업신여기고 약자가 약자에게 상해를 입힌 사건이라는 점이다. 이것은 감옥에서 우두머리가 다른 수감자를 구타하고 학대하는 것과 유사한 점을 지니고 있다. 말단 계층의 자원이 제한적이기에, 다른 이보다 좀 더 유리한 위치를 획득하기 위해서라면 수단방법을 가리지 않고 심지어 사람으로서 하지 못할 일도 할 수 있는 것이다.

이러한 현상이 생기는 배경으로는 말단 계층의 생존환경이 극도로 악화되었기 때문이다. 최근 들어 자원이 더욱더 소수 지역, 소수 계층, 소수 집단 심지어 극소수의 개인 수중에 집중되었다. 이에 따라 그들은 자원이나 기회의 획득에 있어서 더욱 불리한 위치에 처하게 되었고 생존환경도 부단히 악화일로로 치닫게 되었다. 벽돌가마공장 사건을 통해서 드러난 것은, 이것이 바로 말단 계층의 전형적인 생존이자 상황이며 끊임없이 악화되어 심지어 정상이 아닐 정도까지 이르는 말단 계층의 생존이자 상황인 것이다. 하지만 이러한 과정의 형성과 선명한 대조를 이루는 것이 바로 지금 중국에서 진행되고 있는 대규모 재부(財富)의 분배과정이다. 이러한 과정 속에 분배되고 있는 재부의 규모는 아마도 몇십조 위안에서 심지어 수십조 위안에 이를 것이다.

이처럼 대규모 재부 분배가 나타난 원인은 개혁개방 30년 동안 전 사회에서 창출해낸 재부 가운데 상당 부분이 분배되지 못했기 때문이다. 이 또한 일반인들의 소득 증가와 생활개선 속도가 경제발전보다 더뎠던 원인의 소재인 것이다. 이미 창출된 이러한 재부 가운데 상당

부분은 실제로 가라앉아 있었다. 즉, 그러한 재부는 토지, 부동산, 경영 자본, 주식 심지어는 화폐 속에 가라앉아 있었던 것이다. 최근 몇 년 사이에 가라앉아 있던 가치를 재발견함에 따라 대규모 재부 분배 과정이 실제로 생겨난 것이다.

　이론적으로 이러한 재부를 쥘 수 있는 주체로는 세 부류가 있다. 첫째는 외국자본 소유자이고 둘째는 국내자본 소유자이며 셋째는 노동자이다. 외국자본 소유자에 대해서는 잠시 언급을 하지 않기로 한다. 국내 상황으로 볼 때, 이러한 재부의 분배는 지금 있는 재부의 틀을 기초로 하는 것임에 틀림이 없다. 지금 한창 왕성한 주식시장과 주택시장은 이러한 재부 분배의 가장 중요한 루트인 것이다. 예를 들어 3, 4년 전에 백만 위안으로 집을 구매했었다면, 지금은 백만 위안의 수익이 생겼을 것이다. 다시 말해서 부동산에 가라앉아 있던 재부에서 백만 위안이 할당된다는 것이다. 만약 작년에 백만 위안으로 주식시장이나 기금에 투자했다면, 지금은 적어도 백만 위안의 수익이 생겼을 것이다. 다시 말해서 주식시장에 가라앉아 있던 재부에서 백만 위안이 배당된다는 것이다. 하지만 돈이 하나도 없거나 또 다른 원인으로 이러한 투자를 할 수 없었던 순수 노동자의 입장에서 보면, 이러한 분배과정 속에서 그 어떤 수익도 획득할 수 없다는 것이다.

　이러한 재부의 분배 과정은 사실 사회구조를 응고시키는 작용을 하여 단절사회를 더욱 고착화하게 만들었다. 이러한 단절사회에서 두 가지 다른 생활 세계와 두 가지 다른 생활 논리가 드러나기 시작하는 것이다.

　얼마 전 인터넷에서 의사가 적은 댓글을 본 적이 있다. 그 댓글의 제목은 〈가난한 사람에게 소리 내어 웃지 마시길〉이었다. 그 내용 속에는 다음과 같은 스토리와 그의 느낌을 적어놓았다. 어느 날 저녁에 외지의 농민공이 꼬인 듯이 아픈 배를 움켜잡고 응급실로 업혀왔다. 검푸른 얼굴빛을 하고 있는 그는 더 이상 걸을 힘조차도 없었고, 왜소하기 짝이 없는 그의 아내가 힘겹게 그를 거의 업듯이 하면서 들어왔다. 일반적인 검사를 마친 후 동료 의사가 그에게 처방을 해 주었다. 그렇게 아픈 몸이면서도 그는 의외로 의사에게 한 가지 요구를 했다. 그는 이 처방약을 먹고 나면 즉시 이전 상태로 건강을 회복할 수 있느냐고 물은 것이다. 동료 의사는 원인이 밝혀지지 않은 이런 복통은 검사가 더 필요하다고 했다. 예상치도 않게 그는 기왕 약을 먹었다면 반드시 잘 치료되어야 하지 않는가라고 무지막지하게 말했다. 동료 의사는 아연질색하면서 어떠한 사물에도 필연적인 것과 절대적인 것은 없고, 의사의 책임은 환자를 돕는데 모든 노력을 기울이는 것이라 했다. 결국 이 농민공은 치료받기를 거부하고 두 손으로 배를 움켜지고선 참기 힘든 아픔을 참아가며 왜소한 그의 아내에 반쯤 업힌 채로 병원을 떠났다.

 동료 의사와 농민공 간에 벌어진 이 사건을 목도한 그 의사는 탄식하며 댓글에다 다음과 같이 적고 있다. "이러한 환자를 대할 때면 무슨 말을 해야 할지 모르겠다. 일반적인 상식으로 이해하자면, 이는 정말이지 아주 우스운 일이고 아주 웃기는 사람인 것이다. 하지만 나는 감히 웃을 수 없다. 그것은 나의 뇌리에 끊임없이 나타나는 농민공의 고통스런 얼굴빛과 아무런 말도 없이 묵묵하게 있던 그 아내의 뒷그림자 때문이다." 이 사람은 상식 밖의 사회에서 생활하는 사람으로, 국제적 뉴스, 체제 개혁, 패션 광고 등은 그와 아무런 상관이 없는 것이다. 더군다나 가장 최소한도의 건강 상식조차도 그와는 무관한 것이다. 유일하게 그와 관련 있는 것은 오늘은 어떻게 해야 하나 하는 것이다. 또 유일하게 그와 관련 있는 것은 한 푼의 돈이라도 절대로 마음대로 낭비해서는 안 된다는 점이다.

한 개인이 빈곤의 심연에 빠졌다면, 그는 생활의 보편적인 상식을 위배할 수밖에 없을 뿐 아니라 심지어 자신에 대한 관심이나 애정을 다른 사람이 이해하지 못할 정도까지 떨어뜨리고 만다. 아마도 이 의사는 한마디 말을 잊어버린 것 같다. 이 농민공이 상식을 위배한 것은, 그가 자신의 생명에 대한 관심이나 애정을 떨어뜨린 것을 드러낸 것과 동시에 이러한 행위는 타인과 주위 세계에 대해 왜곡된 이해를 가져다 줄 수 있음을 드러낸 것이다. 여기서 덧붙여야 하는 것은 이 시기에 그 농민공에게 가장 필요한 것은 병원과 의사라는 점이다. 사실 여기서 왜곡이라 말하는 것도 정확하지는 않다. 그 이유는 그들이 실제 생활하는 곳은 다른 세계이기에 그 세계에는 또 다른 생활 논리가 있기 때문이다.

이 책이 한국어로 번역되어 출판되는 이 시점에 나는 김창경 교수의 노고에 깊은 감사를 드림과 동시에 베이징 대학 루지에화(陸杰華) 교수의 도움에도 감사를 드리는 바이다.

2007년 7월 칭화(清華)대학에서

쑨리핑(孫立平)

추천사 · 5
한국어판 서문 · 7

1. 단절된 사회   · 19

　　사회의 단절
　　사회 단절을 다시 논하며
　　다원사회와 단절사회
　　'WTO 가입'과 중국 사회의 단절

2. 성장과 발전의 신논리   · 41

　　경제성장과 사회발전에 나타난 부조화
　　경제성장 : 현실적 패러독스
　　제도 확립과 개혁 논리보다 앞선 구조의 변화

3. 내구소비재 시대의 도전   · 63

　　내구소비재 시대로 진입
　　소비형태와 제도장치
　　다 빚어놓은 만두를 누가 살 것인가?
　　계층구조와 내구소비재 시장
　　내구소비재와 규칙적인 지출능력

cleavage

4. 자원의 재축적과 하층사회 · 93

자원의 확산과 재축적
자원의 재축적과 약소집단의 형성
중국 약소집단의 구조적 특징

5. 급속한 도시화의 문턱 · 113

급속한 도시화의 문턱에 처해있는 중국
오늘날 중국 도시의 수용능력을 어떻게 다룰 것인가?
'도시병'과 '농촌병' 그리고 도시에 대한 선망
'세계의 공장'은 급속한 도시화의 계기
중(中)에서 대(大)로 탈바꿈하다 : 도시화의 현실적 선택

6. 도농 이원구조와 유동 노동력 · 139

'도농(都農) 이원구조'란 무엇을 의미하는가?
농민공은 도대체 어디에서 오는가?
경제 모형의 전환과 농촌 잉여 노동력의 이동
'새로운 이원구조'와 농민공(農民工) 유동

7. 단위제에서 사구제로 · 165

단위제(單位制)에서 사구제(社區制)로
사구 건설 중의 사회적 요소
사구도 한계가 있다

8. 신뢰위기와 사회질서 · 185

신뢰위기로 망친 것은 무엇인가?
사회의 공신력(公信力)을 새롭게 세우다
'친한 사람을 해치는 것'에서부터 '약소를 핍박하는 것'까지
신뢰 부족과 불신임을 기초로 한 구조
무슨 빚을 지었는가?

9. 정부의 기능 변화와 사회질서 · 219

정부행위의 경제화와 기업화 현상
사회징벌이 효력을 잃은 까닭은?
무작위 벌금부여 : 사이비 처벌수단

10. 사회충돌과 사회통제 · 251

사회충돌과 사회통제에 관한 토론
실업, 인류 스스로 창조한 황당무계한 선택
우리는 어떠한 제도 환경에 살고 있는가?
학계의 경박한 학풍은 어디서 오는가?
대학 문을 어떻게 여는가?

11. 쑨리핑 교수와의 인터뷰 · 299

경제회복 이면의 근심
소득분배 : 도대체 무슨 문제가 있는가?
불평등과 경제성장 : 논리적으로 어떻게 변화했는가?
실업 : 중국 최대의 사회문제
사회의 약소집단에 대한 주시
두 논쟁으로 본 차별과 우대의 국민권리평등문제
도덕추락 : 우리는 어떤 위기에 처해 있는가?
기업의 사회적 책임 : 기업과 사회의 긴장관계를 해소

역자후기 · 395

cleavage

01 단절된 사회

전대미문의 물질적 풍요로 가득 찬 사회에서, 극소수 부자들은 대량의 재화를 차지하지만 대다수 가난한 사람들은 **아무 것**도 가질 수 없다.

단절된 사회

사회의 단절[1]

90년대 중반 프랑스를 방문하면서 프랑스의 저명한 사회학자인 알랭 뚜렌(Alain Touraine)에게 최근 몇 년 사이 프랑스 사회구조에서 가장 두드러진 변화가 무엇인가에 대해 질문을 던졌다. 이에 뚜렌은 피라미드식 계층 구조에서 마라톤 경기 구조로 변했다고 했다. 이는 과거 프랑스 사회가 피라미드식의 계층 구조였고, 이러한 구조 속에서 사람들은 각기 다른 지위를 지녔지만 마찬가지로 동일한 구조 속에 있었던 것이다. 그러나 지금은 이러한 구조가 점차 소멸되어 마라톤 경기 형태로 변하고 있다. 지금의 프랑스는 마라톤 경기와 같이 일정 거리를 달릴 때마다 대열에서 떨어져 나가는 사람, 즉 사회구조 밖으로 이탈하는 사람이 생긴다. 이탈한 사람은 더

---

[1] 원 저서에서는 '단열(斷裂)'이라고 표현하고 있다. 이는 영어로 'cleavage', 즉 갈라짐, 분할 등을 의미하는데, 본서에는 이를 '단절'이라는 단어로 통일했다.

이상 사회구조의 하층에도 속하지 못할 뿐만 아니라 아예 사회구조 밖에 처하게 되는 것이다. 그는 지금 프랑스에서 사회구조의 주 구조층에 있는 사람은 4~5백만 정도밖에 되지 않으며 나머지는 대열에서 이탈한 사람이라고 여기고 있다. 주 구조 속에 있는 이들은 국제경제 질서 속으로 진입한 취업자들이다.

뚜렌이 말한 이런 현상은 지금 중국에서도 실제로 나타나고 있다.

최근 몇 년 사이에 중국에서는 실업과 샤강(下崗) 현상이 아주 두드러졌다. 몇 년 전까지만 하더라도 이러한 사실은 경제적 붐과 국유기업의 불경기라는 표면적인 이유 아래 감추어져 있었다. 학자들은 실업과 샤강 문제를 3가지 각도로 해석하고 있다. 첫째, 국유기업의 저효율과 만성적인 적자이다. 둘째, 여러 해 지속된 불경기로 경제성장 속도가 떨어졌다. 셋째, 산업 구조의 전환이다. 그러나 결론적으로 본다면 이러한 현상은 일시적인 원인이다. 그래서 사람들이나 정부에게 다음과 같은 환상을 심어주었다. 이것은 실업이나 샤강이 일시적으로 드러나는 몇 가지 원인에서 야기되었기에, 이러한 일시적인 문제(예를 들어 경제적 불경기나 국유기업의 저효율)가 해결되기만 하면 실업자나 샤강 노동자들은 취업의 기회를 다시 얻을 수 있을 것이라는 환상이다. 그래서 그들은 이러한 환상에 기초하고 있기에 재취업 기회 창출에 큰 기대를 걸게 된다.

나는 위에서 제시한 세 가지 문제가 원인이 아니라고 말하는 것은 아니다. 아마도 이것은 영원히 바뀌지 않을 환상일 것이다. 사실 새로운 기술 혁명으로 전통적인 여러 직업들이 도태되어 가고 있고 새로운 직업들이 창출되고 있다. 그러나 실업자나 샤강 노동자들의 상황과 새로이 창출되어지는 직업의 수요를 살펴보면, 새롭게 창출되는 직장에서는 실업자나 샤강 노동자들에게 결코 재취업의 기회를 주지 않는다는 것을 발견할 수 있다.

　샤강 노동자와 실업자들은 대부분 다음과 같은 특징을 지니고 있다. 그들은 기본적으로 35세에서 40세 이하대의 연령이고, 중·고등학교 교육 수준이며, 단순 업무에 종사했던 적이 있었다. 그러나 새로운 취업 기회는 높은 교육 수준을 필요로 하며 이러한 직장은 고등 교육을 받은 젊은이들에게 제공된다. 새로운 경제성장이 도래하거나 국유기업의 개혁이 잘 마무리될지라도, 그들 상황에 근본적인 변화를 기대하기란 어렵다.

　그들의 입장에서 살펴보자. 첫째, 사회의 주도산업으로 되돌아갈 가능성은 거의 없다. 둘째, 지금의 체제하에 안정된 취업 체제로 돌아갈 가능성도 거의 없다. 셋째, 유망 산업이 그들에게 취업 기회를 주지도 않을 것이다. 이러한 사실은 현재 샤강 노동자와 실업자는 사회에서 도태된 사람이자 사회구조 밖으로 내동댕이쳐진 집단이 되었음을 의미한다. 이러한 집단의 규모는 매우 크다. 이것은 중요한 지적이다. 지금의 실업자나 샤강 노동자들이 일시적인 원인으로 일을 그만둔 것이라 한다면, 이런 문제를 해결하는 방식은 재취업 기회를 창출하는 것이다. 이들이 사회의 주도산업으로 영원히 되돌아가지 못하고 심지어 안정적인 취업 기회조차 찾을 수 없음을 인정한다면, 주도산업의 관련업체에 취업 기회를 창조해야함과 동시에 제도적인 장치로 그들의 기본 생활을 보장할 수 있어야만 한다. 이처럼 두 가지 서로 다른 맥락은 전혀 다른 정책적 함의를 내포하게 된다.

　그들이 사회구조 밖으로 내동댕이쳐진다는 것은 또 다른 함의가 있다. 이전만 하더라도 중국의 사회보장은 대부분 단위제(單位制)와 관련이 있다. 그래서 샤강이나 실업상태가 되면 일자리와 소득이 없어질 뿐 아니라 여러 가지 복지와 사회보장이 동시에 상실됨을 의미한다. 중국노동사회보장국의 조사에 의하면, 샤강 노동자가 가장 걱정하는 것은 '양로(養老)와 의료 등 사회보장의 상실'(83.4%를 차지함)이었다. 다른 조사에서도 샤강 노동자와 실업자 가운데 기본생활에 큰 어려움을 겪는 사례는 드물다고 밝히고 있다. 그들이 생활상에서 부딪치는 문제는 주로 아래 몇 가지 경우로 나타난다. 첫째, 기본적인 사회보장의 결여이다. 특히 심각한 질병에 걸린 경우 생활상의 부담이 아주 심하다. 둘째, 주택 구입비나 자녀 교육비 등 큰 비용을 지불하는 데 어려움을 겪게 된다. 셋째, 일상생활에 예기치 않은 일이 생겼을 때 감당할 수 없는 경우가 생긴다.

사회의 단절 현상은 도시와 농촌 사이에서도 나타난다. 공업화와 현대화 과정은 전 사회를 농촌 위주의 사회에서 도시 위주 사회로 변화시키는 것으로, 이는 일반적인 현상이다. 하지만 여기에서 고려해야 할 문제는, 만약 이러한 전환이 순조롭게 진행되지 않는다면 어떠한 상황에 처하게 될 것인가라는 점이다. 지금의 중국 상황으로 볼 때, 전환이 순조롭지 않다면, 농촌 위주의 사회가 계속 유지되지 않을 뿐더러 단절된 사회를 형성할 것이다. 미국 경제학회의 회장이었고 시카고대학 경제학과 교수인 칼 존슨(Karl Johnson)은 한 세미나에서 다음과 같이 지적했다. 경제가 발전함에 따라 국민총생산(GNP)과 취업에서 농업이 차지하는 비율은 반드시 하락할 것이다. 이것은 개인 순수익의 증가에 따라 야기되는 농산품 수요의 증가가 비농산품 수요의 증가보다 훨씬 떨어지기 때문이다.

2000년도 소득을 기준으로 할 때, 농산품에 대한 소득 탄성은 아무리 높아도 비농산품 소득의 1/3에 불과하다. 아울러 농업생산력의 성장 속도도 기타 경제 부분보다 낮다. 이것은 전체 요인별 생산율이나 노동생산율에 관계없이 동일하게 나타난다. 일본은 경제성장기

(1950~1980)에 농업인구가 65%로 떨어졌는데, 이는 그다지 특별한 현상이 아니다. 미국도 마찬가지로 경제성장기에 농업인구가 72%로 떨어졌다. 그런데 중국에서는 호구제도 등과 같은 여러 인구이동 제한정책으로, 1985년에서 1990년 사이에 불과 1.5%의 농촌인구만이 도시로 이동했다.

공업화시대에 대량의 인구가 계속 토지에 속박되면 다음과 같은 결과가 필연적으로 야기된다. 농산품 수요에 대한 증가는 비농산품 수요에 대한 증가보다 훨씬 적을 것이고, 농산품 판매로 얻게 되는 소득을 농민 일인당으로 계산하면 더욱더 보잘것없게 된다. 이로써 농업은 더 이상 이익을 창출할 수 없는 산업이 될 것이고, 농민들은 자체 소비와 생존을 유지하는 자연경제활동을 하게 될 것이다. 50년대부터 80년대까지만 하더라도 농민들이 농업 소득으로 일부 공업품을 구매할 수 있었지만, 오늘날에는 대다수 농민들이 이런 교환조차도 할 수 없다. 이러한 상황하에서 농민들이 다른 산업의 경영활동에도 종사할 수 없다면, 그들은 과거 수십 년 전의 소작농처럼 될 것이다.

공업화와 도시화 과정은 단순히 노동력과 인구가 도시로 대량 유입되는 것을 의미할 뿐만 아니라 농업과 농민 스스로의 전환도 의미한다. 다시 말해서, 갈수록 줄어드는 농민들은 일정 규모를 갖춘 농업경영을 통해서 농업의 산업화를 실현시키고, 아울러 산업화된 농업과 공업화된 모든 경제를 하나로 융합시켜야 한다. 그런데 지금 중국의 농민들이 공업화와 현대화 과정 밖으로 내동댕이쳐진 근본적인 원인은, 대량의 농촌노동력과 인구로 인해 농업의 소규모 경영을 초래하여 농업의 산업화를 실현시킬 수 없게 한 것에 있다. 여러 지역을 조사한 결과, 농민이 농업에서 얻는 소득은 농업생산에 필요한 자원을 구입할 비용밖에 되지 않는다. 이런 상황에서 농촌과 농민은 갈수록 공업화와 현대화로 치닫는 사회에서 멀어지게 된다.

　호구제도로 말미암아 수많은 농민이 농민공(農民工)으로 도시에 들어간 후, 도시에서는 이러한 단절이 또 다른 방식으로 드러난다. 도시로 들어간 절대다수의 농민공은 경영에 종사하거나 투자할 자본이 전혀 없고, 그들에게 있는 것이라곤 노동력뿐이다. 그들 가운데 대다수는 도시민들이 하기 싫어하는 노동 위주의 일에 종사할 수밖에 없다. 그들이 하는 일이란 대부분 노동 강도가 높고 노동환경이 좋지 않은 위험한 일들이다. 베이징과 상하이 같은 대도시에 대해서는 정부가 여러 가지 법규를 제정하여 일부 노동 분야에서만 그들이 종사하게끔 하고 있다. 그래서 그들은 도시의 주요 노동력 시장 밖으로 밀려나게 된다. 더욱 중요한 것은, 농촌 호구를 지니고 있어 사회 신분상에 있어서도 그들이 살고 있고 또 일하고 있는 그 도시의 일원이 될 수 없도록 한 점이다. 그들은 대도시의 호구가 없으므로 사회보험과 도시민이 누릴 수 있는 여러 사회복지를 누릴 수 없으며, 아이들도 도시 학교에서 공부할 수 없다.

　그들 대부분은 도시와 농촌이 섞인 협소하고 지저분하며 위생조건이 아주 열악한 곳에 살고 있다. 또한 그들은 도시에서 거주하고 일할 수 있는 자격을 얻기 위해 많은 비용을 지불해야만 한다. 베이징시를 예로 들어보자. 외지에서 온 농민공이 베이징에서 합법적으로 일을 하려면, 우선 호구가 있는 성(省)과 시(市)에서 '유동인구증(流動人口證)'을 발급받아야 하고, 매년 50위안에서 80위안 정도의 관리서비스비를 지불해야만 한다. 베이징에 도착한 후에도 다시 만들어야 하는 증명서가 여섯 일곱 종류가 더 있다. 직업을 가진 사람은 최소한 매년 450위안을 지출해야 한다. 여기에다 공안(公安), 도시관리, 세무국 등 법집행인들의 가혹한 대우는 이제 흔한 일이 되어 버렸다. 이런 상황에서 농민공들의 사회에 대한 불만이 생겨나는 것은 의심할 여지가 없다.

이처럼 단절된 사회는 우리에게 여러 가지 복잡한 문제를 던지게 된다.

사회 단절을 다시 논하며

미국의 저명한 미래학자인 토플러가 지은 『제3의 물결』은 80년대에 세계를 풍미한 저작이다. 토플러는 이 책에서 충격적인 관점을 제시했다. 농업문명은 인류가 경험한 제1차 문명의 물결이고, 공업문명은 인류가 경험한 제2차 문명의 물결이다. 그 당시 벌써 단초를 드러낸 통신기술과 바이오기술로 대표되는 신기술혁명이 바로 지금 인류가 경험하고 있는 제3차 문명의 물결이다.

당시 이 책은 중국 사회에서도 커다란 반향을 일으켰다. 이 책의 영향은 기술과 경제 영역 그리고 중국의 사상과 문화 영역에서 표출되었을 뿐 아니라, 언어와 어휘 영역에서도 나타났다. '신기술혁명', '정보지식 폭발' 등의 단어를 예로 들 수 있다. 바로 그때부터 중국인들은 중대한 과학기술혁명이 세계적으로 일어나기 시작했고, 이러한 혁명이 인류의 경제활동과 사회생활을 새롭게 바꾸게 될 것이라고 인식했다. 아울러 이러한 혁명에 적응하기 위해 중국의 체제구조도 이에 상응하는 변화가 있어야 한다고 생각했다. 지금까지 우리는 이러한 혁명의 영향 하에 줄곧 놓여 있고, 이러한 혁명의 영향이 토플러가 예언한 것보다 더욱 크다는 사실을 발견할 수 있다.

그런데 지금 우리는 토플러가 예언한 이러한 혁명을 논의하자는 것이 아니라, 토플러의 '세 가지 물결'이란 개념을 빌려서 중국 사회 구조의 변화에 대한 신기술혁명의 의의를 헤아리고자 하는 것이다. 즉, 이러한 신기술혁명이 중국 사회구조에 어떠한 영향을 미칠 것인가 하는 점이다.

간단한 개념부터 살펴보자.

우선 '세 가지 물결'이란 개념을 빌린다면, 지금 중국은 어떤 '물결'에 속하느냐 하는 것이 첫 번째 문제다. 먼저 베이징의 쭝관춘(中關村)과 대도시에 있는 '신기술개발지역' 그리고 '과학기술단지'를 보자. 이런 지역에서는 컴퓨터, 인터넷, 소프트웨어, 유전자, 생명공학, 전자거래, 화이트칼라 등을 도처에서 볼 수 있다. 심지어 이런 지역에는 회장조차도 회장이라 하지 않고 CEO라 부른다. 토플러의 기준에 따라 꼼꼼히 따져보더라도, 이곳은 명실상부한 '제3의 물결'이라고 볼 수 있다.

베이징의 쭝관춘에서 남서쪽으로 십여 킬로 떨어진 스징산(石景山)에는 전국적으로 유명한 철강생산기지인 '써우뚜 철강(首都鐵鋼)'이 자리하고 있다. 이곳의 정경은 전국의 대도시나 중소도시와 마찬가지로(대도시의 과학단지를 제외하고) 전형적인 '제2의 물결'인 공업문명지역이다. 회색풍의 환경에다 요란스럽게 울리는 기계음(휴업하지 않는다면) 그리고 폐기물과 상품이 동시에 흘러나오고 있다. 최근 몇 년 사이에는 '샤강과 실업'이 사람들 입에 자주 오르내리는 화젯거리다.

하지만 도시를 조금 벗어나 넓은 농촌에 이르면 전형적인 '제1의 문명'을 볼 수 있다. 여기서는 한 가정이 곧 하나의 생산단위로 조그마한 토지를 경작한다. 그 토지에서 생산된 농산물은 대부분 자신이 소비해야 하기에, 팔 수 있는 것은 아주 제한되어 있다. 그들은 고급스런 공업제품이나 '제 3의 물결'의 기술로 생산된 뛰어난 상품을 갖고 싶어 하지만, 턱없이 부족한 소득으로는 '그림의 떡'일 수밖에 없다.

어느 사회든 산업과 직업의 차이가 존재한다. 예를 들어 미국 서부에 있는 실리콘밸리의 전문가들이 각종 최첨단 소프트웨어를 디자인할 때, 중부와 남부의 농민들은 토지를 경작한다. 그러나 이곳 농민들은 기계화와 현대화된 기구로 토지를 경작하고, 인터넷을 통해 세계 농산물 가격과 거래정보를 살핀다. 대규모 농업생산과 정부의 농업 지원은, 그들이 '공업화' 혹은 '후기 공업화'라는 시대적 농업경영을 통해서 다른 산업에 종사하는 사람들과 엇비슷한 소득을 얻을 수 있도록 보장했다. 농업생산에 종사하고 있지만 그와 동시에 그들은 사회의 주류 상품 소비자이기도 하다. 즉, 그들은 전체 사회와 단절되어 있지 않다.

미국 사회가 정보시대로 접어들었을 때(구체적으로 시간을 따져보면 조금 늦은 감이 없진 않지만), 그들은 거의 같은 시기에 이러한 시대로 진입했다. 그러나 중국 사회는 앞서 말한 내용에서 알 수 있듯이, 한 사회 내의 일부가 거의 다른 시대에 처해 있는 것이다. 2년 전 인터넷 붐이 중국에서 일기 시작했을 때, 매체마다 '인터넷 시대'에 관해 장황하게 늘어놓았고 주식 시장에서는 인터넷 주식이 많이 폭등했다. 하지만 농촌은 말할 필요조차 없고 중소도시에서조차도 인터넷 시대의 흔적을 찾아볼 수 없었다. 물론 어느 농민이 인터넷을 이용한다는 개별적 사례를 들 수는 있지만, 이러한 개별적 사례가 전형적인 것이라고는 볼 수 없다. 다시 말해 단절된 사회에서 그 사회의 가장 선진적인 부분은 더 이상 전체 사회와 연관성을 가질 수 없게 된 것이다.

중국 국내·외 학자들은 '이원구조'라는 개념으로 이러한 단절사회를 즐겨 묘사한다. 그러나 '이원구조'라는 개념의 적용 범위를 대부분 도시와 농촌 사이에 두고 있다. 즉, 도시와 농촌으로 사회 전체를 구성하는 '이원구조'를 말한다. 하지만 우리는 상술한 분석에서 단절사회는 그 사회가 두 부분으로 단절된 것이 아니라 여러 부분으로 단절된 것임을 알 수 있었다. 이런 단절은 심지어 도시 내에서도 생겨난다. 하지만 어떤 면에 있어 '이원구조' 이론은 설득력을 지니고 있다. 그것은 사회의 가장 선진적인 부분이 국내의 낙후된 부분이 아닌 선진국의 세계시장과 연결되어, 순환시스템을 형성하는 것이다. 이것을 흔히 '표준화(接軌)'[2]라 한다. 과학기술이 비약적으로 발달하는 세계화시대에 '표준화'는 자신을 발전시킬 수 있는 동력일 뿐만 아니라 필수불가결한 조건이다. 그러나 이러한 '표준화'는 다른 힘으로 작용할 수도 있다. 그것은 사회를 단절시키는 힘이다. 먼저, '표준화'는 낙후된 국가의 가장 선진적인 부분을 더욱 선진화시키지만, 이와 동시에 다른 부분과 단절은 더욱 크게 한다. 둘째, 선진화된 부분이 외부와의 '표준화' 수준이 높을수록, 다른 부분과 관련성은 더욱 없어질 것이다.

특히 중국이 WTO에 가입한 상황에서, '표준화'의 '단절 효능'은 다방면에 걸쳐 나타날 것이다. 지금 우리는 이 점을 직시해야 한다.

신문보도 두 편을 살펴보자.

첫 번째는 《해방일보(解放日報)》 1월 20일 보도이다. 19일에 열린 상해 정보산업 인재초빙 박람회에서, "초청된 민영(民營)기업과 주식

---

[2] '接軌'라 함은 두 사물을 연결시켜 일체된 규범 속으로 끌어들이는 것을 말한다. 영어로는 'integrate'로 '세계화', '통합', '글로벌 스탠다드', '규범화' 등의 의미와 유사하기에, 본문에서는 이를 '표준화'라는 단어로 통일한다.

회사 그리고 국유기업의 비율이 큰 폭으로 올라 60%를 점유하여 외자기업의 비율을 초과했다. 월급이 3,000~8,000위안 사이에 해당하는 기업이 50%를 차지했다. 그 가운데 관리자, 품질검사 기사, 전자 기사 등의 월급은 높은 편이고, 하드웨어 기사, 마케팅담당자 등의 월급은 상대적으로 낮은 편이다. 가장 높은 월급은 1.65만 위안이고 가장 낮은 월급은 1,000위안이다."

또 다른 보도이다. '제 1차 전국 주요 농산품시장 전시회'에 참가한 중국사회과학원의 전문가 분석에 따르면, 2001년은 여러 가지 원인으로 식량 수확량이 줄어들 것이라 했다. 그는 1997년부터 중국의 식량 가격이 꾸준히 하락했고 농민의 순수입도 크게 폭락하는 바람에, 농사를 짓고자 하는 의욕이 크게 줄어든 것이 주요 원인이라 지적했다. 1997년부터 전국의 식량 가격이 큰 폭으로 하락했는데, 1996년 1월에 세 가지 곡물(밀, 벼, 옥수수)의 평균가격이 100근(1石)에 86.4위안이었던 것이 2001년 1월에는 100근에 50.4위안으로 36위안이 하락했다. 세 가지 곡물의 묘(畝)당 순수입이 1995년에는 367.4위안이었다가 2000년에는 161.1위안까지 줄어들어, 그 하락폭이 56%에 달했다.[3] 또 관련 보도에 의하면 2002년 중국 농민의 개인평균 순수입이 4% 증가했다고 한다.

이처럼 선명한 대조 현상에서 우리는 다음과 같은 사실을 알 수 있다. 한쪽에서는 농민의 곡물 생산은 감소되고 소득은 완만하게 성장하고 있다는 점이다(전문가는 이런 현상을 하락이라고 보고 있다. 그 이유는 곡물과 기타 농산품의 가격이 큰 폭으로 하락하고 농촌기업이 불경기인 상황에, 농민 소득이 증가하고 있다고 하는 것은 근거

---

3) http://www.xhagri.gov.cn/nongye/waidi/wai-7/20010919(원주)

가 없기 때문이다). 다른 한쪽은 바로 IT산업으로, 그 중 소프트웨어에 종사하는 사람의 월급이 크게 증가했다는 점이다. 그 이면에 담긴 원인은 바로 'WTO 가입'과 그 다음에 실행하지 않으면 안 되는 '표준화'에 있다.

관련 보도에서는 "중국이 WTO에 가입함에 따라 일부 직업의 취업 기회가 크게 증가하였고, 복합형 인재는 구인회사가 찾는 목표가 되었다. 첫째, 농업·정보·금융·회계·외국무역·법률과 현대관리 등의 전문인재이다. 둘째, 바이오기술·환경보호기술·신소재 등의 고급 과학인재이다. 셋째, WTO의 규정에 밝고 국제적 경쟁의 요구에 적응하며 국제분쟁을 해결할 수 있는 전문적인 중재 인재이다. 넷째, 국제적 관습을 이해하고 직업적 요구에 적합한 외국어인재이다. 다섯째, 영역·직종·학과를 넘나드는 복합형 인재이다"라 했다. 이러한 배경 아래 구인회사는 인재시장을 돌아다녔다. 이로 인해 금융업·투자은행·보험회사·보험보증기금 등의 연봉이 40만~50만 위안이 되었다.

중국의 WTO 가입은 중국 사회구조에 분명 큰 영향을 미칠 것이다. 그러한 영향 가운데 하나는 소득 격차를 벌리는 요인이 증가한다는 점이다. WTO에 가입되면 외국기업이 중국으로 몰려와 중국인 직원을 많이 고용할 것이다. 외국기업의 월급은 국내기업보다 훨씬 높다. 그래서 외국기업의 증가에 따라 외국기업과 국내기업 직원의 소득 격차는 더욱 가중될 것이다. 동시에 국내의 IT 인재와 유능한 관리자의 월급 수준도 국제시장의 표준에 점차 근접하게 될 것이기에, WTO에 가입한 후 그들의 소득도 빠르게 증가할 것이다. 중국의 빈부 격차가 크게 심화된 오늘날 이런 '표준화'의 동력이 사회의 분열을 더욱 가속화시키지는 않을까?

다원사회와 단절사회

사회의 단절과 이로 인해 야기된 '단절사회 현상'을 논의하면서 주의해야 할 문제는, 이러한 '단절사회'와 사람들이 흔히 말하는 '다원사회'를 구분해야 한다는 것이다. 그렇지 않으면 적지 않은 혼란을 초래하게 된다.

'다원사회'는 60년대 서구에서 생긴 개념으로 이후 서구 현대사회의 특징을 지칭할 때 널리 사용되었다. 필자가 문헌을 통해 보았던 이 개념의 함의는 아래 세 요소를 벗어나지 않았다. 첫째, 사회구조의 분화에 기초하여 형성된 각기 다른 이익집단들은 각 집단의 이익이 정당한 것임을 인정한다. 여기에 특히 강조해야 할 점이 있다. 그것은 '소수집단'의 이익에 대한 인정과 존중이다. 이는 소수집단의 이익 또한 정당한 것임을 의미한다. 이러한 이익의 다원성이 정치와 사회 차원에서 나타나는데, 이것은 바로 이익집단을 대표하는 각종 '압력단체'의 존재를 의미한다. 둘째, 정치제도에 의해 자주적이고 다원화된 정치 역량을 기초로 한 정치규범이 형성되었는데, 그러한 정치역량을 달리하는 조직형식이 바로 정당이다. 이것은 하나의 정당이 모든 사람의 이익과 요구를 대표할 수 없다는 정치철학에 기초한다. 셋째, 다양한 사회방식과 가치관념 그리고 문화의식이 존재한다. 다시 말해서 이는 '절대적인 정확성' 혹은 '절대적인 정당성'을 지닌 사회방식과 가치관념 그리고 문화의식이 존재할 수 없음을 뜻한다.

단절사회는 표면적으로는 다원사회를 이루는 것처럼 보인다. 적어도 표면적으로는 더 많은 다양성을 지니고 있는 듯하다. 하지만 이 두 사회는 본질적인 차이가 있다. 다원사회에서는 사회구조의 분화가 심화되고 각종 사회집단의 역량이 병존하며 가치관의 차이로 심지어 서로 대립할 수도 있다. 하지만 서로 상이한 부분들이 대체적으로 동일한 발전수준에 처해 있기 때문에, 사회의 각 부분들이 전체 사회를 구성할 수 있는 것이다. 그러나 단절된 사회는 다원사회와는 완전히 다른 상황이다. 단절사회의 다른 한 부분은 전혀 다른 시대의 발전수준에 머물러 있다고 할 수 있어, 그들 사이에서는 전체 사회를 이룰 방법이 없다. 즉, 사회 전체가 분열된다(이것은 정치적 의미가 아니라 사회적 의미에서 그렇다).

이것은 문학의 발전 맥락에서도 살펴볼 수 있다. 서구사회를 예로 들어보자. 과학기술이 발달하지 못하고 궁핍한 시대를 살았던 사람들은 아름다운 생활을 영위하고자 염원했을 것이다. 하지만 당시에는 이러한 염원을 현실화시킬 수 있는 물질적 조건이 충분하지 않았다. 이런 상황에서 대다수 사람들은 이러한 염원을 상상에다 호소했다. 그래서 낭만주의 문학사조가 생겨나게 되었다. 이러한 사조의 가장 전형적인 장르가 바로 시가(詩歌)이다. 그 이후 과학기술의 진보, 생산 수준의 제고, 물질 상품의 대량 증가에 따라 사람들의 물질생활도 크게 개선되었다. 이로부터 그들은 자신의 노력을 통해 물질적 생활수준을 향상시킬 수 있는 가능성을 알게 되었다. 이에 낭만주의 사조는 곧바로 가장 튼튼했던 기반을 잃어버릴 수밖에 없었다.

이와 동시에 그들은 창출한 재화가 이전 그 어느 시대와 비교할 수 없고, 재화의 분배가 사회구성원에게 균등하게 이루어지지 않고 있다는 사실도 알게 되었다. 전대미문의 물질적 풍요로 가득 찬 사회에서, 일부 부자들은 대량의 재화를 차지하지만 대다수 가난한 사람들은 '아무 것도 가질 수 없었다.' 바로 이러한 배경에서 발자크(Honoré de Balzac)가 나타났고 『레 미제라블(Les Miserables)』(Victor M. Hugo)이 있었으며 현실주의 비판이 나타났다. 그 뒤 물질적 재화가 더욱 풍부해지면서 사회적 빈곤층들도 더 이상 의식주에 근심하지 않왔다. 하지만 물질적 사회 조건이 대다수에게 더 이상의 큰 문제로 여겨지지 않게 되자 또 다른 요구가 나타났다. 그것은 바로 정신적인 요구, 즉 인생의 의미와 가치를 추구하는 문제였다. 이런 까닭에 포스트모더니즘이 생겨나게 되었고 블랙 코미디가 생겼으며 『고도를 기다리며(Waiting for Godot)』(Samuel Beckett)가 탄생했다.

상술한 묘사를 통해 우리는 다음과 같은 사실을 알 수 있다. 각 시대마다 자신만의 선명한 문학 테마를 지니고 있다. 이러한 문학 테마는 그 시대 사람들이 가장 관심을 가지는 문제에 대한 반영이다. 만약 동일한 사고로 중국 사회를 살펴본다면 우리는 놀라운 차이점을 발견할 수 있다. 이처럼 단절된 사회의 다른 부분에서는 전혀 다른 시대의 무엇인가가 우리 사회에 공존하고 있다는 점이다. 그것은 실존주의 · 니체 열풍 · 포스트모던에서부터 소비주의 · 시민문화 · 대만 홍콩 드라마에까지, 더 나아가 지방색 짙은 농민 오락 활동과 '토속신앙'에까지 이른다. 이처럼 혼합된 문화에서 주의할 만한 현상을 발견할 수 있다. 그것은 바로 소외된 사회 집단이다. 농민을 예로 들어보자. 내일 그들이 보려는 TV프로는 도시민과 별반 차이가 없지만, 드라마 내용은 그들과 관련이 거의 없을 뿐 아니라 심지어는 그들이 살고 있는 시대에 속해 있지도 않다는 점이다.

여러 시대의 사회 성분이 한 사회에 공존함으로써 야기되는 결과는 다른 시대의 사회 성분이 함께 공존하길 요구하는 것이다. 하지만 이런 요구는 원래 다른 시대에 속해야 한다. 중국 사회에서도 이런 모습을 자주 볼 수 있다. 발전과 환경보호와의 관계를 예로 들 수 있다. 베이징과 같은 대도시에 거주하는 사람들은 뿌연 하늘, 혼탁한 공기, 나날이 오염되는 수원(水源) 등으로 말미암아 환경보호와 오염 제거에 대해 절실히 느껴서 이에 대한 요구를 한다. 이론적으로도 환경과 자원을 보호하는 것이 한 사회의 지속적인 생존과 발전에 얼마나 중요한 역할을 하는지 쉽게 이해할 수 있다. 하지만 기타 대도시로 가면 이러한 불변 진리도 문제시되는 것 같다.

몇 년 전 산시(山西)성에 간 적이 있었다. 산시성은 석탄 생산으로 환경오염이 심각한 곳이다. 그러나 그곳 빈곤 지역 농민들의 생활을 보고나면 그러한 불변 진리가 아무런 의미가 없음을 알 수 있다. 산시 지역 간부에게 이러한 환경문제를 제기하니, 그 간부는 유감스러운 표정을 지으면서 "할 수 없죠! 먼저 오염시킨 후 제거할 수밖에"라고 했다. 여기서 나는 "먼저 오염시킨 후 제거한다."는 것을 변호하자는 것이 아니라, 서로 다른 시대에 살고 있는 사람들의 생각이 얼마나 다른가를 말하고자 하는 것이다. 마찬가지로 젊은 지식인들이 '자유'와 '민주'를 그들의 숭고한 목표로써 추구할 때, 일부 다른 이들의 입장에서 보면 이러한 행위가 과분하고 사치스러울 것이다. 그 이유는 생계 문제와 교육비 문제 그리고 취업문제가 이것보다 훨씬 현실적이기 때문이다. 이런 유사한 현상은 단절된 사회에서 각기 다른 집단의 요구 차이가 서로 이해할 수 없는 정도까지 될 수도 있다는 점을 알려준다.

이러한 사회를 관리하려면 어려운 점이 많다. 일반적으로 특정한 사회발전단계에 있어서 정부는 어떤 방면의 문제에만 전념하여 해결하면 된다. 하지만 이러한 행위는 자칫 어떤 조직의 요구를 홀시하기가 쉽다. 그러므로 단절사회의 정부와 지도자는 각기 다른 집단 간의 모순과 정당하고 이성적인 요구에 대해 현명한 태도를 취해야 하고, 아울러 이러한 문제점에 대해 타협과 조치로 해결해 가야 한다. 그렇지 않으면 사회불안의 불씨가 된다.

'WTO 가입' 과 중국 사회의 단절

WTO 가입이 중국의 내륙 경제생활에 미칠 영향에 관해서는 이미 많은 논의가 있었다. 그러나 사회생활에 미치는 영향에 대해서는 그리 관심을 기울이지 못했다. WTO 가입은 분명 중국의 사회생활에 갖가지 영향을 가져다 줄 것이다. 여기서는 한 가지 문제만 논의하기로 한다. WTO 가입으로 인해 중국 사회의 발전 수준이, 가장 높은 곳은 국제시장이나 국제사회와 하나로 융합되어 '더 선진화' 된 사회로 변하게 될 것이지만, 그와 동시에 이곳을 제외한 기타 사회는 이런 사회와 아무런 관련이 없게 될 것이다.

그렇다면 단절된 사회란 무엇인가? 그것은 한 사회 내에 여러 시대에 걸친 성분이 동시에 존재하여, 그들 상호간의 유기적 관련성이라곤 거의 없는 사회발전단계를 가리킨다. 이 점을 더 분명하게 설명하려면, WTO 가입 이후 중국 사회의 특징을 살펴보아야만 한다.

앞서 얘기했듯이 미국의 저명한 미래학자인 토플러가 지은『제3의 물결』은 80년대에 세계를 풍미한 저서이다. 토플러는 이 책에서 충격적인 관점을 제시하였다. 농업문명은 인류가 경험한 제1차 문명의 물결이고, 공업문명은 인류가 경험한 제2차 문명의 물결이다. 그 당시 이미 단초를 드러낸 통신기술과 바이오기술로 대표되는 신기술혁명이 바로 지금 인류가 경험하고 있는 제3차 문명의 물결이다. 우리들은 토플러의 '세 가지 물결' 이란 개념을 빌려서 중국 사회구조의 변화에 대한 이러한 신기술혁명의 의의를 헤아리고자 한다. 즉, 이러한 신기술혁명이 중국 사회구조에 어떠한 영향을 미칠 것인가 하는 점이다. 토플러가 말한 모든 문명이 공존하는 바로 이러한 명확한 단절 특징을 지닌 사회로써 중국은 WTO에 가입하게 된 것이다.(「사회

의 단절」 부분 참조)

　　WTO 가입은 '도태된 실업집단' 양성을 더욱 촉진시켰다. 최근 몇 년 사이에 중국에서는 실업과 샤강(下崗) 현상이 두드러졌다. 그러나 몇 년 전까지만 하더라도 이러한 사실은 경제 붐과 국유기업의 불경기라는 표면적인 이유 아래 감추어져 있었다. 하지만 학자들은 이러한 것을 일시적인 원인으로 보았기에 국민들과 정부는 환상을 가졌다. 사실 이것은 현실에 대한 커다란 착각이다.

　　프랑스의 저명한 사회학자인 뚜렌은 최근 몇 년 사이 프랑스 사회구조의 변화 가운데 가장 중요한 변화를 피라미드식 계층구조에서 마라톤형 계층구조로 변한 것이라고 했다. 뚜렌이 말한 이런 현상이 지금 중국에서도 실제로 나타나고 있다. 사실 새로운 기술 혁명으로 전통적인 여러 직업들은 도태되어 가고 있고 새로운 직업들이 창출되고 있다. 그러나 실업자나 샤강 노동자들의 상황과 새로이 창출되는 직업의 수요를 살펴보면, 새롭게 창출되는 직업군에서는 실업자나 샤강 노동자들에게 재취업의 기회를 결코 주지 않는다는 것을 발견할 수 있다. 이러한 사실은 현재 샤강 노동자와 실업자는 사회에서 도태된 사람이자 사회구조 밖으로 내동댕이쳐진 집단이 되었음을 의미한다. 이러한 집단의 규모는 상당히 크다.

　　WTO 가입 이후 중국의 실업문제는 상당히 큰 영향을 받을 것이다. WTO가 가져온 노동력의 구조조정은 많은 중국인들의 일자리를 잃게 만들 것이다. 이는 필연적이다. 미국의 투자회사에서는 다음과 같이 분석하고 있다. 중국이 WTO에 가입한 후 3~5년 내에 대략 4천만 명 정도가 일자리를 바꾸거나 샤강당할 것이며, 그 가운데 국유기업에 종사하는 1억 2천만 명 중 2천만 명이 샤강당할 것이다. 이는 분명 상술한 '도태된 실업집단'의 양성을 격화시킬 것이고, 사회구조의 심각한 단절을 가져온다.

중국 국내·외 학자들은 '이원구조'라는 개념으로 이러한 단절사회를 즐겨 묘사한다. 그러나 '이원구조'라는 개념의 적용 범위를 대부분 도시와 농촌 사이에 두고 있다. 즉, 도시와 농촌으로 사회 전체를 구성하는 '이원구조'를 말한다. 하지만 우리는 상술한 분석에서 단절사회는 그 사회가 두 부분으로 단절되는 것이 아니라 여러 부분으로 단절되는 것임을 알 수 있다. 이런 단절은 심지어 도시 내에서도 생겨나고 있다. 하지만 어떤 면에 있어 '이원구조' 이론은 아주 설득력을 지니고 있다. 이것은 사회의 가장 선진적인 부분이 국내의 낙후된 부분이 아닌 선진국의 세계시장과 연결되어 순환시스템을 형성하는 것이다. 이것을 흔히 '표준화'라 한다. 과학기술이 비약적으로 발달하는 세계화시대에 '표준화'는 자신을 발전시킬 수 있는 동력일 뿐만 아니라 필수불가결한 조건이다. 그러나 이러한 '표준화'는 다른 힘으로 작용할 수도 있다. 그것은 사회를 단절시키는 힘이다. 먼저, '표준화'는 낙후된 국가의 가장 선진적인 부분을 더욱 선진화시키지만 그와 동시에 그 사회의 다른 부분과의 단절은 더욱 크게 한다. 둘째, 선진화된 부분이 외부와의 '표준화' 수준이 높을수록, 그 사회의 다른 부분과의 관련성은 더욱 없어질 것이다.

중국 경제의 심장부인 상하이 푸동
급격한 공업화와 현대화 과정을 거치면서 중국의 도시와 농촌은 점점 단절되고 있다.

cleavage

02

성장과 발전의 신논리

최근 몇 년 동안 중국 경제는 연 7~8%의 초고속 성장을 계속했지만 국민 대다수는 아무런 혜택을 누리지 못했고 사람들은 여전히 **불경기**라고 느낀다.

성장과 발전의 신논리

경제성장과 사회발전에
나타난 부조화

몇 년 동안의 경제침체를 겪은 후, 2000년부터 중국 경제는 회복 현상이 나타나기 시작했다. 2001년에는 세계 경제의 불경기라는 외부환경으로 인해 중국의 경제성장 속도가 연초의 예상보다 낮았음에도 불구하고 높은 성장 수준에 이를 수 있었다.

중국 경제의 신속한 성장과 동시에 나타난 것은 사회발전과의 부조화 현상이다. 우리는 이 점에 주의할 필요가 있다. 사실 이러한 추세는 90년대부터 나타나기 시작했지만, 최근 몇 년 사이에는 더욱 명확하게 드러났다. 이 문제를 80년대와 비교해보면 한층 더 분명해진다.

80년대는 경제가 성장함에 따라 사회 환경도 개선될 수 있었다. 다시 말해 경제성장이 사회발전과 많은 관련이 있었음을 뜻한다. 이는 그다지 이해하기 어려운 것이 아니다. 그 이유는 당시 개혁의 기점을 경제적인 생활고와 이로 인해 야기된 사회 생활상의 여러 문제점에다 두었기 때문이다. 즉, 당시 여러 사회문제가 중국 경제의 목을 죄고 있었기 때문이었다. 예를 들어 낮은 생활수준과 부족한 생활용품(특히 생필품과 주택사정이 그러하다) 게다가 발전이 느렸던 공공서비스업 (당시에는 식당을 찾기도 어려웠고, 숙박시설을 구하기도 어려웠으며, 심지어 이발하기도 어려웠다) 등을 들 수가 있다. 경제성장의 촉진으로 사회생활의 모든 상황이 신속하게 개선되었다. 그래서 사람들은 경제성장과 사회발전이 거의 동보전진하고 있다고 느꼈다.

그러나 90년대에 이르자, 경제성장은 사회상황 개선에 아무런 도움이 되지 못했다. 몇 년 전 경제가 침체기에 처했을 때, 한 가지 의문이 들었다. 당시 중국 경제가 침체기였음에도 불구하고, 우리자신의 입장에서 보면 상대적으로 경제성장 속도가 느렸을 뿐 그래도 여전히 7%대를 유지했다. 이를 다른 국가의 경제성장 상황과 비교해보면 7%의 성장률은 빠른 성장속도라고 할 수 있다. 이론적으로 보자면, 이러한 경제성장 속도에서 우리가 느껴야 하는 것은 불황이 아니라 번영이어야만 했다. 하지만 현실생활에서 우리가 느낀 것은 바로 불경기였다. 기업 생산과 경영 상황이나 사람들의 일상생활을 통해 살펴보아도 모두 이와 같다. 그렇다면 이러한 원인은 무엇인가?

나는 이 문제에 대한 해답을 구하고자 경제학자에게 자문을 구한 적이 있었다. 적어도 인구 증가속도보다 훨씬 빠른 7%대의 경제성장을 이루었는데도, 사람들은 왜 불경기라고 느끼는가? 이러한 현상에 대해 경제성장의 수치가 과장되었기 때문이라 말하는 이도 있다. 하지만 이러한 점을 감안한다고 해도 2% 정도의 과장일 것이라고 그 경제학자는 말했다. 다시 말해, 실질적인 성장속도는 여전히 5%대이다. 5%대라고 해도 이는 상당히 높은 성장속도다. 5%대의 성장속도를 유지하면서도 사람들은 불경기라 느끼고 심지어 현재 생활이 이전만 못하다고 느끼는 것은 무엇 때문인가? 이것은 경제성장의 결과와 사회구성원의 생활 사이에 또 경제성장과 사회상황의 개선 사이에 단절이 나타났음을 설명해준다.

최근 2년 동안 경제회복 추세에도 이러한 상황이 개선될 여지가 전혀 나타나지 않았다. 즉, 8%대의 경제성장에서도 사회생활 조건은 조금도 개선되지 않았다. 이것은 아래와 같이 구체적으로 드러난다.

첫째, 경제가 급속히 성장했지만 노동취업 조건은 전혀 개선되지 않았다. 정부 통계에 따르면, 2000년도 중국 대도시와 중소도시의 실업률은 3.1%였다. 이 실업률은 지난 3년 동안 연속된 통계 숫자이다. 정부는 2002년도의 목표를 3.5%로 제한하고 있다. 3%라는 수치는 크게 축소된 통계이다. 사실 지금 중국의 실업자가 얼마인지 가늠하기 어렵다. 일반적으로 아래 세 부류에 해당하는 사람을 실질적인 실업자로 간주한다. 첫째, 공식적으로 등록된 실업자이다. 둘째, 실업 등록을 하지 않은 샤강 노동자이다. 셋째, 일부 임금만 받고 '집에서 쉬는' 사람이다. 이 세 부류에 해당하는 실업자를 합하면, 정부가 공식 발표한 실업률보다 훨씬 높게 나타난다(어떤 전문가는 10%대에 이른다고 추정한다). 그런데 이 세 부류의 수치는 농촌에 잠재된 실업인구와 도시로 유입된 농민공 가운데 실업인구를 제외한 것이다.

실업상황이 갈수록 나빠지는 그 이면에는 한 가지 중요한 원인이 있다. 그것은 경제성장과 노동취업 간의 관계가 변했다는 점이다. 최근 몇 년 동안의 상황을 살펴보자. 1997년도 중국의 GDP는 8.8% 성장했지만 취업률은 1.1% 성장에 불과했다. 1998년도 GDP는 7.8% 성장했지만 취업인원은 0.5% 성장에 불과했다. 1999년도 GDP는 7.1% 성장했지만 취업률은 0.89% 성장에 불과했다. 2000년도 GDP는 8% 성장했지만 취업률은 0.79% 성장에 불과했다. 다시 말해 경제성장이 더 이상 취업기회를 창출할 수 없다는 것이다. 어떤 이는 이것을 취업기회가 거의 없는 경제성장이라고 부른다. '취업기회가 거의 없는 경제성장'은 취업 기회조차 없는 사람들에게는 이러한 경제성장이 아무런 의미가 없음을 뜻한다. 경제성장에다 인플레이션까지 수반한다면, 이러한 경제성장은 그들에게 오히려 마이너스 영향을 가져다 줄 것이다.

둘째, 경제가 급속하게 성장하지만 이와 동시에 빈부격차는 개선되지 않았을 뿐 아니라 심지어 더욱 심화되는 추세를 보이고 있다. 1997년도 〈갈수록 높아지는 소득을 함께 향유하기〉라는 제목의 세계은행 보고서는 80년대 초반 중국의 국민소득격차를 나타내는 지니계수[4]가 0.28, 1995년에는 0.38, 90년대 말에는 0.458이라는 내용을 실었다. 그 밖에 몇몇 사회과학연구기관에서 나온 결과도 이와 대동소이했다. 이 보고서에 따르면 중국의 지니계수는 사하라지역의 아프리카나 라틴아메리카보다 조금 나은 것을 제외하고는, 빈부격차가 선진국과 동아시아 기타 국가나 지역 그리고 구소련 동유럽국가보다도 높은 것을 알 수 있다. 최근 15년간 전 세계에서 소득격차가 이처럼 크게 벌어진 국가는 아직 없었다. 21세기에 들어서면서 최근 몇 년 동안 체계적이고 신빙성 있는 수치가 없다손 치더라도, 이러한 추세가 약화되기는커녕 강화될 것이라 판단할 수 있다. 아울러 식량 가격의 하락에서 농민 소득이 실제로 하락하고 있음을 판단할 수 있고, 도시 실업자의 증가와 도시 빈곤계층의 형성으로 많은 도시인들이 빈곤계층

---

4) 지니계수는 전 계층의 소득분배 상태를 하나의 숫자로 나타내는 것으로 소득분배의 불평등 정도에 따라 0에서 1까지의 값을 가지며 그 값이 클수록 소득분배가 불균형임을 의미한다. 즉 국민 모두가 동일한 소득을 갖고 있다면 지니계수의 값은 0이 되며, 특정인이 국민전체의 소득을 전부 갖고 있다면 지니계수의 값은 1이 된다.

으로 떨어지고 있음을 판단할 수 있다. 결국 경제가 급속하게 성장하지만 빈부격차의 상황은 개선되지 않을뿐더러 오히려 더욱 악화된 것이다. 이러한 빈부격차의 심화는 결국 각종 사회문제를 낳게 된다.

셋째, 경제의 급속한 성장과 동시에 사회치안이 더욱 악화되고 있다. 최근 몇 년 사이 도시 대부분에서 범죄율이 끊임없이 상승하고 있다. 2000년도 전국 공안국에서 수사한 형사사건은 1999년도보다 50%나 증가했다. 어떤 전문가는 중국이 지금 네 번째 범죄 절정기에 직면했다고 주장한다. 범죄율이 분명하게 증가한 것 외에도, 사회치안의 악화는 다음과 같은 사실에서도 드러난다. 첫째, 마피아식 범죄가 많이 나타났다. 둘째, 흉악한 사건들이 확연하게 증가했다. 현재 중국 내 마피아 수가 대략 100만이나 된다고 한다. 2000년 3월에 범죄혐의자인 진루추(靳如初)가 스자좡(石家庄) 시에서 저지른 것으로 추정되는 세 차례 연속 폭발사건이 있었다. 이 폭발사건으로 피해가 사망 108명 부상 38명이나 되었다. 11월 28일 낮 12시경, 선쩐(深圳) 시 룽깡(龍崗) 구 반티엔(坂田)진의 화웨이(華爲)기술주식회사에서 두 차례 경미한 폭발사건이 있었는데 다행히 사망자는 없었다. 12월 15일에는 시안(西安) 맥도날드 폭발 사고로 두 명이 죽었다. 12월 23일에는 또 칭다오(靑島) 까르푸에서 폭발 사건이 있었다. 이처럼 짧은 기간에 발생한 흉악한 폭발사건은 과거 수십 년 동안 한 번도 없었던 것이다. 각 사건마다 특정한 원인이 있겠지만, 이것이 전체 사회의 배경과 아무런 연관성이 없다고는 할 수 없다.

상술한 분석을 통해 알 수 있듯이, 경제성장과 사회발전의 부조화는 마땅히 중시해야 할 문제이다. 이러한 부조화는 중국의 사회발전에 전환점이 출현했음을 의미한다. 이러한 전환점이란 경제성장이 사회발전을 이끄는 시대가 종말을 고함을 의미한다. 이런 상황 아래 경제와 사회의 협력과 발전을 이루려면 많은 사람의 노력이 필요하다. 무엇보다 먼저 정부 정책이 경제성장에서 사회의 공평성과 질서 등의 문제로 관심의 방향을 옮겨야 한다. 이것은 말하기는 쉬워도 행동하기는 어렵고, 실천하기란 더더욱 어려운 일이다. 왜냐하면 이것은 정책에서 평가 기준에 이르기까지 정부의 전면적인 전환이 필요하기 때문이다. 이는 정부와 관료에 대한 평가 기준에 있어 얼마만큼 경제성장을 이루었는지, 국민 생활이 개선되었는지, 사회의 공평성과 질서 상황은 어떠한지, 그리고 사회의 치안 상황은 어떠한가를 꼼꼼히 따져보는 것에 그치는 것이 아니다. 여기에 사회정책의 특수한 작용을 중시해야만 한다. 앞서 이야기한 원인으로 80년대의 경제정책은 사회정책에 대한 대체역할을 지녔지만, 90년대 이래 이러한 대체역할의 기반은 더 이상 존재하지 않게 되었다. 이러한 상황 아래, 사회정책은 갈수록 독립성을 많이 지닌다. 사회정책은 사회의 공평성과 질서 그리고 사회의 안전과 안정을 지향해야만 한다.

경제성장 : 현실적 패러독스

최근 몇 년 동안 중국의 경제성장은 현실적인 측면에서 의미심장한 패러독스에 빠졌다. 빠른 경제성장에도 불구하고 국민들 대부분이 그만큼의 혜택을 누리지 못했다. 하지만 만약 이처럼 빠른 경제성장이 없었다면 그들은 경제침체로 인해 큰 피해를 입었을 것이다. 이러한 논리는 중국 경제와 사회생활에 심각한 혼란을 가져다주고 있다. 아울러 이것이 중국의 경제정책을 지배하고 있고 심지어 사회의 발전을 좌지우지하고 있는 논리가 되고 있다.

'피해가 아니면 잠재된 수혜'란 관점에서 볼 때, 사람들 대다수가 높은 경제성장 속도에서 혜택을 별로 받지 못했다고 이야기하는 것은 상대적이다. 그러나 만약 그들 대부분이 경제성장을 통해 직접적인 혜택을 받지 못했고 아울러 생활상의 개선이 전혀 이루어지지 않았다고 한다면, 이것은 심사숙고해야할 문제이다.

최근 몇 년 동안 중국의 경제성장은 줄곧 7~8%대의 증가속도를 유지하고 있다. 이 속도는 무엇을 의미하는가? 첫째, 세계경제와 비교하면 이는 상당히 높은 성장속도다. 특히 서구 국가를 포함함 세계 여러 국가가 금융위기에 시달리는 상황에서, 이 속도는 주목을 끌 정도로 높은 것이다. 둘째, 중국이 매년 0.7%대의 인구성장속도와 비교해보면, 경제성장 속도는 인구 증가속도보다 훨씬 높다. 다시 말해서 사회부와 사회복지 성장이 인구 증가보다 훨씬 빠르다는 것이다. 이 또한 개인당 얻는 복지 혜택이 평균적으로 증가하고 있지 감소하고 있는 것이 아님을 의미한다.

그러나 조금 더 분석을 해보면, 중국 사회의 절대다수 인구가 이처럼 빠른 경제성장을 통해 아무런 이익을 얻지 못했다는 것을 발견할 수 있다.

먼저 농민을 살펴보자. 정부 통계는 1997~2000년도 사이 중국 농촌인구의 평균 순수입이 2090.13위안(1997년)에서 2253.4위안(2000년)으로 증가했다. 같은 시기 농민의 평균 순수입의 실제 증가폭은 각각 4.6%(1997년), 4.3%(1998년), 3.8%(1999년), 2%(2000년)다. 농민소득의 증가폭이 4년 동안 계속 줄어들고 있는 추세다. 하지만 이것은 평균치일 뿐이다. 이것의 이면에는 개별 '고소득자'의 월등한 공헌이 포함되어 있다. 평균치의 이면에 담긴 사실로 볼 때, 대다수 농민들의 소득이 증가했다고 하기는 어렵다.

농민들의 소득은 주로 세 경로를 통해서 이루어진다. 첫째, 농산품을 팔아 얻는 소득이다. 둘째, 향진기업5)에서 일하면서 얻는 소득이다. 셋째, 농민공이 외지에서 벌어들이는 소득이다. 먼저, 최근 몇 년 동안 주요 농산품 가격이 30~40% 하락했다. 농산품이 큰 폭으로 양적인 증가가 이루어지지 않은 상황에서, 농산품을 팔아 얻게 되는 농민의 소득은 감소될 수밖에 없다. 다음은 최근 몇 년 사이 많은 향진기업이 불경기에 처하게 되자 그곳의 취업인원을 2,000만 명이나 줄였다. 향진기업의 취업인원 월급이 큰 폭으로 인상되지 않는 한, 이러한 경로를 통해서 얻게 되는 농민의 소득은 증가할 수가 없다. 그 다음으로는 외지에서 일하는 농민공의 소득이 별로 증가되지 않았다는 것이다(이유는 아래에 설명하겠다). 이 세 요소를 고려해 볼 때, 최근 몇 년 사이 농민들 대부분의 실제 소득은 증가하지 않았음을 알 수 있다.

다음으로 농민공을 살펴보자. 농민의 소득증가 원인을 설명할 때, 사람들은 농민이 외지에서 일하여 얻는 소득의 증가에 중요한 근거를 두고 있다. 사실 이 근거는 매우 의심스럽다. 그 이유는 농민공의 소득 증가는 두 가지 요소와 관련이 있기 때문이다. 하나는 일하는 사람 수이고 둘째는 월급 수준이다. 이 두 가지 요소로 볼 때, 외지에서 일하여 얻는 농민들의 월급이 현저하게 증가했다는 근거를 찾을 수 없다. 외지에서 일하는 농민공의 인원수를 보자. 90년대 초 농촌에서 외지로 가서 일하는 숫자는 7,000만~8,000만 명에 달했다. 90년대 중기

---

5) 농촌에서 경영하는 기업, 부분적으로 농민과 연합 경영하는 합작기업, 기타 형식의 합작기업과 개체기업의 총칭이다. 원래 이름은 '社隊企業'이다. 1984년 3월 국무원의 비준을 거쳐 '鄕鎭企業'이라고 개칭했다. 그것은 농촌 다종 경영의 중요 구성부분이고 농업생산의 중요 지주이며 수많은 농민이 공동으로 부유해지는 길로 나아가는 중요한 경로가 되었다. 이는 또한 국영기업의 중요 보충이고 국가 재정수입의 새로운 중요 재원이라 할 수 있다.

에는 1억 명에 이르렀다. 그리고 현재 인원 또한 1억 명이다. 임금 수준으로 보자. 과거 15년 동안 주쟝(珠江) 삼각주에서 일한 농민공의 월급이 거의 증가되지 않았다고들 말한다.

최근 중국국민경제연구소에서 작성한 〈변혁시대 경제추세와 자본시장분석〉이란 보고서에서는 다음과 같이 지적하고 있다. 개혁개방이래 20년 동안 중국의 노동인건비가 거의 오르지 않았기에, 오히려 이것이 중국 경제의 지속적인 성장 요인이 되었다. 노동인건비가 증가되지 않았다는 것은 통상적으로 일반노동자의 임금이 오르지 않았음을 뜻한다. 경제학자들은 이러한 상황을 경제의 지속적인 성장을 지탱할 수 있고 또 중국 경제의 국제경쟁력을 키우는 조건으로 볼 수 있다고 주장한다. 하지만 사회적 의미에서 보면 이것은 농촌에서 온 농민공의 소득이 빠른 경제성장에 따라 증가하지 못했음을 의미한다. 다시 말해 그들은 이런 경제성장에서 아무런 혜택을 받지 못했던 것이다.

도시의 샤강 노동자와 실업자를 다시 살펴보자. 최근 몇 년 동안 도시 실업률이 줄곧 3%대쯤으로 공식 발표되었지만, 전문가들은 샤강 노동자와 실업자의 실질적인 인원이 4,000만~5,000만 명에 이른다고 예측하고 있다. 이러한 측면에서 그들은 빠른 경제성장과는 아무런 직접적인 관계가 없다. 그들에게 직접 체현될 수 있는 것이라고는 사회보장제도의 기준을 높이는 것이었다. 베이징 시를 예로 들어보자. 베이징 시의 실업보험은 291~374위안(1999년)에서 305~419위안(2002년)으로 증가했고, 샤강 노동자의 기본생활비는 286위안(1999년)에서 326위안(2002년)으로 증가했으며, 최저보호생활의 기준은 273위안(1999년)에서 290위안으로 증가했다. 성장속도만 가지고 이야기해도 이는 경제성장속도보다 훨씬 낮음을 알 수 있다. 그래서 이들 역시 빠른 경제성장 속에서 아무런 혜택을 받지 못했다고 할 수 있다.

이상의 분석에서 경제성장속도가 매년 7~8%대임에도 불구하고 상술한 세 부류의 사람들은 아무런 혜택을 얻지 못했음을 알 수 있다. 이것은 우리에게 발전경제학과 발전사회학에서 흔히 이야기하는 '성장은 하지만 발전이 없는' 모습을 보여주는 듯하다. 그러나 실제 우리가 직면한 문제는 이러한 모습보다 훨씬 더 복잡하다. 그 이유는 상술한 분석은 문제의 한 측면에 불과하기 때문이다. 다른 측면으로 볼 때, 경제성장이 사회구성원 대부분에게 아무런 혜택을 주지 않았다 하더라도 이러한 성장은 이 사회에 필요한 것이다. 이것이 바로 우리가 지적하려는 패러독스의 또 다른 표현이다. 그것은 바로 '만약 빠른 경제성장이 없다면 사회구성원 대부분은 경제침체로 인해 피해를 입게 될 것'이라는 점이다.

사회현실을 분석해 보면 다음과 같은 사실을 발견하게 된다. 만약 이러한 성장속도가 없다면, 먼저 도시의 샤강과 실업상황이 더욱 심각해질 뿐 아니라 샤강 노동자와 실업자가 사회에서 삶을 영위할 수 있는 기회와 조건이 더욱 악화될 것이다. 또 이러한 성장속도가 없으면 농촌에서 온 수많은 농민공에게 취업 기회를 줄 수 없게 될 것이다. 건축업을 예로 들어 보자. 최근 건축업계는 많은 농민공들을 끌어들였다. 만약 이런 프로젝트가 가동되지 않았다면, 건축업계는 대부분 할 일이 없게 될 것이고 여기에 종사하는 농민공들은 지금의 일자리를 대부분 잃게 되었을 것이다. 마찬가지로 농민들도 직·간접적인 영향을 받게 될 것이다.

현실 생활에서 우리는 이러한 패러독스에 빠져있다. 하지만 이러한 패러독스를 중시하는 까닭은, 이것이 경제정책상의 선택에 있어 강력한 논리로 지배하고 있기 때문이다. 지난 20년 동안 개혁 과정에 있어 줄곧 '파이를 크게 만든다'[6]라는 견해가 있었다. 이는 우리가 경제성장을 당면하고 있는 여러 현안 문제의 전제조건으로 해석하려는 것이다. 그러나 '큰 파이를 만든다' 라는 개념을 가지고 지금과 80년대를 비교해보면 큰 차이가 있음을 발견할 것이다.

80년대에 '큰 파이를 만든다' 라는 것은, 사회구성원 대부분이 경제성장을 통해서 직접적으로 이익을 얻을 수 있음을 의미하며, 특히 사회구성원 중 주변부와 약소계층이 그 가운데서 이익을 얻을 수 있음을 의미한다. 그러나 오늘날 '큰 파이를 만든다' 라는 것은 이러한 의미를 상실하기 시작했다. 하지만 오늘날 이 개념이 아무런 의미가 없다는 것은 아니다. 여기서 말하려는 것은 바로 이 개념의 직접적인 함의다. 이 개념은 우리가 직면하고 있는 각종 모순을 완화시키며 사회 안정을 유지한다는 함의를 가지고 있다. 이러한 까닭에 우리는 빠른 경제성장이 사회구성원 대부분에게 아무런 혜택을 가져다주지 않은 상황에서도, 여전히 이처럼 빠른 경제성장을 유지해야 함을 중요한 목표, 더 나아가 가장 중요한 목표로 삼아야 함을 이해할 수 있다.

이런 패러독스는 구조조건과 정책선택 등 다양한 요소들이 함께 작용한 결과다.

먼저, 이러한 패러독스는 분업형 공업화의 결과다. 과거 20년은 중국의 공업화와 현대화 발전이 가장 빨랐던 시기라 할 수 있다. 그러나 이러한 공업화와 현대화는 분업형 공업화와 현대화다. 이것은 도시의 공업화와 현대화일 뿐이지, 광대한 농촌과 농민은 이러한 과정에 함께 들어가지 못했다. 과거부터 형성된 도시와 농촌의 장벽 그리고 도

---

[6] 여기서 '파이' 라는 것은 '공동의 사회 부나 이익' 등을 비유한다.

시화 과정에 있어서의 제한으로 말미암아, 대다수 인구를 차지하는 농민들은 이러한 공업화와 현대화 과정에서 배제되었다.

농촌에 향촌의 공업화와 향진기업이 있지 않느냐고 말하는 이도 있다. 문제는 바로 여기에 있다. 향촌의 공업화와 향진기업의 발전은 바로 분업형 공업화의 또 다른 특징이다. 그 이유는 농민들이 공업화의 흐름에 맞춰 도시로 들어가지 못했기에 다른 방법을 도출해낼 수밖에 없었다. 그 방법은 농경지에다 공업을 발전시키는 것이었다. 이것이 바로 '흙은 버려도 고향을 버리지 못하는(離土不離鄕)' 패턴이다. 이전 사람들은 향진기업이 발달한 지역의 모습과 향진기업 발전에 관한 총체적 통계치를 중시하였지만, 다른 나머지 많은 지역은 홀시했다. 향진기업의 발전을 행정적 수단으로 추진한 결과, 많은 지역에서는 하룻밤 새 많은 향진기업이 나타났다가 오래지않아 줄줄이 도산했다. 공식적 통계는 현재 향진기업이 안고 있는 재정적인 부채가 2,000여억 위안에 달한다고 한다. 그 중 상당부분은 맹목적으로 향진기업에 뛰어든 것과 관련이 있다.

둘째, 취업을 홀시한 경제성장 패턴이다. 객관적으로 80년대 말부터 90년대 초의 중국 경제는 외연적 확장에서 내실형 성장으로 바뀌었다. 향진기업도 마찬가지다. 향진기업이 80년대 말부터 90년대 초에 한 단계 올라갔다고 하는 것이 바로 이런 의미에서이다. 이러한 과정은 노동력에 대한 배척을 수반한다. 하지만 이 점은 중국의 특수한 상황이다. 그것은 경제체계를 개혁하는 과정 중에 이전부터 있어왔던 국유기업과 행정사업단위 속의 잉여인원 그리고 잠재된 실업문제를 해결해야 한다는 것이다. 그래서 일방적으로 인원을 줄이고 효율을 높이기 위한 방법이 나타났다.

정상적인 시장경제사회에서 기업은 사람을 적게 고용하려하고 정부는 더 많은 취업을 장려하려 한다. 이렇게 해야 대체적인 균형을 이룰 수 있다. 그러나 한동안 중국 정부와 기업은 인원감축과 효율제고를 함께 부추겼다. 과거의 잉여인원 문제를 해결할 필요가 없다는 것은 분명 아니다. 그러나 우리가 보았던 결과는, 많은 농민공들이 원래 국유기업의 노동자들을 대신하였다는 점이다. 사회신분에 관한 제도적 장치는 도시로 들어온 농민공들의 월급과 복지를 최저한도로 낮추게 한 측면이 있고, 또 한편으론 이런 기형제도로 인해 야기된 농민공들의 '경쟁력 우위'(사실 이것은 낮은 임금에다 전무한 복지혜택이다)는 원래의 노동자를 배제시키는 힘이 되었다.

셋째, 재분배시스템이 아무런 효력을 발휘하지 못한 것이다. 재분배는 경제성장의 과실을 간접적인 방식으로 사회의 약소계층에다 유입시키는 작용을 하는 것이지만, 중국에 있어 이 효과는 아주 미약하다. 이 문제에 대해서 다시 논의할 필요가 있다.

제도 확립과 개혁 논리보다
앞선 구조의 변화

중국이 개혁을 시행한 지 이미 20여 년이 지났다. 80년대 말부터 90년대 초까지를 경계로 한다면, 앞뒤 두 단계의 개혁논리가 눈에 띄게 변화했음을 알 수 있다. 이것은 우리가 지금 개혁을 논의하고 추진하면서 분명히 중시해야할 요소이다.

이런 논리의 변화는 경제체제의 변혁과 사회구조의 변천이라는 두 요소의 순서관계에서 뚜렷하게 나타난다. 이것의 현실적 의미는 다음과 같다. 90년대부터 점차 정형화된 사회구조가 개혁의 방향과 실질적 진진에 강력한 영향을 미치고 있다. 이러한 영향은 최종적으로 개혁의 결과 특히 이익의 결과로 구현될 것이다.

먼저 이러한 과정이 어떻게 생겨났는지 살펴보자. 대규모 사회변혁은 두 과정과 관련이 있게 된다. 하나는 체제 변혁으로 사회생활규칙에 관련된 일련의 변화이다. 또 하나는 사회역량 구성의 변화이다. 그러나 동일하지 않은 사회변혁의 단계에 있어서 이 두 과정의 관계는 같지 않다. 하지만 이러한 관계의 변화는 도리어 변혁 과정에 중요한 영향을 미칠 수 있다. 이를 개괄해 보면, 80년대의 개혁 과정 중 체제 변혁이 사회구조의 전환을 추동시키고 있다는 것이다. 이는 바로 새로운 사회 역량의 형성으로 새로운 조합 관계를 구성하는 것이다.

이러한 과정에서 우리는 다음의 광경을 볼 수 있다. 개혁으로 쏟아져 나온 '자유유동자원(自由流動資源)'과 '자유활동공간'의 출현으로, 여러 가지 새로운 사회역량이 성장하기 시작했다. 예를 들어 새로운 재산권 시스템으로 인해 형성된 '민영기업가(民營企業家)'와 사영기업주(私營企業主), 새로운 회사 관리구조로 나타난 CEO, 새로운 관리업무와 기술로 발전하기 시작한 기술전문가 계층과 화이트칼라 그룹, 자원의 다원화로 독립성이 부단히 강화된 아카데미 지식층 등을 들 수 있다. 이러한 새로운 사회 역량이 바로 체제변혁의 산물이다. 그 이유는 그들의 존재와 발전에 필요한 자원과 공간이 체제 변혁을 통해서 제공된 것이기 때문이다.

90년대는 체제 변혁이 줄곧 진행되었고, 이와 동시에 새롭게 형성된 사회 역량과 조합관계는 점차 정형화되기 시작했다. 이를 엄밀히 말하자면 이러한 정형화 과정은 아직 완성되지 않았을 뿐더러, 이론적으로는 영원히 완성될 수 없는 것이다. 하지만 지금 어렴풋하게 윤곽이 나타나기 시작했다고 할 수 있다. 이러한 윤곽이 나타났다고 하는 까닭은 아래 몇 가지 근거에 두고 있다.

첫째, 상술한 사회단체가 상당한 규모를 이루었다. 2000년도에 이르자 중국의 사영기업이 176만 개에 이르렀고, 사영기업에 출자한 인원이 395만 명에 이르렀다. 전문가의 추산으로는, 지금 중국의 전문경영자는 천만 명을 넘었으며, 선전과 같은 대도시에서 거의 9%를 차지하고 있다. 전문기술자가 천만 명을 초과했으며, 그 밖에 이천만 명에 가까운 사영업자가 있다.

둘째, 각 사회단체나 계층 간의 경계가 점차 두드러지기 시작했다. 어떤 도시에서는 거주 지역에 있어서도 경계가 확연하게 존재한다. 또 차를 타는 방식(자전거를 타거나, 버스를 타거나, 택시를 타거나, 자가용을 몰거나, 기관에서 제공한 승용차를 타는 것 등)에 따라 이를 경계의 외적인 표시로 간주하는 사람도 있다.

셋째, 각 집단의 내부에서 초보적인 공감이 형성되기 시작했다. 이것의 외적인 표현이 바로 단체문화의 형성이다. 시장에 출현한 수많은 '화이트칼라 잡지'가 바로 이것의 상징이다.

넷째, 집단 간에 기본적인 연맹 관계가 나타났다. 90년대 초 공통적 인식의 기초에서, 경제엘리트와 정치엘리트들이 초보적인 연맹관계를 맺기 시작했다. 90년대 중반에는 일부 지식인들이 신보수주의 이름으로 이러한 연맹에 인식을 같이하며 가입했다. 이처럼 사회의 주요 엘리트들 사이에 초보적인 연맹관계가 맺어지기 시작했다. 상술한 몇 가지 측면에서 판단하더라도, 사회구조의 정형화가 이미 중국 사회생활에 드러났음을 확인할 수 있다.

사회구조의 확립이 사회생활에 끼친 영향은 다방면에 이른다. 그러나 여기에서 우리의 관심사항은, 그것이 지금 진행 중인 체제개혁 특히 경제체제개혁(체제가 아직 확립되지 않고 확립 과정에 있다고 한 것은 상대적인 의미로 말한 것이다)에 어떤 영향을 미치는가 하는 점이다.

첫째, 개혁의 의미가 변화하기 시작했다. 초기 개혁은 강렬한 '이상과 열정'의 색채를 지녔지만, 지금의 개혁은 이익경쟁의 의미를 많이 지니고 있다. 물론 초기 단계의 개혁에 아무런 이익관계나 이익각축이 없었다는 의미는 아니다. 그러나 당시 개혁의 실질적 과정을 결정한 것은 대부분 과거 낡은 체제의 폐단에 대한 인식과 이데올로기적 방향성이었다. 모습을 갖추고 있는 사회 역량 또한 개혁의 방향에 영향을 가져다주었지만, 그들은 대부분 변혁에 맞춰 자기의 생존과 발전 공간을 찾으려는 시도를 하였다.

사영기업가는 오랫동안 '붉은 모자'를 쓰는 방식, 즉 혁명가인 척하며 자기생존의 합법성을 쟁취했다. 그러나 90년대 후기에 이르자, 개혁 과정을 지배하고 좌지우지할 수 있는 것은 다른 그룹과의 이익관계이지 더 이상 이데올로기적 대립이 아니었다. 이런 상황에서 일부 개혁에 관한 논쟁들은 이전의 논쟁방식과 개념을 답습하고 있었지만 그 내용은 확연하게 달랐다. 그래서 설령 이데올로기적 논쟁이라 할지라도 이익집단의 요소를 더욱 많이 지니게 되었다. 이러한 의미에서 개혁은 '이상과 열정'의 순수한 단계를 벗어나 이익경쟁의 단계로 들어섰다고 할 수 있다. 최근 두 가지 중요한 개혁으로 전신(電信) 개혁과 국유주의 축소와 유지를 들 수 있다. 이를 통해 우리는 이러한 이익경쟁이 어떻게 체제개혁의 진행과 방향에 영향을 미치는가를 확실하게 볼 수 있다.

둘째, 개혁 동력의 변화이다. 체제 내의 개혁은 처음엔 위로부터 아래로 내려가는 특징을 지닌다. 다시 말해 개혁은 체제 상층부의 추진에서 나오는 것이다. 중국의 경제체제개혁도 마찬가지다. 우리는 80년대 농가생산청부책임제, 기업에 내려준 경영자주권, 지방재정체제개혁 등 개혁조치가 어떻게 생겨났는지 분석할 수 있다.

당시 대부분의 개혁은 두 가지 특징을 지녔다. 첫째, 위로부터 아래로의 추진이었다. 둘째, 당시의 개혁은 대부분 이익이 많고 대가를 지불할 필요가 없다는 것이었다. 이에 국민들도 이를 옹호했다. 바로 이 두 요소가 80년대 개혁의 강력한 동력을 형성시켰다. 그러나 90년대 이래 각종 사회 역량의 형성과 확립으로 말미암아, 체제개혁이 다원화된 사회 환경 속에 처하게 되었다. 즉 다원화된 사회 역량이 개혁 과정에 영향을 끼치는 중요한 요소가 되기 시작한 것이다. 이로부터 우리는 사회생활에서 이러한 사회 역량이 개혁의 발전과 방향에 영향을 미칠 뿐만 아니라, 위로부터 아래로 추진하는 정부 주도의 개혁도 이들의 협력이 필요하다는 것을 알 수 있다. 그렇지 않으면 이러한 개혁은 지지를 충분히 받지 못한 채 도중하차하거나 유명무실해질 것이다. 전자의 예는 최근 추진한 국유주의 축소와 유지에 따른 실패를, 후자의 예는 최근 몇 년 동안 정부기구를 축소하려다 유명무실하게 된 점을 말하고 있다.

셋째, 왜곡된 개혁 메커니즘이 형성되기 시작했다. 우리는 현실생활에서 이러한 현상을 볼 수 있다. 하나의 개혁조치나 정책이 공포되는 전후로, 사회 특히 지식층에서는 큰 논쟁을 불러일으킨다. 그 중 일부 논쟁은 개혁과 보수, 좌익과 우익 등과 같은 강한 이데올로기적 색채를 지니게 된다. 하지만 이런 조치나 정책이 실행되고 난 후, 그것의 방향이 무엇이든지 간에 이익 결과는 큰 차이가 없다는 것을 발견할 수 있게 된다. 누군가에게 유리하면 유리한 것이고, 누군가에게 불리하면 불리한 것이다. 설령 그것이 가치나 이데올로기에 있어 큰 차이가 나는 조치와 정책일지라도, 그 이익의 최후 결과는 거의 차이가 없다. 이런 현상의 배후에는 사실 개혁을 왜곡하는 메커니즘이 형성되었기 때문이다.

주거제도 개혁을 예로 들어보자. 개혁 초기에 이것에 대한 요지는 크게 두 가지를 벗어나지 않았다. 첫째는 효율성을 목표로 한다. 이것으로 국가적 부담에서 벗어나 부동산 발전의 메커니즘을 형성하는 것이다. 둘째는 공평성을 목표로 한다. 이것으로 오랜 시간 동안 해결되지 않았던 주거의 불평등 현상을 해결하는 것이다. 그런데 실제 실행 과정에서 두 번째 목표인 공평성이 그다지 효과를 거두지 못했다. 힘 있는 일부 부서에서는 기준을 초과하여 주택을 배분하기도 했고, 권력 있는 일부 사람은 주거개혁을 통해 자신에게 더 많은 주택이 배분되도록 하기도 했다. 아울러 주거개혁이라는 기회를 틈타, 과거에 많이 점유했던 주거를 합법화하여 자기 개인재산으로 만들었다. 이처럼 왜곡된 개혁메커니즘의 형성으로 말미암아, 사회평등을 촉진시키는 일련의 개혁조치가 실천과정에서 불평등한 사회효과를 낳게 된 것이다. 극단적인 상황에서는 이러한 개혁 조치가 부패 수단으로 바뀌게 된다.

넷째, 역량의 불균형과 불평등 메커니즘의 형성이다. 이론적으로 다원화 사회의 역량 형성은 균형 잡힌 사회를 이루는 필요조건이다. 그런데 문제는 90년대 이래 정형화하기 시작한 사회 역량이 매우 불균형한 틀로 이루어졌다는 점이다. 이것은 특히 강세집단과 약소집단 간에 나타난다. 이 두 집단 간에는 공공정책에 대한 영향이나 사회적 기회 이용 능력에 있어서 극심한 차별이 존재한다. 여기서 말하는 강세집단은 민간의 경제 역량을 포괄할 뿐만 아니라 주요 부서들에 대한 독점까지 포함한다.

최근 몇 년 동안 이러한 역량은 국가기관의 정책 수립에 있어 그 영향력이 더욱 커졌다. 이런 영향은 갖가지 다른 형식으로 진행되고 있다. 하지만 이러한 형식은 말단조직과 상부조직 간에 달리 나타난다. 말단조직에는 '관시(關係)'와 부패 형식으로 나타나고 있다. 한 지역을 어떻게 계획하고 어떻게 발전시키는가? 어떤 항목을 더해야 하고 어떤 항목을 더하지 않아야 하는가? 이러한 사항은 앞서 상술한 요소의 영향을 더욱 받게 된다. 그런데 상부조직으로 올라가면 이 문제는 더욱 복잡해진다. 중국의 전국인민대표대회와 정치협상회의 기구에서는 민영경제와 정부 독점부서에서 나온 역량이 상대적으로 힘을 크게 발휘한다. 하지만 약소집단의 사회여론과 공공정책에 대한 영향력은 아주 미약하다. 이러한 역량의 대비가 지금 중국 사회의 불평등을 심화시키는 중요한 메커니즘이 되고 있음은 의심할 여지가 없다.

　그래서 오늘날 우리는 체제 확립보다 앞서는 구조적 문제에 대해 마땅히 중시해야만 한다. 그래서 실제 작업 속에서 이러한 현상의 영향을 충분히 고려하여, 그에 상응하는 대응책을 만들어야 한다.

사람들로 붐비는 충칭 중앙인민광장
90년대 이후 중국 경제는 급속하게 성장했지만 오히려 빈부격차는 심해졌다.
동시에 사회치안이 더욱 악화되고 대도시 범죄율은 끊임없이 상승하고 있다.

cleavage

03 내 구소비재 시대의 도전

개혁개방 이전에 중국은 **평등한** 사회였다. 그러나 20년 개혁개방을 거치면서 전 세계에 유래가 없을 만큼 빠른 속도로 빈부 격차가 심화되고 있다.

내구소비재 시대의 도전

내구소비재 시대로 진입

생계나 일상생활의 지출을 논할 때면, "요즘 매달 먹는 데는 돈이 별로 들지 않는다."라는 말을 자주 한다. 일상생활을 이처럼 간단하게 판단하는 이면에는, 중국 사회가 한 시대에서 다른 시대로 전환하고 있음을 의미한다. 즉, 생필품의 생산과 소비 시대에서 내구소비재의 생산과 소비 시대로 변환했음을 의미한다.

이러한 변화는 개개인의 일상생활 속에 나타난다. 90년대 이전, 특히 80년대 이전만 하더라도 사람들의 월급은 고작 몇십 위안에 불과했다. 이 월급의 용도는 거의 고정적이었다. 식량 배급표로 공급되는 양식을 구입하는 데 약간 지출하고, 직물 배급표로 공급되는 옷감과 의복을 구입하는 데 조금 지출하며, 또 배급표로 공급되는 고기, 기름, 계란, 생선, 땔감, 양념장류 등의 일용품을 구입하는 데 약간 지출하면 끝이있다. 이러한 생필품들을 구입하고 나면, 매달 월급에서 남는 돈이라고는 거의 없었다. 이 가운데 물건이 모자라 공급제(供給制)를 시행했던 시기적 특징을 제외한다면, 이것은 생필품의 생산과 소비 시대의 전형적인 모습이다. 당시 생산된 품목은 대부분 생필품이었다. 소득 역시 이런 생필품을 구입하는 데 쓰였다.

하지만 오늘날 새로운 시대, 즉 내구소비재의 생산과 소비 시대에 접어들고 있다. 내구소비재의 생산과 소비가 일상생활에서 주요한 내용을 이루고, 생필품의 생산과 소비는 그 다음으로 밀려나기 시작했다. 이런 변화를 직접적으로 반영한 것이 엥겔계수의 변화이다. 엥겔계수는 식품류의 지출이 총 지출에서 차지하는 비중을 가리킨다. 엥겔계수의 변화는 사람들의 소비 가운데 생필품이 차지하는 비중의 변화 추세를 나타낼 수 있다. 중국의 대도시와 중소도시 주민들의 엥겔계수는 '팔오계획(八五計劃)'[7] 말기에 이르러 50% 이하로 줄었고,

---

[7] 1991년 4월 9일 제7회 전국인민대표대회 제4차 회의에서 〈中華人民共和國國民經濟和社會發展十年計劃和第八個五年計劃綱要〉(줄여서 〈강요(綱要)〉)를 비준하였다. 〈강요〉에서는 장기적인 10년 계획과 5년 중간기간을 결합하여, 20세기 말의 전략적 목표에서 출발하여 '팔오(八五)' 계획(1991~1995년)을 제정하였다. 10년의 장기적인 계획에서는 국민경제와 사회발전의 주요 목표, 기본 임무, 중요 방침과 정책을 중점적으로 규정하였다. '팔오' 계획에서는 국민경제와 사회발전의 방향, 임무, 정책 등 실제적인 사항에 중점을 두었다. 그래서 '팔오' 계획을 통해 중국 사회주의현대화건설의 2단계 전략 목표를 실현하고, 국민경제의 전체 자질을 새로운 수준으로 끌어올리려 했다. 이로써 20세기 말 중국 국민총생산이 1980년의 2배, 10년간 평균 6% 성장률(불변가격으로 계산)을 이루도록 하며, 국민 생활이 원바오(溫飽)에서 샤오캉(小康) 단계에 이르도록 한다는 것이었다. 1993년 국가계획위원회에서는 '팔오' 계획을 세 측면에서 조정하였다. 첫째, 국민경제성장 속도를 원래 6%대에서 8~9%대로 상향 조정하였다. 둘째, 산업구조를 조정하였다. 특히 교통운수와 통신 등의 기초설비 투자를 강화했고, 에너지와 주요 원자재 공업의 발전을 가속화시켰으며, 농업경제의 전면적인 발전을 촉진했다. 셋째, 대외무역의 조정과 외국자본과 고정자본을 이용하여 투자규모를 확대시키는 계획을 조정하였다. '팔오' 계획 기간에 국민경제의 급속한 성장으로, 원래 계획했던 20세기 말 국민총생산 전략목표(1980년의 2배)를 5년 앞당겨 달성하게 되었다. 1995년 국민총생산액은 5조 7,650억 위안으로, 물가상승 요소를 배제한다면 1980년의 4.3배가 되었다. 이는 1990년보다 75.9%가 증가한 것으로, 매년 평균 12.5%의 성장률을 나타냈다.

1999년에는 41.9%, 2000년에는 40%까지 줄었다. 2000년도 농촌의 엥겔계수는 대략 50%대였다. 엥겔계수는 사회의 경제발전 수준과 생활수준을 일정정도 반영한다. 국제연합식량농업기구(FAO)는 엥겔계수로 생활수준의 일반적인 표준을 정했다. 엥겔계수가 60% 이상이면 빈곤 단계, 50~60%대는 원바오(溫飽) 단계, 40~50%대는 샤오캉(小康) 단계, 40% 이하는 부유한 단계라 하였다.

우리의 주된 관심사는 생필품 단계 사회에서 내구소비재 단계의 사회로 넘어갈 때 경제 전반과 사회생활에 어떠한 영향을 끼치게 될 것인가라는 점이다. 다음과 같이 말하는 이도 있을 것이다. 생필품 단계에서는 기본적인 생존의 필요로 바쁘게 뛰어다녀야 했지만, 내구소비재 시대로 접어들어서는 생존에 필요한 기본적 요구가 다 해결되어 더 이상 문제가 되지 않게 되었다. 넓은 집과 자가용, 고급스런 전자제품과 각종 서비스가 충족되어 질 높은 생활로 접어들기 시작했으니, 이 얼마나 좋은 일인가! 또 무얼 더 말할 게 있는가! 한 사회가 생필품 단계에서 내구소비재 단계로 옮겨가면, 경제 전반과 사회생활에 일련의 변화가 크게 일기 마련이다. 만약 이런 과정에 나타나는 각종 문제점들을 적절하게 해결하지 못한다면 모종의 위기가 닥치게 될 것이다. 30년대 미국에서 생겨난 경제 대공황은 아직까지도 사람들의 입에 오르내리고 있다. 역사상 보기 드문 이 경제 대공황의 원인에 대해 여러 가지 해석이 있지만, 지금까지도 여전히 사람들의 의문과 도전을 받고 있다. 최근 들어 일부 학자들은 미국의 경제 대공황이 서구세계가 생필품 단계에서 내구소비재 단계로 변화하는 가운데 생겨난 것이라고 인식하기 시작했다.

앞서 다룬 사회의 단절 문제 역시 이러한 변화와 직접적인 관계가 있다. 이러한 영향은 도시와 농촌 간의 관계에서 뚜렷하게 드러난다.

사람들은 개혁개방 이전의 도시와 농촌 관계를 이원구조라고 말한다. 그러나 자세히 분석해 보면, 당시의 이원구조는 일련의 제도적 장치에서 생겨난 것임을 알 수 있다. 당시의 제도적 장치는 호구제도를 중심으로 도시와 농촌의 인구 그리고 도시와 농촌의 경제와 사회생활을 격리시키는 제도적 장벽을 인위적으로 만들었다. 그래서 도시와 농촌 간의 인구 이동이 불가능했다. 두 지역 주민들에 대한 경제와 사회상의 차별적 대우에다 대량의 농촌 자원의 도시 이동은 도시의 공업화 과정에 큰 몫을 담당했다.

그러나 이러한 제도 이면에서 우리는 당시의 생필품 시대의 특징을 발견할 수 있다. 그것은 자원의 유통으로 두 지역을 하나로 연결하고 있다는 점이다. 당시 도시 가정에서 매달 몇십 위안의 소득으로 구입한 생필품은 무엇인가? 대부분 농산품이거나 농산품을 원료로 한 공산품을 구매하였다. 식량과 부식품 등은 말할 필요도 없이 농민들의 생산품이었고, 의복 등 일용품도 농산품을 원료로 한 것이었다. 다시 말해 당시 도시 주민들의 소비품은 대부분 농산품이었고, 그들의 소득 역시 농민들의 생산품을 구매하는 데 쓰였다. 비록 협상가격차(schere)가 존재했고 또 농·공산품의 비교 가격이 불합리하지만, 우리는 여기서 농촌에 대한 도시의 의존과 도시의 소득이 대부분 생필품 구매를 통해 농촌으로 유입되는 과정을 발견할 수 있다. 그래서 이 시기의 도농간의 이원구조는 '행정주도형 이원구조'라고 할 수 있다.

내구소비재 시대로 들어서자 상황이 근본적으로 변하였다. 이런 변화는 사람들의 일상에서도 여실히 나타났다. 오늘날 도시 인구의 소비항목과 소득의 지출 현황을 살펴보자. 가령 도시 한 가구당 매달 소득이 3,000~4,000위안이라 한다면, 식품류에 쓰는 돈은 몇백 위안에 불과할 것이고, 기타 농산품과 관련된 소비를 포함한다 해도 천 위안 정도밖에 안될 것이다. 나머지는 주택, 자동차 또는 기타 교통관련 비용, 전기, 의료, 자녀교육비, 여가, 기타 서비스로 사용할 것이다. 이런 소비 항목은 농촌이나 농민과는 아무런 관련이 없다. 다시 말해 도시인구의 이러한 지출은 농촌으로 유입되기 어렵다는 것이다. 이 점은 무엇보다도 도시의 많은 부분이 농민이나 농촌과 갈수록 멀어지거나 없어짐을 뜻한다. 그들의 일상생활에 필요한 것은 더 이상 농촌이 아니라 대부분 도시에 의존한다. 원래 농촌에서 제공했던 많은 식품이 지금은 상당 부분 국제시장에서 수입되어 대체되고 있다. 이때 도농간의 새로운 단절이 생겨나는 것을 볼 수 있다. 이러한 단절은 인위적인 제도에 의해 만들어진 것이 아니라 시장에 의해 만들어진 것이다. 그러나 이것도 마찬가지로 일종의 단절이자 아주 심각한 단절이다. 그래서 이러한 단절로 생긴 도농간의 이원구조를 '시장주도형 이원구조'라고 한다.

생필품 단계에서 내구소비재 단계로 전환이 우리에게 던진 도전은 여러 방면에 걸쳐 있다. 최근 들어 중국 경제는 내수불황으로 곤혹스러워하고 있다. 간단히 말해 무슨 물건을 생산해도 그 물건을 팔지 못한다는 것이다. 이는 수요가 경제 발전의 발목을 잡기 시작한 것이다. 이것에 대해 중국 학계는 여러 차례 토론을 가졌다. 하지만 이런 토론 속에서 가장 기본적인 배경이 거의 무시되었다. 기본적인 배경이란 바로 생필품 단계에서 내구소비재 단계로 전환인 것이다. 왜 이러한 요인을 특히 강조해야 하는가? 여기에는 중요한 원인이 있다. 한 사회가 내구소비재 시대로 들어서려고 할 때 내구소비재의 소비에 상응하는 소비형태, 즉 그것의 시장조건이 형성되어야 한다는 것이다. 생필품 시대는 생산이 경제생활을 지배한다면, 내구소비재 시대는 반대로 소비가 경제를 좌우한다. 이것이 바로 '소비가 없으면 생산도 없다' 는 말이다. 이는 내구소비재 시대의 전형적인 특징이다. 그러나 반드시 주의해야 할 점이 있다. 그것은 내구소비재 시대의 소비형태가 이전 시대와는 근본적으로 다르다는 점이다. 즉 생필품 시대의 소비형태는 인간의 생리적 요구에 의해 지탱되었지만, 내구소비재 시대의 소비형태는 오히려 일련의 제도와 구조적 요소에 의해 지탱된다. 이와 같은 제도와 구조 여건을 창조할 수 있는가, 그리하여 내구소비재 시대에 상응하는 소비형태를 형성할 수 있는가, 또 이것을 순조롭게 진행할 수 있는가 하는 점이 관건이다.

우리는 이제 막 내구소비재 시대로 접어들었고, 우리에 대한 그것의 도전 또한 이제 막 시작되었다.

소비형태와 제도장치

이론적으로 한 사회가 내구소비재 시대로 들어서는 구체적인 표준은 무엇일까? 중국은 이미 내구소비재 시대로 들어선 것인가? 만약 들어섰다면 언제부터인가? 이러한 의문점들에 대해 학계에서는 많은 논의가 있었고 또 색다른 의견들이 많이 제시되었다. 내구소비재 시대로 들어선 지표만 가지고 따진다면 이는 학계의 논쟁으로도 충분하다.

학계에서 제시한 이론이나 표준이 무엇이든 상관없이 일반인들은 일상생활 속에서 이러한 새로운 시대에 적응하고 있다. 더군다나 내구소비재 시대와 생필품 시대가 도대체 어떠한 차이가 있는지를 확실히 자각하지 못한 채 말이다. 여기서 말하는 내구소비재 시대에 대한 일반인들의 적응은 구체적으로 그들의 소비행위를 가리킨다.

생필품 시대에는 소비에 관한 사람들의 생각이 지금보다 훨씬 적었을 것이다. 몇십 위안의 월급으로 정해진 양의 양식, 식용유, 고기, 생선, 계란, 국수, 간장, 조미료, 땔감, 담배 등을 구입하고, 또 얼마간의 야채, 간장, 기타 부식류를 구입하고 나면, 남은 돈은 거의 없다. 당시의 소비지출 심리는 정확히 계산된 것이었다. 소비 자체로 본다면 선택권이라고는 거의 없다. 소금이나 간장이 다 떨어졌다면, 주머니에 얼마가 있든 바로 달려가 사야한다. 수중에 돈이 없다 하더라도 빌려서 사야만 한다. 그것 자체가 생필품이기에 구입하지 않으면 당장 생활하기 불편하기 때문이다. 여기서 우리는 생필품 시대의 소비행위의 특징들을 알 수가 있다. 첫째, 소비 항목에 선택권이 거의 없다. 둘째, 구매해야 할 물건의 수량은 많고 가격은 싸다는 것이다. 셋째, 생필품을 다 구매하고 나면 소득 가운데 남는 돈이 얼마 없어 저축에는 한계가 있다는 점이다.

그러나 내구소비재 시대로 들어서면 상황은 근본적으로 변한다. 내구소비재 시대에는 전체 소득 가운데 식료품 등 생필품에 드는 액수가 갈수록 적어진다. 주택, 전자제품, 교통, 통신, 자녀교육, 의료, 여행 등에 더 많은 돈을 쓴다. 이 가운데 주택의 경우는 생활에 꼭 필요한 것이라고 생각할 수도 있지만, 그것의 가격 탄성은 아주 크다. 별장에서 살 수도 있지만, 그것이 없더라도 한두 평 정도의 집에서도 살 수 있기 때문이다.

이런 내구소비재나 서비스의 소비 특징은 생필품 시대와는 확연히 다르다. 먼저, 소비자의 선택권이 대폭 늘어난다. 집을 사든 차를 사든 또 여행을 하든 자녀교육에 쓰든 간에 얼마를 쓸 것인지 어떤 것을 살 것인지는 모두 자신이 판단하여 결정한다. 다음으로 생필품 시대와 비교하여 내구소비재 시대의 소비품은 수량은 적고 가격은 비싸다. 집 한 채 가격이 몇십만 위안에서 몇백만 위안까지 하고, 차 한 대가격이 몇만 위안에서 몇십만 위안까지 다양하다. 가전제품도 몇천 위안 정도까지 한다. 내구소비재 시대의 이러한 특징은, 내구소비재를 구매할 때 현재의 소득에만 의존하여 소비하는 것이 아니라 이전에 저축해둔 돈과 이후에 생겨날 소득까지 고려해서 구매한다는 것이다(이는 주택 구입에 따른 대출을 예로 들 수 있다).

이런 차이에서 무엇을 알 수 있는가? 가장 기본적인 문제는 내구소비재 시대의 소비형태가 이전과는 근본적으로 다르다는 것이다. 만약 생필품 시대의 소비형태가 사람들의 생리적 요구에 의해 지탱된 것이라면, 내구소비재 시대의 소비형태는 일련의 제도와 구조적 요인에 의해 지탱된다는 것이다. 생필품 시대에는 생산이 경제생활을 지배했다면, 내구소비재 시대에는 소비가 경제생활을 지배한다. 이는 바로 '소비가 없으면 생산도 없다'는 것이다. 이는 내구소비재 시대의 전형적 특징이다. 이렇다면 여기에서 관건적인 내용은, 이러한 제도와 구조 조건을 만들어 내구소비재 시대와 서로 상응하는 소비형태를 형성할 수 있을까, 아울러 이러한 것이 순조롭게 전환할 수 있을까라는 것이다.

앞서 말했듯이 내구소비재 시대로 향하는 과도기에는 많은 어려움과 고통이 따른다. 여기에는 중요한 원인이 있다. 서양은 20세기 초에 이런 과도기를 경험했다. 하지만 20여 년의 시간이 경과했음에도 아무런 변화를 가져다주지 못했다. 결국 30년대에 이르러 대공황이 발생했다. 30년대의 경제대공황은 내구소비재 단계로 전환하는 과정의 위기라 할 수 있다. 마침내 서구에서는 이러한 대공황의 도전에 맞서 새로운 제도를 창출하였다. 그것은 케인즈 정책[8], 프랭크린 루즈

---

8) 경제대공황을 극복하기 위해 케인즈가 국가에 의한 유효 수효 창출, 완전 고용, 금본위제 정지(停止)를 대신할 관리통화제도 등의 이론을 제창하였다.

벨트 대통령의 신정(新政), 복지국가 건설 등을 통해 위기를 모면한 것이다. 곧이어 발생한 2차 세계대전으로 외부시장에 대한 여건이 생기자 서구에서는 이를 순조롭게 전환시켰다. 이로써 로스토우(W.W.Rosto)[9]가 말한 대중소비 시대로 진입하게 되었다.

그렇다면 내구소비재 시대에 상응하는 소비형태를 형성하기 위한 기본적인 제도적 조건은 무엇일까? 앞서 30년대 서구의 대공황시기에 새로 제정한 제도에서 알 수 있듯이 가장 중요한 것은 사회보장제도이다. 내구소비재 시대의 소비특징을 분석하면, 사람들이 구매하는 내구소비재는 필수품이 아니라 많은 비용을 지불하고 심지어 대출을 받아 구입해야하는 것들임을 알 수 있다. 여기에는 사회의 제도적 장치가 필요하다. 사람들은 이러한 장치를 통해 이후의 생활에 대해 확실한 계획을 세울 수 있고, 수중의 자금을 몽땅 소비할 수 있도록 하며, 심지어 당장의 소비를 위해 돈을 빌릴 수 있도록 한다. 그렇지 않으면 내구소비재 시대에 상응하는 소비형태를 이루지 못할 뿐만 아니라 내구소비재 시장의 형성 또한 어렵게 된다. 이러한 상황에서 미국 등과 같은 서방국가에서 왜 경제대공황의 국난에 맞추어 사회보장제도를 건립하고 복지국가로 향하려 했는지를 알 수 있다.

이러한 관점에서 볼 때, 지금 중국 경제 문제 특히 내수불황과 경

---

9) 로스토우는 미국의 저명한 경제학자로, 경제현대화이론의 대표작인 『경제성장의 단계:비공산당선언』을 저술하였다. 그는 현대화란 농업사회에서 공업사회로 전환하는 과정이며, 이 과정에는 일련의 단계와 심각한 변화를 포괄하기에, 그러한 변화과정의 특징과 규율을 중점적으로 연구해야 한다고 여겼다. 그래서 그는 이 책으로 현대화이론과 정학파의 대표인물이 되었다. '비공산당선언' 이라고 한 것은, 마르크스의 인류발전 6단계(원시사회, 노예제사회, 봉건사회, 자본주의사회, 사회주의사회와 공산주의사회)를 대신하여, 자신이 구상한 경제성장의 단계에 따라 인류사회발전을 6단계(전통사회단계, 도약전제단계, 도약단계, 성숙추진단계, 고소득자소비단계, 생활의 질적 추구단계)로 나누었기 때문이다.

기침체 문제는 아주 분명해진다. 그것은 첫째, 중국 경제가 이미 내구소비재 시대로 들어서기 시작하였기에 이 시대에 상응하는 소비형태의 형성이 절실하다. 둘째, 사회보장제도가 가장 절실한 지금 중국은 이 제도가 아주 미약하다.

우리는 많은 사람들이 일상생활에서 아래와 같은 문제에 대해 걱정하는 것을 자주 들을 수 있다. 장래에 아이들 교육비가 얼마나 들어야 할까? 모른다. 늙었을 때 퇴직금이나 노후대책보험이 있을까? 있으면 또 얼마나 될까? 생활하는 데 충분한 돈일까? 모른다. 나중에 병이 났을 때 더구나 큰 병에 걸리면, 돈은 얼마나 필요하고 의료보험으로 얼마만큼 해결할 수 있을까? 모른다. 비슷한 질문에 "모른다"라고 답하는 경우가 허다하다. 이처럼 "모른다"라는 대답은 보편적인 불안감을 일으킨다. 이런 불안감은 중년 이상의 사람들에게 더욱 심하게 나타난다. 그 이유는 그들이 예상할 수 있는 확실하고 안정적인 사회보장제도가 아직 없기 때문이다. 이처럼 예상할 수 없기 때문에 그들은 어쩔 수 없이 단 한 가지 방법만을 택하게 된다. 그것은 될 수 있는 한 저축을 많이 하여 불안감을 해소하는 것이다. 소위 내수불황이니 경기침체니 하는 것이 바로 이런 현상과 깊은 관련이 있다.

2년 전 내수불황으로 걱정할 때 대다수 사람들은 그것을 이해하지 못했다. 사람들 수중에 돈이 많지 않은가? 은행에 저축을 많이 하지 않았는가? 왜 그러한 돈을 쓰지 않는가? 사실 사람들의 소비행위와 상관있는 기본 요소는 바로 실제적인 지출 능력이다. 만약 사람들 수중에 정말 돈이 없다면 수요를 확대하자고 떠들어대는 것은 쓸데없는 짓이다. 문제는 저축액이 많이 있고 사람들의 실제 지출능력 또한 있다는 점이다. 그러나 그들은 돈을 쥐고 있기만 하지 쓰지는 않는다. 이에 정부는 대폭적인 금리하락 정책을 지속적으로 시행했다. 1996년

4월부터 1998년 12월까지 중앙은행은 여섯 번이나 금리하락을 단행했다. 1년 만기 이율이 원래 9.15%에서 3.78%로 떨어졌고, 지금은 2%도 되지 않는다. 이처럼 계속 금리를 대폭 하락시키면 저축 의욕이 격감될 것이고, 이것으로 소비행위를 추동시킬 수 있을 것이라 믿고 있었다.

그러나 이러한 예견은 현실화되지 못했다. 1998년 3월 말 중앙은행은 네 번째 금리하락을 감행했지만, 5월달 저축총액은 4월보다 1.2%나 증가했다 1998년도 상반기 저축총액이 작년 같은 기간보다 16.8% 증가했다. 80년대에 금리가 하락하자 앞다투어 물품 구매 바람이 일었는데, 이에 사람들은 '호랑이(저축한 돈)가 울타리를 나가는 것', 즉 돈이 새어나가는 걸 염려하였다. 90년대 말의 상황을 80년대와 비교해보면 이것은 완전히 또 다른 현상이다. 통계치를 통해서도 최근 들어 소비증가율이 GDP 증가에 미치지 못함을 알 수 있다. 1986~1997년도까지의 GDP 평균증가율이 9.8%에 달하지만, 같은 기간 한해 소비증가율은 8.2%에 그쳤다. 이것은 GDP 성장률보다 1.6%가 낮은 수치이다. 금리가 높을 때는 돈을 꺼내 소비하지 않고 금리가 낮은 경우에도 소비는 여전히 얼어붙어 있었는데, 이는 연구할 만한 가치가 있는 현상이다.

이자 때문이 아니면 사람들은 무엇 때문에 저축을 하는가? 생활에 필요한 물품이 풍부한데도 소비욕구가 없다니? 문화학자들이 말하는 것처럼, 근검절약의 문화전통이 그들을 습관적으로 저축하도록 만든 것인가?(아시아의 문화적 특징에 근거한 것이다), 아니면 다른 것을 염두하고 있는 걸까? 여기에서 관건이 되는 것은 바로 이러한 다른 것에 대한 염두다. 가장 중요한 원인은, 제도의 불확실성으로 불안감이 조성되고 이러한 불안감에서 저축이 그나마 안정감을 가져다 줄 수 있다는 것이다.
　몇 년 전 단기적 소비행동에 관해 연구를 하면서 제도가 불완전할 때 단기 소비행위를 이끌어낸다는 것을 발견했다. 그 이유는 행동의 선택이 어떠한 행위 형태인가를 예측해내는가에 달려있기 때문이다. 어느 정도 장기적인 예측을 할 수 있는지 또 도출해낸 의견이 긍정적인지 부정적인지, 이 모든 것은 사회의 제도적 장치와 직접적인 관계가 있다. 제도적 장치가 명확하고 안정되어야만, 사람들이 장기적인 예측을 어느 정도 쉽게 도출해 낼 수 있을 것이고, 이로써 장기적 소비행위의 선택도 할 수 있는 것이다. 그러나 최근에는 제도가 불안정해도 극단적인 장기 소비행위가 나타난다는 것을 발견하였다. 지금 중국 사회의 저축 경향에서 그 실례를 찾을 수 있다. 지금 우리는 제도 전환의 중요한 시기에 처해있다. 이러한 시기에 구제도는 효력을 잃게 되었지만 새로운 제도 또한 완벽하게 일으켜 세울 수 없다. 이런 상황은 사람들의 소비행위에 대한 예측과 소비행동에 대한 선택에 상당한 영향력을 미친다. 만약 이런 원리를 충분히 이해한다면, 신용소비와 대출소비가 실제로 소비에 끼치는 자극이 얼마나 큰 것인지를 알 수 있게 된다.
　이런 점에서 완전한 사회복지제도의 건립은, 설령 대규모 내구소비재 시대에 상응하는 소비시장을 형성한다 할지라도, 이는 피할 수 없는 추세다. 이 점에 있어 우린 한 가지 현상에 주목하지 않을 수 없다. 그것은 80년대의 소득예측에서 90년대의 지출예측으로 변화이다. 80년대 사람들은 소득의 증가를 아주 중시했다. 그들은 대부분 내년도 월 소득이 얼마 증가할 것인가를 계산하여 그것에 맞춰 생활 계획을 꾸렸다. 이것이 바로 '소득계획'이다. 그러나 90년대 이후 상황이 크게 변했다. 지금은 소득이 증가하느냐 마느냐가 아니라 이후 어떤 지출항목이 새롭게 생길 것인가에 더 많은 관심을 두고 있다. 예를 들어 앞서 말한 자녀교육, 주택구입, 노후대책, 의료 등이다. 그들 역시 이러한 계획에 근거하여 생활하고 있다. 이를 '지출계획'이라고 한다.

지출이 왜 이렇게 중요한 위치를 차지하게 되었는가? 그 이유는 현재 정상적인 상황하에서 월 소득이 많아봐야 세 자릿수 정도로 증가하지만, 지출항목은 보통 다섯 자릿수에서 심지어는 여섯 자릿수이기 때문이다. 대여섯 자리 단위의 지출항목이 나타날 수 있는 것에 비해, 세 자릿수의 소득 증가는 거의 무시해도 된다. 그렇기 때문에 이럴 경우 완전한 사회보장제도의 성립은, 그들이 제도 규정에 근거해 자신의 생활을 계획할 수 있도록 할 수 있게 한다. 다시 말해서 이는 효과적인 시장수요 형성에 아주 중요한 조건이라 할 수 있다.

다 빚어놓은 만두를
누가 살 것인가?

한 가지 상황을 생각해보자. 13명이 있다고 하자. 그 중에 4명은 만두를 빚어 그걸로 생활을 영위함과 동시에 만두를 판 소득으로 5명을 부양해야 한다. 지금 만두를 다 빚어내었다. 그 중 9명은 만두는 맛있지만 살 돈이 없으니 그냥 만두 국물만 좀 마시겠다고 한다. 이렇다면 만두를 살 수 있는 사람은 4명뿐이다. 하지만 이 4명 중 1명은 만두를 살 수 있지만 만두보다는 오리구이를 먹고 싶다고 한다면, 실제 만두 소비자는 몇 명인가? 3명뿐이다. 다시 말해 만두를 빚는 사람과 사는 사람의 수가 거의 같다. 그 결과는 다음과 같이 상상할 수 있다. 잘 빚은 만두는 소비자를 만나지 못해 창고에 쌓여만 간다. 만약 4명이 만두를 빚어 그것으로 생활을 영위하면서 동시에 다른 5명을 부양해야 한다면, 그들의 생계에 문제가 생길 것이다.

이러한 예가 바로 중국이 현재 직면한 문제이자 곤경이다. 내수불황으로 이미 여러 해 어려움을 겪었다. 비록 적극적인 재정정책의 실행(장기적인 건설, 국채의 대규모 발행)이 경제성장을 진작시키는데 일정정도 작용을 하지만, 시장의 침체는 중국의 경제생활에서 사라지지 않는 어두운 그림자가 되고 있다. 그 중 한 가지 기본적인 배경은 앞서 설명했던 내구소비재 시대의 도래다. 앞에서 이러한 세 가지 점을 이미 설명한 바 있다. 첫째, 내구소비재 시대의 소비형태와 생필품 시대의 소비형태는 다르다. 둘째, 내구소비재 시대의 소비형태는 일련의 제도적 장치와 구조적 요소로 지탱된다. 셋째, 사회보장제도는 내구소비재 시대의 소비형태를 지탱하는 기본적 제도 요소이다. 본문에서는 내구소비재 시대의 소비형태를 제약하는 또 다른 중요한 구조적 요소를 모색할 것이다.

자세히 관찰해보면 일반인도 현재 중국의 경제생활 속에 아주 특이하고 주목할 만한 현상이 존재하고 있다는 것을 발견할 수 있을 것이다. 그것은 어떤 생산품(생활용품, 특히 내구소비재)을 생산하는 사람들은 이러한 생산품을 사지 않는다는 점이다. 예를 들어보자. 온수기를 생산하는 사람은 집에서 온수기를 사용하지 않는다. 그 이유는 이것을 생산하는 노동자는 대부분 농촌에서 온 농민공이기에, 그들(극소수를 제외하고)은 온수기와 아무런 관련이 없기 때문이다. 도시 건축현장에서 막노동을 하는 사람들은 기본적으로 농민공이다. 그들이 별장, 아파트, 호화주택 등 다양한 건축물을 짓지만, 이러한 집들은 그들이 구입할 수 없다. 이와 비슷한 현상은 아주 많다. 중국 사회에서 이처럼 많은 사람들이 각종 내구성 제품을 생산하지만, 그들이 이러한 제품을 소비하는 소비자는 아니다. 물론 어떤 사회에서도 물건을 생산한 사람이라고 해서 꼭 그 물품을 소비하는 것은 아니다. 원자탄을 생산한 사람이라 해서 꼭 그것을 사용할 필요는 없다. 그러나 우리가 여기서 거론하는 문제는 바로 내구소비재이다.

우리는 거시적인 숫자를 통해 문제의 소재를 파악할 수 있다. 현재 중국 인구는 13억이다. 이 인구 가운데 2차 산업과 3차 산업의 생산활동에 종사하는 사람들, 즉 공산품을 만들고 서비스업에 종사하는 사람들은 대략 4억 정도이다. 그 중 2억이 도시 노동인구이고 1억이 향진기업 노동자이며 나머지 1억은 농민공이다. 그들이 부양해야 할 인구는 약 5억이다(도시 노동인구는 일인당 0.5명을 부양해야 하고 농민공과 향진기업 노동자들은 일인당 2명을 부양해야 한다). 그렇다면 공산품과 서비스 상품을 소비하는 사람은 몇이나 될까? 대략 3억의 도시인구와 1억의 부유한 농민들이다. 물론 이렇게 말하는 것은 조금은 극단적이다. 나머지 인구가 공산품을 전혀 소비하지 않는다고 말할 수 없는 것이, 편벽된 산골의 아이들도 공장에서 생산된 과자류를 살 수 있기 때문이다(게다가 요즘 세상에 걸치고 있는 옷은 모두 공장에서 생산된 제품이 아닌가!). 그러나 중국의 공업 단계가 내구소비재 시대로 접어들었다면, 이런 판단은 현실과 그다지 동떨어지지 않은 것이다. 이와 동시에 무시해서는 안 될 사실이 있다. 공산품이나 서비스 상품을 소비할 수 있는 인구 가운데는 고소득층이 있다. 이들이 소비하는 것은 상당 부분 국내에서 생산된 것이 아니라 수입품이다. 이것은 앞의 예시 가운데 만두를 사먹지 않고 오리구이를 먹으려는 사람에 해당한다.

2차 산업과 3차 산업에 종사하는 사람들과 그것을 소비하는 사람들의 수가 거의 비슷하다. 이것이 중국 기업이 직면한 시장 환경이자 내수불황의 근본적 요인이다.

서구 상황과 대조해보면, 지금 직면하고 있는 문제의 소재가 어디에 있는지 확실하게 알 수 있다. 서구의 공업화 과정에 수반된 중요한 과정은 바로 도시화이다. 서구의 도시화는 공업화 초기에 나타났다. 공업화 초기의 전형적인 특징은, 공업의 성장이 주로 공업규모의 확대와 공업에 종사하는 노동자 수에 의존하였고, 공업 생산능력은 상당부분 생산재의 생산에 집중되어 있었다. 공업 규모의 급속한 확대로 농촌인구가 대량 도시로 흘러 들어왔다. 19세기 말에서 20세기 초에 이르자, 서구에서는 전체 인구 가운데 절반이 도시로 이주해왔다. 상당수의 노동력이 공업에 종사한 이후, 노동자들의 임금 인상 요구도 점차 높아갔다. 특히 30년대 경제 대공황 이후 시장수요의 부족에 대응하기 위해 서구에서는 체계적인 사회보장제도를 만들기 시작했다. 이러한 배경 아래 서구의 공업은 내구소비재를 대규모로 생산하는 단계에 들어섰고, 이로 인해 서구 사회는 로우스토가 말한 대중소비 단계로 들어서게 되었다.

이로써 내구소비재의 대량생산과 사회 전체가 대중소비 단계로 들어선 것은 최소한 3가지 사회적 조건을 전제로 한다는 것을 알 수 있다. 첫째, 상당히 높은 도시화 수준이다. 둘째, 도시 노동자의 월급과 소득이 대체로 상승했다. 셋째, 어느 정도 완전한 사회보장제도의 실시이다. 이것이 바로 내구소비재를 만드는 데 요구되는 필수 조건이다.

이를 중국의 상황과 비교해 보면, 문제의 소재가 어디에 있는지 발견하는 것은 그다지 어렵지 않다. 50년대 초에 중국은 급속한 공업화 단계에 들어서기 시작했다. 그렇지만 오랜 시간 동안 도시화는 계속 침체상태에 있었다. 60년대 중국의 중소도시인구는 1억 3,073만 명이었다. 이는 총인구의 19.75%였다. 1978년도의 중소도시인구는 1억 7,245만 명으로 증가했지만 총인구의 17.92%여서, 그 비율이 오히려 감소했다. 2%가량 감소했다는 것은, 50년대부터 80년대 초까지 중국의 도시화가 발전한 것이 아니라 퇴보했음을 보여준다.

도시화를 이루지 못한 공업화의 직접적인 결과는, 대량의 농민들이 공업화 과정 밖으로 밀려나게 된 것이다. 이것이 공업화의 단절이다. 그래서 내구소비재를 대규모로 생산하기 시작할 무렵에 이런 제품을 소비할 만한 소비자가 그다지 많지 않다는 것이 발견된 것이다.

그것의 원인은 다음과 같다. 첫째, 농민이 공업화 과정 밖으로 밀려남으로 인해 내구소비재의 소비에 맞지 않는 저소득 상태에 처하게 된 것이다. 그래서 농민들의 저소득 문제는 중국 사회에서 장기간 주목을 받았던 화젯거리였다. 하지만 사회가 공업화 단계에 들어설 때 농민들 대부분이 공업과 도시 밖에 머물러 있고 농업만을 계속 기본 산업으로 한다면, 그들 소득은 도시에서 일하는 소득에 미치지 못하게 된다는 것이 문제이다. 그 결과는 쉽게 드러난다. 자동차, 전화, 대형 컬러TV, 컴퓨터, 온수기 등과 같은 내구소비재는 농민들과 아무런 상관이 없을 뿐더러, 우유, 빵, 각종 부식품 등과 같은 일용품조차도 그들이 멀리서 바라볼 뿐 가까이 할 수 없다는 것이다.

둘째, 도시에서는 많은 내구소비재의 사용을 중요한 생활방식 조건으로 삼아야 한다. 이것 역시 아주 중요한 사항이다. 예를 들어 세탁기와 온수기를 사용하려면 두 가지 조건이 갖추어져야만 한다. 하나는 전기이고, 또 하나는 상하수도 시설이다. 온수기는 상하수도 시설이 없고 벽돌로 쌓은 농촌의 화장실에다 설치하기 어려울 뿐 아니라, 상하수도 시설이 없으면 세탁기도 무용지물이다. 그래서 부유한 농가에서 결혼하면서 구입한 세탁기가 양식을 저장하는 용도로밖에 쓰이지 않는 것을 볼 수 있다. 이런 상황에서 농촌의 세탁기 시장이 얼마만한지 생각만 해도 알 수 있다. 냉장고의 사용도 최소한 두 가지 기본조건이 필요하다. 하나는 전기이고, 또 하나는 '집안 앞뒤로 박을 심고 콩을 심는' 생활방식에서 벗어나야 한다는 것이다. 문을 열면 곧바로 신선한 야채를 먹을 수 있고 또 오랜 시간 보존해야할 대량의 식품을 소비할 수 없다면, 전기냉장고의 용도는 사라지게 될 것이다. 아울러 이런 상황에 처한 농촌에서 냉장고의 시장 개척이란 힘들 것이다.

이처럼 단절된 공업화는 농민을 공업화 과정뿐 아니라 공산품의 소비 과정 밖으로 밀어내어버렸다. 지금처럼 이렇게 많은 사람이 농촌에서 계속 생활한다면, 상기 요인들은 내수시장에 커다란 영향을 끼치게 될 것임은 자명한 사실이다.

계층구조와 내구소비재 시장

내구소비재 시대에 상응하는 소비형태를 형성하려면, 대다수 인구가 도시에 거주해야하고(도시화 과정의 기본적인 완성) 장기적인 예측과 소비심리를 확보하는 사회보장제도가 필요하고, 동시에 사회계층구조의 조정이 필요하다.

서구의 발전과정에서 이러한 논리적 순서를 찾을 수 있다. 공업화 초기에는 대량의 농촌 노동력과 인구가 발전 중인 도시의 공업화 속으로 유입되었다. 서구사회의 이러한 과정은 19세기와 20세기 상반기에 완성되었다. 20세기 초 도시 거주 노동자들이 임금인상을 요구하기 시작함으로써 노동자계층의 실질 소득이 증가하게 되었다. 이는 분명 자본가에 대한 노동자의 승리라고 볼 수 있다. 아울러 노동자와 도시 주민의 실질 소득이 증가했다는 사실은, 이 사회가 내구소비재 시대로 진입 조건을 갖추게 되었음을 의미한다. 그 이유는 도시 주민의 실질 소득으로 내구소비재를 구매할 수 있을 때라야만 진정한 내구소비재 시장이 조성되기 때문이다. 50년대 이후 신기술 혁명이 역동적으로 추진되는 과정에서 서구사회에서는 중산계층이 부단히 증가하기 시작했다. 이 중산계층이 내구소비재 시장의 중추적인 역할을 하게 된다.

여기서 우리는 내구소비재 시대에 상응하는 소비시장의 형성에는 그에 상응하는 계층구조 조건, 즉 '중산계층'의 확대가 필요하다는 것을 알 수 있다. 이러한 각도에서 분석해 보면, 최근 국내 경기침체와 내수불황의 주요 원인이 무엇인지를 알 수 있다. 그것은 빈부격차가 갈수록 심해지는 상황하에 '중산계층'이 빈약하다는 점이다.

개혁개방 이전만 하더라도 중국은 평등한 사회였다. 과거 20년 동안 경제체제 개혁 과정 속에서, 시장경제의 도입 그리고 부패와 국유재산 분할 과정으로 주민들의 소득격차가 크게 늘어났다. 1997년도 〈갈수록 높아지는 소득을 함께 향유하기〉라는 제목의 세계은행 보고서에서, 중국은 국민소득격차를 반영하는 데이터인 지니계수가 80년대 초에는 0.28, 1995년에는 0.38이었으며, 90년대 말에는 0.458이었다. 기타 연구기관의 연구결과도 마찬가지였다. 이 보고서에 따르면, 중국의 지니계수는 사하라지역의 아프리카나 라틴아메리카보다 조금 나은 것을 제외하고는, 빈부격차가 선진국과 동아시아 기타 국가나 지역 그리고 구소련 동유럽국가보다도 높은 것을 알 수 있다. 전 세계를 통해 15년이란 짧은 기간 내에 소득격차의 변화가 이처럼 큰 나라는 아직 없었다.

우리는 최근 일련의 수치를 통해서, 이러한 경향이 사회 각 계층에서 나타나고 있음을 알 수 있다. 이는 도시와 농촌 간, 도시 주민 가운데 거지와 부자 간, 서로 다른 지역 간에 모두 나타난다. 농촌 내부의 빈부 분화 과정도 끊임없이 심화되고 있다. 산둥(山東)성 농업조사위원회는 다음과 같은 조사결과를 내놓았다. 2000년도 산둥성 농민의 평균 순수입이 2,659위안에 달했지만, 이러한 평균에 다다른 농가는 40%뿐이고 60%는 평균 이하의 소득을 내고 있다. 구매력을 잘 드러내는 은행 잔고와 손에 쥐고 있는 현금을 가지고 살펴보면, 20%의 고소득 농가가 전체의 35.8%를 점유하고 있으며, 이들의 현금 보유량은 20%의 저소득 농가의 4.2배이다. 농촌경제가 어느 정도 괜찮은 쟝쑤(江蘇)성의 경우에도 마찬가지로 이런 현상이 나타났다. 쟝쑤성 농업조사국의 발표에 따르면, 2000년도 쟝쑤성 농민의 평균 순수입은 3,595위안이었다. 그 중 10%의 고소득 농가의 평균 순수입은 10,235위안으로 전년보다 14.3% 증가했지만, 저소득 농가의 평균 순수입은 1,146위안으로 전년보다 오히려 3% 감소했다. 농촌의 총소득 가운데 '평균 소득이 만 위안대' 인 가구가 23.4%를 차지하고 '평균 소득이 천 위안대' 인 가구는 3.7%에 불과했다.

    빈부격차는 여러 상황에서 경제성장에 긍정적으로 작용한다고 경제학에서는 보고 있다. 이렇게 해석하는 까닭은 빈부격차가 자본 형성을 촉진하기 때문이다. 만약 200위안을 가지고 두 사람이 나눈다고 가정해보자. 평균적으로 나눈다면 월 소득은 각각 100위안이 된다. 일반적인 생활수준에서 각각 90위안을 쓴다고 가정해보면, 각자 매월 10위안밖에 절약하지 못한다. 아울러 이 둘을 합치면 20위안을 절약하는 셈이 된다. 경제학 용어로 말하자면 20위안의 자본이 형성된다는 것이다. 만약 계산법을 달리하여 불균등하게 나누어보자. 가령 갑에게 150위안을 주고 을에게 50위안을 준다면 다음과 같은 현상이 나타날 것이다. 을은 50위안으로 상당히 궁핍하게 생활하겠지만 살 수는 있다. 물론 그에겐 절약할 것이라고는 없게 될 것이다. 갑은 소득이 어느 정도 되므로 저축을 조금 할 수 있다. 원래 계획으로 따지자면 그가 매월 소비할 수 있는 비용은 90위안이지만, 현재 그의 소득이 100위안이 아닌 150위안이므로 실제로는 110위안을 쓸 것이다. 그래도 어쨌든 40위안을 절약할 수 있게 된 것이다. 이처럼 두 사람이 절약한 돈을 더하면 총액수는 40위안이 된다. 다시 말해서 40위안의 자본이 생겨난 것이다.

이 후자의 방안을 전자와 비교해보면, 절약으로 형성된 자본이 2배로 증가했음을 알 수 있다. 이러한 자본금을 경제활동에 투자한다면 경제성장에 분명 유리할 것이다. 경제학자는 여기서 한 발짝 더 나아가 다음과 같이 해석을 한다. 두 번째 방안은 빈부격차가 확대되는 것처럼 보이지만, 자본 형성이 증가되면서 경제는 발전하게 된다. 그중 일부 경제성장의 열매가 취업 확대나 임금 인상을 가져다 줄 수 있다. 이로써 노동 대가라는 형식으로 가난한 사람들에게 간접적으로 유입된다. 이러한 현상을 '간접유하(間接流下, Trickle-Down)' 효과라 한다.

이러한 논리가 전혀 이치에 맞지 않는다고는 할 수 없다. 하지만 이러한 논리가 형성되려면 기본조건이 필요하다. 그것은 전체 경제의 주요 제약조건인 자본의 형성, 즉 공급이다. 문제는 바로 여기서 나타난다. 20년간의 개혁을 거치면서 중국은 궁핍한 시대에서 조금이나마 벗어났다. 현재까지도 자본과 투자는 경제성장에 여전히 중요한 작용을 하지만, 수요는 갈수록 경제성장의 걸림돌이 되고 있다. 경제가 발전하느냐 마느냐 공장이 충분히 가동되느냐 마느냐 하는 것은, 생산된 제품이 시장에서 팔릴 수 있느냐에 달려있다. 10년 전 아니 몇 년 전에 적당한 빈부격차가 경제성장을 촉진할 수 있다는 이론이 성립했더라면, 수요가 생산을 결정하고 경제성장을 결정하는 오늘에 있어 이 이론은 더 이상 존재하지 않았을 것이다. 존재하지 않을 뿐 아니라 완전히 뒤집어졌을 것이다. 오늘날 극심한 빈부격차는 수요를 억제하고 경제성장을 억제하는 무시하지 못할 요소가 되었다.

빈부격차가 심각한 사회구조란 소수의 부자가 대부분의 소득과 부를 획득하거나 소유하고 있음을 뜻한다. 가난한 자의 소득과 부는 극히 일부분에 지나지 않는다. 수차례의 조사 결과에서 알 수 있듯이, 국민 저축 9조 위안 가운데 20%의 사람이 저축액 80%를 보유하고 나머지 80%가 저축액 20%를 보유할 뿐이다. 소비형태를 보더라도 소수의 부자들에게는 더 이상 내구소비재가 필요 없게 되었다. 그들이 많은 부와 높은 소득을 가지고 있다 하더라도, 내구소비재는 여타 다른 상품과 마찬가지로 그들의 부와 소득에 상응하는 수요 품목이 아니다. 반대로 다른 한쪽인 저소득층은 내구소비재를 가지고 싶어도 현실적인 구매능력이 없다. 이런 상황에서 내수불황과 경기침체는 필연적이라고 할 수 있다.

그래서 내구소비재 시대의 소비형태에 상응하는 합리적인 사회계층 구조, 즉 '중산계층'의 형성이 필요하다. 사회구조상 중산계층을 주체로 하는 사회를 '다이아몬드형' 구조의 사회라고 하고, 양극화된 사회를 '금자탑' 형태의 사회라 한다. 시대변화에 따른 중국 사회계층구조의 재구성에 있어, 대다수 사람들은 '중산계층'이 형성될 것이라 여기고 있다. 최근 들어 국유자산의 분할 과정으로 인한 사영 경제의 발전과 기업제도의 개혁 등으로 사람들은 이러한 기대를 갖게 되었다. 사영기업주의 등장은 물론이거니와 '화이트칼라'의 증가 등이 이러한 추세를 드러내는 듯하다. 그러나 총체적으로 볼 때 이러한 추세는 결코 낙관적이지만은 않다. 일부 연구조사는 현재 중국 사회구조에서 '중산계층'이 여전히 미약하다는 특징을 나타내고 있다. 그 이유는 이러한 계층 형성에는 소득정책의 조정뿐만 아니라, 각종 사회적 조건(예를 들어 직업구조의 변화, 화이트칼라 직업의 발전, 고등교육의 발전 등)이 필요하기 때문이다.

'중산계층'을 주체로 한 사회구조 형성이 어려운 데는 또 다른 중요한 원인이 있다. 그것은 바로 도농간에 존재하는 현격한 격차이다. 이 요소는 국내소비와 전체 경제성장을 억제시키는 작용을 한다. 중국 농촌인구는 도시인구의 2배 이상이나 되지만, 총 소비량은 도시소비량의 91%에 불과하다. 농촌 주민이 내구소비재를 사용하는 비율은 상당히 낮다. 1998년도 경우 컬러TV, 냉장고, 세탁기 등의 보급률은 각각 32.59%, 9.25%, 22.81%여서, 도시의 보급률인 105%, 90.57%, 76%와는 엄청나게 차이가 난다. 소비수준에 있어서도, 1998년도 도시의 평균 소비수준은 6,201위안이었지만 농촌은 1,893위안에 불과하여, 도시의 30.5%에 지나지 않았다. 1999년도 농민의 평균 소비수준은 1,973위안이었고 도시는 6,665위안이었다. 그래서 농민이 내구소비재 시대로 들어서지 못하고서는, 생필품 시대에서 내구소비재 시대로의 전환은 그리 순조롭지 않을 것이다.

내구소비재와 규칙적인 지출능력

개혁개방 이전의 상황을 떠올려 보자. 당시 사람들의 임금은 아주 낮아 보통 한 달에 30~50위안 수준이었다. 그러나 당시 그들의 지출방식은 지금과 큰 차이가 있다. 당시 그들의 소비방식은 먹는데 다 써버리는 것이었다. 월급날 이전에 다 써버리는 사람도 있었다. 그때 그들은 "괜찮아 곧 월급날이잖아"라고 했다. 이것은 당시 소득이 적은 이유도 있었지만, 실제로 모두 그런 것은 아니었다. 또 다른 중요한 원인은, 그들에게는 다음달 월급이란 기대가 있었고 또 다음달 월급이 언제 나오는지, 얼마인지를 알았기 때문이었다. 이러한 판단 아래 그들은 그 달 월급을 과감히 다 써버리거나 심지어 앞당겨 사용하기도 했다.

지금도 마찬가지지 않느냐, 월급이 제때 나오지 않느냐, 액수도 알 수 있지 않느냐고 반문하는 사람도 있다. 맞는 말이다(정상적인 생산을 하지 못해 부정기적으로 임금을 주는 회사를 제외하고). 그러나 이 사이에는 중요한 차이가 있다. 80년대 초반이나 그보다 더 앞선 시기에는 다른 소득원이 거의 없었으므로, 제때에 안정적으로 월급을 지출한다는 것은 정규 소득이 있음을 의미한다. 그러나 지금 상황은 정규 소득 외에도 비정규 소득이 많이 있다. 이것을 '우연 소득'이라 하기도 한다. 지금 중국은 소득 분배의 기형적 구조로 인하여, 일부 월급생활자의 비정규 소득이 상당히 중요한 부분을 차지하고 있다. 정규 소득은 살아가기 위한 생활보조금이 될 뿐이며, 심한 경우 이 소득으로는 기본적인 생활조차 유지할 수 없다. 이것은 현재 임금이 정기적으로 나오지만 기타 소득은 비정규적인 것임을 뜻한다. 이러한 소득구조는 사람들의 소비행위에 큰 영향을 끼친다.

비정규 소득은 사회생활에서 어떠한 비중을 지니고 있을까? 예를 들어 이야기해보자. 몇 년 전 '깨끗한 관공서'라 불렸던 단위에서 자본을 모아 건물을 지었다. 위치나 집구조도 괜찮았기에, 방 세 개가 딸린 주택에 20여만 위안이 필요했다. 처음에 사람들은 일반 노동자가 이처럼 많은 돈을 지불하지 못할 것이라고 여겼다. 소식이 전해졌을 때 사람들 사이에서 이러쿵저러쿵 말이 많았다. "이렇게 많은 돈을 누가 낼 수 있을까?" "우리 연봉이 얼만데?" 하지만 신청을 받았을 때 자금 모집은 의외로 순조로웠다. 하지만 지불능력이 있었던 직원들 (중년 직원을 포함해서)은 그다지 끼지도 못했다. 그렇다면 도대체 누가 이런 대열에 낄 수 있는가라는 문제를 가지고 한바탕 논쟁이 일었다.

20만 위안은 도대체 어떤 개념일까? 당시 이 단위의 평균임금을 계산했을 때, 이는 직원 한 사람이 20여 년 동안의 월급 총액에 해당한다. 지난 몇 년 동안 임금 수준이 더욱 낮았다는 점을 고려한다면, 이 단위 직원들이 일을 시작한 이래 지금까지의 월급을 전부 모았다고 해도 20만 위안이 되질 않는다. 그럼 이 돈이 어디서 나온 것일까. 이 단위는 행정기관이 아니고 직원들이 행정적 권리를 가지고 있지 않기에, 부패 요인은 거의 없다고 볼 수 있다. 필자가 이해하는 바로는, 이 돈은 바로 사람들이 말하는 '부수입'이다. 다시 말해 부업으로 생긴 소득, 기타 일시적인 소득, 외국에 나가 벌어들인 소득 등이다.

어떤 사회라도 이런 비정규 소득은 있기 마련이다. 문제는 중국 사회는 이러한 소득이 지나치게 크다는 데 있다. 90년대 중반이라고 기억된다. 그해 도시 주민의 전체 소득은 6,000여억 위안이었고, 당해년도 전국 저축고의 증가분 또한 6,000여억 위안이었다. 물론 여기에는 농민들의 저축까지 합한 수치다. 하지만 우리가 알다시피 농민들의 저축액이 전체 저축 가운데 차지하는 비율은 아주 작다. 그래서 이 데이터는 도시 주민들이 한 해 동안 아무 것도 안 먹고 안 마시며 생활한 것 같은 인상을 준다. 그러나 그들은 실제로 먹고 마셨을 뿐 아니라 아주 잘 먹고 잘 마셨다. 그렇다면 그들이 먹고 마시며 생활한 이 돈들은 어디서 난 것인가? 이것은 바로 비정규 소득에서 나온 것이다.

어떤 단위에서 은행을 통해 월급을 지불하면, 몇 달에 심지어는 일 년에 딱 한 번 돈을 찾는 이들이 있다. 이것을 통해 그들은 모두 이러한 비정규 소득에 의존하여 생활한다는 사실을 알 수 있다.

지금 우리가 분석해야할 것은, 이러한 소득이 사람들의 소비행위에 어떤 영향을 끼치느냐 하는 점이다. 이러한 소득구조는 지출을 할 때 다음 두 가지 특징을 지닌다. 첫째, 일회성 지출능력이 강하다. 앞서 예를 들었듯이, 그 단위 직원이 10만 위안이나 20만 위안으로 단 한 번에 주택을 구입한다는 것은 정규소득으로는 상상도 못할 일이다. 둘째, 정기적 지출능력이 부족하다. 10만 위안이나 20만 위안을 단번에 내놓는다고 해서 그들이 일상생활에서 매달 몇백 위안 또는 수천 위안의 돈을 가볍게 쓸 수 있다는 것을 의미하지 않는다. 더 확실히 말하자면, 일회성 지출과 정기적 지출에 대해 그들이 받아들이는 심리적 부담이 다르다는 것이다. 그들에게 한 번에 큰 액수의 돈을 내라고 하면, 이를 꽉 깨물고 낼 수도 있을 것이다. 하지만 그들에게 매월 고정된 소득 가운데 일정액을 내라고 하면 내기 부담스러워 할 것이다. 더욱 중요한 사실은, 그들은 후자에 스트레스가 더 쌓인다고 느낀다는 점이다. 그 원인은 바로 앞서 말한 소득구조에 있다. 일회성 지출은 이전의 비정규 소득을 가지고 사용하지만, 정기적 지출은 이후의 안정된 소득을 기초로 해야 하기 때문이다.

이것이 현재 중국 소비시장에 보편적으로 존재하는 '살 수는 있지만 쓸 수는 없는' 현상을 불러일으킨다. 가장 전형적인 예가 자동차이다. '살 수는 있지만 유지비가 많이 든다' 는 것이 차량 구매에 따른 소비자들의 심리이다. 다시 말해서, 상당수의 도시 가정에서는 몇만 위안의 가격 정도는 충분히 지불할 수 있다. 그러나 매년 수천수만 위안의 차량 유지비가 그들을 망설이게 한다. 물론 여기에는 차량 유지비가 과도하게 높다는 것도 문제다. 하지만 더욱 중요한 것은 사람들의 소득구조와 관련이 있다. 분양주택(商品房)[10]의 구매 역시 이와 같은 이치다. 분양주택을 살 때 거액의 돈을 지불해야 함은 물론이거니와 매월 만만찮은 관리비를 지불해야 한다. 이 비용은 연간 많으면 2만 위안이고 적으면 몇천 위안이다. 어떤 소비조사에 따르면, 소비자들 대부분은 분양주택을 구입할 때 관리비용의 부담을 중요하게 고려한다고 한다. 현재 중국의 산업정책 가운데 주택과 자가용은 중점 항목이자 신경제성장점이기도 하다. 하지만 위의 분석을 통해 볼 때 이 두 가지 산업의 소비에는 상당히 높은 정규적인 개인소득이 있어야 한다는 것을 알 수 있다. 그러나 현실 상황에 비추어 볼 때, 중국 국민의 소득구조는 이러한 요구와 서로 모순되고 있다.

한 발짝 더 나아가 이러한 소득구조의 기초 아래, 소비 욕구를 자극할 수 있는 대출소비, 신용소비, 할부 역시 제한적일 것이다. 비정규 소득의 과다와 정규 소득의 과소라는 특징에다 불확실한 제도적 요소를 함께 고려해 보면, 이로 인해 생겨날 수 있는 영향은 아주 크다. 사람들이 저축하는 것은 대부분 불확실한 비정규 소득에서 온 것이다. 그들이 은행돈을 쓸려는 마음이 없는데, 그들에게 대출하여 차와 주택을 사게 하고 이후에 고정적으로 상당액의 할부금을 갚도록 한다면, 이는 그들 입장에서 받아들이기 힘든 것이다.

경제학자들은 내수불황의 원인으로 소득수준이 너무 낮은 것에 있다고 보고 있다. 이러한 견해는 너무 막연하고 모호하다. 문제의 초점은 정규 소득이 너무 적다는 데 있다. 사회전반에 걸쳐 중국 사회의

---

10) 이것은 'commercial residential building'으로, 부동산건축회사에서 투자하여 빌딩을 지은 후 이를 시장가격에 따라 판매하거나 세를 놓는 각종 건물을 일컫는다.

소득 분배는 심각한 문제를 지니고 있다. 그것은 소득 대부분이 정식적인 경로로 분배되는 것이 아니라 비정식적인 경로로 분배된다는 것이다. 이는 소득 분배의 불균형을 낳을 뿐 아니라 시장수요의 형성도 제약하여, 부패현상의 화근이 된다.

cleavage

04

자원의 재축적과 하층사회

가난한 농민, 도시로 간 농민공, 샤강 노동자와 실업자들이 주를 이루는 도시 빈곤 계층이 중국의 **하층사회**를 이루고 있다. 중국 경제는 계속 성장하지만 빈곤 계층은 점점 늘어난다.

자원의 재축적과 하층사회

자원의 확산과 재축적

　　　　　　　　　　최근 중국 사회의 변혁을 분석할 때 '개혁 이래'라는 표현을 자주 쓴다. 이 표현은 개혁 이후 20여 년 간 중국 사회가 어떤 방향으로 계속 변화해 왔음을 의미한다. 이것은 틀린 말이 아니다. 이와 동시에 사회생활 중 어떤 측면은 그 변화 방향이 같지 않고, 그 중 어떤 영역에서는 역전 현상까지 나타나는 것에 주의를 해야 한다.

　특히 주목해야할 현상은, 중국 사회의 자원 배치가 80년대 확산에서 재축적으로 나아가기 시작했다는 점이다. 이러한 전환은 사회생활의 다방면에 걸쳐 근본적인 영향을 가져다 줄 정도로 중요하다.

　80년대 이전만 하더라도 중국 사회의 재산은 대부분 국가가 소유하고 있었고, 그 이후 국가에서 개인의 사회적 위치에 따라 재분배하기 시작했다. 이러한 제도의 실행으로 수반된 것은 사회 재산과 자원의 극심한 '부족' 현상이었다. 이러한 상황하에서, 주변에서 발단이 되고 또 시장을 기본 추세로 한 경제체제개혁은 부의 증가와 자원 확산의 효과를 가져다 줄 수 있었다.

이러한 개혁 과정에서 첫째, 사회의 약소집단과 주변 집단이 가장 먼저 이익을 누렸고, 최빈곤층의 소득과 생활이 개선되었다. 농촌은 농가생산청부책임제를 실시하였고, 이와 동시에 국가에서는 양식과 농산품의 수매가격을 높여 농민 소득이 증가했다. 도시 노동자의 소득도 월급과 보너스의 인상으로 증가했다(심지어 초과분배 현상이 나타나는 경우도 있었다). 일부 실업상태에 있던 사람들, 예를 들어 국가기관이나 국유기업에 들어갈 수 없었던 도시로 되돌아온 지식청년[11]이나 형 만기출소자들은, 개혁 정책 덕분에 개인 사업을 하여 가장 먼저 부자가 되었다. 당시 개인 사업으로 성공한 극소수 사람을 제외하면 부자라는 계층은 존재하지 않았다. 80년대는 절대다수가 개혁개방의 수혜자라 할 수 있다. 이런 배경에서 소위 '공동부유'라는 국면이 나타났다.

둘째, 사회 주변지역에서 왕성한 기운과 발전의 활기가 나타났다. 농가생산청부책임제의 실행은 인민공사(人民公社) 시절 노동에 적극성을 띠지 않았던 이들로 하여금 자주경영 농민이 되게 했다. 농민들은 새로운 정책에 따라 다각도로 경영할 수 있었고, 이로부터 농촌경제가 확연하게 성장하기 시작했다. 이와 동시에 도시 농촌 간의 이원구조가 여전히 존재했기에, 계속 증가하는 농촌 노동력과 기타 자원이 도시로 흘러들어갈 길이 없었다. 그래서 농촌에서는 단지 향진기업의 형식으로 내적 발전을 가했다. 사회 전체로 보면 이익도 있고 폐

---

11) 이 용어는 문화대혁명 기간 중에 사용된 어휘로, 대학이나 중등학교를 졸업하고 난 뒤, "貧農이나 下層中農의 재교육을 받아라"고 한 마오쩌둥의 지시에 의거하여 농촌이나 생산 현장의 노동에 직접 참여했던 젊은이들을 말하며, 흔히 '知靑'으로 총칭되기도 함.

단도 있지만, 객관적인 결과는 농촌경제의 신속한 발전을 촉진했다. 80년대는 향진기업의 증가속도가 전체 국민경제성장속도보다 훨씬 앞섰다. 향진기업의 발전은 농촌의 잉여 노동력의 취업문제를 해결했을 뿐만 아니라, 농민 소득도 크게 증가시켰다. 이후 향진기업의 발달로 중소도시들이 급속하게 발전하기 시작했다..

셋째, 권력을 외부로 이양하여 이윤을 돌려주는 개혁[12]의 추진으로, 하부 정부 조직과 기업은 자주권과 공급 할당된 자원을 더 많이 획득했다. 경제나 사회활동에서 하부 정부 조직과 기업은 이전의 소극적인 집행자의 배역에서 크게 탈피하여 경제 활동의 적극적인 주체가 되었다. 그리고 그들이 더 많은 자원을 확보함에 따라, 경제와 사회생활에 활력을 불어넣었다.

80년대 특히 중반을 전후하여, 재산 확산의 추세와는 달리 '관다오(官倒)'[13]현상이 나타났다. '관다오'는 가격의 '쌍궤제(雙軌制,

---

[12] 덩샤오핑 경제개혁의 기본 방향을 '放權讓利' 4자로 개괄할 수 있다.
[13] '관다오(官倒)'는 80년대 중국에서 출현한 단어로 官方을 배경으로 불법투기를 하여 이익을 취하는 투기자를 가리킨다. 당시 중국에서 행한 경제개혁 과정 속에 일부 관리나 관리의 친척들이 권력을 이용하여 가격 쌍궤제 등을 통해 이익을 취하였다. 그래서 1989년에 발생한 천안문운동(六四運動) 기간에 '관다오를 타도하자'는 내용이 시위 학생들과 민중들의 중요한 요구사항이었다. 이후 이 단어는 점차 중국의 일상생활 용어로 사용되었다. 이 단어는 지금 현실 생활 도처에 깔려 있다. 이것은 반드시 제거해야만 할 '사회 공해'로 아주 위험한 것이다. 몇몇 당정 기관이나 단체가 하룻밤 사이에 '패를 바꾸고 폭죽을 쏘아 올리며 개막식을 거행하며' 재원이 흘러넘치는 '기업'으로 바뀌게 된다. 지금 전국적으로 40만여 개의 관다오 기업이 있다고 전해진다. 그들 대부분은 생산형이 아니라 자문형이자 상업형이며, 회사의 법인 대표는 대부분 실권과 손잡고 있는 간부이다. 그들은 수중의 이권과 관계를 이용하여 전화나 쪽지로 시세 나는 물자를 사고팔아 폭리를 취한다. 중앙정부가 삼령오신(三令五申, 세 번 명령하고 다섯 번 거듭 말하는 것으로, 같은 것을 몇 번이고 되풀이해서 명령하고 戒告함을 말함)으로 권력으로 경제활동을 못하도록 하였지만, 이러한 '관다오' 현상은 그치지 않고 있다. 그 이유는 첫째, 중앙 단위에서 앞장서고 하부 조직에서 모방하기 때문이다. 둘째, 정경 유착에 기초한 중국의 정치체제이다. 즉 정부와 기업이 분리되지 않고 밀접하게 관련되기에, '관다오' 체제가 만들어진다.

double track system)' 14)를 배경으로 하고 있다. 80년대 중반에 이러한 관다오 현상으로 말미암아 정치나 행정 권력을 지녔거나 이에 인접한 사람들이 가장 먼저 부유층이 되었다. 어쨌든 이런 사람들의 수는 제한되어 있고 벌어들이는 부 또한 제한적이어서, 사회 전체의 소득 분배에 별다른 영향을 미치지는 않았다. 그렇게 제한된 사람들을 '완위안후(萬元戶)' 15)라고 불렀다. 그러나 주목할 만한 사실은, 그들 가운데 일부는 '관다오' 활동에서 축적한 재산으로 최초의 원시자본축적과정을 이루었으며, 그들 가운데는 90년대 유명한 사영기업주가 된 사람도 있다.

80년대 말과 90년대 초에는 80년대의 방향과 완전히 상반된 재산 축적 과정이 생기기 시작했다. 이러한 과정이 생겨난 것에는 여러 가지 원인이 있다. 시장 메커니즘, 심각한 소득격차, 횡령과 수뢰, 국유자산의 대규모 분할 등으로 소득과 재산이 몇몇 소수에게만 집중되었고, 도시 농촌 간의 경계가 분명했지만 세수입과 저축 그리고 다른 경로를 통해 대량의 농촌 자원이 끊임없이 도시로 흘러 들어갔다. 또한 세제개혁의 추진 아래 정부는 재정수입을 더 많이 늘렸고, 그런 후에 이러한 수입을 대도시와 직할시에 집중 투자하였으며, 증권 시장의 발달과 기업 간의 재구성과 병합으로, 막대한 자금과 기술 그리고 설비를 소수의 기업에 집중시켰다. 이런 모든 것들이 중국의 자원 배치 구조를 근본적으로 바꾸어 놓았다.

---

14) 중국의 물품 가격은 두 가지 트랙을 사용하고 있다. 공급과 수요 관계에 따라 조정되는 시장가격 외에 일부 중요한 물자는 특정적으로 시장가격보다 낮은 가격으로 지정된 기업에다 공급하는 것이다. 이를 계획공급이라 한다. 그래서 같은 물자라 하더라도 시장가격과 계획공급 가격의 차이가 아주 많이 난다. 이러한 가격차를 이용하여 이윤을 챙기는 것을 '쌍궤제'라 한다.
15) 70년대 말 80년대 초에 유행한 단어로, 가장 먼저 부자가 된 사람들을 말한다.

이러한 자원의 재축적 경향은 중국 사회 전반에 심각한 영향을 끼치고 있다.

첫째, 집단 간의 소득과 재산 격차가 갈수록 커졌다. 개혁 초기 '큰 파이 만들기'라는 개혁 모형에서는 실패자가 생기기 전에 성공자를 만들었다. 그러나 90년대 자원 분배의 메커니즘 변화로 신속하게 벼락부자가 된 사람이 생기자, 개혁 초기에 이익을 좀 얻었던 주변 집단과 약소집단은 줄곧 개혁 대가의 부담자가 되었다. 다시 말해 90년대는 개혁의 실패자가 나타난 시대였다. 이런 과정 중에 한편에서는 소수의 부자 집단이 형성되기 시작했다. 포브스(Forbes)에서 2001년도 중국 국내 100대 부자 기업가를 뽑았다. 이들 기업가가 제공한 자료를 살펴보면, 10위 내의 기업가들이 559억 위안의 자산을 보유하고 있었다(물론 여기서 말하는 보유 자산이란 개인 재산과 완전히 같을 수는 없지만, 재산 점유 정도를 대략 알 수 있다). 다른 한편으로는 도시의 실업자들이 가장 시선을 끄는 집단이 되었다. 이 집단은 개혁 이전에는 경제적 소득이나 사회적 지위 모두 우세한 위치에 있던 사람들이었지만, 과거 십 몇 년 사이에 저소득층으로 전락했다. 조업 단축 기업의 노동자와 일부 퇴직 노동자 등이 대부분 이 집단에 속한다.

둘째, 사회 외곽지대가 현격히 쇠퇴하기 시작했다. 이러한 현상은 특히 농촌이나 소도시에 나타난다. 일부 농촌에서는 젊은이들이 더 이상 보이지 않는다. 이미 껍데기만 남은 촌락도 있다. 게다가 도로나 수도 등 기초 설비 시설이 망가져 수리도 하지 않은 채 그대로 남아있다. 이런 현상의 배후에는 과거 십여 년 사이에 농업이 이미 비생산적인 산업으로 되어버렸다는 것이다. 한동안 국민경제가 연평균 9.3%의 속도로 성장했지만, 농민 소득은 거의 정체 상태였다. 1997년 이후 농민 소득의 평균치가 완만하게 상승했다고는 해도, 대다수 농민들은 소득이 줄었다고 말한다.

셋째, 하부 조직의 쇠멸이다. 최근 들어 재정수입이 갈수록 상급 정부에 집중되어, 하부 정부조직의 재정이 갈수록 약화되고 있다. 특히 농촌 향진정부의 부채는 쌓여가고 있는 실정이다. 현재 상당 부분의 현급(縣級) 정부는 공무원과 교사의 월급을 줄 능력조차 없는 실정이다. 공식발표 자료에 따르면, 현재 향진정부의 부채가 2,000여억 위안에 이른다고 한다. 하지만 전문가들은 이보다 훨씬 많을 것으로 예측하고 있다. 마찬가지로 촌락 단위로 살펴보면, 부채가 4,5십만 위안 정도인 촌락은 흔하게 볼 수 있다.

자원의 재축적과
약소집단의 형성

90년대 자원 재축적의 직접적인 결과로 중국 사회에 상당 규모의 약소집단이 형성되기 시작했다.

약소집단은 어느 사회나 존재하기 마련이다. 80년대 더 나아가 개혁 이전 사회에서도 약소집단은 존재했었다(당시에는 주로 노약자, 병자, 장애인 등이다). 현재 중국의 약소집단이 관심을 받는 까닭은 아래의 원인에 기인한다. 첫째, 빈부격차가 부단히 확대되는 상황 아래 이 집단의 존재가 유달리 주목을 받았다. 둘째, 원래 약소집단은 주로 농촌이었다. 사람들도 가난한 농민의 존재를 알고 있었다. 하지만 농민들은 사회 중심으로부터 떨어져 있기에, 사회 중심에서 볼 때 그다지 심각하다는 인상을 받지 못했다. 그러나 지금 중심도시 자체 내에서 빈곤집단이 출현했다. 이전과 달리 새로운 약소집단의 출현으로, 사람들은 그들에 대해 더 직관적이고 구체적인 인상을 받게 되었다. 셋째, 80년대에도 약소집단이 존재하긴 했지만, 그들의 생활 여건은 개선되어 가고 있었다. 90년대 특히 중반 이후로 접어들자, 약소집단 가운데 절대빈곤 현상이 나타나기 시작했다. 이것은 중국 경제가 급속히 성장하는 동시에 상대적으로 절대빈곤 상황에 처한 사람들도 있다는 것을 의미한다. 넷째, 과거 몇 년간 약소집단의 수치가 감소하고 있는 것이 아니라 증가하고 있다는 점이다. 이러한 이유로 지금 중국 사회의 약소집단 현상은 깊이 관심을 가져야 할 문제가 되었다.

현재 상황에서 볼 때, 중국 사회의 약소집단은 대체로 아래 몇 부분으로 이루어진다.

첫째, 가난한 농민이다. 80년대 초 농촌 경제체제 개혁과 농산물 가격 인상이라는 두 요소의 이중 작용으로, 농민 소득과 생활수준이 단번에 개선되었다. 이것은 당시 도시 주민들조차도 다소간 불평을 자아내게 할 정도였다. 도시의 기업들이 구체제의 속박에 계속 묶여 있는 상황 아래, 개혁으로 나타난 농촌의 '자유유동자원'은 폐쇄된 도시 체제로 유입될 수 없었다. 그래서 그러한 자원이 농촌에 축적되자 향진기업이 잠시나마 번영을 누렸다. 사람들은 이러한 일시적인 번영과 활기를 가지고, 중국 농촌이 진정으로 발전할 계기가 마련된 것으로 오해하였다. 그들은 마치 농촌이 '희망의 토지'라고 여길 정도였다. 학자들도 이러한 현상을 열을 올리며 '농사는 그만두더라도 고향을 버리지 않는' 중국식 현대화 모델이라고 개괄했다.

그러나 호경기는 그리 길지 않았다. 80년대 중반에 이르자 농촌의 개혁 능률은 거의 끝이 났고, 90년대 중반에 이르자 향진기업은 거의 몰락 직전까지 치달았다. 게다가 식량 등 농산물 가격도 계속 하락하여 농민의 '약소' 특징이 점차 표면화되기 시작했다. 전문가들은 90년대 후반 몇 년간은 식량 가격이 30% 이상 낮아졌다고 한다. 이는 농업에 종사하는 대다수 농민들의 실제 소득이 낮아졌음을 의미한다. 한편에서는 농민들의 소득이 줄어든 반면, 다른 한편에서는 도시 주민의 소득이 증가하였다. 그 결과 양쪽의 소득격차는 크게 벌어졌다. 1978년도에는 도시 농촌 간의 개인평균소득 비율이 2.4:1이었다가 1983년도에는 1.7:1로 되어, 축소 추세가 뚜렷하게 나타났다. 하지만 1997년도에는 2.5:1로 다시 크게 벌어졌고, 2000년도에는 2.79:1까지 확대되어, 도시 농촌 간의 개인소득격차가 유래 없이 벌어졌다. 금융 자산 점유율을 살펴보면, 1999년도 말 농가 저축액이 1조 위안으로 전국 저축률의 20%에도 미치지 못했다. 그러나 농촌인구는 전체인구의 65%나 차지했다.

이러한 농민문제의 심각성은 수치상으로만 드러난 빈곤 상태를 말하는 것이 아니다. 더욱 중요한 것은, 농민이 '향토'에 속박되는 구조적 조건이 변하지 않는다면, 농민문제는 희망적인 해결책을 찾을 수 없다는 점이다. 사실 현재 중국 농민의 소득은 농업 생산, 특히 식량 수확과는 직접적인 관련이 없다. 최근 몇 년간 식량 생산은 풍작 아니면 평균을 유지했지만, 풍작을 거두어도 농민 소득은 아무런 변화가 없거나 심지어 감소하기까지 했다. 현재 중국은 WTO에 가입했고, 또 국내 농산품 가격이 국제 시장 가격보다 대부분 높은 상황에서, 농산물 가격을 대폭 올려 농민 소득을 증대시킨다는 것은 불가능한 일이다.

문제는 아주 분명하다. 공업화와 현대화 시대를 맞이하여, '향토'에서 얻을 수 있는 자원과 부는 극히 제한적일 것이고, 전체 경제에서 차지하는 비중도 점점 감소하게 될 것이다. 서구의 국가와 비교하면 다음과 같은 차이점이 있다. 서구에서는 이런 과정을 통해 농촌 노동력이 도시로 대량 유입되어, 농촌 인구가 확연하게 감소했다. 그러나 중국은 도시 농촌 간의 장벽으로 인해 수많은 농촌 인구를 '향토'에 다 묶어두었다. 9억에 가까운 농촌 인구는 그저 나날이 축소되기만 하는 농촌의 자원과 부를 나누어 쓸 뿐이었다. 이런 상황에서 농업을 위주로 하는 농민이 약소집단으로 몰락하는 것은 필연적이다.

둘째, 도시로 간 농민공이다. 약소집단은 경제적으로나 사회적으로도 함축적 의미를 가진다. 농민공은 경제와 사회의 이중 요인으로 만들어진 전형적인 약소집단이다. 90년대 초부터 농촌의 잉여 노동력이 도시로 몰려들었으며, 지금까지 그 규모가 1억에 달한다. 중국 사회에서 1억 정도의 규모를 가진 농민공들은 신분이나 사회적 지위에 있어 상당히 독특한 집단이다. 어떤 측면에서 보면, 농민공이 도시로 와서 일하는 것으로 농가소득을 증가시키는 데 중요한 작용을 할 뿐 아니라, 농촌 노동력의 질적 향상을 가져다 준 것 또한 무시할 수 없다. 한 연구 보고서에 따르면, 농촌 청년이 도시에서 일하면서 느낀 최대 수확은 바로 세상에 대한 눈을 떠서 견문을 넓힌 것이라 하였다. 그러나 또 다른 측면에서 보면, 도시 농촌 간의 이원구조로 농민공은 시작부터 불평등한 사회신분으로 도시에 들어오게 된다. 그들 중 대다수는 도시에서 살며 일하고 있지만, 제도상으로는 도시 사회의 일원이 아닌 것이다.

동태적인 각도에서 볼 때, 90년대 초에 '농민공 물결(民工潮)'이 막 일었을 때 도시로 흘러들어온 농민공은 아주 많았지만, 그들이 하는 일이라곤 보조 작업이나 하찮은 노동으로 도시 주민이 원치 않는 일이었다. 당시 그들은 도시의 '임시 과객'과 같았다. 그들이 있든 없든 아무런 관계가 없었다. 그러나 십여 년이 지난 지금, 많은 임시 과객들은 그들이 속하지 못한 이 도시에 안착하기 시작했다. 여러 직업 가운데 건축업 같은 경우는 그들이 노동 주체가 되었다. 이곳에서 보조 작업을 하던 사람들도 가족을 데리고 와서 도시에 안착하려 하였다. 그러나 경직된 호구제도로 말미암아 그들은 자신이 일하고 생활하는 이 도시 밖으로 내밀려졌다. 도시 사회에서 그들은 하층민이었다. 그들 가운데 상당수가 수용당하거나 이송된 경력이 있었다. 1982년 국무원에서 발표한 〈도시 유랑자와 걸인의 수용과 이송 방법〉에 따르면, 수용과 이송 작업은 주로 도시의 유랑자와 걸인을 구제하고 교육하며 안치하는 것이었다. 그러나 근래에 들어 도시의 모 부서에서는 이 공문을 전적으로 농민공을 다루는 데 사용하였고, 심지어 소득 창출의 수단으로 사용하고 있다.

그들은 노동현장에서 응당 있어야 할 기본적인 권리조차 보장받지 못했다. 이것은 주로 다음과 같이 드러난다. 첫째, 농민공이 하는 일이란 대부분 도시 주민들이 하기 싫어하는 일이었다. 노동 환경은 열악하고 대우는 형편없었다. 2000년 광둥성 훼이저우(惠州)에서 한 달에 500시간 일한 노동자가 과로로 죽은 사건이 발생했다. 그 장갑 공장 노동자들은 모두 장시간에 걸친 잔업으로, 한 달 평균 노동시간이 500시간이 넘은 것으로 알려졌다. 그러나 임금은 300위안밖에 되지 않았다. 둘째, 신체에 대한 기본적 권리 보장을 받지 못했다. 셋째, 임금은 항상 밀렸다.

셋째, 도시의 샤강 노동자와 실업자가 주축이 된 빈곤계층이다. 90년대 이래로 중국은 실업과 샤강 문제가 갈수록 심각해졌다. 도시에서 직업을 잃는 것은 바로 기본적 생활 원천이 단절됨을 의미한다. 그래서 최근 몇 년 사이에 도시에는 실업자와 샤강 노동자가 주축이 된 새로운 빈곤계층이 형성되었다. 이것은 원래 없었던 현상이다. 농민과 비교해 보면, 이들 빈곤계층은 몇 가지 독특한 특징이 있다.

첫째, 농민은 한 마지기 땅이라도 있어 현금 수입은 부족하지만 밥

먹는 문제는 스스로 해결할 수 있다. 하지만 도시 빈곤층은 땅조차 없기에 현금 수입이 끊겼을 때에는 끼니조차 문제가 된다. 1999년도에 베이징 시에서 샤강 노동자와 실업자 1,000명을 대상으로 조사한 적이 있다. 그 결과 샤강당한 이후 개인 소득은 평균 61.15% 줄었으며, 극빈곤층으로 떨어지는 폭이 더욱 심했다. 둘째, 농촌에는 가난이 보통이라 빈부격차가 그다지 크지 않다. 하지만 도시에서는 빈부격차가 아주 선명하게 나타나기에, 도시 빈곤층의 강한 반발을 야기한다. 셋째, 도시 생활비가 높고 탄성이 적다. 90년대 초기와 중기에는 물가와 생활비가 급격히 증가했고 90년대 말에는 물가는 상대적으로 안정되었지만, 원래 사회보장에 속했던 주거비, 자녀교육비, 일부 의료비, 양로비 등이 개인 부담 항목으로 되었다. 샤강 노동자와 실업자는 대부분 35~45세이다. 이 시기는 위로는 노부모를 모시고 아래로는 자식을 키워야 할 시기이므로 임금이 가정생활의 주요 원천이 된다. 하지만 일단 샤강당하게 되면 온 가족이 빈곤층으로 전락하게 된다. 넷째, 직장에는 그나마 복지 혜택이 잘 되어 있어 일자리를 잃는다는 것은 갖가지 복지 혜택을 잃는 것을 의미한다.

약소집단은 어느 사회나 있을 수 있지만 약소집단의 특징을 제대로 알아 정확한 대책을 마련하는 것이 관건이다.

중국 약소집단의
구조적 특징

몇 년 사이에 약소집단 문제는 각계의 관심을 불러일으켰다. 한 사회에서 만약 약소집단문제를 잘 처리하지 못한다면, 여러 가지 사회문제가 도출될 것이고 사회 안정에 부정적인 영향을 낳게 될 것이다. 이 문제를 해결하기 위해선 현재 중국 약소집단의 특징을 충분히 이해해야 한다.

'약소(弱小)' 라는 단어에 대한 필자의 이해로는 적어도 3가지 의미를 함축하고 있다.

첫째, 그들은 아주 불리한 현실 상황에 처해있다. 좀 더 현실적인 의미에서 말하자면, 그들은 바로 물질적 빈곤상황에 처해있다는 것이다. '약소집단' 이란 개념은 '빈곤층' 과 완전히 같다고 할 수는 없지만 중첩되는 부분이 많이 있다. 현재 중국은 약소집단 가운데 기본적인 생존문제조차도 해결하지 못하는 사람도 있다. 이것은 약소집단의 생활 상황이 매우 심각하다는 것을 설명할 뿐 아니라, 사회에서 이 문제를 절박하게 해결해야 한다는 점을 내포하고 있다.

둘째, 그들은 시장 경쟁 체제에서도 약소 지위에 처해있다. 근 20여 년 간의 시장 개혁으로, 경제생활(부분적으로 사회생활도 포함함)은 시장화가 갈수록 높아지고 있다. 그래서 개인의 지위와 사회로부터 얻을 수 있는 월급 등은 개인의 노력과 능력에 따라 결정되어진다. 이런 메커니즘은 경제와 사회발전의 동력이 되기도 하지만, 동시에 개인에게는 극도의 스트레스가 되기도 한다. 약소집단은 여러 가지 요인 때문에 시장 경쟁에서 열등한 위치에 처해진다. 여기에는 여러 원인이 있다. 사회 제도상의 분배문제와 같은 사회적 원인이 있고, 신체 · 지식 · 성별 · 교육 정도와 같은 개인적 원인이 있다.

셋째, 사회, 정치적으로도 그들은 약소 위치에 처해있다. 이것은 특히 그들의 이익 요구 능력에서 두드러지게 나타난다. 이 점은 서구에서 확실히 드러난다. 돈 있고 힘 있는 집단은 그들이 쥐고 있는 자원을 이용해 공공여론과 정치가의 태도에 영향을 끼치며, 심지어는 선거과정과 정부의 정책 결정까지 영향을 미친다. 하지만 약소집단은 가지고 있는 자원이 거의 없기에, 숫자상으로는 많다고 하더라도 그들 자신의 목소리를 사회에 제대로 반영하기란 매우 어렵다. 우리가 인정하지 않을 수 없는 사실은, 약소집단의 이익을 언급할 때면 주로 정부나 대중매체를 통해서 이루어지지만, 그들의 목소리는 아주 미약하다는 점이다. 사실 정부나 대중매체가 그들을 대변하지 않는다면, 그들 스스로 자신들의 이익을 대변할 수 있는 효과적인 수단은 거의 없다.

이상은 약소집단의 일반적인 특징이다. 현재 중국의 약소집단은 특수한 배경으로 인해 형성되었기에, 사회구조적인 측면에서 몇 가지 특징을 드러내고 있다.

첫째, '약소집단'은 '약'하지 않다는 점이다. 약소집단은 서구의 선진국을 포함하여 거의 모든 사회에 존재한다. 그러나 선진국의 약소집단은 대부분 시장에서 도태된 산물이다. 이런 도태 과정에서 개인의 특징이 중요한 역할을 한다. 예를 들어, 장애인과 같은 신체적 원인이 있고, 개인 능력으로 인한 원인도 있을 수 있다. 또 집안배경이나 교육 정도에 원인이 있을 수 있고, 개인적 생활 경력에 원인이 있기도 하다. 그러나 중국의 약소집단은 독특한 배경, 즉 경제형태의 전환에서 생겨났다. 이러한 전환 과정 속에서, 특히 일부 국유기업의 부도와 도산으로 인해 직원 전부가 실업 계층으로 내던져지게 되었다. 전통적인 약소집단과 비교해 볼 때, 그들 대부분은 개인적 결함으로 인해 약소계층으로 떨어진 것이 아니라, 경제형태의 전환 과정 중에 그들의 직업이나 회사의 여러 요인으로 인해 도태된 것이다. 그들이 약소계층이 된 것은, 그들 자신에게 원인이 있다기보다 사회적 원인으로 돌리는 것이 더 적합하다. 그들 가운데 자기 자신은 '약소' 조건을 전혀 지니고 있지 않고 오히려 아주 뛰어난 전문 기술을 지니고 있음에도 불구하고, 전 업종의 쇠락 현상으로 말미암아 실업자의 반열에 들어서게 되었다고 여긴다.

둘째, 고도의 동질성과 집단성 그리고 집중성이다. 경제체제의 변화라는 이런 독특한 배경에서 지금 중국의 약소집단은 강한 집단성을 띠게 되었다. 중국의 빈곤문제를 연구할 때, 어떤 학자는 이미 빈곤문제의 특징이 바로 집단적 빈곤에 있다는 것에 주목하였다. 중국의 약소집단을 분석할 때에는 이러한 특징에 주의해야만 한다. 전통적 약소집단은 전혀 다른 집단 속에 분포되어 있다. 예를 들어 장애인은 여러 집단에 골고루 존재한다. 물론 장애인 자체도 독특한 사회 집단이다. 하지만 그들은 현실생활에서 여타 집단의 정상인들과 함께 생활한다. 그래서 '경제체제의 전환에 따른 약소집단'과는 다르다. 국유기업이 도산하면 수백 수천 명이 동시에 직장을 잃게 된다. 이전에 그들은 모두 같은 동료였고 유사한 경력과 특징을 가지고 있으며, 심지어 거주지도 상대적으로 집중되어 있었다. 일반적으로 전통적 약소집단은 개인적 유대감이 아주 적고 공통적인 동질감을 이루기가 어렵다. 그래서 '경제체제의 전환에 따른 약소집단'과는 다르다. 그들은 비록 기업의 도산으로 떠밀려 나왔지만, 공동적인 운명과 과거의 동료관계 그리고 현재에도 존재하고 있는 경제적 연대관계는 그들 사이에 강력한 공동의식과 집단성을 지니게 한다. 이러한 공동의식과 집단성은 공통의 목표를 형성하기가 아주 쉽다.

우리는 이러한 동질성과 집중성 그리고 집단성이 직업과 지역 간에도 나타난다는 것을 알 수 있다. 이 점은 전통적 공업이 집중되어있는 도시에 더욱 두드러지게 나타난다. 이러한 특징은 아래 두 가지 영향을 가져올 수 있다. 첫째, 이러한 특징으로 자신들의 이익을 표현하는 능력이 더욱 강해지게 된다. 둘째, 그들이 자신의 이익을 요구할 때 사회적 동요를 일으킬 수 있는 요소가 아주 많다.

셋째, 약소집단과 사회의 단절이다. 우리는 지금 심각한 사회 변동의 시대에 살고 있다. 약소집단 문제는 이런 배경과 밀접한 관계가 있다. 이러한 시대에 과학기술의 발달, 세계화, 사회구조의 변동 등의 요인이 약소집단의 독특한 특징을 만들어 낼 수 있다. 이러한 특징 가운데 각별히 주시해야 할 점이 있다. 그것은 약소집단에서 '사회 단절' 적인 구조적 특징이 드러난다는 점이다.

실업 문제를 예로 들어보자. 새로운 기술 혁명으로 전통적 직업이 도태되고 있다. 이로 인해 당연히 새로운 직업이 창출된다. 실업과 샤강 집단의 경우를 살펴보고 또 새로 창출된 직업의 수요를 보면, 새로운 직업은 실업자나 샤강 노동자에게 재취업 기회를 절대로 주지 않는다는 점을 알 수 있다. 현재 샤강 노동자와 실업자는 35세 혹은 40세 이상인데, 그들 대부분은 중등 교육밖에 받지 못했고 과거 종사한 일도 하찮은 기술직이었다. 하지만 새로 창출된 직업들은 상당한 교육 수준을 필요로 한다. 그래서 이러한 일들은 고등교육을 받은 젊은 이들에게만 주어진다. 경제가 성장하고 국유기업이 순조롭게 개혁된다 하더라도, 그들의 상황은 근본적으로 변화하기가 어렵다.

그들의 입장에서 살펴보자. 첫째, 그들이 사회의 주도산업으로 되돌아갈 가능성은 없다. 둘째, 현재의 체제에서는 이전처럼 안정적인 취업 체제로 돌아갈 가능성이 전혀 없다. 셋째, 유망산업은 그들에게 취업 기회를 줄 리가 없다. 이것은 샤강 노동자와 실업자들이 사회에서 이미 도태되어 사회의 주 구조 밖으로 내동댕이쳐진 집단이 되었음을 의미한다. 게다가 이 집단의 규모는 아주 크다. 이 점이 매우 중요하다. 만약 현재의 실업자와 샤강 노동자들이 일시적인 원인으로 일자리를 잃었다면, 이를 해결하는 방식은 재취업의 기회를 창출하는 것이다. 만약 이들이 사회의 주도산업으로 영원히 돌아갈 수 없고 심지어 안정적인 취업 기회를 찾을 길이 없다면, 주변 산업의 취업 기회를 창출해야 함과 동시에 제도적인 장치를 마련해야 한다. 그렇게 하여 그들의 기본적인 경제와 사회적 요구를 보장해야 한다. 이 두 가지 서로 다른 사고 맥락은 완전히 다른 정책적 함의를 지닌다.

사회 분열은 도시와 농촌 간에도 나타난다. 공업화와 현대화 과정 속에, 전체 사회는 농촌 위주의 사회에서 도시 위주의 사회로 전환해야만 한다. 이는 기본적 상식이다. 여기에서 고려해야할 문제는, 만약 한 사회가 이러한 전환을 순조롭게 하지 못한다면 어떠한 상황이 발생할 것인가 하는 점이다. 지금 중국 상황에서 볼 때, 만약 이러한 전환을 순조롭게 실행하지 못한다면, 농촌 위주의 사회를 유지하지 못할 뿐더러 더 나아가 단절된 사회가 형성될 것이다.

넷째, 제도적인 차별대우이다. 이것은 도시로 간 농촌 유동인구에서 특히 잘 드러난다. 농민공 절대다수는 도시로 들어갈 때, 경영에 종사하거나 투자할 자본이 하나도 없었으며, 있는 것이라곤 노동력뿐이었다. 그들 중 대다수가 도시 사람들이 하기 싫어하는 육체노동 위주의 일에 종사할 수밖에 없었다. 특히 노동 강도가 세고 노동환경이 좋지 않거나 위험한 일들이었다. 베이징과 상하이 같은 대도시에 대해 정부는 여러 가지 규정을 두었다. 그들이 일부 노동 분야를 제외하곤 대부분의 분야에 종사하지 못하게끔 규정하고 있다. 그래서 그들은 사실상 도시의 주요 노동력시장 밖으로 배척되었다.

더욱 중요한 것은, 농촌 호구를 지닌 그들에게 신분상으로 그들이 살고 또 일하는 그 도시의 일원이 될 수 없도록 한 점이다. 그들은 대도시의 호구가 없으므로 사회보험과 도시 주민이 누릴 수 있는 여러 사회복지 혜택을 누릴 수 없으며, 아이들도 도시 학교에서 공부할 수 없다. 그들은 대부분 도시와 농촌이 결합한 곳, 즉 아주 협소하고 지저분하며 위생조건이 열악한 곳에서 살고 있다. 또한 그들은 도시에서 거주하고 일할 수 있는 자격을 얻기 위해 많은 비용을 지불해야만 한다. 베이징 시를 예로 들어보자. 외지의 농민공이 베이징에서 합법적으로 일을 하려면, 우선 호구가 있는 성과 시에서 '유동인구증(流動人口證)'을 만들고, 매년 관리서비스비 50~80위안을 지불해야 한다. 베이징에 도착한 후 또 만들어야 하는 증명서만 6~7종이나 더 있다. 그래서 직업을 가진 사람은 적어도 매년 450위안을 지출해야만 한다. 여기에다 공안(公安), 도시관리, 공상국 등 법집행자들의 가혹한 대우는 흔한 일이 되어 버렸다. 이런 상황에서 사회에 대한 원한이 생기는 것은 당연하다.

최근 주시해야할 문제는 농민공의 임금체불 현상이 보편적으로 존재한다는 점이다. 어떤 곳에서는 고의로 체불하는 경우도 있었는데, 이러한 악성적인 체불로 인해 불미스런 사회치안 사건이 발생하기도 했다. 꽁칭투안(共靑團) 광둥성 위원회의 조사에서, 농민공이 있는 삼자기업(三資企業, foreign-invested enterprise)과 사영기업 가운데 64.4%가 임금을 체불하거나 떼먹거나 임금을 지불하지 않고 있으며, 무기한 체불한 경우도 있었다고 밝혔다. 그러나 그들은 도시 사회의 약소로서 법률이나 기타 제도적 장치로 자신들의 권리를 보호할 능력이 없다. 모순이 격화되어 그 사안이 일정 정도까지 이르게 되면, 비상식적인 방식 심지어 불법적인 방식으로 문제를 해결하려는 사람들도 생길 것이다. 이렇게 된다면 사회의 안정 구조에 큰 위협이 될 것이다.

노인과 아이들만 남은 농촌
일부 농촌에서는 젊은이들이 더 이상 보이지 않는다. 국민경제가 연평균 9.3% 속도로 빠르게 성장했지만 농민 소득은 오히려 줄었다고 한다.

cleavage

05

급속한 도시화의 문턱

농민들은 가난에서 벗어나려고 도시로 무턱대고 향했다. 급속한 도시화를 이루면서 중국 사회는 **도시병**으로 신음하고 중국은 세계의 공장이 되고 있다.

급속한 도시화의 문턱

급속한 도시화의 문턱에 처해있는 중국

오늘날의 중국은 도시와 농촌의 관계를 논한다면, 이미 임계점(臨界點)에 이르렀다고 할 수 있다. 오랫동안 지속되었던 2:8 혹은 3:7의 도시와 농촌 비율이 경제와 사회의 모든 발전을 속박하는 중요한 요인이 되고 있다. 국민경제와 사회발전의 교착상태를 타파하려면 도시화 과정을 강력히 추진해야하며, 절대다수의 농촌 사회에서 절대다수의 도시 사회로 전환시켜야 한다. 이러한 과정은 향후 20~30년 내에 완성될 것이다.

중국은 지금 급속한 도시화의 문턱에 서 있다. 따라서 이러한 과정을 철저히 준비하여 적극적으로 받아들여야 할 것이다.

도시화 문제가 임계점에 이르렀다고 보는 것에는 다음과 같은 이유가 있다.

먼저, 농업과 농촌을 살펴보자. 농촌의 노동력과 인구를 대부분 도시로 옮겨오지 않으면 농촌 문제는 해결되지 않을 뿐 아니라, 중국 전체의 공업화와 현대화는 악화일로로 치닫게 될 것이다. 농촌, 농업, 농민의 문제는 최근에 많은 토론과 정책이 수없이 건의되었다. 그러나 '삼농(三農)' 문제는 단순히 정책적 문제만이 아니라 더욱 중요한 것은 구조적 문제이다. 만약 농민 부담이 좀 줄어든다면 그들의 생활이 좀 나아질 것이다. 농촌에 국가재정을 더 많이 투입한다면(특히 교육과 기초시설에 투입), 농민 부담은 감소될 것이다. 설령 이런 것들이 이루어진다 해도 '삼농' 문제는 계속 존재할 것이기에, 넓은 의미에서 볼 때 농촌문제는 여전히 해결될 수 없는 문제다. 그렇다면 이 문제의 본질은 분명하다. 공업화와 내구소비재 시대에 인구 대부분이 농촌에 그대로 남아있다. 그래서 그들은 갈수록 적어지는 경제적 몫을 나누어 쓸 수밖에 없기에, 저소득과 빈곤의 보편화는 필연적이다.

필자는 일찍이 '요리사의 곤경'이란 개념으로 오늘날의 중국 농촌문제를 설명한 적이 있다. 간단히 말하자면 '요리사의 곤경'은 이러한 상황을 가리킨다. 소득은 제한되어 있으나 식탐이 많은 한 사람이 요리사 3명을 고용해야 한다고 치자. 그렇다면 이 요리사 세 명의 소득에 있어 우리는 적어도 아래 사항에 대해 인정을 할 것이다.

첫째, 요리사 세 명이 모두 별다른 소득원이 없다면, 이들의 평균 소득은 고용주의 소득보다 훨씬 낮을 것임은 분명하다. 아마도 고용주 소득의 1/3을 넘지 않을 것이다. 고용주가 별다른 소비항목이 없다고 가정하더라도, 그는 소득에서 음식비용을 제외한 후에야 요리사들에게 임금을 지불할 수 있기 때문이다. 둘째, 만약 고용주의 소득이 전체 사회에서 평균 수준이라면 요리사 세 명의 평균 소득은 전체사회의 평균 소득보다 훨씬 아래에 있기에(기껏해야 평균 수준의 1/3에 이를 수 있다), 고용주만큼의 소득을 얻을 수 없다. 이것이 바로 '요리

사의 곤경'이다. 지금 중국의 농촌과 농민은 이러한 '요리사의 곤경'
에 빠져있다. 오늘날 중국의 전체 경지면적이 20억 묘(畝)[16]가 채 되
지 못하고, 1인당 평균 경지는 약 1.4묘에 불과하다. 최근 이삼십 년
사이에 급속한 공업 발전, 특히 향진기업의 급속한 발전으로 천만 묘
정도의 경지가 매년 감소하고 있다.

다른 각도에서 보자. 전체인구의 70%가 농촌에 살고 있어 농촌취
업인구는 대략 8억여 명 정도로 추산된다. 대량의 농업노동력과 제한
된 경지면적을 결합시켜보면, 개인 농업노동력으로 보유할 수 있는
경지면적은 처참할 정도로 적다. 게다가 이것을 가지고 아주 작고 분
산된 경영방식을 취하기에, 일정 규모를 갖춘 경영은 더 이상 논할
필요가 없다. 전문가들은 개인 농업노동력으로 보유하는 경지면적은
평균 3.6묘에 불과하다고 추산한다. 재배 노동력으로 볼 때 실제 파
종면적은 평균 5.3묘이다. 묘당 평균 28일 정도 일을 하며, 한 해 농업
노동력의 평균 노동일이 200일을 넘지 않는다. 이러한 상황에서 농업
생산의 상품화는 저조하기 그지없다. 이처럼 소규모이고 저조한 상
품화로 농업생산을 하는 농민들이, 만약 다른 수입원이 없다면 극히
낮은 소득 수준에 처하게 된다. 다시 말해서 오늘날 중국 농민이 직면
한 어려움은 '요리사의 곤경'과 아주 흡사하다. 요리사 세 명이 한 사
람을 위해 요리를 만든다면 고용주에 상당하는 소득을 얻을 수 없다.
마찬가지로 4억이 넘는 농민이 농사를 지어 12억을 먹여 살린다면,
이 또한 지금의 시대에서 여타 직업에 상당하는 소득을 얻기란 어려
운 것이다.

---

[16] 토지 면적의 단위이다. 옛날에는 5평방 尺을 1평방 步로 하고, 240평방 步를 1畝로
했다. 지금은 60평방 丈, 즉 6,000평방 尺을 1畝로 하고 있다. 1畝는 6.667아르(a)이다.

둘째, 오늘날 3:7의 도농 구조는 전 국민의 경제와 사회발전에 '걸림돌'이 되고 있다. 앞장에서 필자는 중국이 오늘날 생필품 단계에서 내구소비재로 전환 시기에 처해있다고 밝힌 바 있다. 내구소비재의 대량 생산과 전체 사회의 대중소비 단계로 진입에는 적어도 3가지 사회적 조건이 전제되어야 한다. 첫째는 상당히 높은 도시화의 수준이고, 둘째는 도시노동자 임금과 소득의 전반적인 제고이며, 셋째는 완전한 사회보장 대책이다. 이것은 내구소비재의 수요를 양성하는 필요조건이다.

도농 구조의 각도에서 살펴보자. 인위적으로 장기간 도시화를 억제함으로 말미암아, 전체 사회가 변화하기 시작하고 있음에도 불구하고 대부분의 인구가 농촌에 남게 되는 결과를 낳았다. 그 결과 대다수 농민들은 공업화의 과정 밖으로 밀려나게 되었다. 이것이 단절된 공업화다. 그래서 공업화로 내구소비재를 대규모 생산하기 시작하였음에도, 이러한 상품을 소비할 소비자가 그리 많지 않다는 것을 발견하게 된다. 이것이 오늘날 중국이 '내수부족'에 직면한 근본 원인 중 하나이다.

국무원 발전연구센터에서 작성한 연구보고서에는 다음과 같이 밝히고 있다. 농촌 주민의 소비가 경제성장에 끼친 공헌비율은 80년대에는 35% 내외로 변동하다가 90년대 이후엔 20% 전후로 15%나 감소했다. 도시와 농촌 주민의 소비를 100으로 한다면, 농촌 주민은 68%(79년)에서 47.1%(98년)로 떨어졌고, 도시 주민은 32%에서 52.9%로 제고되었다. 도시 소비재의 판매액 중 농촌이 차지하는 비중은 52%(78년)에서 59%(84년)까지 올랐다가, 이후 급격히 떨어져 43.4%(97년)까지 내려갔다. 이것은 최근의 내수부족이 주로 농민들의 소비수요가 부족했음을 드러낸다.

1996년도부터 각급 정부와 국무원의 관련 부서에서는 농촌시장의 개척을 중점업무로 삼아 어느 정도 성과를 거두었다. 그러나 통계 수치에서도 드러나듯이, 1999년도 전국 농산품시장의 판매총액 증가폭이 도시에 비해 0.8% 낮았고, 그 차이가 전년보다 확대되었음을 알 수 있다. 중국 시장은 13억의 국민을 보유하고 있지만, 소비 주체여야 할 9억 농민이 수적 우위에도 불구하고 소비 욕구의 부족으로 인해 소비시장의 '주도자'가 되지 못했다.

다시 말해 중국이 내구소비재 시대로 진입하고 또 내구소비재 시대의 '걸림돌'을 타파하려면, 도시화 과정을 강력하게 추진해야만 한다.

앞서 기술한 두 가지 요소로 볼 때, 발빠른 도시화는 더 이상 피할 수 없는 추세다. 그 이유는 우리가 빠른 시간 내에 도시화 과정을 완성할 수 없다면, 오늘날 경제사회발전 속에 직면하는 중대한 문제들을 근본적으로 해결할 가능성이 없기 때문이다. 이러한 급속한 도시화의 진행 과정은 대부분 수동적이면서도 어쩔 수 없는 과정이다. 바꾸어 말해서 이렇게 빠른 도시화 과정은 불리한 환경에서 진행된다고 할 수 있다. 역사적으로 볼 때, 1950~80년대 말의 중국은 전형적인 외연형(外延型) 공업화 단계였다. 즉 그 당시 공업화는 주로 규모의 확장 방식으로 진행되었다. 이론적으로 보자면 이때가 도시화에 가장 유리했던 시기였다. 그러나 당시에는 도시화를 인위적으로 억제하는 정책을 실시하였기에, 도시화를 이룰 수 있는 좋은 기회를 놓쳐버렸다.

90년대로 진입한 이후 중국의 경제성장은 기술진보에 더욱 의존함으로 인해, 기술이 노동력을 배제하는 현상이 나타났다. 이것은 분명 도시화에 불리한 것이었다. 이 당시 진행된 도시화는 전 단계보다 더 이상 유리한 조건이 아니었다. 그러나 문제는, 지금 도시화를 이룰 수 있는 기회를 포기해 버린다면 장래에 도시화를 이룰 수 있는 조건이 더욱 불리하게 될 것이라는 점이다. 기술은 나날이 진보하기 때문에, 경제성장만 믿고 농촌노동력을 흡수하여 도시화를 추진한다는 것은 가능성이 거의 없다. 그래서 과거에 비해 오늘날 도시화를 실현하는 조건이 그다지 유리하진 않지만, 미래를 생각하면 지금이 바로 중국의 도시화 실현의 적기라 할 수 있다.

오늘날 중국 도시의 수용능력을 어떻게 다룰 것인가?

지금 중국은 급속한 도시화의 문턱에 서 있다. 그래서 도시화의 대약진을 초래하지 않을까 걱정하는 사람도 있다. 또 갖가지 이유로 지금 중국 도시들은 농촌에서 이주한 수많은 인구를 수용할 능력이 없다고 하는 이들도 있다.

도시의 수용능력은 한 국가의 도시화 과정에서 반드시 고려해야 할 기본조건이다. 다만 도시의 수용능력을 어떻게 다룰 것인가라는 것이 문제다.

신중국 성립 이후 몇십 년, 특히 60년대 초 도농의 장벽이 형성된 후부터 개혁개방 이전까지 기간 동안, 도시의 수용능력에 대한 고찰과 논증은 도시화 과정을 인위적으로 억제하는 구실이 되었다. 대량의 인구가 도시로 유입되면, 그것에 상응하는 취업기회를 제공해 줄 수 있는가? 식량과 식료품을 충분하게 제공할 수 있는가? 주택을 충분히 제공할 수 있는가? 도로와 학교 그리고 의료시설을 충분히 제공해 줄 수 있는가? 이런 의문들 앞에서, 호구제도라는 형식으로 만들어진 인위적인 '지역 구분'과 울타리가 형성되었다. 그래서 도시로 들어가는 농촌 사람들을 '맹류(盲流)'[17]라고 불렀다.

그렇다면 '맹류'란 무엇인가? 이것은 국가에서 노동자를 모집하거나 신입생을 모집하는 것 외에 맹목적으로 도시로 들어온 농촌인구를 가리킨다. 이론적으로 보아도 이렇게 들어온 농촌인구는 도시의 수용능력을 초과하는 것이다. 그래서 '도시의 수용능력'을 근거 논리로 삼아, 도시로 들어오려는 농촌노동력과 인구에 대해 엄격하게 제한을 가했을 뿐 아니라, 심지어 일정 기간 동안 도시의 인구를 농촌으로 분산시키려 하였다. 이것이 바로 지식 청년과 도시 주민의 샤팡(下放)[18] 정책이다.

이것의 최종적인 결과는, 근 20년간의 급속한 공업화 과정에서 공업화의 진전에도 불구하고 총인구 가운데 도시인구의 비중이 제고되지 않았으며, 심지어 도시인구의 비중이 떨어지는 '역도시화' 과정이 나타나게 된 것이다. 아울러 이것은 우리에게 역사적인 무거운 짐을 남겼다. 중국 사회가 생필품 단계에서 내구성소비재 단계로 전이되기 시작했을 때, 절대다수의 인구가 농촌에 살고 있었기에 급속한 도시화 과정은 도시화에 그다지 유리하지 않은 단계에서 진행될 수밖에 없었다.

물론 이것은 도시화 추진 과정에서 도시의 수용능력 문제를 고려

---

17) 개혁개방이 확대됨에 따라 농촌에서 도시로 무작정 상경한 이농인구를 가리키는 말. 개혁 초기에 농촌에서 경영책임제의 전반적인 실시에 따라 도시에서의 구직을 위해 상경했다. 중기 이후에는 이들이 도시노동자로 전락했다고 해서 민공(民工)으로 바꾸어 부르기 시작했으며 이러한 도시 유입열을 민공조(民工潮)라 한다. 현재 약 8천만 명으로 추산된다.
18) 상급기관에서 일부 권한을 하급기관으로 이양하는 것 또는 간부를 하부기구나 농촌, 공장이나 탄광으로 파견하여 노동에 종사하게 하는 것을 가리킨다.

할 필요가 없다는 것이 아니라, 이 문제에 대해 적절한 분석을 가해야 한다는 것이다.

사실 도시의 수용능력이란 것은 두루뭉술한 개념이다. 이 개념에는 다음과 같은 세 가지 내용을 지니고 있다. 첫째, 노동력의 도시수용능력을 가리키는 것으로, 이는 주로 도시에서 충분히 제공할 수 있는 취업기회를 가리킨다. 둘째, 주민생활에 대한 수용능력을 가리킨다. 이것은 도시의 기초시설이 얼마나 많은 인원을 수용하여 생활할 수 있게 할 것인가라는 점이다. 셋째, 특정 도시로 말하자면, 그곳의 자연환경과 생태조건도 도시수용능력에 영향을 미치는 중요 요인으로 작용한다. 예를 들어 수자원은 현재 중국의 도시발전을 제한하는 매우 현실적인 요인이다. 하지만 여기에서 토론하고자 하는 것은 구체적인 어느 도시 혹은 도시발전이 아니라, 국가 전체의 도시화 문제이다. 그래서 세 번째 요소를 따로 고려하지 않고, 첫 번째와 두 번째의 도시수용능력 문제를 전적으로 논의하려 한다.

도시수용능력이란 측면에서 사람들은 만약 대규모적이고 급속한 도시화가 진행된다면, 충분한 취업기회를 제공할 수 있을 것인가라는 점에 걱정을 하게 된다. 이러한 근심거리는 두 가지 기본 배경을 가지고 있다. 하나는 오늘날 도시에는 샤강과 실업 문제가 심각하게 나타나기 시작했다는 것이다. 학자들은 샤강 노동자와 실업자 수가 최소 4, 5천만 명이 넘을 것으로 추산하고 있다. 이에 따라 도시노동력이 넘쳐흘러 걱정인데다 대량의 농촌인구가 도시로 흘러들어온다면, 그렇게 많은 취업기회가 어디 있겠는가 하는 의문점이 자연히 생기게 된다. 또 하나의 배경은, 오늘날 경제성장은 주로 자본과 기술투입에 의존하지 노동 인원의 증가에 더 이상 기대지 않는다는 점이다. 다시 말해서, 경제성장과 과학기술의 진보로 취업기회가 증가하기는커녕 오히려 감소하게 될 것이다. 이러한 상황에서 공업화에 희망을 걸고서 도시화를 추진하는 것 또한 현실적이지 않은 것이다.

이러한 우려는 일리가 있지만 사실은 그렇지 않다. 그렇지 않은 까닭은 다음과 같은 사실에 기초하기 때문이다. 현재 도시노동자 3억가량을 제외하고도 2억의 노동력이 공업과 서비스업에 종사하고 있다. 이들은 1억의 농민공과 1억 이상의 향진기업 노동자들이다. 현재 비농(非農)산업 부분에서 5억가량의 노동자에게 취업기회를 제공했다라고 할 수 있다. 그러나 중국 전체의 노동연령인구는 7억 5천만 명에 못 미친다. 도시에 존재하고 있는 샤강과 실업문제를 고려한다 할지라도, 지금 중국의 비농산업은 절반 이상의 노동연령인구에게 취업기회를 제공하고 있다고 할 수 있다. 이론적인 측면에서 공업과 서비스업으로 도시를 형성할 수 있다는 것이다. 만약 한 사회의 노동력이 공업과 넓은 의미의 서비스업에 대부분 종사한다면, 그 사회의 인구 가운데 적어도 절반은 도시에 거주해야 한다. 하지만 중국 사회는 호구제도의 제한으로 말미암아 다음과 같은 구조로 형성되었다. 50% 이상의 노동력이 공업과 서비스업에 종사하지만, 전체 인구 중 도시인구의 비중은 30%를 조금 넘을 뿐이다.

다른 각도에서 이 문제를 살펴보자. 관련 부서에 따르면, 앞으로 몇 년 이내 매년 1,000만 명 정도의 농촌인구가 도시로 유입될 것이고, 이에 따라 도시인구의 비중도 매년 1%씩 증가할 것이다(농촌인구의 자연증가를 고려한다면, 1%까지는 이르지 못할 것이다). 이러한 속도로 20년이 지나게 되면 중국의 도시인구는 50%대에 이를 수 있다. 매년 1,000만이라는 숫자는 표면적으로 봐서는 놀랄 만하지만, 사실은 그렇지 않다. 왜냐하면 그들 대부분이 이미 공업과 서비스업에 종사하고 있으며, 어떤 사람은 벌써 도시에서 생활하고 있다. 단지 호구제도로 인해 그들이 도시인구로 인정받지 못하고 도시의 정식주민이 될 수 없다는 것뿐이다. 만약 지금 공업과 서비스업에 종사하고 있는 농촌인구를 도시인구로 전환한다면, 도시 인구는 2억 정도 더 증가할 것이다. 여기에다 그들 가족을 합친다면 3~4억이 증가하게 될 것이다. 지금 공업과 서비스업에서 제공되는 취업기회는 50%의 도시화 수준을 지탱하기에 충분하다. 이처럼 현실과 이론은 분명 거리가 있다.

2억의 노동력인 농민공과 향진기업 노동자의 소득은 자신과 가족이 도시에서 생활하기에 턱없이 부족한 수준이며, 도시노동력 시장 경쟁에서 그들이 확실히 열세에 처해 있다는 것은 부인할 수 없는 사실이다. 향후 몇 년 사이에 도시로 들어오는 부류는 2억의 노동력과는 완전히 일치하지는 않을 것이다. 또한 취업기회에 대한 급속한 도시화의 압력은 앞서 분석한 것보다 더욱 복잡할 것이다. 하지만 오늘날 중국 도시화의 발전에서 취업기회의 제약 정도가 응당 그러하리라 생각되는 것처럼 그렇게 심각하지는 않을 것이다.

도시의 수용능력 문제를 개괄적으로 본다면, 지금의 중국 상황에서 볼 때 도시들 간의 수용능력은 차이가 있다. 도시들 대부분은 아마 전자(취업기회)의 수용능력이 후자(주민생활)의 수용능력을 초과할 것이다. 다시 말해 도시에서 제공하는 생존적 취업기회가 주민생활에 대한 수용능력보다 훨씬 많다는 것이다. 이런 차이로 인해 야기된 문제점은 다음과 같다. 대량의 농촌노동력이 도시로 유입된 후 그들은 도시에서 취업기회를 찾을 수 있었고, 그 중 어떤 이들은 도시에서 생존해 나갈 수 있었다. 하지만 다른 각도에서 살펴보면, 도시생활 속에서 갖가지 긴장 상황이 나타났고 또 각종 사회문제를 일으켰다. 주택문제, 교통문제, 치안문제 등이 그러한 예다. 그러나 어쨌든 상대적으로 볼 때 후자의 수용능력이 전자보다 해결하기가 더 쉽다. 물론 여기에는 정확한 도시발전 정책과 과학적인 도시발전 계획이 요구되어야만 한다.

'도시병' 과 '농촌병' 그리고 도시에 대한 선망

수십 년간의 인위적인 정책요인으로 말미암아 도시화 과정이 지체된 지금, 중국의 도시화를 가속화하는 임무가 우리 앞에 남았다. 정부의 예측에 따르면, 앞으로 몇 년 내에 매년 1,000만가량의 농촌인구가 도시로 이주할 것이라고 한다. 아울러 지금 대다수 중소도시에서 시험적으로 실시하는 호구제도의 개혁 역시 농촌인구의 도시진입을 위한 조건이 되고 있다. 이러한 속도로 30년간 지속한다고 가정하더라도, 중국의 도시인구는 3억 명 정도 증가할 뿐이다. 이는 현재의 도시인구에 비해 배가 채 되지 않는다. 하지만 중국이 지금부터 급속하게 발전하는 도시화 시대로 들어섰다고 할 수 있을 것이다.

이러한 도시화의 진전에 대해 사람들은 많은 우려를 자아낸다. 그중 하나가 바로 '도시병'이다.

'도시병'은 도시화 과정에 있는 모든 국가들이 부딪치는 문제다. 이러한 도시병의 전형적인 특징은 다음과 같다. 한정된 도시 공간에 많은 인구가 붐비기 때문에 주택 부족, 교통 혼잡, 취업압력 증가 등이 나타난다. 인구와 경제사회활동의 집중, 특히 자동차 등 교통수단의 증가로 인해 환경오염이 심각해진다. 사회분화의 심화와 빈부격차의 확대로, 일부 지역에서는 '빈민가'가 형성되고 심지어 사회치안의 악화 현상이 나타난다.

이러한 도시병에 대한 우려는 오래 전부터 있어왔다. 개혁 이전에 시행한 도시화 억제정책(대도시의 발전을 통제하고 중도시를 합리적으로 발전시키며 소도시를 적극 발전시킨다는 정책)은, 여러 요인이 있었겠지만 '도시병'에 대한 우려가 틀림없이 그 가운데 하나였을 것이다. 이러한 정책으로 중국이 20여 년 동안 빠른 공업화에도 불구하고, 도시화는 줄곧 정체되었고 심지어 역도시화를 초래했다. 1960년도의 도시인구는 1억 3,073만으로 총인구의 19.75%를 차지하였다. 1978년도의 도시인구는 대략 4,200만이 증가한 1억 7,245만이었지만, 총인구 대비 비율은 2% 정도 떨어진 17.92%였다. 이와 동시에 1961~1978년 사이의 농촌인구는 5억 3,152만에서 7억 9,014만으로 증가하였다. 다시 말해서 50년대부터 80년대 초까지는 도시화의 진척이 없었을 뿐 아니라 심지어 후퇴했다고 할 수 있다. 그래서 도시인구의 점유 비율이 오히려 떨어지게 되었다.

개혁개방으로 경직된 과거의 도농장벽이 타파되기 시작했고, 장기간 누적된 농촌의 '잉여 노동력'이 여러 경로를 통해 도시로 몰려오기 시작했다. 천만을 헤아리는 농민들이 도시로 들어오자, 도시의 생활 상황도 이에 따라 변모했다. 대로에 남루한 옷차림의 사람들, 특히 안전모를 쓰고 옷과 신발에 진흙 얼룩이 묻은 건축노동자들이 대거 출현했다. 버스는 더욱 비좁아지게 되었다. 교통선로가 점점 늘어났지만 버스에서 자리를 차지하기란 여전히 힘들었다. 농촌 사람들이 귀향하는 때라고는 구정을 전후한 며칠뿐이었다. 상황이 이처럼 분명하게 바뀌자, 도시민들도 평소 버스가 혼잡한 원인이 무엇 때문인지 분명히 알게 되었다. 도시 주거지역의 변방에 위치한 도농 결합지역에는 도시로 들어온 농민들의 거주지가 되어 낡아빠진 단층집들로 가득 차게 되었다. 그곳에는 시끄러운 소리에다 하수구의 더러운 물이 흘러넘칠 뿐 아니라, 사회치안마저 좋지 않았다. 이러한 여러 현상들은 전문가들의 시각에서는 전형적인 '도시병'으로 비춰졌다. 도시병에 관한 최근의 새로운 견해는 '황사' 역시 도시병의 표현이라는 것이다.

전문가들이 도시병을 끊임없이 비난하고 있는 와중에도, 대다수 농촌 주민들의 마음은 오히려 '질병'으로 가득 찬 도시로 향했다. 그들은 이러한 동경뿐 아니라, 먼 길을 마다하지 않고 여비와 기타비용을 지불하고 또 각종 증명서를 발급해 가면서까지 복잡한 이곳으로 오고자 한다. 왜 그런가? 그들은 여기에서 생존의 기회, 더 나아가 발전의 기회를 찾을 수 있기 때문이다. 그러나 이것의 배후에는 또 다른 사회질병인 '농촌병'으로부터의 탈출에 있다. 공업화 시대에 인구와 노동력이 대부분 농촌에 남아있는 상황이었기에, '농촌병'은 필연적으로 생겨나게 된다. '도시병'과 비교해 보면, '농촌병'은 사실상 더욱 가혹한 것이었다.

'농촌병'의 주요 특징은 바로 빈곤에 있다. 총 소비량으로 분석해 보자. 중국의 농촌인구는 도시인구의 2배가 되지만, 총 소비량은 도시 주민의 91%밖에 되지 않는다. 소비구조로 분석해보면, 1998년도 도시민의 엥겔계수는 44%로 내려가 샤오캉(小康)[19] 수준에 속했지만, 농촌 주민의 엥겔계수는 55%까지 올라가 원바오(溫飽) 수준에 머물러 있었다. 소비지출은 의식주 등 생필품 위주였고, 내구소비재의

---

19) '샤오캉'이란 원래 『시경』의 "民亦勞止, 汔可小康"에서 나왔다. 지금은 부유하지 않지만 나날이 좋아지고 있는 국면의 사회를 일컫는 것으로, 중류생활 수준이라고도 부른다. 중류란 가정 경제생활이 어느 정도 여유롭고 편안히 살아갈 수 있는 것을 말한다. 중국에 있어 중류 수준이란 특히 20세기 말에 이르러 국민총생산이 개인 평균 800달러 수준에 달하는 것을 말한다.

소비는 매우 낮았다. 예를 들어보자. 1998년도에 컬러TV와 냉장고 그리고 세탁기의 농촌 보급률은 각각 32.59%와 9.25% 그리고 22.81%로, 도시 보급률인 105%와 90.57% 그리고 76%에 크게 미치지 못하고 있다. 만약 실물상품 이외의 문화, 교육, 서비스 등의 소비를 더한다면, 도농간의 소비격차는 더욱 벌어질 것이다.

국가통계국의 연구 자료에서도 상술 견해에 대한 근거를 찾을 수 있다. 소비수준을 보더라도, 1998년도 도시민의 평균소비는 6,201위안이었고 농촌 주민의 평균소비는 1,893위안으로, 농촌 1인당 평균소비액은 도시민의 30.51%에 불과했다. 1999년도에는 농촌 주민의 소비수준은 1,973위안이었고 도시민은 6,665위안이었다. 도농의 내구소비재 보유량을 살펴보자. 1999년도 말 농촌가정은 백 가구당 한 가구 꼴로 컬러TV, 냉장고, 세탁기를 보유하고 있었다. 이는 1988년도 도시가정의 평균 보유 수준에 해당한다. 소비량이나 품질 그리고 구조적인 측면을 막론하고, 농촌 주민의 소비수준은 도시민에 비해 최소 10년 정도 뒤떨어져 있다.

더욱 심각한 것은, 2002년 말을 기준으로 농촌에 2,800만이 넘는 빈곤인구가 있다는 사실이다. 그러나 이 통계치는 실제로 매우 낮은 표준으로 산출된 것이다. 만약 세계은행이 제정한 국제표준에 따라 계산한다면, 1998년도 말 중국의 농촌인구 가운데 1억 600만이 빈곤상태에 처해 있었음을 알 수 있다. 빈곤은 많은 사회문제를 가져온다. 빈곤한 농촌지역에서는 아이들의 발육이 부진하고, 철과 비타민A 그리고 기타 미량의 원소 결핍증세가 보편적으로 존재하며, 경제적 원인으로 학교를 다니지 못하는 아이도 있게 된다. 일부 지역에서는 영아 사망률과 산모 사망률이 각각 10%와 0.3%에 이르는데, 이것은 전국의 평균치보다 최소 50%에서 100%까지 높은 것이다. 일부 빈곤한 농촌지역에서 전염병과 풍토병이 발병할 확률이 상당히 높다. 이에 관련된 병으로는 폐결핵과 요오드 결핍증 등을 들 수 있다.

여러분들이 볼 때 진부하다고 여기는 이러한 상황들을 열거한 까닭은, 사람들이 우려하는 '도시병'이 존재함과 동시에 더욱 심각한 '농촌병'도 존재하고 있다는 점을 설명하기 위함이다. 더군다나 우리가 '도시병'을 생각할 때면 반드시 '농촌병'과 결합하여 고려해야 한다는 점이 중요하다. 농촌과 도시는 한 사회에 공존하며, 사회를 이루는 구성 부분이다. 도시병에 관해 토론할 때면 사람들은 항상 '도시에 대한 선망'을 지니게 된다. 푸른 하늘에 하얀 구름, 신선한 공기, 원활한 교통, 편리한 대중교통, 청결한 시장 상황에다 남루한 옷을 걸친 무리가 없으면 분명 좋을 것이다. 그러나 이 모든 것이 농촌인구의 도시 유입을 제지함으로써 현실화되어서는 안 된다.

'세계의 공장'은 급속한 도시화의 계기

향후 수십 년 사이에 도시화를 빨리 실현하는 과정 속에서 다음과 같은 현실적 난제에 직면하게 될 것이다. 1950~1980년대는 도시화를 실현할 수 있는 가장 유리한 시기였지만, 중국은 인위적인 도시화 억제 정책을 취했다. 그 결과 도시화를 실현할 수 있는 가장 좋은 시기를 놓쳐 버렸다. 21세기로 들어서면서 도시화를 신속하게 추진하지 않을 수 없었을 때, 공업과 기타 비농산업은 선진 기술과 투입 자본에 더욱 의존하게 되었고, 기계와 기술이 노동력을 밀어 제치는 현상이 더욱 뚜렷해지게 되었다. 그래서 공업과 기타 비농산업의 발전은 더 이상 도시화의 최적 조건이 될 수 없었다.

급속한 도시화는 이미 피할 수 없는 추세라는 것을 대부분이 알고 있다. 그러나 이것이 1억 이상의 농민이 농촌에서 도시로 이동하는 과정과 관련된 것이라면 걱정하지 않을 수 없다. 1억이나 되는 인원을 도시의 어디에다 수용할 것인가? 특히 취업문제는 어떻게 해결할 것인가? 천만이나 되는 도시 실업자와 샤강 노동자를 재차 고려한다면, 이 문제는 갈수록 심각해질 것이다.

앞에서 기술한 바와 같이, 이 문제는 사람들이 상상하는 만큼 그렇게 심각하지는 않다. 그 이유는 현재 중국에는 2억이 넘는 도시 노동자가 비농산업에 종사하고 있는 것 이외에도, 1억의 농민공과 1.38억의 향진기업 노동자들이 비농산업에 종사하고 있기 때문이다. 다만 그들 자신이 도시인구가 될 수 없고, 그들 가족도 도시인구가 될 수 없을 뿐이다. 만약 이것에 근거하여 적절하고도 실행 가능한 정책을 세운다면, 중국의 도시화 과정을 대대적으로 추진할 수 있을 것이다.

이 문제를 심도 있게 논의하면서, 이와 연관되는 요소에 주의할 필요가 있다. 그것은 중국의 WTO 가입에 수반되어 나타나는 '세계 제조업 공장'의 추세이다.

대다수 경제학자들은 WTO에 가입함으로써 중국 경제는 세계경제에서 새로운 위치를 차지하게 될 것이라 예측하고 있다. 그 중 실현 가능한 그림은 중국이 세계 제조업의 중심(다시 말해 '세계 제조업 공장')이 된다는 것이다. 20여 년의 개혁개방을 통해 이러한 것이 실제로 형성되기 시작했다. 오늘날 생산성 부분에 있어 중국이 세계에서 절대적 지위를 점하고 있는 분야가 많이 있다. 특히 강철, 석탄, 전자정보제품, 통신, 가전, 제화, 오금(五金 : 金, 銀, 銅, 錫, 鐵)제품, 방직, 복장 등 분야는 세계 최대의 제조 기지로 부상했다. 어떤 학자는 이런 추세가 빠른 속도로 진행되고 있는데, 여기에는 아래 3가지 추세에서 구체적으로 드러난다고 분석했다. 첫째, 다국적기업의 생산 중심이 90년대 이래로 점차 중국으로 이동하고 있다. 둘째, 연구기관이 중국에 설립되기 시작했다. 셋째, 중국에서 다국적기업의 구매 역량이 한층 더해졌다.

작년 하반기 도쿄의 증권시장에 등록된 1,143개 기업을 대상으로 조사한 결과, 일본 제조업 가운데 절반 이상이 이후 3년 내에 생산라인을 해외로 옮겨갈 예정이고, 그 중 71%가 중국을 우선 생산기지로 선택했다는 것이다. 오늘날 중국이 '세계 제조업 공장'이 될 것이라는 것에 대해 다른 견해와 평가를 지닌 사람도 있다. 그러나 총체적으로 볼 때, 이것이 국민경제의 구조조정을 가속화하고 신형 공업화를 신속하게 실현시키는 기회를 제공했음은 의심할 여지가 없다.

여기에서 우리의 관심은 중국이 '세계 제조업 공장'이 될 것이라는 문제 그 자체가 아니라 중국이 발빠른 도시화를 실현하는 데 대한 과정으로써의 의의이다.

이러한 의의는 중국의 일부 지역에서 분명하게 살펴볼 수 있다. 중국의 주쟝(珠江)삼각주와 창쟝(長江)삼각주 지역, 특히 주쟝삼각주 지역은 외자를 끌어와 제조업의 중심으로 형성되면서 도시화를 가속화한 전형적인 지역이다. 개혁개방 이전만 하더라도 광둥성은 경제적인 측면에서 그다지 중요한 지역이 아니었다. 그러나 개혁개방 과정에서 외자 유입과 '삼래일보(三來一補)'[20]의 형식으로 제조업 기지를 신속하게 형성했다. 과거 조그마한 어촌에 불과했던 선쩐이 지금은

---

20) 대외무역에 있어서 '위탁가공 녹다운(Knock down), 수출로 지정된 견본에 따른 제조, 보상무역(來料加工, 來件裝配, 來樣加工, 補償貿易)'에 대한 약칭이다. 중국공산당 제11기 3중전회 이후 중국은 대외무역이 크게 발전하였고, 이에 적극적으로 '三來一補'의 업무를 전개하였다.

400만이 넘는 인구를 보유한 현대화된 대도시가 되었다. 일개 농촌의 현에 불과했던 동관(東莞) 시는 IT부품 제조공장과 상가가 집중된 지역으로 발전했다. 1999년도에 타이완 자본의 기업에 힘입은 동관 시의 IT부품 수출은 66.8억 달러에 달했다.

광둥성 통계국의 최근 조사에 근거하면, 주장삼각주 지역에 위치한 선쩐, 동관, 주하이(珠海), 순더(順德), 광저우(廣州), 푸산(佛山), 중산(中山), 훼이저우(惠州) 등 8개 도시의 주민소득수준은 이미 선진국의 중간 수준에 도달했음을 알 수 있다. 휴대폰 보유율은 매 가구당 1~2대이고, 자가용 보유율은 10가구당 1~2대이며, 1인당 가처분소득은 1~2만 위안이다. 1인당 실질소비도 1만 위안을 초과했다. 선쩐 시의 엥겔계수 또한 30%보다 낮아 부유층의 기준치에 이르렀다고 할 수 있다. 경제 발전은 도시화 과정에 필요조건을 창출했다.

창장삼각주의 발전은 향진기업 내의 제조업 발전에 큰 영향을 끼쳤다. 최근 몇 년 사이 이 지역은 제조업이 빠르게 발전했다. 1993년도에 타이완의 컴퓨터회사인 '훙지(宏基, ACER)'가 처음 쑤저우(蘇州)에 도착했을 때, 당시 신취(新區) 지역의 주위에는 농경지뿐이었고 도로처럼 생긴 것도 없었다. 당시 농경지이던 신취 지역이 지금은 타이완의 공장과 기업이 가장 많이 집중된 지역으로 변했다. 타이완 기업들이 쑤저우에 투자한 금액은 145억 달러에 달했다. 이는 타이완의 대륙 투자 총액의 1/5를 차지한다. 현급에 해당하는 조그마한 쿤산(昆山) 시는 타이완 기업의 투자유치를 유도하여 천여 개를 끌어들였다. 그래서 1㎢당 평균 한 개의 타이완 기업이 분포하고 있어, 밀도 면에서도 타이완 기업이 가장 집중되어 있는 동관 시를 앞지르게 되었다. 타이완의 100대 기업 중 46개 기업이 여기에다 공장을 세웠다. 2001년 말까지 쿤산에 유입된 타이완 자본의 계약 금액은 모두 50억 달러였고, 지금까지 실제 유입된 금액은 25억 달러에 이른다. 이는 대륙에 투자한 타이완 자본 총액의 10%에 해당하는 금액이다. 이렇게 제조업 발전이 빠르고 또 집중된 지역은 도시화를 가장 빨리 이루는 지역이 될 것임은 의심할 여지가 없다.

그러나 우리는 제조업 중심의 형성과 도시화가 동일한 것이 아니라는 사실을 알아야 한다. 예를 들어, 앞서 분석한 주장삼각주와 창장삼각주 지역은 명확한 대비를 이루고 있음을 발견할 수 있다. 우선 경제의 급속한 발전과 지역의 전반적인 경제능력 제고 및 경제구조의 변화이다. 아울러 공업경제체제를 갖춘 도시도 이와 동시에 급속히 확장되는데, 그 예가 바로 동관이다. 그러나 다른 한편으로는, 이러한 지역의 도시인구수가 총인구에서 차지하는 비율은 높아졌지만 그것이 상당히 완만한 형태로 나타났다. 여기에는 많은 원인이 있겠지만 그 중 하나가 바로 호구제도이다. 이 제도로 인해 도시로 와서 비농산업에 취업한 사람들이 정식 도시 주민이 되는 것에 제한을 받았다. 또 지방정부에서도 농촌인구의 도시 진입을 방지하는 '도시 보호주의'를 채택했다. 그래서 호구제도와 지방정부의 '도시 보호주의'는 도시화 발전을 방해하는 중요한 요소가 되었다.

'세계의 공장'이 되는 과정 가운데 추진된 중국의 도시화 진전에 있어 절박하게 해결해야할 문제는, 이미 비농산업에 진입한 2억의 노동자 및 그 가족을 어떻게 도시 주민으로 정착시킬 것인가라는 점이다. 특히 제조업이 집중된 지역에서 비농산업에 종사하는 노동력과 그들의 가족을 어떻게 도시 주민으로 정착시킬 것인가라는 문제이다. 이것이 바로 가장 현실적인 도시화의 길이다. 호구제도 요인을 간과한다 하더라도, 베이징과 상하이 같은 대도시에서 서비스업과 건축업에 종사하는 농민공들이 이러한 대도시에 정착하려면 각종 제약 요인에 직면하게 될 것이다. 하지만 신흥 제조업 중심지에서는 이곳에 취업한 농촌인구가 도시 주민으로 정착하게 하고 또 이 지역에다 새로운 도시 지대를 형성한다는 것은 상대적으로 용이한 편이다. 이것도 갖가지 유기적인 정책과 대책이 필요하다.

중(中)에서 대(大)로 탈바꿈하다
: 도시화의 현실적 선택

만약 도시화의 급속한 발전이 눈앞에 임박했다면, 중국의 도시화는 어떤 모델을 취해야 할 것인가? 이 문제는 이론보다 어떻게 실천할 것인가를 이야기하는 편이 더 나을 것이다.

이론적으로 개괄하면, 현존하는 주장은 대체로 다섯 가지이다. 첫째는 소도시(小城鎭)[21] 모델이고, 둘째는 대도시 모델이며, 셋째는 중등도시 모델이고, 넷째는 도시군 모델이며, 다섯 번째 주장은 각기 실정에 맞는 도시화 모델을 채택하는 것이다. 이 다섯 가지 모델은 각종 이론적인 가능성을 개괄하고 있다. 하지만 좀 더 자세히 분석해 보면 실천적인 측면에서 많은 문제들이 존재하고 있음을 발견하게 된다. 그 가운데 실현 가능성이 가장 높은 모델도 실천적 함의에 있어서는 모호하고 분명하지 않다.

80년대와 90년대 사이에 한때 풍미했던 것은 바로 소도시의 도시

---

21) 소성진(小城鎭)은 원래 농촌과 도시의 중간에 있는 취락 세계의 하나를 일컫는 말이다. 그러나 소성진 개념은 소성진이 갖는 작용과 기능에 의한 기능적 개념이지, 어느 한 행정구역과 관련된 것이 아니다. 소성진은 농촌과 도시 중간에 있는 실체로서 비농업적 활동이 주로 이루어지는 농촌 중심지이다. 그래서 여기서는 소도시로 번역한다.

화 모델이었다. 이것은 전원풍 형태의 도시화 모델이다. 농민은 '농사는 그만두더라도 고향은 버리지 않기' 때문에, 대도시 발전이 가져다 주는 갖가지 폐단을 피할 수 있고 또 향진기업의 발전을 선도할 수 있으므로, 도시와 농촌 간의 결합과 유대를 이루어낼 수 있었다. 어떤 이는 심지어 중국인이 창조한 소위 '중국 특색의 도시화 길'로 간주하기도 했다. 또 이와 상반된 방향으로 논증을 이끌어 가는 사람도 있다. 도시화 과정에서 수억의 농촌인구가 도시로 이주하고자 하지만, 대도시만으로는 이렇게 많은 인구를 수용할 수 없다. 그래서 중국의 도시화는 소도시의 길로 가야만 하는 것이 필연적이라는 것이다.

그러나 20여 년이 지난 지금, 상황은 아주 분명하게 변했다. 소도시는 향진기업이 어느 정도 발달했고 또 역사적으로 소도시 전통이 남아있는 강남(江南) 지역에서 발빠른 발전을 이룬 반면, 기타 지역에서는 이 모델이 거의 성공을 거두지 못했다. 행정적 요인으로 만들어진 '건제진(建制鎭)'[22]은 관할 구역의 명칭이 변한 것 외에는 실제로 무슨 의미가 있는지 설명하기 어렵다. 특히 인구밀도가 낮고 향진기업도 발달하지 못한 중서부지역은 이러한 소도시의 발달과는 더욱 거리가 멀다. 문제는 분명해졌다. 그것은 소도시가 향촌공업과 상관관계를 가지고 있다는 점이다. 역사적으로 강남에서 소도시가 번창할 수 있었던 것은, 해당 지역에서 상대적으로 발달한 수공업을 기본 전제로 깔고 있었기 때문이다.

80년대 초기만 하더라도 도시의 개혁은 농촌의 개혁보다 훨씬 정체되어 있었다. 그래서 농촌의 개혁에서 쏟아져 나온 자원과 토지에

---

[22] 중화인민공화국의 법률에 의거하여 정식으로 설치된 행정단위로서의 鎭으로, '鄕'과 동급인 소행정구이다.

서 해방되어 나온 노동력이 융통성 없는 도시 체제로 진입할 방법이 없었기에, 농촌에 축적되기 시작했다. 이것이 바로 향진기업 발전의 기본 배경이다. 도시 개혁의 정체로 국유기업이 시장경쟁에 적응하지 못한 것도, 유연한 시스템의 향진기업이 발전할 수 있는 공간을 제공했다. 그러자 사람들도 톈진(天津)의 따치좡(大邱莊)이란 마을에 왜 철강생산 기지가 우뚝 솟았는지를 이해할 수 있게 되었다. 그것은 신축성 있는 시스템적 우위로 얻는 수익이 공업 분산의 대가보다 크다는 데 그 원인이 있다.

그러나 도시 내의 기업제도 개혁이 완성되고 민영과 사영기업이 크게 성장하여 시장메커니즘이 어느 정도 건립되자, 이로 인해 향진기업의 체제상 비교우위도 소실되었다. 90년대 중기와 후기의 향촌 공업은 초기의 그러한 발전 추세를 더 이상 지닐 수 없었다. 다시 말해서 향촌 공업이 가장 활발했던 창쟝삼각주 지역에서도 어려움에 처하기 시작했다. 이러한 어려움은 재산권이 불분명한 체제에서 온 것일 뿐 아니라, 더 나아가 향촌기업의 분산성에 기원하는 것이다. 현대의 공업과 서비스업은 현대의 도시문명에 의해 지탱되고 있다는 사실을 알아야 한다. 그래서 역사적으로 볼 때 향촌 공업도 중국 전체의 공업화 과정 중의 한 삽입곡이었을 뿐이며, 이러한 삽입곡이 도시화의 버팀목으로 간주된다는 것은 분명 불가능한 것이다.

어떤 연구자는 이러한 지역의 소도시가 건립되고 나면 향촌 공업은 영원히 성장할 수 없을 것이라고 지적했다. 그래서 사람들이 처음 소도시에 부여한 희망들은 대부분 물거품이 되어버렸다. 예컨대 처음에는 소도시가 자원을 절약하고 환경을 보호하는 데 유리하다고 한 사람들이 있었다. 그러나 사실은 소도시의 건설로 많은 경지를 낭비했을 뿐만 아니라, 소도시들의 오염이 대도시의 오염보다 더욱 치유하기 어렵게 되었다. 또 소도시가 발전하면 대량의 농촌 잉여 노동력을 수용할 수 있다고 주장한 사람도 있었다. 하지만 사실 소도시에서는 향촌기업에서 제공하는 취업기회 이외에, 발전시킬 수 있는 다른 그럴듯한 직업이 없었다. 이제 문제는 분명해졌다. 세밀한 노동 분업과 새로운 직업 창출은 일정 규모를 기반으로 해야 한다. 더욱이 서비스업의 발전은 더욱 그러하다. 인구가 백만인 대도시의 경우는 수십 개의 대중교통 노선이 필요하지만, 인구가 일만밖에 되지 않는 소도시에서는 한 대의 대중교통도 필요 없을 것이다. 다시 말해서, 일정 규모가 있어야만 분업이 이루어지고, 분업만이 더 많은 취업기회를 제공할 수 있다.

바로 이러한 이유 때문에 학자들과 전문가들은 대도시 발전에 노력하라고 줄곧 호소했다. 그들은 대도시의 많은 장점을 열거하면서, 대도시적 규모의 효과와 이익이 가장 중요하다고 말한다. 사실 대도시는 경제적 규모의 효과와 이익 외에도 대단히 많은 장점이 있다. 일정 규모가 되기에 분업과 취업의 기회가 증가한다는 것이 바로 한 예이다. 이보다 더 중요한 사실은, 대도시가 현대문명을 가장 집중적으로 구현시킨다는 점이다. 대도시에 형성된 사회구조와 사회조직 형태 그리고 사람들의 가치관과 행위방식, 이 모든 것이 현대문명의 구성에 매우 중요한 부분이다. 현대사회를 살아가는 사람들에게 대도시에 거주하도록 요구할 수 없다 하더라도, 만약 한 사회에 대도시가 별로 없다면 현대문명으로 진입은 진정 어려울 것이다.

대도시의 발전에 관한 토론에서 우리는 유감스럽게도 사람들의 담론 대부분이 대도시 발전의 우월성이나 대도시 발전에 관한 주장들임을 발견하게 된다. 그러나 대도시 발전의 구체적인 함의는 무엇인가? 이는 때론 모호하고 불명확한 것이다. 우리는 비록 대도시의 우월성에 대해 충분히 긍정해 주어야 하지만, 이와 동시에 인정해야 할 점이 있다. 그것은 도시 규모가 일정 정도 발전했을 때 각종 문제점과 폐단이 분명히 같이 따라올 것이라는 점이다. 예컨대 오염 문제나 교통체증 문제 등이다. 그래도 지금 분명히 해야 할 문제는, 중국에서 대도시는 발전해야 한다는 것이다. 하지만 이것은 베이징과 상하이 같은 대도시가 계속 확장되어야 한다는 것이 아니라(사실 계속 확장되고 있지만), 새로운 대도시들을 형성해야 한다는 것이다. 더욱 현실적으로 말하자면, 현재 50~100만 규모의 중등 도시를 대도시로 발전시켜야 한다는 것이다. 이것이 바로 '중(中)에서 대(大)로 바꾸는 것'이다.

중국이 세계의 공장 혹은 제조업 기지로 자리잡는 과정은, 질질 끌어 시기를 놓친 중국의 도시화에 발전의 기회를 가져다주게 될 것이다. 현재 우리는 막 형성되고 있는 공업가공지역들이 대부분 중등도시 정도인 것을 볼 수 있다. 예컨대 창쟝삼각주의 쑤저우, 우시(無錫), 창저우(常州) 등 도시 주변에 이러한 제조업 기업들이 모여 있다. 하지만 이들 도시 자체는 거의 중등 도시에 속한다. 그래서 중국의 도시화 문제를 해결하기 위한 현실적인 계기는, 중국이 '세계의 공장'으로 발전하는 기회를 이용하여 제조업기업이 집중된 지역의 도시화를 추진하는 것이다. 특히 관련 전략과 정책을 제정하여 이들 제조업 핵심의 중등 도시를 대도시로 발전시켜 나가야 할 것이다.

cleavage

06

도농 이원구조와 유동 노동력

도시는 갈수록 진보하지만 도시로 간 **농민공**이 도시 사회와 융합할 가능성은 갈수록 낮아진다.

도농 이원구조와 유동 노동력

'도농(都農) 이원구조'란 무엇을 의미하는가?

오늘날 중국 경제와 사회발전에 '도농 이원구조'가 심각한 장애요인이 되었다는 것에 공통적인 인식을 하고 있는 듯하다. 그 이유는 '도농 이원구조' 문제로 도농간 단절된 사회가 조성될 뿐만 아니라 심지어 도시 자체의 발전마저도 버팀목을 잃어버리게 되었기 때문이다. 해마다 중국 경제를 괴롭히는 '내수부족'과 '경기침체'가 바로 명백한 증거다.

그렇다면 '도농 이원구조'란 도대체 무엇을 의미하는가?

이와 관련된 토론에서 사람들은 호구제도에 많은 관심을 보였다. 이것은 당연하다. 왜냐하면 중국 사회를 수십 년 동안 지배해 왔던 '도농 이원구조'가 호구제도에 기초하여 구성되었기 때문이다. 이런 까닭에 각계의 수많은 요청으로 호구제도의 개혁이 마침내 시작되었다. 스자좡(石家莊) 같은 대도시를 포함해서 소도시에서도 호구제도의 개혁은 상당부분 실질적 진전이 있었다. 이전의 호구제도는 중화인민공화국의 공민(公民)을 인위적으로 '농촌'과 '도시' 두 부분으로 나누었다. 이러한 호구제도에 기초하여 정치와 경제 그리고 사회적 권리에 있어 극히 차별적인 두 가지 사회등급이 형성되었고, 이와 동시에 거주지와 노동지역 선택에 따른 국민적 자유를 제한했다. 그래서 호구제도의 개혁이 경제적 사회적 더 나아가 정치적으로 깊은 의의를 지니고 있음은 의심할 여지가 없다.

그러나 호구제도의 개혁 자체가 최종 목표는 아니다. 호구제도 개혁의 최종 목표는 '도농간의 이원구조'로 조성된 사회의 분할과 신분상 차별대우를 제거하는 것이다. 이러한 관점에서 '도농 이원구조'가 무엇인지를 분명히 알아야 한다.

'도농 이원구조'는 아래 몇 가지 요인으로 구성되어 있다.

1. 도농간의 호구 장벽

1951년 공안부에서 〈도시호구관리임시조례〉를 공포했다. 이것은 신중국 성립 이후 호구관리에 관한 첫 번째 법률 조항이다. 1957년 정부는 호구이동을 통제하는 정책을 실시했다. 1958년 1월 전국인민대표대회 상임위원회 제91차 회의에서 〈중화인민공화국 호구등기조례〉를 통과시켰다. 이 조례의 제10조 2항에 농촌인구의 도시 진입에 대한 제약 규정을 두었다. "공민(公民)이 농촌에서 도시로 이동할 때에는 도시노동부의 채용증명, 학교의 입학증명 혹은 도시호구등기기관의 전입허가증명을 지녀야하며, 상주지역 호구등기기관에 전출수속을 밟아야한다." 이 규정은 농촌인구의 도시 유입을 엄격히 제한하는 것을 핵심으로 한 호구 이전제도가 형성되었음을 명시하고 있다.

이 조례에서 '공민'이란 개념을 사용했다는 것에 주의할 만한 가치가 있다. 하지만 공민의 가장 기본적인 유동과 이주의 자유가 '공민'이란 개념을 사용한 이 〈조례〉에서는 박탈되어 버렸다. 개혁개방 이후 농민이 도시로 들어와 장사를 하거나 일하는 것을 허가했다. 하지만 농촌 주민은 여전히 도시에 정착할 권리가 없었고, 단지 일시체제증명제도의 시행으로 잠시 머물 수 있었다. 일시체제증명제도는 도농간에 장벽이 존재한다는 표시로 볼 수 있고, 또 장벽을 약화시키는 시책이라고도 볼 수 있다.

2. 자원분배의 두 가지 다른 제도

개혁 이전 중국 사회의 자원은 행정적인 계획에 따라 분배되었지 시장에 따라 배분되지 않았다. 계획 분배를 실시했을 때, 도농간에는 확연히 다른 두 가지 제도를 시행했다. 교육과 공공시설의 투입을 예로 들어보자. 도시의 교육과 기반시설에는 거의 전부가 국가재정이 투입되었다. 하지만 농촌의 교육과 기초시설은, 국가재정의 투입이 상당히 제한되어 있었기 때문에 농민 스스로가 상당 부분을 책임져야 했다. 개혁 이전 농촌의 초·중등학교에 대한 지출은 인민공사나 생산대가 상당부분 책임을 맡았다. 민영 초·중등학교 교사의 보수도 농민이 부담했다. 개혁 이후에도 이러한 상황들이 호전되지 않았을 뿐만 아니라 오히려 한층 강화되었다. 오늘날 매년 1,000억 위안의 국가 교육경비는 도시에서 거의 대부분 사용하고 있으며, 도시학교의 모든 지출경비는 국가재정으로 지급된다. 1985년 이전에는 국가재정으로 농촌 초·중등학생에게 매년 22.5위안과 31.5위안의 교육비를 지출하였다. 1985년에 이러한 재정 지출을 중단하여 농민 스스로 경비를 마련하여 교육을 하도록 바꾸었다.

향(鄕)과 촌(村)의 초·중등 교육경비는 농민이 내는 교육 부가세로 충당하며, 농촌 학교의 개축과 증축 비용 또한 농민이 자금을 모아 처리한다. 농민이 매년 부담하는 교육경비만 해도 거의 300억~500억 위안에 달한다. 공공시설은 더한 상황이다. 국가는 도시의 기초설비 건설에 매년 수천억 위안의 재정지출을 한다. 하지만 농촌이 향유하는 것은 거의 없다. 농촌의 기초설비와 공익시설 건설은 농촌기업이 해결하고, 또 농민 수대로 할당하여 자금을 모으거나 비용을 거두어야만 했고 심지어 벌금으로 해결해야만 했다. 현재 몇몇 프로젝트는 국가재정에서 응당 출자해야 하지만, 정부에서는 '낚시를 하는' 방법을 취했다. 이것은 상급기관에서 '미끼' 식으로 조금 내려주고 여기에다 지방정부의 재정에서 다시 조금 채워줄 뿐, 나머지 대부분은 농촌 스스로 해결하도록 하는 것이다. 그 결과 농민에게 할당하여 자금을 모을 수밖에 없었다.

농민이 공공시설 건설에 참가하는 것 또한 무거운 부담이다. 그것은 정부에서 규정한 10~20시간의 저비용 노동과 5~10가지의 의무 노동이다.[23] 또한 절대다수 농촌의 농민들은 매년 30시간의 무상 의무 노동을 해야 한다. 하지만 대다수 농촌정부에서는 농민이 노동에 참가하는 것보다 돈을 내길 선호하는데, 그것은 농민이 매번 노동 대신에 10~20위안의 비용을 내기 때문이다. 이 항목만 가지고도 전국 농민이 매년 부담해야 할 비용은 거의 1,000억~2,000억 위안에 달한다. 그러나 이런 부담은 국가에서 규정한 5%의 범위에 포함되지 않는 것이다. 다시 말해서 중앙에서 규정한 정책에서 볼 때 이것은 농민의 부담이 아닌 것으로 되어 있다.

---

23) 저임금 노동(勞動積累工)과 의무 노동(義務工)은 人民公社의 정치 사회의 합일 체제 하에서 농민에 대해 거의 무상으로 강제적인 노동을 계획하고 할당한 것으로, 이를 줄여서 '兩工'이라 한다.

3. 호구제도에 기초한 도농 장벽

사실 도시와 농촌 지역의 주민은 서로 다른 사회적 신분으로 나누어져 있다. 이 두 사회의 신분과 지위상의 차이는, 도농간에 서로 통혼(通婚)하지 않는 것에서 알 수 있다. 이처럼 서로 다른 사회적 지위는 거짓이 아니라, 일련의 제도적 장치에 의해 지탱되는 것이다.

물자 공급 방면을 예로 들어보자. 1953년 이후 중국은 식량의 일괄 구입 일괄 소비 정책[24]에 따라, 식량과 식용유의 계획공급제도를 실시하였다. 이 제도는 원칙적으로 국가는 단지 비농업 호구인 도시의 식량과 식용유 공급에만 책임을 질 뿐, 농업 호구의 식량과 식용유 공급에 대해서는 책임지지 않음을 규정하고 있다. 이 제도는 농촌인구가 도시에서 식량을 취득할 수 있는 가능성을 기본적으로 배제한 것이다. 취업제도에 있어서도, 국가는 비농업 도시인구의 취업 배분 책임만 질 뿐, 직업을 구하기 위해 도시로 온 농촌인구에 대해서는 책임지지 않았다. 심지어 "도시의 각 단위에서는 농촌에서 일꾼을 제멋대로 모집하거나 맹목적으로 도시에 들어온 농민을 채용할 수 없다. 또한 농업생산협동조합(農業生産合作社)과 농촌의 기관이나 단체에서도 사사로이 농민에게 도시와 광공업 지역으로 가서 일을 하도록 소개할 수 없다"라고 규정하고 있다. 심지어 "임시직 노동자를 채용할 때도 그 지역 내에서 최대한 채용해야 하며, 부족할 때만 농촌에서 채용할 수 있다"라고 규정하고 있다.

사회복지제도는 1951년 2월 초 정무원(政務院)에서 〈노동보험조례〉를 공포했고, 1953년에 개정하였다. 이 조례는 도시의 국유기업 노동자가 향유할 수 있는 각종 노동보험 지원에 대해 자세히 규정하

---

[24] 통구통소(統購統銷) 정책 : 구매가격과 판매가격을 정부에서 통제 결정하는 정책.

고 있다. 여기에는 주로 근로자가 병에 걸리거나 상해를 입은 후의 공적인 의료 지원과 휴양 및 요양 지원, 퇴직 노동자의 양로보험 지원, 여직원의 출산 휴가 및 한 자녀의 보건 지원, 상해로 불구가 된 노동자의 구제금 지원, 사후 장례 및 위로금 지원 등이 포함된다. 이 조례는 심지어 근로자가 봉양하고 있는 직계 친족은 의료비의 절반과 사망시 장례 보조금 등을 받을 수 있다고 규정하고 있다. 국가기관이나 사업단위의 근로자 노동보험 지원 대책은, 국가에서 병가, 출산, 육아, 퇴직, 사망 등 항목별 규정을 통해 완비되고 있다. 도시의 집체(集體)기업은 국유기업의 방법을 대부분 참조하여 노동보험을 시행하고 있다. 직업을 가진 인원이 향유하는 노동보험 지원 외에, 50년대 형성된 도시 사회복지제도에서는 도시민이 명목상 아주 많은 보조를 받을 수 있도록 되어 있다. 예를 들어, 취업 인구는 단위에서 거의 무상으로 제공되는 주택을 향유할 수 있다.

개혁을 한지 20년이 지난 오늘날에도 기본적인 상황은 바뀌지 않았다. 오늘날 국가에서는 도시민에게 매년 1,000억 위안의 각종 사회보장(양로, 의료, 실업, 구제, 보조 등)을 제공해 주지만, 농민들의 생로병사와 상해 그리고 장애에 대해서는 아무런 보장도 없다. 그런데도 농민은 향촌에서 총괄하는 5대 보호가정(五保戶)[25]이나 혁명군의 가족을 위한 보조 구제금을 납부해야만 한다. 통계에 따르면, 1999년도 전국사회보장으로 1,103억 위안이 지출되었다. 그 중 도시사회보장으로 977억 위안이 지출되어 88.6%를 점하고 있고, 농촌의 사회보

---

25) 5대 보호가정이란 부양받을 수 없고 노동력이 없으며 소득이 없는 노인, 장애인과 미성년 등을 가리킨다. 이는 약소집단 가운데서도 특수 계층이라 할 수 있다. 그래서 정부에서는 생활에 있어 의(保吃)·식(保穿)·주(保燒)·교육(保敎)·장례(保葬)의 5대 보호 정책을 시행하고 있다.

장으로 126억 위안이 지출되어 11.4%를 점하고 있다. 도시의 일인당 평균이 413위안이지만 농촌은 14위안밖에 되지 않아, 도농간의 격차가 무려 29.5배나 된다. 농민이 사회보장을 받지 못하고 있는 상황에서 유일하게 토지만이 농민의 생존 보장을 위한 자원이 되었다. 이에 국가는 농촌 토지에 대해 30년 불변의 토지책임경영(承包) 정책을 공포하였다. 그렇지만 이러한 정책은 농업의 대규모 경영과 농촌 현대화와 서로 상반된 것이어서, 중국 농촌의 현대화 발전에 피할 수 없는 장애가 되고 있다.

만약 이런 문제들이 해결되지 않는다면 '도농(都農)간의 이원구조'는 없어지지 않을 것이며, 호구제도 개혁에서 달성하고자 하는 목표도 실현하기 어려울 것이다.

농민공은 도대체 어디에서 오는가?

'농민 노동자 물결(民工潮)'이 있은 지 벌써 십여 년이 지났다. 그동안 학계는 이 문제에 대해 많은 연구를 하였다. 그런데 지금 다시 "민공조는 도대체 어디에서 오는가?"라고 질문하는 것은 시대에 뒤떨어지고 쓸데없는 것 같이 보인다. 하지만 사실은 그렇지 않다.

발전경제학의 노동력 이동 이론과 사회학의 도시화 이론에 따르면, 농민공 현상은 농촌의 잉여 노동력이 도시로 이동한다는 지식의 틀 속에서 토론되어져야 한다. 사실 또한 분명 그러하다.

우리는 앞서 두 가지 사실을 명확하게 확인했다. 첫째, 중국 농촌에는 억을 헤아리는 잉여 노동력이 존재한다는 사실이다. 대략 계산해보면 적게 잡아도 1억 2천만 정도이다. 둘째, 1억에 가까운 농민공이 도시와 농촌으로 유동하는 가운데(타 지역의 향진기업으로 흘러들어가기도 함), 방대한 규모의 유동 노동력 집단이 형성되었다. 그래서 논리적으로 합당한 해석은 이러하다. 대규모 민공조의 출현은 농촌에 존재하는 대량의 잉여 노동력에 기인한다. 민공조는 농촌 잉여 노동력이 도시로 이동하는 과정을 드러내고 있다.

이러한 해석은 거시적이고 정태적인 관점에서 성립할 수 있는 해석이다. 그러나 미시적인 과정으로 살펴보면 오히려 어느 정도 편파적이고 또 민공조에 대한 왜곡된 인상을 많이 자아낸다.

만약 농업을 농촌의 주요산업이라고 간주한다면, 잉여 노동력이 존재한다는 것은 농촌의 노동력에 경작할 수 있는 농경지를 충분히 제공해 줄 수 없음을 의미한다. 그렇다면 결론은 명확하다. 현재 중국 내륙의 경지면적은 20억 묘에 조금 미치지 못하고 있고, 일인당 평균 경지는 약 1.4묘가 된다. 또한 최근 십여 년 사이에 공업(특히 향진기업의 신속한 발전)으로 인해, 농경지가 매년 약 1,000만 묘씩 격감했다. 다른 각도에서 보면, 중국 전체 인구의 70%가 농촌에 거주하고 있기에 70% 전후의 노동력도 농촌에 있다. 중국의 평균 농업노동력은 4묘에 미치지 못하는 농경지를 보유하고 있고, 재배업노동력의 실제 파종 면적은 평균 8묘 정도이다. 80년대 말의 농업 생산력 수준에 따르면, 매 묘마다 평균 28일간 노동을 했고, 농업노동력이 농업에 투자한 시간은 연평균 200일을 초과하지 않았다. 이렇게 간단한 계산방법으로도 다음과 같은 기본적인 결론을 도출해 낼 수 있다. 농민의 겸업(兼業) 문제를 고려하지 않는다면, 농촌의 잉여 노동력은 대략 1억 2천 정도가 될 것이다.

몇 년 전 농민공 조사차 방문취재를 했을 때, 다음과 같은 몇 가지 문제에 대해 상세히 물어 보았다.

"식구는 몇 명인가?" "식구 중에 노동이 가능한 사람은 몇 명인가?" "토지를 몇 묘 청부 경영하는가?" "밭농사를 하는가 아니면 논농사를 하는가?" "한 묘당 생산량이 얼마나 되는가?" "농사로 얻는 소득이 얼마나 되는가?"

이러한 문제의 배후에는 기본적인 가설이 있다. 그것은 바로 농민이 고향을 떠나 도시로 일하러 가는 주요 원인이 분명 사람은 많고 토지는 적을 것이라는 가설이다. 다시 말해서 그것은 농촌 노동력의 잉여 때문이라는 가설이다. 이 문제에 대한 조사에서 대답은 서로 달랐다. 또한 우리가 예측했던 것과는 달리, 방문조사 대상자들 가운데 상당수는 이 질문에 답하는 것에 별 관심이 없었다. 그리고 대답 또한 아주 두루뭉술하게 "농사짓는 것은 돈벌이가 될 수 없다"라는 말을 자주 했다.

설문에 응한 사람들 가운데 자신이 경영하는 토지 청부 현황과 이로부터 거둔 소득 현황을 분명하게 말하지 못하는 사람이 상당수 있었다. 이런 부류의 사람들은 대부분 나이가 어리고 학교를 막 졸업하고 곧바로 도시로 일하러 나간 사람들이었다. 이런 대답들은 명확한 정보를 제공해준다. 그들은 청부받은 토지가 몇 묘 더 많든 적든 간에 별로 중요하지 않다고 여긴다는 점이다. 그 이유는 토지가 몇 묘 더 많든 적든 상관없이 "농사짓는 것은 돈벌이가 될 수 없기" 때문이다. 일인당 평균 경지가 많은 지역에서 온 농민공일지라도 대부분 이러한 견해를 가지고 있었다. 농민공의 머릿속에는 토지와 노동력의 구체적인 관계가 결코 존재하지 않는다. 더 구체적으로 말하자면 '농촌 잉여 노동력'이라는 개념이 전혀 없다는 것이다. 예컨대 집안 소유 토지에 몇 사람의 노동력이 필요하고, 또 몇 사람이 잉여 노동력에 속하는지 등이다. 이와 반대로 그들의 유동 행위를 지배하는 것은 농업 수익에 대한 개념이다.

이것은 우리들이 원래 가졌던 가설을 수정하게 만들었고, 이로부터 새로운 결론을 초보적이나마 추정할 수 있었다. 미시적 각도에서 오늘날 중국의 농촌노동력이 공업과 도시로 유동하는 것은, '대량의 농촌노동력이 잉여 상태에 처한 것'에 대한 직접적인 반응이 아니라 '노동력의 대량 잉여로 조성된 보편적 빈곤화'에 대한 반응인 것이다. 이 부분에 대해 특별히 더 말하고 싶은 것은 이 두 가지 결론은 별로 큰 차이가 없는 듯 보이지만 실은 완전히 다른 함의를 지니고 있다.

이러한 결론이 갖는 함의를 설명하기 위해서는, 오늘날 중국에 존재하는 민공조 현상을 다른 국가에서 공업화와 현대화 과정 중에 나타난 농촌 잉여 노동력이 도시로 이동하는 과정과 대비해 보아야 한다. 일찍이 필자는 헝가리의 사회학자와 공업화 과정 중에 농민이 도시로 이동하는 문제를 가지고 토론한 적이 있었다. 그는 헝가리에서도 몇 년 전에 이와 같은 과정이 있었다고 했다. 그 당시 헝가리 가정에서도 농업에 종사하는 사람도 있고 또 도시로 가서 일하는 사람도 있었다. 대개 남자는 도시로 가서 일을 하고, 여자는 집에서 농사를 짓거나 양돈을 하는 것 등이다. 이것은 표면적으로 보면 중국 상황과 아주 유사하다. 그러나 헝가리 가정의 주 수입원은 바로 농업 종사자가 농사를 짓고 양돈을 하면서 나온 소득이며, 도시로 나가 일해 얻은 소득은 부수입에 불과할 뿐이다. 이 점이 바로 중국과 다르다. 농촌가정에서 일부가 도시로 가서 일하는 까닭은, 농촌에 그렇게 많은 사람이 필요 없기 때문이다. 도시로 가서 일하는 인재들이 진정한 의미의 '농촌 잉여 노동력'인 것이다.

서구 선진국에서 공업화 초기에 있었던 농촌 주민의 도시 이민 과정도 대체로 이와 유사하다. 이런 국가에서도 농촌인구가 도시로 대량 전이할 때, 도농간의 차별 또한 있었다. 하지만 도시의 낙후된 생활수준이 농촌의 높은 생활수준보다 높은 현상은 존재하지 않았다. 일정 정도 토지를 보유하고 있는 농민의 생활수준과 도시 산업노동자의 생활수준은 큰 차이가 없었다. 심지어 이러한 농민의 생활수준은 도시의 보통 노동자 수준보다 높았다. 이런 상황에서 상당한 토지를 보유하고 있는 사람들은 반드시 도시로 가야만 한다는 동기부여가 존재하지 않았다. 도시로 옮겨간 이들은 대부분 토지를 잃은 파산 농민이었다. 다시 말해서, 당시 상황하에서 도시로 옮겨갈 동기를 지닌 자는 농민 가운데 일부분에 불과했다. 우리가 통상 말하는 '인클로저' 운동이란 바로 이러한 상황을 야기한 주요 원인 중 하나이다. '인클로저' 운동으로 토지에서 내쫓긴 농민은 할 수 없이 고향을 떠나 도시로 몰려들게 된다. 하지만 많은 토지를 보유한 농민들은 도시로 전이하고자 하는 바램이 그렇게 절박하지 않았다. 이것이 농촌의 잉여 노동력이 도시로 옮겨가는 전형적인 과정이다.

여기에서 우리는 다음과 같은 것을 발견할 수 있다. 한 국가의 공업화와 현대화 과정 중에서 농촌의 잉여 노동력이 도시로 전이되는 것은, 이론적으로 몇 가지 기본적인 조건이 필요하다는 사실이다. 첫째, 농촌에는 토지 소유의 불평등에 기초하여 형성된 고도의 사회분화가 존재한다. 일부는 많은 토지를 소유하지만, 나머지 사람들은 토지가 아예 없거나 잃어버렸고, 심지어 농업 고용 기회마저 얻지 못한 사람도 있다. 둘째, 농민 가운데 일부는 소득과 생활 상황이 도시와 차이가 그다지 크지 않다. 즉, 많은 토지를 소유한 사람들은 도시로 전이하고자 하는 강력한 동기가 전혀 없다고 할 수 있다. 이 두 조건이 구비된 상황하에서만이, 도시로 옮겨간 농민을 농촌 노동력의 '잉여'와 '비잉여'의 구분으로 기초 삼을 수 있다. 그래서 도시로 옮겨간 사람들만이 '농촌의 잉여 노동력'이라 할 수 있다.

하지만 중국 상황은 이와 다르다. 앞에서 설명했다시피, 지금 중국의 '민공조'는 농촌 사회의 분화 정도가 낮은 배경 하에서 생겨난 것이다. 토지의 보유만을 가지고 말한다 하더라도, 농촌 사회의 분화 정도는 아주 낮다. 그 원인은 위에서 말했던 토지 자원의 결핍과 토지 자원의 평균 분배에 있다. 이러한 상황에서 '잉여 노동력'과 '비잉여 노동력'의 구분은 상당히 불분명해진다. 다시 말해서 지금 중국은 사람과 토지의 모순이 두드러져 농촌에 잉여 노동력이 대량으로 존재하고 있다 하더라도, 이러한 노동력 잉여는 일부 농민의 실업으로 표현되지 않고 보편적인 취업 부족 혹은 '잠재 잉여'의 형식으로 표현되고 있다. 학자들 대부분은 이러한 현상에 대해 특별한 주의를 기울였지만, 이러한 배경을 가지고서 오늘날 중국 농민공 현상의 형성 원인과 특징에 대해 토론을 한 학자는 거의 없었다.

만약 '노동력 잉여'의 각도에서만 오늘날 중국의 대규모 민공조를 해석하려 한다면, 다음과 같이 이해하게 될 것이다. 그것은 흘러 들어온 사람들은 모두가 농촌의 '잉여 노동력'이고 '비잉여 노동력'은 모두 농촌에 남아있다는 것이다. 바꿔 말해서 농민이 외지로 나가 노동을 한다는 것은 노동력의 '잉여' 및 '비잉여' 구분의 기초 하에 세워진다는 것이다. 그렇지만 실제 상황은 전혀 그렇지 않다. 사실 농업노동력의 부족 현상이 상당 지역에 걸쳐 이미 나타나고 있다. 이것은 농민의 도시 노동이 '노동력 잉여'의 결과가 결코 아니라는 점을 설명한다. 중국 사회가 이미 공업시대로 진입한 상황에서, 소규모 농업생산에만 종사하여 도시 주민과 거의 동등한 소득을 얻기란 근본적으로 불가능하다. 상술한 사람과 토지 간의 모순 그리고 평균주의 토지제도 하에서, 서구의 공업화 초기처럼 농민이 토지에서 내쫓겨 대량의 파산 상황으로 되진 않을지라도, 농촌인구 대비 토지 부족과 소규모 경영으로 보편적 빈곤이 형성된 것이다. 향진기업이 어느 정도 발달한 소수 지역만이 단지 예외일 뿐이다.

만약 농민공의 유동 원인을 이렇게 보고 그것을 농촌 잉여 노동력의 유동으로 간주한다면, 여기에서 중요한 결론을 도출해 낼 수 있다. 그것은 보편적인 빈곤화가 농촌의 모든 노동력이 잉여 인력에 속하든 비잉여 인력에 속하든 관계없이 거의 잠재적인 유출자로 되게끔 한다는 것이다. 일부 연구물에서 다음과 같이 표명하고 있다. 만약 농촌에 있는 노동력의 소득이 일인당 2,000위안 수준에 이른다면, 그들은 그다지 외지로 나가 일하려하지 않을 것이다. 그러나 현재는 사람과 토지의 긴장 관계와 평균주의 토지점유 제도로 인해, 대다수 지역의 소득이 이 정도 수준에 이르지 못하고 있다. 그래서 이러한 지역의 농촌 노동력은 거의 모두가 잠재적인 유출자가 되는 결과를 낳는다.

이러한 기본 결론으로부터 더 나아가 또 다른 두 가지 결론을 추론할 수 있다. 첫째, 농촌의 노동력은 모두 잠재적 유출자이다. 이것은 '잉여'에 속한 노동력이 밖으로 유동할 뿐 아니라, '잉여'에 속하지 않은 노동력도 강렬한 유동 동기를 가지고 있음을 의미한다. 이렇게 되면 일부 농촌에서는 농업 노동력이 부족하게 되어 토지를 묵히는 결과를 초래하게 될 것이다. 설령 토지를 묵히지 않더라도, 농경지 대부분은 노인과 부녀자들이 경작하게 될 것이다. 이렇다면 농업 생산도 자연히 영향을 받게 된다. 민공조의 출현이 조금 빠른 지역에서는 이 같은 상황이 이미 나타나기 시작했다. 또한 이에 대한 적절한 대책이 없는 상황에서는 더욱 심각해질 것이라 예견할 수 있다.

둘째, 유동해 나온 사람들은 대부분 농촌 엘리트들이다. 자체 조사와 기타 몇몇 조사에서 유출자들의 개인적 특징에서 다음과 같은 사실을 발견할 수 있었다. 그것은 그들 대부분이 농업에 종사한 경력이 있지만, 농사에 종사한 경력이 없는 사람들도 상당수 있었다. 이들은 중학교나 고등학교를 졸업한 후 곧바로 도시로 일하러 나온 것이다. 이것은 현재 농촌에서 유동해 나온 사람들 대부분이 학벌이 좀 있는 사람이거나 농촌 엘리트라 부를 수 있는 사람들임을 의미하고 있다. 농촌 엘리트의 유출은, 유출된 지역의 입장에서는 손실이자 '사회 침식'의 과정이라 할 수 있지만, 유입된 지역의 입장에서는 귀중한 재원을 얻은 것이다.

경제 모형의 전환과
농촌 잉여 노동력의 이동

90년대 이후 농민공이 도시로 대량 이동한 것은 주목할 만한 사회 현상이 되었다. 일반적으로 공업화와 현대화 과정에서 농촌의 잉여 노동력이 도시로 대량 전이된 것은, 농촌 중심 사회에서 도시 중심 사회로 변화되고 있음을 의미한다. 다른 국가들도 이와 마찬가지다. 중국도 예외는 아니다. 오늘날 이러한 과정이 발생한 것은 중국 특유의 몇 가지 요인 때문이다. 하지만 문제는 이것이 기타 국가와 명확한 차별을 지니고 있다는 점이다. 자원 부족과 인구 과다는 이미 주지의 사실이므로, 여기에서 더 이상 논의하지 않겠다. 이러한 과정에서 실제로 중요한 영향을 일으킨 요인이 하나 더 있다. 그것은 바로 경제 모형의 전환이다.

여기서 논의하는 경제 모형의 전환은 한 국가의 공업화와 경제 발전이 외연형(外延型) 성장 단계에서 내포형(內包型) 성장 단계로의 변화를 가리킨다. 이러한 경제 모형의 전환 과정은 농촌 잉여 노동력이 도시로 전이하는 것과 밀접한 관계가 있다. 세계 주요 공업화 국가의 발전 과정에서 보면, 농촌의 대량 잉여 노동력의 도시 전이는 외연형 성장 단계에서 발생하였다. 이는 외연형 성장 단계의 기본적 특징에 기인한다. 이 단계의 경제성장은 대부분 공업에 필요한 노동력의 증가를 기초로 삼았기 때문이다. 그래서 이 단계에서 급격하게 확장되는 공업은 노동력에 대해 왕성한 수요를 가지게 된다. 하지만 내포형 성장단계에 이르면, 경제성장은 기술의 진보와 노동 생산율의 제고에 기초하므로, 노동력의 수요는 정체 혹은 하락 현상이 나타나게 된다. 다시 말해 기술이 노동력을 배제하는 현상이 나타나는 것이다.

이러한 논리에 기초하여 분석을 해보면 아주 명확한 문제점을 하나 발견하게 된다. 이것은 전형적인 외연형 성장 단계에 있는 중국은 농촌 잉여 노동력의 도시 전이 문제(혹은 도시화 문제)를 해결할 수 없다는 것이다. 1949년부터 80년대 중반까지를 중국의 전형적인 외연 성장 단계라고 할 수 있다. 그러나 이러한 일련의 시간에서 '대약진운동' 이전에 중국 도시인구가 어느 정도 신속하게 증가한 것을 제외하면, 60년대 초에서 70년대 말까지 근 20년 동안 중국의 도시화 과정은 사실상 줄곧 정체상태에 처해 있었던 것이다.

60년대 중국 소도시의 총인구는 1억 3,073만 명으로, 전체인구 중 19.75%의 비중을 차지하였다. 1978년도 소도시 총인구는 약 4,200만 명 증가한 1억 7,245만 명이었지만, 전체인구 중 2% 정도 하락한 17.92% 비중을 차지했다. 이와 동시에 1961년부터 1978년 사이 농촌 인구는 5억 3,152만 명에서 7억 9,014만 명으로 증가했다. 즉, 1950년부터 80년대 초까지의 기간 동안 중국의 도시화는 진전이 있기는커녕 도리어 후퇴했다고 볼 수 있다. 다시 말해서 농촌 잉여 노동력의 도시 전이를 해결할 수 있는 가장 유리한 시기에 이 문제를 해결하지 못한 것이다. 개혁개방이 부단히 심화되고, 도농 분할의 이원구조가 다소 완화되어 농촌의 잉여 노동력이 도시와 공업 지역으로 대규모로 몰려 오고 있는 지금, 중국은 외연형 성장 단계를 지나 내포형 성장으로 변화하는 단계로 들어선 것이다.

여기에 부연 설명해야 할 것은, 중국의 공업 생산이 외연형 성장에서 내포형 성장으로 향하는 과정에서 다소간 선도적 의식을 지니고 있다는 점이다. 이러한 선도적 과도기를 조성하는 원인에는 두 가지가 있다.

첫째, 중국은 사회주의 대국으로 상당 기간 미국과 소련이라는 두 초강대국과 대항하는 위치에 처해 있었고, 동시에 주변 여러 국가들과의 관계도 한때 긴장 상태에 있었다. 이러한 조건으로 말미암아 중국은 군사공업을 발전의 우선에 두어야만 했다. 그리고 방위산업은 밀집형 과학기술을 특징으로 삼아야만 했다.

둘째, 대외개방과 이로부터 오는 국제시장의 진입 압력 그리고 선진국에서 생겨난 시범효과이다. 대외개방과 세계시장으로 진입은 한 국가의 경제상황에 직접적인 영향을 끼친다. 만약 대외개방을 하지 않고 또 세계시장에 대규모로 진입하지 않았다면, 중국 경제는 지금과는 분명 다른 상황이 나타났을 것이다. 예를 들어, 그다지 견고하지 않은 내구성 제품을 많이 생산하거나 또 견고한 내구성을 지녔지만 성능이 그렇게 높지 않은 제품을 생산하여도, 그러한 경제 모형만은 유지할 수 있었을 것이다. 그러나 세계시장으로 진입하면 상황은 곧바로 달라진다. 세계시장으로 진입하기 위해서는, 제품의 질과 성능이 세계 선진수준에 근접해야만 한다. 외국 자금이 들어와 '삼자' 기업을 건립하려 한다면, 국외의 선진 기술과 설비를 도입해야만 한다. 이 두 요인의 작용 아래, 중국의 공업생산이 외연형 성장에서 내포형 성장으로 이행을 앞당기게 되는 것은 자연스런 과정이다.

또한 이것은 중국이 지금 실제로 외연형 성장단계 인구 구조를 지니고 있으며, 내포형 성장 단계로 넘어서기 시작했다는 것을 의미한다. 바꾸어 말해서, 중국의 도시화 또는 농촌 잉여 노동력의 도시 전이는 외연형 성장단계에서 해결할 수 있는 것이 아니라, 외연형 성장단계에서 내포형 성장단계의 과도기에서만 이러한 임무를 실현할 수 있다. 이러한 특징은 중국의 경제 모형의 전환과 농촌 잉여 노동력의 이동과정이 다른 국가와 다르다는 것을 분명히 드러내고 있다. 그 결과, 농촌 잉여 노동력의 이동과 공업이 외연형 성장에서 내포형 성장으로 옮겨가는 이 두 가지 과정은 원래 하나는 앞서고 하나는 뒤서는 것인데, 중국에서는 이 과정이 동시 발생적으로 진행되었다. 이것은 농촌 잉여 노동력이 도시 공업 지역으로 대량 유입될 때, 공업 그 자체가 내포 발전의 단계로 들어서기 시작했고 또 기술 진보에 주로 의존하여 성장을 이루었기에 공업에서 노동력 수요가 하락하는 현상이 나타남을 의미한다. 바꿔 말해서, 농촌 잉여 노동력의 공업으로 전이는 공업의 노동력에 대한 기술과 자본의 배제와 동시에 생겨난 것이다. 이러한 상황에서 농촌 잉여 노동력의 이동은 더욱 어려워지게 될 것이고, 전이해 온 농촌 잉여 노동력이 도시의 공업 부분에서 취업 기회를 얻기가 더욱 어렵게 될 것이다.

실제로 최근 몇 년간 중국의 취업 상황을 분석해 보면, 노동력에 대한 기술과 자본의 배제는 도시의 공업에서 이미 시작되었을 뿐 아니라, 기술과 자금 상황이 좀 떨어지는 향진기업 가운데서도 나타나기 시작했음을 발견하기란 어렵지 않다. 사람들은 통상적으로 80년대 말 중국 향진기업이 한 단계 올라갔다고 이야기하는데, 이것은 외연형 성장에서 내포형 성장 모형으로 전환하는 과정을 가리킨다. 전문가의 연구에 따르면, 최근 몇 년 사이 중국 향진기업 자본의 유기적 구성이 부단히 제고되고 있고, 매 작업장을 만들 때마다 드는 고정자산도 계속 증가하고 있다. 1985년도에 향진 공업기업의 매 평균 작업장에 드는 고정자산은 원래 1,653.94위안 정도의 가치였다. 그러나 1992년에 이르러서는 매 평균 작업장에 드는 고정자산이 6,726.03위안 정도의 가치로 상승했다. 즉, 7년 사이에 향진기업 자본의 유기적 구성이 4배로 올랐다. 다시 말해서 1985년도에는 자금 배치가 네 사람의 취업에 필요한 것이었다면, 1992년도에는 그 자금 배치가 단지 한 사람의 취업에 필요한 것일 뿐이다. 자본 형성은 갖가지 조건에 제한을 받는 정상 과정에서 증가하기 때문에 통상적인 수준을 뛰어넘을 수 없다. 그래서 자본 형성의 기정(旣定) 조건하에서, 향진기업의 농촌 잉여 노동력 흡수 능력이 떨어지는 것은 필연적인 것이다.

또 다음과 같이 지적하는 학자도 있다. 개혁 초기인 1978년도의 농업 노동력 비중은 70.5%까지 높았다. '평균을 훨씬 뛰어넘는' 농업의 성장시기가 종결됨에 따라, 1984년도에는 중국 농촌의 공업화가 절정에 이르렀다. 1984년부터 1987년 사이에 전체 향진기업의 직원 수는 8,800만 명에 달했는데, 이는 1983년도에 비해 5,600만 명 증가했다. 농업 노동력의 비중도 64%(83년)에서 59.8%(87년)까지 떨어졌다. 그러나 1987년 이후 농촌 노동력의 이동은 상대적으로 정체 상태를 드러냈다. 향진기업 근로자 수에서 살펴보면, 1984년에서 1987년 사이에는 연평균 1,400만 명이 증가했고, 1989년에서 1994년 사이에는 평균적으로 매년 530만 명 정도밖에 수용하지 못했다. 90년대 중반 이후 향진기업의 근로자 수는 심지어 마이너스 성장이 나타났다. 이것으로부터 중국이 직면하고 있는 문제가 아주 심각하다는 사실을 알 수 있다. 만약 농촌 노동력의 이동과 공업 경제 모형의 전환이라는 이 두 과정이 동시에 나타남으로 인해 야기된 여러 영향관계를, 대규모적인 중국 노동력 수와 오늘날 도시의 대량실업 현상이라는 이 두 요소와 결합하여 고려해 본다면, 문제의 심각성이 더욱 명확해질 것이다.

우리는 상술한 분석에서 다음과 같은 사실을 알 수 있다. 중국 특유의 상황에서, 농업 잉여 노동력의 전이는 사람들에게 대단히 복잡한 문제를 제기하고 있다. 이 문제의 근본적인 해결은 바로 공업화와 도시화의 길로 나아가야만 한다는 것이다. 하지만 이 과정 역시 여러 가지 가혹한 조건의 제약을 받는다. 이러한 과정을 순조롭게 완성하려면 반드시 해결해야할 문제가 두 가지 있다. 첫째, 경제 모형의 전환 시기에 노동집약형 경제를 어떻게 발전시켜 비농업 취업 단위로 확대시킬 것인가 하는 문제이다. 둘째, 정밀하고 일정 규모를 갖춘 농업을 형성함으로써, 이러한 규모 경영의 조건하에서 농업(특히 식량 생산)의 지속적인 발전을 어떻게 거둘 수 있을 것인가라는 문제다.

'새로운 이원구조' 와 농민공(農民工) 유동

단절사회를 논하면서 필자는 과거 중국 사회에 '행정주도형 이원구조' 가 존재하고 있었음을 지적한 바 있다. 90년대 중반 이래로 경제생활이 생활 필수품 단계에서 내구소비재 단계로 변화함에 따라, 새로운 '이원구조' ('시장주도형 이원구조')가 출현하기 시작했다. 지금 이 두 가지 '이원구조' 는 서로 중첩되어 있다. 이것이 바로 중국 사회가 직면한 새로운 상황이다.

여기에서 우리가 관심을 가져야할 문제는 '이원구조'의 중첩, 특히 '시장주도형 이원구조'의 출현이 농민공의 유동에 어떠한 영향을 끼치는가 하는 점이다.

우리는 앞서 다음과 같이 분석한 적이 있다. '시장주도형 이원구조'의 출현은 과거 도농간에 존재했던 상호의존성의 소실을 의미하고 있다. 더욱 중요한 것은, 그것이 한 사회의 다른 부분인 도시와 농촌 간을 거의 다른 시대에 처하도록 이끈다는 점이다. 여기서 말하는 다른 시대란 판이하게 다른 문명 수준의 의미를 지니기까지 한다.

현재 농민공의 유동은 이러한 배경 하에서 나타난 것이다. 우리가 지금 관심을 기울일 문제는, 이러한 배경 하에서 농민공 유동이 어떠한 특징들을 지니고 있는가 하는 점이다.

첫째, 농민공의 유동은 '서로 다른 두 시대' 사이에서 발생한 것이다. 상술한 분석에서 우리는 다음과 같은 사실을 알 수 있다. 그것은 단절된 사회에서 도농간에는 갈수록 서로 다른 두 시대 혹은 서로 다른 문명의 함의를 지니게 된다는 점이다. 이러한 차이는 두 지역 주민이 받는 교육 정도뿐만 아니라 가치관과 문명 수준에서도 두드러지게 드러난다. 도시와 농촌 간에 표면적으로는 9년 의무제 교육을 실시하고 게다가 거의 같은 교재를 사용하지만, 실제 교육 상황에 있어서는 양자 간에 큰 차이가 있다. 농촌에서는 경제적 빈곤 등의 원인으로 중학교 교육과정을 이수할 수 없는 이들도 있다. 뿐만 아니라 교사의 자질과 교육 시설의 차이로 양자 간에는 교육의 질을 함께 논할 수도 없다. 더욱 중요한 것은, 다양한 문화적 소질의 배양은 학교 교육에만 의지해선 완성될 수 없다는 사실이다.

컴퓨터와 인터넷을 예로 들어보자. 이것은 대도시에는 상당히 보편화되었다. 어린 아이들이 현대사회가 요구하는 지식과 기능을 숙달하고 있다는 것은 아주 중요한 사실이다. 그러나 절대다수의 농민가정에서는 이러한 조건을 아예 갖추지 못하고 있다. 그래서 농촌에서 중학교 혹은 초등학교 교육을 마친 사람들이 도시로 들어간다는 것은 또 다른 사회와 문화 분위기로 진입함을 뜻한다. 이것은 다른 시대로 진입을 의미하기도 한다. 하지만 그들은 이러한 또 다른 사회와 문화 심지어 문명에 필요한 기능과 지식뿐 아니라 교양마저도 구비하지 못한 것이다.

둘째, 농민공이 도시사회로 들어와 융합하는 데 장애요인이 되는 것은 호구제도뿐만이 아니다. 이전만 하더라도 농민공의 도시 진입에 대한 어려움으로 호구제도상의 장애를 유달리 강조했다. 이것은 당연하다. 오늘날 무엇보다 먼저 해결해야 할 문제는 이러한 제도상 장애를 제거해야 한다는 점이다. 그러나 앞서 분석한 것처럼, 호구제도의 개혁만으로는 이를 충분히 해결할 수 없음을 알 수 있다. 최근 '농전공(農轉工)'에 대한 연구는 이러한 문제를 분석하는 데 아주 유익한 점을 시사해 주었다. 이 문제에 대해 짱루리(張汝立) 선생이 거둔 연구 성과에서는 다음과 같이 표명하고 있다.

중국이 토지 징수를 단행했을 때, 토지를 잃은 농민에게 도시로 들어가 일하도록 했다. 이러한 배치에 따라 그들은 도시 호구를 얻었고, 또 그들 대부분은 '집체 노동자'가 되었다. 이론적으로 보자면, 그들은 '도시화'의 과정을 이미 완성한 것이다. 그러나 사실은 그렇지 않았다. '농업의 길을 뛰쳐나옴으로 하여' 따라온 기쁨은 그리 오래 갈 수 없었고, 그들은 새로운 어려움에 빠지게 되었다. 속해있는 집체 단위가 오래지않아 시장경쟁 속에서 도산해 파산하기도 했고, 또 어떤 경우에는 개인적 원인으로 사강 또는 내부 조정으로 인한 퇴직을 하거나 혹은 급여를 남은 재직연수에 따라 일괄 처리해버리는 방식(買斷工齡)[26]을 취하기도 했다. 왜냐하면 그들의 개인적 소질은 치열한 시장경쟁에서 열세에 처해 있었기 때문이다. 농민이 도시로 진입하는 데 따르는 제도적 장애를 완전히 타파한다 할지라도, 그들이 진정 도시로 들어오기란 상당히 어렵다는 것을 충분히 상상할 수 있다.

셋째, 도시에서 또 다른 시대의 재사회화는, 농민공이 '귀향' 후에 제대로 적응하지 못하게 된다는 점이다. 농민공 형식으로 도시로 들어와 일하는 것은 농촌 주민 입장에서, 그들 인생 경력의 한 단계일 뿐이다. 그들 가운데 상당수는 도시에서 일정 정도 노동을 한 후, 그들이 원래 출생하고 자랐던 농촌으로 다시 돌아갈 것이다. 이것이 바로 농민공의 '회류(回流)' 문제다. 그들이 되돌아간 후 노동했던 시기에 누적된 지식과 경험 그리고 자금을 토대로 어떻게 창업을 했고, 또 그들 중 어떤 이가 성공을 거두었는지 매체에서 여러 차례 보도하였다. 하지만 이러한 결과를 거둔 사람은 극히 일부분이고, 그 외 대부분은 토지로 다시 돌아온 것일 뿐이었다. 그 이유는 대부분 '회류' 한 사람들 입장에서 보면, '회류'는 피동적인 선택이지 주동적인 선택의 결과가 아니기 때문이다.

현재 당면하고 있는 문제는, 그들이 농촌으로 돌아온 후 원래의 농촌 생활에 적응할 수 있을까라는 점이다. 1995년 7월에 실시한 광둥의 동관, 선쩐, 중산(中山), 판위(番禺) 등지의 표본조사에서 다음과 같이 나타났다. 월급이 1,000위안 이상이 되거나 또 1,000위안 이하인

---

26) '매단공령(買斷工齡)'이란 주로 국유기업과 집체기업에서 나타나는 현상으로, 직원이 남은 재직연수를 한번에 기업에다 팔아버리는 것이다. 기업은 직원의 남은 재직연수에 해당하는 비용을 일괄 지불함으로써, 쌍방 간의 노사관계를 끊게 된다. 이로부터 노사 쌍방은 더 이상 간섭하지 않게 되는 것을 말한다.

농촌 출신 노동자들 가운데, 과거 생활에 더 이상 적응할 수 없다고 응답한 자가 95%에 달했다. 농민공에 대한 조사에서도 같은 문제가 나타났다. 특히 최근 몇 년 사이 농민공 자체도 상황이 많이 변했다. 80년대 말과 90년대 초만 하더라도 도시로 일하러 나온 농촌사람들은 농사 경험이 풍부한 농민이었다. 하지만 지금은 중·고등학교를 졸업하자마자 곧바로 도시로 오는 경우가 갈수록 많아지고 있다. 그래서 그들의 농촌 생활 경험이라고는 극히 제한적이다. 도시로 온 이후 노동이 바로 그들의 주요한 경력이다. 노동 과정 속에서 그들은 도시문화와 생활 방식을 접촉하게 되고, 또 이러한 문화와 생활방식에 점차 익숙하게 된다. 비록 그들이 아웃사이더 위치에서 이러한 문화와 생활방식을 관찰하고 접촉했을지라도, 그들에게 아주 많은 영향을 끼쳤다. 농촌 출신 노동자의 입장에서 농촌으로 되돌아가는 것은 문화 혹은 문명의 '역류 여행'이라 할 수 있다. 그래서 역류 여행으로 야기되는 농촌생활의 부적응은 짐작하고도 남는다.

넷째, 도시는 갈수록 진보하지만 농민공이 도시사회와 융합할 가능성은 갈수록 낮아지고 있다. 현대사회는 과학기술이 나날이 새롭게 진보하는 사회다. 그렇지만 오늘날 중국 상황에서 이러한 영향은 도시에 한정될 뿐이다. 우리가 조금만 관찰해보면 다음과 같은 사실을 쉽게 발견할 수 있다. 80년대와 비교하더라도, 중국 도시는 생산뿐 아니라 생활, 환경, 과학기술 수준이 끊임없이 높아지고 있다. 그러나 농촌지역에서 변화란 매우 제한적이다. 여기에서 우리는 과학기술의 발전으로 도시는 갈수록 '진보'하게 될 것이라 판단할 수 있다. 그러나 도시가 진보하면 할수록 농촌과 차이는 갈수록 커지게 된다. 또 오늘날 교육체제도 이러한 차이를 확대시키고 있음은 틀림없다. 이것은 바로 '농촌사람'이 도시로 진입하는 길이 갈수록 멀어지고 있음을 의미한다.

도심지에서 일거리가 없어 마냥 기다리고 있는 인력거꾼들
이들 대부분은 농촌에서 농사를 짓던 농민들이었다. 공업화로 농경지가 줄어들자 농촌의 잉여 노동력은 크게 늘었다. 농민들은 일자리를 구하기 위해 고향을 버리고 도시로 떠났지만, 농사경험만 있는 이들이 도시에서 정착하기는 힘들다.

cleavage

07

단위제에서 사구제로

사구는 행정구역을 기준으로 정치, 경제, 문화, 풍속 등 여러 특징이 관련된 커뮤니티 또는 지역공동체를 뜻한다.

단위제에서 사구제로

단위제(單位制)[27]에서 사구제(社區制)[28]로

현재 전국적으로 추진되고 있는 사구(社區)의 건설은, 도시의 기층사회생활의 틀이 근본적으로 변화함을 의미한다. 이러한 변화는 기층사회생활의 기본 틀이 단위제에서 사구제로 전환한 것이다.

우리는 일상생활에서 아래와 같은 변화를 감지했을 것이다.

몇 년 전만 하더라도, 당신이 거주하는 단위의 집에 수도꼭지가 고장나거나 하수도가 막히면, 단위의 담당관리 부서에 전화하여 수리

---

27) 단위제는 신중국 건설 이후 사회 관리의 산물이며, 계획 경제 하에서 설립된 특수한 조직 형태이다. 이것은 정치, 경제, 사회가 합쳐진 기능을 지니고 있으며, 행정성·밀폐성·단일성을 특징으로 한다.
28) 사구(社區)의 사전적 의미는 행정구획을 기준으로 정치, 경제, 문화, 풍속 등 여러 특징이 서로 관련된 小社會를 의미한다. 즉, 어떠한 특징으로 획분된 거주지역을 말한다. 이는 영어의 '커뮤니티' 또는 '지역공동체'란 의미로 사용된다. 본문에서는 이 단어가 다층적 의미로 작용하기에, '社區'라는 단어를 그대로 사용한다.

약속을 받으면 되었을 뿐 금전적인 문제는 고려할 필요가 없었다. 왜냐하면 모두 무료이었기 때문이다. 하지만 지금 상황은 그렇지 않다. 대부분의 작은 단지에는 이러한 것을 부동산관리기업(物業公司)[29]에서 관리하고 있기에, A/S 항목 이외에는 모두 유료로 제공된다.

몇 년 전만 하더라도, 당신은 소속 단위의 큰 단지 내에 거주했더라도 이러한 큰 단지 내에 대해 그다지 관심이 없었을 것이다. 알다시피 당신은 이처럼 큰 단지에 잠시 머무는 한낱 과객에 지나지 않았기 때문이다. 또한 소속 단위에서 주택을 다시 분배할 때면, 당신은 곧바로 이 단지를 떠날 수 있었기 때문이다. 그래서 단지 내의 잔디를 밟거나 환경을 파괴하는 사람이 있다손 치더라도, 이것은 당신과 별 관계가 없는 것처럼 보였을 것이다. 하지만 지금 당신이 직접 몇만 위안을 지불하여 집을 구입했다면, 조그만 구역 심지어 구역 주변의 사물에까지 당신의 관심 대상에 두게 될 것이다. 이것은 당신의 생활수준에만 국한된 것이 아니라 더 넓게는 부동산 가치에까지 관련되어 있기 때문이다.

이러한 현상은 단위라는 기본 틀에서 벗어나 시장과 사구를 기본 틀로 하는 사회생활로 옮겨가고 있음을 나타내는 것이다.

개혁 전만 하더라도 중국 도시의 기본조직은 단위제와 호구제 그리고 가도(街道) 주민위원회제[30]의 틀로 구성되었다. 이 3가지 제도

---

29) '物業'이란 'property'란 의미로, 가치를 지닌 토지나 토지상의 부속물인 주택, 상가, 공장 등의 건축물을 가리킨다. 그래서 본문에서는 가장 적합한 의미인 '부동산'이란 개념으로 사용한다.
30) 가도 주민위원회란 기층 주민의 자치조직으로 당, 정부와 주민들을 연계시키는 교량 역할을 담당한다. 이는 주로 당과 정부의 정책이나 방침 선전, 주민 동원, 정부 정책의 준수, 사회치안 유지, 주민 간의 분규 조정, 市와 區 인민정부에 주민들의 의견이나 요구를 반영하는 데 중점을 둔다.

는 지위와 작용면에서는 단위제와 호구제가 좀 더 강한 측면이 있고 가도 주민위원회제는 이보다 약한 것으로 간주될 수 있다. 이러한 기본제도의 배경 하에서, 개혁 전 중국 도시의 기층 구조는 사구와 단위 간의 중첩, 사구의 단위화, 단위의 사구화라는 중요한 특징을 이루었다. 사실 단위가 사구를 일정 정도 집어삼켰기에, 엄격한 의미에서 사구가 존재하는 곳은 거의 없었다고 할 수 있다.

이러한 체제에서 단위는 각종 기능이 한 곳에 모이는 종합적 조직이다. 그 가운데 정치와 행정 권력이 핵심적인 작용을 하고, 국가와 개인 사이의 진공 상태를 메우는 역할을 한다. 그래서 단위는 첫째, 자원 배분에 있어 국가와 일반 사회성원을 연결하는 일종의 조직통로다. 둘째, 도시에 살고 있는 모든 사회구성원을 국가와 직접 연계되는 조직체계 속으로 끌어들인다. 이로써 고도로 조직화된 도시사회를 이룸으로써, 사회적 동원에 따른 믿을 수 있는 조직을 제공한다. 셋째, 단위조직은 국가가 희소자원을 분배하기 위한 기본적 루트가 된다. 이와 동시에 시장 등 기타 대체 루트를 소멸시켜 조직구성원이 단위에 많이 의지하게 함으로써, 사회 통제를 위한 조직적 기초를 이룬다. 넷째, 단위조직을 통해 사회구성원의 신분이 확정된다. 만약 단위를 벗어나면 개인은 자신의 신분을 잃어버리게 된다. 이러한 정합(整合) 패턴의 뚜렷한 결과는, 지방 조직의 사회 정합이 국가 조직의 정치 정합에 종속하게 되고 주민 대부분이 단위에 의존하여 생존하게 된다는 것이다. 이처럼 단위는 그 기능이 확장됨으로 인해 상대적으로 폐쇄적이면서도 독립적인 사회공동체로 변하게 되었다. 그리고 사구는 단위의 틀 아래 놓이게 됨으로써 주변 위치로 밀려나게 되었다. 그래서 사회생활에서 사구의 작용은 극히 제한적이었다.

80년대 이후, 계획체제에서 시장체제로 변화가 전면적으로 추진되고 또 도시건설이 가속화됨에 따라, 도시의 기층구조에 깔려있던 폐단이 분명하게 드러나기 시작했다.

첫째, 계획경제 하의 기존 단위제가 해체 추세로 나아갔다. 각기 다른 등급과 종류의 단위에서는 '단위가 사회의 의무를 대신 운영하는' 상황을 지속적으로 바꾸었고, 이에 대량의 사회 업무가 기층의 사구로 회귀하기 시작했다.

둘째, 주택의 상품화가 진전을 이루고 또 대도시와 중소도시 그리고 옛 도시의 개선 보폭이 가속화됨에 따라, 주민 거주지역에서는 상업화된 관리대행 업무가 차츰 시행되었다. 그래서 단위의 행정 수단을 위주로 한 이전의 관리방식은 새롭게 건설되는 사구의 관리요구에 부응하기 어렵게 되었다.

셋째, 시장경쟁이 날로 치열해지고 국유기업 개혁이 심화됨에 따라 실업자와 샤강 인원이 크게 증가했다. 아울러 시장경제의 발전과 경제유형의 다원화에 따라 농촌의 잉여 노동력이 도시 구석구석으로 퍼져 나갔고, 개체호(個體戶)와 사영주의 인원이 갈수록 늘어났다. 이 세 부류 사람들은 모두 단위 밖으로 유리되어 있기에, 그들은 현행의 사회질서로 형성된 압력에 대해 적절한 제어와 관리대책이 시급히 취해지길 요한다.

넷째, 샤오캉(小康)형의 도시생활방식이 도래함에 따라, 사람들의 사회적 요구는 단층적인 생존요구에서 레저활동, 오락, 건강관리 등 종합적인 요구로 발전하였다. 아울러 낮은 단계에서 고・중・저의 다양한 단계로 발전함에 따라, 이에 주민들은 거주환경과 사구의 서비스에 대해 더욱 높은 기대를 지니게 되었다. 가정구조가 '핵가족화'되고 자신의 의무가 점차 약화되는 것 또한 사람들의 사구에 대한 의존성을 증가하게 하였다.

상술된 원인과 배경에 기초해 볼 때 사구의 재건은 분명 필연적인 추세이다. 아울러 사구의 재건은 도시의 기층사회생활의 틀을 새롭게 구축한다는 실제적 의미를 지닌다.

이러한 새로운 사회생활의 핵심은 사구 생활에 대한 주민의 자각적 참여와 사구조직의 자치(自治)인 것이다. 과거 단위제의 틀 속에서 단위라는 것은 개인생활의 보모 수준이었다. 그리고 가도 주민위원회 조직은 행정 권력의 연장선상이었다. 단위제가 해체된 이후 새롭게 건립된 사구는, 주민이 자발적으로 참여하는 기초 하에 자치적 사회생활의 틀을 세운다는 의미를 지닌다.

우한(武漢) 시 쟝한(江漢) 구에서는 사구의 건설 과정에 대해 유익한 실험을 했다. 새로 형성된 주체적이고 자치적인 사구조직의 틀 속에는 사구 구성원대표대회, 사구 협상의사위원회, 사구 주민위원회를 포괄하고 있다. 사구조직의 건립과정에서 각 가도(街道)의 사무처는 각종 방식을 통해서 사구 건설의 의의와 내용, 자치조직의 작용과 주민의 민주적 권리를 힘써 선전하여, 사구 주민이 사구 선거에 관심과 참여를 유도하고 사구 건설에 참여하도록 힘쓴다. 아울러 사구에 대한 사구 주민과 관할 구역 단위의 일체감과 귀속감을 강화시킨다. 각 사구에서는 유권자등록을 시행하고, 주민과 단위에서 대표를 추천 선발하여 사구 구성원대표대회를 조직한다. 사구 주민위원회 구성원은 공개 모집 방식을 취한다. 이는 필기시험, 면접시험, 경선연설 발표, 주민대표 예선 등의 방식을 통해서 정식 입후보자가 나온다. 마지막으로 법에 따라 선거를 치루어 사구 주민위원회 구성원으로 된다. 사구 주민위원회가 성립되면 또 민주적 협상을 통해 사구 협상의사위원회를 이룬다. 이러한 주민자치조직은 사구 생활에서 중요한 작용을 하기 시작했다.

미국의 저명한 정치학자인 푸트남(Robert D. Putnam)은 현행 민주제도의 운영 조건을 분석하면서 "세계 각국의 경험에서 알 수 있듯이, 민주제도의 효과에서 지극히 중요한 요소는 활력이 넘치는 일반 국민의 군중적 사회 기층활동이다"라고 하였다. 사구의 민주와 자치 추진은 중국의 민주화 진전에 있어 중요한 전제조건이거나 구성부분이 될 것이다.

사구 건설 중의 사회적 요소

최근 몇 년 동안 사구 건설은 중국의 도시에서 광범위하게 이루어지기 시작했다. 그러나 사구 건설에는 주의할 만한 현상이 있다. 그것은 사구 건설에 대한 정부의 적극성이 사구의 주민보다 높다는 점이다. 정부는 각종 시책을 통하여 사구 건설과 사구 발전을 강력하게 추진하고 있다. 하지만 많은 지역에서 사구 구성원들은 사구 건설과 사구 발전에 대해 상당히 냉담한 태도를 지니고 있고, 심지어 사구 건설이 자신과 아무런 관계가 없다고 생각하고 있다. 어쩌면 그들은 사구 건설을 자기와 전혀 무관한 정부행위라고 간주하고 있는지도 모른다. 이러한 현상은 사구 발전의 기초가 도대체 무엇인가라는 점에 대해 생각하게끔 한다.

일반적으로 사구는 지역을 기초로 한 사회생활의 공동체이자 사회적 존재이다. 이러한 사회성이 바로 사회생활 공동체를 이루는 사구의 기초이다. 그래서 사구 건설의 중요한 내용은 바로 사구 가운데 이러한 사회성의 발육과 발전을 촉진하는 것이라 할 수 있다. 그러나 현실에서는 사구 건설에서 사람들이 '하드웨어' 부분에 중시를 많이 했지 '소프트웨어' 부분인 사회성은 경시했음을 알 수 있다.

따라서 우리들은 사구를 건설할 때 아래 몇 가지 사항을 중시해야 할 것이다.

첫째, 사구의 일체감을 높이는 것이다. 각 개인은 일정한 지역 속에서 생활한다. 예컨대 어떤 가도나 어떤 구역의 구성원이다. 하지만 사람들이 일정한 지역 안에 생활한다는 것이 이러한 사구에 일체감을 지니는 것을 의미하지는 않는다. 또한 이러한 사구를 자신의 사구라고 간주하여 감정 투여를 하는 것을 의미하지도 않는다. 일체감이라는 것은 '우리의 것'이라는 의식의 형성이자 '우리의 것'에 대한 감정 투여를 가리키는 것이다. 이것이 사구의 기초이자 사구와 사구 구성원을 연결하는 기본적인 연결체이다. 현재 상황으로 볼 때, 사구 발전에 존재하는 치명적인 결점은 사구에 대한 구성원들의 일체감이 현저히 낮거나 심지어 어떤 곳은 이러한 일체감이 없다는 것이다.

사구의 구성원이면서 타인이 자신의 사구 내에다 쓰레기를 마음대로 버리고 잔디밭을 밟는 현상이 생겨나는 데도 왜 못 본 척 하는가? 심지어 어째서 자신 또한 무의식적으로 사구의 환경을 망쳐 버리는가? 또 사구의 구성원이면서 사구 건설의 활동 참여에 왜 아무런 열정을 지니지 않는 것인가? 그들은 이러한 것을 본분 밖의 일로 여기는 것인가? 사구의 구성원이면서 주민위원회 선거에 왜 적극적으로 참여하지 않는 것인가? 이러한 물음에 대한 가장 근본적인 원인은 사구에 대한 일체감이 결여되었다는 점이다. 사구에 대한 일체감이 보편적으로 결여된 상황에서, 사구의 진정한 발전 문제를 어디서부터 논의해야 하는가?

몇 가지 데이터를 통해서 볼 때, 사구에 대한 공동체 의식의 저하는 보편적인 현상이다. 이러한 상황을 야기한 원인은 다방면에 걸쳐 있다. 그러나 가장 기본적인 원인은 사구에 대한 사구 주민의 '기거성

(寄居性)'이다. 여기서 말하는 '기거성'이란, 사구 내에서 그들이 거주하는 곳이 그들 자신의 것이 아니라는 점이다. 그들은 자신이 거주하는 사구와 재산상 아무런 연결고리가 없는 것이다. 중국에 "항산(恒産)이 있으면 항심(恒心)이 있다"라는 속담이 있다. 이 말을 차용하면, 사구 내에 부동산이 있는 사람은 공동체 의식이 높다고 할 수 있다. 그렇다면 신흥 분양주택지역의 구성원들은 어째서 공동체 의식이 높은가? 이치는 아주 간단하다. 사구 내에 자신의 부동산이 있다면, 지역 상태나 주거 환경 역시 그들 재산의 일부이기 때문이다. 깨끗하고 우아한 사구 환경이라면 주택 가격이 높아질 것이고, 사구의 환경이 떨어지면 주택 가격에 나쁜 영향을 가져다줄 것이다. 이 때문에 그들은 내심 사구의 환경을 애호하지 않는 사람에 대해 혐오와 반감을 가지게 되는 것이다. 자신의 사구와 주위 환경을 애호하는 것은, 외부요소에 의해 강요되는 것이 아니라 본능에 의한 것이다.

또 하나 극단적인 원인은 농민공이다. 농민공이 도시에 들어오게 되면, 그들 역시 사구의 일정 지역에 거주하게 된다. 하지만 이들의 거주는 항시 임시적이고, 이들에 대한 사구 구성원의 태도 또한 임시적이다. 그들은 여기에서 재산을 보유하지 못할 뿐 아니라 고정적인 생활조차 영위하지 못한다. 그들의 이곳에서 일상생활은 현지 주민의 생활과 큰 대비를 이루게 된다. 이러한 대비는 그들이 이 사구의 일원이 될 수 없음을 수시로 일깨워 줄 뿐 아니라, 심한 경우 그들은 간혹 사구의 구성원들로부터 경멸과 멸시를 받기도 한다. 이러한 상황에서 그들에게는 사구에 대한 일체감과 열정보다 증오와 반 공동체적 사고가 형성된다. 우리는 도농 결합 부분인 일부 농민공 거주지역에서 사구의 상황이 왜 이렇게 열악한 지를 충분히 이해할 수 있다.

사구 구성원으로서 화폐 형식을 통해 구입한 주택(房改房)[31] 소유자의 상황은 더욱 미묘하게 드러난다. 그들은 사구의 정식 구성원이다. 이론적으로 그들이 현재 소유한 주택은 적어도 일부는 그들 소유에 속한다. 그래서 그들은 사구에 대해 부정적인 일체감을 드러내지 않게 된다. 하지만 총체적으로 볼 때, 사구에 대한 그들의 공동체적 의식 또한 그다지 높지 않다. 왜 그럴까? 이는 아마 아래 두 가지 요인과 직접적인 관계가 있을 것이다. 첫째, 그들의 사구는 소재 단위의 '숙소 단지'도 된다. 건물은 여전히 단위에서 관리한다. 그래서 이러한 사구는 기본적으로 단위와 중첩되므로 단위의 관할 범위에 있게 된다. 이러한 상황에서 사람들은 단위만 알 뿐 사구에 대해서는 그다지 알지 못한다. 둘째, 화폐 형식을 통해 구입한 주택은 재산권상의 모호함으로 인해 재산권이라는 인식을 명확하게 드러내기 어렵다. 이러한 의미에서 화폐 형식을 통해 구입한 주택에 나타나는 재산권상의 모호함은 공동체적 일체감 형성을 저해하는 중요한 요소이다.

둘째, 사구 내에서 사회적 교류나 관계를 촉진한다. 사회적 교류와 관계는 생활공동체인 사구에서 필수불가결한 기초가 된다. 이러한 사회적 교류와 관계가 없다면, 사구 또한 아무런 사회적 의의가 없는 순수한 지역적 개념이 될 것이다. 그리고 사구 생활은 다방면에 걸쳐 사회적 교류와 관계에 밀접한 연계성을 지니고 있다. 우리가 앞서 설명한 일체감과 귀속감을 예로 들 수 있다. 공동체는 분명 재산 관계와 서로 연관을 갖는다. 그러나 빈번한 교류와 밀접한 사회관계 또한 일체감과 귀속감 형성의 중요한 조건이다.

사구 생활을 관찰해 보면, 사구에서 교류는 상당히 드물고 사회관

---

31) '房改房'이란 원래 공용 주택이었는데 주택제도 개혁에 따라 화폐형식으로 단위 직원들에게 팔아넘긴 주택을 말한다. 여기서 '房改'란 '住房制度改革'의 줄임말이다.

계 또한 상당히 희박하다는 것을 발견할 수 있다. 과거에는 이러한 현상을 대부분 단원식(單元式)[32] 주택으로 말미암은 것이라 결론지었다. 이 역시 그러한 원인 가운데 하나이다. 그러나 좀 더 분석해 보면, 더욱 중요한 원인이 있음을 발견할 수 있다. 그것은 바로 단위제의 분할작용이다.

사람들이 생활공동체를 필요로 하는 까닭은, 생활에서 발생하는 어떤 문제에 대해 자신의 힘으로 해결할 수 없다면, 반드시 어떤 공동체에 기대어야만 해결할 수 있기 때문이다. 개혁 이전의 중국 사회에서는 단위가 사구의 작용을 대신하였다. 원칙적으로 따져 볼 때, 단위는 이러한 행위를 하는 곳이 아니다. 왜냐하면 단위는 기타 전문화된 사회기능을 지니고 있기 때문이다. 하지만 당시의 단위는 종합적인 사회조직체를 이루고 있었기에, 단위가 사회적 의무를 대행하는 것은 보편적 현상이었다. 당시 상황에서 일상생활에 어떤 문제가 생기면 모두 단위를 통했지 사구를 통해 해결하지 않았다. 이처럼 사구는 단순히 거주하는 곳으로 인식되었다(사실 이것은 진정한 사구라 하기는 어렵다). 단위의 숙소 단지에 있어서도, 사람들은 단위의 동료로 인해 서로 잘 알 뿐이다. 하지만 이것은 사구 구성원으로서 밀접한 관계를 지니는 것과는 별개의 문제이다. 사실 이러한 사구의 틀 속에서, 사람들이 사구의 구성원 신분으로 참가하는 공동체 활동은 아주 적다. 그래서 사구의 사회적 관계로 말하자면, 이는 대부분 '객체' 상태에 속한다고 할 수 있다.

교류를 촉진하고 사회관계를 강화하는 기본적인 과정은 사구의

---

32) '단원(單元)'이란 공공주택이나 빌딩의 현관 혹은 입구를 지칭한다. 이러한 아파트형 주거형태는 사구 구성원 간의 교류와 사회관계를 약화시키는 원인 가운데 하나이다.

공통적인 활동이다. 사람들은 공동의 사구에서 활동해야만 교류를 증진할 수 있고 사회관계를 형성할 수 있다. 외국에서는 각종 시책을 만들어 사람들이 사구 활동에 참여할 수 있도록 북돋아 주고 있다. 특히 이러한 활동은 거의가 의무적이고 호혜적인 활동이다. 어떤 경우에는 기록으로 남게 되고 또 취업을 할 때 참고자료가 된다. 다시 말해서 사구 활동의 적극적인 참여 여부가 사회 평가의 중요한 내용이 된다.

셋째, 사구조직의 발전에 힘쓴다. 사구 활동에 꼭 있어야만 하는 것은 바로 조직의 보장이다. 사구의 성장은 대부분 사구조직의 발전이라는 의미를 지닌다. 사람들은 각기 다른 사구조직에서 풍부하고 다채로운 공동체 활동에 종사한다. 사구의 조직은 크게 두 가지로 나눌 수 있다. 하나는 사구의 관리조직이고, 다른 하나는 지원단체이다. 여기에서 주의할 문제는 사구의 관리조직의 성격과 위치를 어떻게 다루는가 하는 점이다. 현재 중국의 사구조직에 관한 연구에서 주민위원회의 위치와 성격에 대해 많은 비평과 회의를 제시했다. 이러한 비평에서 드러난 의견은 다음과 같다. 주민위원회는 주민 자치조직이다. 하지만 현재 이것은 농후한 행정색채를 지니며 대부분의 행정기능을 담당하고 있기 때문에, 사구의 발전에 불리하다. 사실 이러한 관점에 대해서는 충분한 분석이 필요하다.

중국의 대도시에 서 행정기구는 구(區)에 상당하는 등급까지이고, 가도는 정부의 파견기구이다. 일상적인 사회생활에 대한 행정적 관리는 어떤 사회에서나 반드시 있어야 한다(그러나 행정관리가 일상적인 사회생활의 기본적인 혹은 주요한 형식을 관리하는 것이라 할 수 없다). 이는 사구의 측면에서 행정관리와 서로 연결되는 장치가 요구되어야만 한다는 것이다. 다시 말해서 사구 관리에 있어 행정적 요소를 완전히 배제하는 것은 불가능하다는 것이다. 실제로 미국의 사구

관리조직 역시 일정한 행정적 요소는 가지고 있고, 어떤 경우에는 어용 조직(거의 정부 조직)도 있다. 이러한 문제의 관건은 다음과 같다. 첫째, 행정적 요소는 유한적이어야지 무한적이면 안 된다. 둘째, 사구의 주민은 사구 관리기구 인원의 구성과 중요 결정에 영향을 끼칠 정도의 충분한 능력을 지녀야 한다. 셋째, 사구의 관리기구와 기층정부는 협의적 관계여야 하며, 사구의 관리기구는 협상에 임할 지위와 능력을 지녀야 한다. 더욱 중요한 것은, 사구의 관리조직 외에도 다양한 지원단체가 있어야 한다는 점이다. 이러한 지원단체는 장차 사구 생활의 조직적 틀을 구성하게 될 것이다.

주민위원회가 이익실체로 나아가는 경향에 대해 주의해야 한다. 물론 자치적 조직 관리기구이건 아니면 준 행정 조직이건 상관없이, 주민위원회는 이익실체여서는 안 된다. 하지만 현실적으로 주민위원회의 이익실체화 경향이 상당히 보편적이란 것이 문제이다. 대부분의 가도 주민위원회는 사구가 가지고 있는 자원을 이용하여(예를 들어 토지나 건물을 이용함) 수입창출 활동에 종사하고 있다. 이러한 과정에서 주민에게 약간의 서비스를 한다 하더라도, 어떤 식으로든 주민에게 폐를 끼치고 사구 환경에 손상을 입히는 결과를 초래하게 될 것이다. 여기에서 근본적인 문제는, 이러한 활동을 통한 이득과 피해의 크기에 있는 것이 아니라 주민위원회 자체가 영리적 조직이 되어서는 안 되고 영리적 활동에 종사해서도 안 된다는 점이다. 그 이유는 영리 활동으로 인해 주민위원회 자체의 기능이 변질되기 때문이다. 사실 시장 요인의 추진으로 말미암아 일부 지역의 주민위원회는 이도저도 아닌 조직형식으로 되어버렸다.

사구도 한계가 있다.

단위체제가 해체됨에 따라, 사구는 도시의 기층사회생활에다 기본적인 틀을 재구성하기 시작했다. 이것이 바로 지금 중국의 대규모 사구 건설의 배경이다.

그러나 어떠한 모델로 사구를 건설하고 있는가?

우리는 이러한 추세를 현실생활 속에서 찾아볼 수 있다. 그것은 사구가 점차 더욱 많은 기능 심지어 포함되지 않는 것이 없을 정도로 많은 기능을 담보하기 시작했다는 점이다. 사구의 주민자치를 시행하고 사구의 이익을 보호하며 사구의 각종 서비스를 확대하여 사구 주민의 생활수준을 높이는 등은 두말 할 나위도 없다. 하지만 어떤 지역에서는 사구가 사실상 별도의 기능을 담보하고 있음을 발견할 수 있다. 치안을 예로 들어보자. 대부분의 사구에서는 많은 보안요원을 자체 고용하고 있다. 대부분 사구의 정문이나 정원 내에는 보안요원이 즐비하게 지키고 있다. 또 취업을 예로 들어보자. 일부 사구에서는 취업을 자신의 직책으로 여겨, 사구 내의 실업자와 샤강 인원이 재취업할 수 있도록 여러 가지 경로로 그들을 배치시킨다. 경제를 또 예로 들어보자. 원래 대부분의 사구조직에서는 각종 경제실체를 운영했지만, 지금은 대다수가 이러한 경제실체와의 관계를 끊었다. 하지만 많은 사구조직이 변함없이 경영활동에 종사하고 있거나 아니면 밀접한 관계를 지니고 있다.

현재 사구의 기능이 끊임없이 전면적으로 확장되고 있는 까닭은, 적어도 아래 몇 가지 요인과 관련이 있다. 첫째, 이러한 사구 건설의 기본배경은 정부기능의 조정에 있다. 또한 '작은 정부, 큰 사회'라는 원칙에 따라 국가와 사회와의 관계를 재차 새롭게 구성하였다. 이러한 과정에서 본래 정부기 담당했던 많은 기능이 사회로 회귀하게 되었다. 둘째, 단위제의 해체는 본래 '단위가 사회를 운영하는' 현상에 근본적인 변화를 가져왔다. 원래 사영기업과 국영기업 단위에서 담당하던 사회적 기능이 단위의 분화에 따라 사회로 옮겨가게 되었다. 셋째, 현재 사구의 건설은 시험적 확산 단계에 처해 있다. 중국은 이처럼 시험적 확산단계에 처한 단위에다 자원을 일부 초과 제공하고 있다. 이렇게 하면 일하는 사람들 가운데 '치적'이 있다면 더 많은 자원을 획득하게 된다. 여기에는 또 하나의 원인이 있다. 그것은 사구 기능의 경계가 이론적으로 모호하다는 점이다. 특히 사구 건설에 관한 토론을 하면서 사구와 '작은 정부, 큰 사회'의 '큰 사회'를 동일시한다는 점이다. 그래서 사람들에게 다음과 같이 오해를 불러일으켰다. 그것은 원래 정부가 담당하던 많은 기능들이 지금에 와서는 사회로 회귀하려 하는데, 바로 이것을 사구가 담당해야 한다는 것이다.

사실 사구 역시 사회의 일부분일 뿐이다. 정부와 사회에 존재하는 시장을 제외하면 협의의 '사회'가 된다. 이러한 협의의 사회에는 정부나 기업이 아니고 또 사구도 아닌 갖가지 유형의 조직이나 기구가 존재한다. 예를 들어 정당과 종교단체 그리고 각종 민간조직 등이 있다. 이러한 조직이나 기구는 제각기 사회적 기능을 가지고 있다. 사구는 여러 조직기구 가운데 하나에 불과하다. 그래서 우리는 사구 건설을 진행하면서 사구 기능의 경계가 어디인지를 명확히 해야 한다. 실제로 사구의 가장 중요한 기능적 경계는 다음 두 가지 측면으로 표현할 수 있다. 하나는 사구와 시장과의 기능적 경계이고, 다른 하나는 사구와 정부와의 기능적 경계이다.

상술한 것처럼 현재 사구 건설의 기본배경에는 정부기능의 전환으로, 과거 정부가 담당했던 많은 기능을 사회로 이동시키고 있는 것이다. 그러나 이 가운데 사구와의 관계를 가지고 말하자면, 여기에는 완전히 다른 세 가지 상황이 존재한다. 첫째, 원래 정부가 아닌 사구에서 담당해야할 기능이 현재 사구 건설 과정 중에 분명히 사구로 회귀하고 있다는 것이다. 둘째, 원래 정부가 아닌 시장이나 영리 단체가 담당해야할 기능이 지금은 응당 시장으로 회귀해야지 사구로 이관해서는 안 된다는 것이다. 셋째, 원래 정부가 담당해야할 기능이 '작은 정부, 큰 사회'라는 미명 아래 사구로 이관되었다는 것이다. 바로 이 세 번째 요소의 작용으로 인해 현재 일부 사구에서는 원래 사구에서 담당하지 않았던 기능들을 담당하고 있다.

  치안문제를 예로 들어보자. 이것은 사실 사구의 기능이 아니다. 안전은 정부가 제공해야 할 공공재다. 그러나 현실생활에서는 대다수 사구가 치안을 사구 업무의 주요 부분으로 삼고 있는 것을 발견할 수 있다. 사구를 관리하는 부동산관리기업 입장에서 치안은 관리업무의 중요한 부분이 되어, 항상 많은 보안요원을 고용하게 된다. 그래서 어떤 사구에는 보안요원이 즐비하게 서 있는 것이다. 부동산관리기업이 관리하는 사구가 아니더라도, 일정 정도의 보안요원을 고용하거나 아니면 퇴직한 노인들이 붉은 완장을 차고선 이러한 임무를 담당하기도 한다.

  주민의 생명과 재산의 안전을 보장하는 것은 분명 정부의 직책이다. 사구의 안전문제도 마땅히 정부가 제공하는 경찰력으로 해결해야 한다. 만약 사구의 안전이 보장되지 않는다면, 이는 분명 정부의 직무상 과실이다. 그렇다고 해서 치안문제에 관해 사구가 해야 할 일이 없다고는 할 수 없다. 사회생활의 공동체로써 사구가 해야 할 일은, 정부 관련부서에다 대표를 파견하여 해당 지역의 치안과 사회질서 문제를 상의하고 해결하는 것이다. 그러나 현재 대부분의 사구가 안전을 보장받지 못하는 상황에서, 일부 사구에서는 자체적으로 안전문제를 해결하는데, 이것은 비난할 바가 아니다. 하지만 이것은 어찌할 수 없는 부득이한 시책으로 여겨야지, 그것을 '응당 해야 할' 일로 여겨서는 안 된다. 더군다나 '좋은 사구' 모델로 간주해서도 안 된다.

노동취업문제 또한 마찬가지다. 취업문제의 해결은 정부와 시장의 업무이지 사구가 담당해야 할 기능이 아니다.

사구조직(주민위원회)이 경제활동에 종사함으로써 사구의 사회적 기능을 심각하게 왜곡시켰다. 최근 몇 년 사이에 사구조직과 경제실체와의 관계가 느슨해졌다 할지라도, 사구조직이 경제경영활동에 종사하는 것은 여전히 보편적인 현상이다(이것의 직접적인 원인은 사구조직의 경비부족에 기인한 것으로, 부득이하게 경영활동에 종사하여 경비부족을 메우게 된다). 사구가 경영활동에 종사하는 보편적인 방법은, 주민거주지 혹은 주변 도로와 공터를 이용하여 각종 시장을 여는 것이다. 이러한 시장은 시장의 번영과 대중 생활의 편리에 중요한 작용을 하지만, 이로부터 야기되는 문제 또한 분명히 있다. 대부분의 시장에는 관리규범이 거의 없다. 이로 인해 주민들이 번거로워하고 위생적으로는 더럽고 무질서하며 경영 질서는 혼란스러워지는 등의 문제가 나타난다. 더욱 중요한 것은, 이러한 현상이 사구조직의 기능에 중대한 왜곡을 가져온다는 점이다. 사구조직은 사구 환경을 유지하고 보호하는 것이지만, 일부 사구조직에서 행하는 경영활동으로 인해 사구 환경의 악화를 초래하고 있다.

다년간에 걸쳐 우리는 다음과 같은 사유 형태가 형성되었다. 첫째, 각종 조직은 정부의 문제를 함께 해결하는 임무를 가진다는 것이다. 다시 말해서, 정부를 위해 고통분담을 하여 문제를 해결하는 것은 좋은 일이자 마땅히 해야 하는 것이다. 둘째, 해결하기 어려운 일에 봉착하면, 각 방면의 역량을 동원하여 공동으로 처리하고 해결한다는 것이다. 이것이 '체계적인 작업'이라는 것이 일반적인 견해이다. 그러나 결과적으로 정부의 일부 기능은 효율적으로 이행할 수 없게 되었고, 그와 동시에 전체사회의 기능에 혼란을 야기했다. 과거 수십 년 동안 우리는 무한 책임의 정부를 건설하고자 했지만, 이것은 실행 불가능한 것으로 증명되었다. 이와 마찬가지로 사구 역시 한계가 있고 전지전능한 것은 아니다.

고층아파트와 판잣집이 혼재한 도시
중국 사회가 급격히 도시화하고 세계의 제조업 공장으로 자리잡으면서 주택, 치안, 환경, 빈부격차 등 많은 사회문제가 생기고 있다.

cleavage

08 신뢰위기와 사회질서

과거 2년 동안 전국에 있는 보건식품회사 중 2/3가 도산했다. 원인은 과대포장과 사기광고다. 이런 **신뢰위기**는 중국 경제와 사회를 거의 뒤덮고 있다.

신뢰위기와 사회질서

신뢰위기로 망친 것은 무엇인가?

도시에서 집을 임대하려면 누구를 찾아가야 할까? 대다수 사람들은 주위에 있는 사람들을 많이 찾을 것이지만, 부동산 중개 회사를 유독 찾아가지는 않을 것이다. 집을 매매하고 임대하는 각종 광고를 펼쳐볼 때면, 광고 맨 끝부분에 '부동산 중개 사절'이라는 글귀를 발견하게 된다. 왜 그럴까? 그 이유는 현실생활에서 부동산 중개업자에게 속아 곤혹을 치른 일들이 많았기 때문이다. TV에서도 거의 같은 유형의 이야기를 자주 듣게 된다. 당신이 부동산 중개업자에게 보증금을 내면, 그들은 당신에게 마땅한 집을 찾아주지 못할 경우 계약금을 돌려준다고 약속한다. 그런 후 당신을 데리고 집을 보러 간다. 몇 곳을 돌아봐도 당신 마음에 드는 집을 찾지 못했다면, 당신은 보증금을 돌려받으려 할 것이다. 하지만 보증금을 되돌려받을 가능성은 거의 없다. 더욱 극단적인 상황은, 며칠이 지난 후 당신이 그 중개회사를 찾아 갔을 때 사람 그림자조차 찾지 못하게 되는 경우이다. 방을 구하려는 사람들은 이런 일을 많이 겪었을 것이다. 그래서 혼자 집을 찾아다니거나 전단지를 내다 붙이기도 하고 아니면 친구의 도움을 받기도 한다. 이로 인해 전적으로 부동산 업무에만 종사하는 회사에서는 손님을 거의 찾아 볼 수가 없게 되었다.

사실 부동산 중개업뿐만 아니라 모든 자문중개업도 이러한 신뢰위기로 인해 심각한 손해를 입고 있다. 90년대 초에 이르자 전 국민적 경제활동의 물결로 전국에 많은 자문회사와 중개회사가 생겨났다. 하지만 얼마 지나지 않아 이들 대부분이 종적을 감추게 되었다. 십여 년의 시간이 흘렀건만 이러한 업종은 이상하리만치 발전하지 못했다. 그 원인이 어디에 있을까? 시장에서는 이런 업종이 필요 없는 것일까? 물론 아니다. 현대사회에서 정보는 경제활동의 기본조건이다. 외국의 경우 정보자문회사와 중개업은 신속하게 발전하는 업종이 되었고, 아울러 신경제를 이루는 주요 부분이 되었다. 하지만 정보자문 업종이 발전하는 데 가장 중요한 전제조건은 바로 사회에 신뢰 구조가 갖추어져야 한다는 것이다. 그 이유는 이러한 정보자문으로 실현하려는 것이 여러 시장요소와의 연결작용이기 때문이다. 이는 전통적인 실물거래와 달리 명확한 상품이나 가격 심지어 담보물이 없다. 그러기에 기본적인 신뢰 구조라는 기본조건이 없으면 거래는 성립할 수 없다. 중국에서 정보자문 업종이 발전하는 데 가장 심각한 장애 요소가 바로 신뢰 구조의 결핍이다. 한동안 '이름만 있는 유령회사'나 '사기를 쳐 곤경에 빠뜨리는 것'이 정보자문업의 대명사가 되었다. 설령 당신이 이러한 업종에 성심성의껏 종사하려 할지라도, 신뢰 구조의 결핍으로 야기된 거대한 교역 코스트를 극복해야만 한다.

신뢰위기로 인해 거의 망칠 뻔 했던 또 다른 업종은 바로 보건(건강관련품목) 업종이다. 1995년부터 1997년 사이에 전국 3,000여 개의 보건식품회사 가운데 2,000여 개가 도산했다. 즉, 2/3 정도가 무너진 셈이다. 이들 회사가 도산한 주요 원인이 어디에 있는가? 그것은 바로 과대 포장과 허위선전 심지어 사기를 쳐서 소비자를 기만한 것 등이 주요 원인이다. 한 때 이름을 날렸던 보건상품은 아주 신기한 것처럼 과장광고를 했지만, 실제 내용과는 현저한 차이가 있었다. 자라 엑기스 공장에 자라가 한 마리도 없었고 뱀 가루 공장에 뱀이 한 마리도 없었다.

　보건식품 광고에서는 대부분 의료기구와 의사 그리고 전문가들의 '권위적 결론'이나 환자들의 '자신의 경험에 비춘 이야기'를 이용하여 소비자들의 신뢰를 얻으려 한다. 하지만 이런 권위적 결론이나 체험은 겉만 번지르할 뿐 속은 아무 것도 없는 것이었다. 설령 개별 환자들의 '체험'이 진실이라 할지라도, 이는 극히 개별적인 현상일 뿐이다. 소비자가 매체를 통해 이러한 진실을 알게 되었을 때, 곧바로 보건상품에 대한 신뢰위기가 생긴다. '상품을 소개하는' 방식, 예를 들어 각종 '의무진찰', '무료 신체검사', '무료 피부검사' 등의 활동이 새로운 모습으로 다양하게 표출되어 거리나 가정에 깊숙이 들어가게 된다. 하지만 소비자들은 얼마 지나지 않아 이러한 '의무진찰'이란 것이 결코 '무료 오찬'이 아니라 보건상품 회사와 의사가 소비자를 속이는 선전방식이자 구매유혹의 수단이라는 것을 알게 된다. 시간이 지나면서 사람들은 진품에다 가격까지 낮은 보건상품에 대해서도 반신반의하는 태도를 보였다. 그래서 결국 보건상품 업종이 망하게 되는 결과를 낳게 된 것이다.

　신뢰위기는 중국 경제생활 더 나아가 사회생활의 치명적인 병소(病巢)가 되었다. 이 글을 쓰면서 나는 구글(google)에서 '신뢰위기'

라는 단어를 검색해 보았는데, 이 단어가 들어있는 문건이 24,000여 편이나 되었다. 중문(간체) 웹사이트로 제한하여 검색해도 23,000여 편이나 되었다. 여기다 '우리나라(我國)' 라는 수식어를 가하니 그래도 5,000여 편이나 있었다. 수식어를 '우리나라' 대신 '중국' 으로 하니 21,000여 편이나 되었다.

더욱 놀라운 사실은 신뢰위기 범위가 아주 넓다는 것이다. 주식의 신뢰위기, 실내장식업의 신뢰위기, 위에빙(月餠)의 신뢰위기(난징 관성위안(冠生園) 회사의 천시엔 위에빙(陳餡月餠)에서 생겨난 위기), 독립 이사(independent director)가 직면한 신뢰위기, 사법부의 신뢰위기, 공인회계사의 신뢰위기, 상장회사의 신뢰위기, '서구의 학력증서' 로 인한 신뢰위기, TV홈쇼핑으로 인한 신뢰위기, 인터넷 쇼핑으로 인한 신뢰위기, 직업소개업이 직면한 신뢰위기, 부동산중개의 신뢰위기, 변호사의 신뢰위기, 신용회사의 신뢰위기, 정부의 신뢰위기 등이다. 이러한 신뢰위기는 중국 경제와 사회생활의 중요 영역을 거의 뒤덮고 있다.

상술한 신뢰위기로 훼손되는 것은 단지 한 가지 업종이라고 말할 수 있지만, 사회적 공신력을 지닌 기구의 신뢰위기는 경제와 사회생활의 기본질서와 운행기반을 훼손시킨다. 최근 2년 사이에 유달리 사람들의 주목을 끈 현상이 있었다. 그것은 주식시장의 흑막이 하나하나 드러남에 따라 공인회계사들의 신뢰위기도 드러나게 되었다는 점이다. 포털사이트나 재정과 경제 류의 사이트를 찾아보면, '공인회계사들의 위조 관련 테마' 를 적지 않게 발견할 수 있다. 그 가운데 '인광샤(銀廣夏) 사건' 에서 야기된 중개기구의 신뢰위기가 가장 주목을 끌었다. 사실 '인광샤 사건' 은 수면으로 떠오른 것에 불과하다.

신화사의 보도에 따르면, 국가회계검사국이 상장회사 연말회계결

산보고서의 심사자격을 갖춘 16개 회계사무소에서 작성한 2001년도 회계심사업무에 대해 검사를 단행하였다. 이들 회계사무소에서 작성한 회계보고서 가운데 도합 32부를 골라 검사를 했고, 아울러 21부의 회계보고서와 관련된 상장회사에 대해 회계 조사를 하였다. 검사 결과, 회계사무소 14곳에서 사실과 판이한 회계보고서 23부를 작성했음이 밝혀졌다. 이로 인해 재무회계 상으로 71.43억 위안이 허위로 작성되었고, 이와 관련된 공인회계사가 41명이나 되었다.

10년 정도 공인회계사 업무에 종사한 모씨는 이 업종의 갖가지 흑막에 대해 이렇게 묘사했다. 그가 있던 "회계사무소는 정말이지 어지럽다. 고객이 돈만 내면 회계사무소에서는 합격점수의 회계검사나 자금검증보고서를 작성해 낼 수 있다. 어떤 때는 껍데기만 있고 실속이 없는 회사도 '등기 자금' 50만 위안이면 두말 할 것도 없는데, 여기에는 공인회계사들의 '수고'가 적지 않다." "신분증 복사본과 수수료 4~5천 위안만 내면, 회계사무소에서는 단 일주일 만에 '등기 자금 50만 위안'의 영업허가증을 대신 처리해주고, 여기다가 상세한 평가와 자금검증보고서를 첨부시켜 준다. 내가 관찰한 바로는, 지금 각 회사의 등기 자금 가운데 절반 이상은 심하게 과장된 것이다."

회계검사기능을 갖고 있는 공인회계사라는 업종은 일반적인 중개기구와 달리 시장경제질서의 중요한 수호자이다. 회계사들의 직업적 도덕규범은 그들로 하여금 성실한 재무회계검사보고서의 작성 그리고 회계자료의 진실성과 신뢰를 보증하게끔 한다. 그렇지만 이러한 업종에서는 가짜장부를 만드는 풍토가 이미 만연되어 있다. 어떤 사람들은 이를 경제생활의 '블랙 휘슬(black whistle)'이라 부른다. 심지어 중국 회계시장에서 이러한 업종은 생존위기에 직면하게 될 것이라고 단언하는 이도 있다. 그러나 문제는 이러한 업종의 위기가 그들 자신만의 위기인 것이 아니라 사회 공신력의 위기인 것이다.

공인회계사가 제공하는 것은 신용이란 상품이다. 신용이란 상품의 질적 가치는 대다수 가정의 이익에 직접적인 영향을 줄 뿐만 아니라, 경제 정보와 질서에 대한 많은 사람들의 신뢰에도 작용한다. 신용이 공정성을 이탈하게 되면, 회계정보는 가치를 잃게 될 뿐 아니라 사회에 해를 끼치게 된다. 중국 주식시장이 직면한 신뢰위기 그리고 이런 위기와 공인회계사 업종과의 관계만 가지고 보더라도 이 문제의 심각성을 쉽게 알 수 있다. 예를 들어보자. 후베이(湖北)성 리화(立華) 회계사무소는 후베이 싱화(興化), 캉싸이(康賽) 그룹, 훠리(活力) 28, 싱파(興發) 그룹 그리고 싱푸(幸福) 실업 등 수십 개의 상장회사에다 가짜영업실적보고서를 줄곧 발행해 주었다. 그리고 많은 상장회사와 결탁하여 속임수로 '뛰어난 성과 신화'를 꾸며냈다. 이런 상황에서 사람들이 주식시장과 상장회사에 대해 어떻게 신뢰할 수 있겠는가?

사회생활에서 가장 큰 해악은 바로 공공자원과 공공권력을 쥐고 있는 부서에 대한 신뢰위기다. 2001년 썬양(沈陽)시 제12기 인민대표대회 4차 회의에서, 썬양 시 중등인민법원의 2000년 업무보고는 법정 득표수에 이르지 않아 통과되지 못했다. 이번 회의에서 썬양 시 중등인민법원의 업무보고에 대해 인민대표들이 심사한 후 표결을 행하였을 때, 회의에 출석한 474명의 대표 중 218명만이 법원의 업무보고에 찬성표를 던졌고 나머지 162명은 반대표를 던졌다. 하지만 찬성표가 과반수를 넘지 못했다. 반 년 후 썬양 시 인민대표대회 제5차 회의에서 썬양 시 중등인민법원의 개선 상황과 2001년 업무배치에 대한 보고를 통과시켰다.

여론에서는 이번 사건을 "신중국 헌정사상 최초", "중국 민주정치의 상징적 사건"으로 불렀다. 그러나 이 사건의 배후는 바로 사법부에 대한 '신뢰위기'인 것이다. 전국을 놀라게 한 '무마 대사건'[33])에서는 썬양 시 중등인민법원의 주책임자였던 3명도 위법 범죄 혐의를 받았다. 그러나 '사적으로 업무를 처리하는 것', 심지어 법률이라는 공공 권력으로 사적인 이익을 꾀하는 것은 흔히 볼 수 있는 일이 되었다. 인터넷 조사 결과 법관의 형상을 '관료적', '사적인 관계로 잘못을 가려주는 것'과 '법을 알면서 법을 범하는' 등의 소극적인 단어와 같이 연결시키는 것이 상당히 높은 비율을 차지하였다. 이런 상황에서 사회질서의 기초는 필연적으로 붕괴될 것이다.

이처럼 전도양양한 업종이 훼손되면 경제생활의 운행 기반이 망가질 것이고 사회질서의 기초가 무너질 것이다. 이것이 바로 우리에게 제기된 신뢰위기의 도전이다.

사회의 공신력(公信力)을 새롭게 세우다

사회의 신뢰 구조는 체계적 신뢰와 개인적 신뢰라는 두 가지 측면이 있다. 그러므로 현재 사회생활에서 사람들의 관심과 불안을 일으키는 신뢰결핍과 신뢰위기 문제를 설명하는데, 개인적 측면의 신뢰결핍만 가지고 살펴본다면 매우 불충분하다.

체계적 신뢰란 바로 사회질서에 대한 신임이다. 사회질서의 힘과 효력 또한 의심할 바 없이 그것에 대한 사람들의 신뢰를 기초로 한다. 예를 들어 우리가 사회 속의 화폐 체계를 믿고서는 화폐에 따라 자신

---

33) 썬양 시 시장 무수이신(慕綏新)과 부시장 마샹똥(馬向東) 등이 일으킨 독식부패사건을 가리킨다.

의 생활을 안배하게 된다. 매체 정보에 있어서도 우리는 이것을 지식과 정보의 중요한 근원으로 여겨, 자신의 선택과 행동의 근거로 삼는다. 기상청에서 알려주는 일기예보를 믿기에, 우리는 일기예보에 따라 옷을 좀 두껍게 입을까 아니면 얇게 입을까를 결정한다. 정부를 믿기에, 정부의 정책에 따라 우리의 행위를 조절한다. 우리가 경찰을 믿기에, 그들이 국민의 안전을 보장하고 분쟁 처리에 공정성을 가진다는 것을 믿는다. 이처럼 대부분의 개인적 신뢰도 체계적 신뢰라는 기본 배경을 떠날 수 없다. 가령 시장에서 물건을 살 경우, 무슨 근거로 시장상인들을 믿겠는가? 그것은 바로 시장 질서에 대한 신뢰를 근거로 하기 때문이다.

체계적 신뢰는 바로 공신력이다. 만약 공신력에 문제가 있다면, 사회생활은 혼란상태에 처하게 될 것이다. 이렇게 가상해 볼 수 있을 것이다. 만약 이런 신뢰가 존재하지 않는다면, 사회생활에서 질서가 있을 수 있겠는가? 또 사회생활이 정상적으로 나아갈 수 있겠는가?

하지만 사람들의 마음을 졸이게 하는 사회의 신뢰위기 가운데 상당 부분이 공신력의 상실에 달렸다는 점을 인정해야만 한다. 최근 인터넷을 둘러보면서 아래와 같은 리플을 보았다. 그 네티즌은 이렇게 말했다.

"날이 밝았다. 나는 일어나 아래층으로 내려가 아침으로 요우탸오(油條)를 먹고 싶었다. 하지만 감히 그렇게 하지 못하는 이유는, 그 속에 더러운 쌀뜨물 기름과 세제가 들어있지 않을까 해서이다. 회사에 가서 먼저 신문을 본다. 어느 지역 모 기업이 얼마만큼 성장했다는 소식은 믿을 수 없다. 그 이유는 이러한 숫자가 간부 입에서 나왔기 때문이다. 그런 다음 회의에 참석하러 간다. 강단의 연사가 그럴

듯하게 말을 잘 하지만 믿을 수 없다. 왜냐하면 회의를 마친 뒤 그들은 지금껏 그렇게 행동하지 않았기 때문이다."

"오후에 병원에 진료를 받으러 갔다. 직책이 높은 전문의 진찰이 있지만, 나는 그들이 전문의라는 것을 믿지 못한다. 더군다나 직책이 높은 의사가 직책이 낮은 의사보다 분명 뛰어나다는 것을 더욱 믿을 수 없다. 그 이유는 직책이 너무 과장되었기 때문이다. 그 이면에 담긴 문제는 족히 책 한 권을 쓸 만큼 될 것이다."

"집에 거의 도착하여 횡단보도를 건너려는데 푸른 신호등이 켜졌지만 감히 건너갈 수 없다. 좌우를 살펴 모든 차들이 멈췄는가를 확인하고서야 토끼처럼 횡단보도를 건너갔다. 며칠 전 신문에서 '믿을 수 없는 교통' 이란 기사를 보았다. 선쩐의 한 중학생이 분명 푸른 신호등인걸 보고 횡단보도를 건너갔는데, 달려오는 화물차에 치여 결국 죽었다. 화물차는 뺑소니를 쳤고 목격자들은 모두 눈이 휘둥그레졌다. 그래서 나는 딸에게 횡단보도를 건널 때 신호등만 볼 것이 아니라 차를 잘 보고 건너가라고 재삼 당부한다. 신호등도 믿기 힘들기 때문이다."

"숫자를 믿지 못한다. 지난번에 식당에서 친구로부터 이런 이야기를 들었다. 모 지역에서 통계 숫자를 상급기관에 보고했다. 상급기관장들은 경제상황을 잘 알다 보니, 통계숫자를 보고선 욕설을 퍼부었다. "너희들은 거짓으로 꾸밀 줄도 모르냐? 숫자 하나를 고쳤으면 다른 것도 따라서 고쳐야지. 그렇지 않고 숫자를 모두 계산하면, 웃음거리가 되지 않느냐! 수준이 영 말이 아니구먼!"

이 네티즌이 든 예는 아주 많지만 여기서 전부 말할 수는 없다. 하지만 이런 것들만 보더라도 중국 사회의 공신력에 대한 저하는 이미 심각한 지경에 이르렀음을 알 수 있다.

　문제는 사회의 공신력이 심각하게 약화되었을 때, 사람들이 무엇을 믿을 수 있느냐는 것이다. 더군다나 사회생활에 공공권위가 특히 필요할 때 말이다. 가장 최근의 예는, 구정 기간에 유행했던 '주사 루머'[34]이다. 사실 이것은 진지한 분석과 연구가 필요한 사건이자 중국 사회가 심각하게 반성해야 할 사건이다. 사람들이 아직 기억하고 있듯이, 최초 1개월 정도 '톈진 에이즈 주사' 루머는 항간에 떠도는 소문과 인터넷의 리플 방식으로 전해졌다. 이 루머는 작년 크리스마스 때 처음 시작되었다고 한다. 하지만 공식 매체에서는 이 사건에 대해 침묵을 지켰다. 1개월이 지난 후 이러한 소문이 신문 지상에 오르기 시작했다. 사실 주사 루머는 톈진에서 베이징 등지까지 이미 확산된 상태였다. 이로 인해 이 루머는 순식간에 사람들 마음을 조마조마하게 만들었다.

　2000년 1월 17일 톈진 경찰 측은 '주사 사건'에 대해 처음으로 발표했다. 경찰 측에서는 사건 제보자의 신체검사 결과 주사 바늘이 꽂힌 흔적을 거의 발견하지 못했고, 일부가 주사침 같은 것에 찔린 흔적이 있지만 어떠한 부착물도 발견되지 않았다라고 하였다. 혐의자를 심문한 결과, 사람을 찌를 때 사용한 주사는 에이즈 바이러스에 접촉되지 않았던 것으로 나타났다. 경찰 측에서는, 이 사건에 사용한 도구는 에이즈 바이러스를 전파하지 않으며, "용의자가 주사를 찌르면서 에이즈를 전염시킨다고 말한 것은, 순전히 사람을 속이고 놀리기 위한 것이다"라고 하였다. 또 "시민들은 이러한 헛소문에 현혹되지 말

---

34) 주사침을 가지고 거리나 공공장소에서 주사침을 꽂고서는, "에이즈 바이러스가 당신에게 들어갔어"라는 말로 사람을 놀래킨 사건을 가리킨다.

고 마음 놓고 정상적인 생활을 영위하길 바란다"라고 하였다.

과학적으로 에이즈 바이러스는 인체에서 떠나 1분 30초가 지나면 혈액응고로 인해 죽게 된다. 바이러스가 있는 사람이 현장에서 피를 뽑은 후 곧바로 다른 사람에게 주사를 놓는다면 전염이 될 수 있다. 그렇지 않으면 주사 방식으로 에이즈 바이러스를 전파하기란 매우 어렵다. 공안국 담당 부서에서도 이와 유사한 '주사 사건' 루머 몇 건을 발표함으로써, 대중들 사이에 만연했던 두려운 정서가 확연하게 줄었다.

이 사건에 대해 생각해야 할 점이 있다. 첫째, 이것은 중국 사회의 위기적 사건이다. 사건 자체는 그다지 심각하지 않다 하더라도, 루머로 야기된 사회적 두려움으로 인한 영향은 절대로 과소평가해서는 안 된다. 한 사회가 이런 위기에 직면했을 때 사회 공신력의 작용이 절실히 필요하다. 공신력을 지닌 권위적 견해만이 위기를 해결할 수 있다.

둘째, 이 사건을 통해 알 수 있듯이, 대중들은 공신력을 지닌 권위 있는 발표가 절실하게 필요한데도, 이러한 권위 있는 견해는 오히려 어물어물하며 뒤늦게 나온다는 것이다. 권위적인 발표가 이처럼 어물거리며 늦게 나오는 까닭은 대체로 이러한 논리에 기초한다. 그것은 유사한 사건을 시민들이 모르도록 하는 것이 가장 좋다. 그렇지 않으면 사회 안정에 불리하게 작용한다는 논리다.

셋째, 설령 권위적인 발표가 나온다 할지라도 사람들 대부분은 이것에 반신반의할 것이다. 이는 해석의 근거와 논리에 일부 문제가 분명히 있다는 것 외에도, 매체와 '과학'에 대한 공신력과 관계가 있다. 과거 우리는 과학이란 정책적 기능에 이바지해야 한다고 항상 강조했다. 늦은 결혼과 출산(晩婚晩育)이란 정책을 제정했을 때, 늦은 결혼과 출산이 신체건강에 어떻게 유리한가를 '과학'적으로 입증했다. 가족계획(計劃生育) 정책을 제정했을 때, 아이를 적게 낳는 것이 건강에 유리하다는 것을 '과학' 적으로 논증했다. 그 결과는 과학에 대한 공신력의 저하만 가져다주었다. 매체는 더더욱 이러하다.

    넷째, 사람들은 언제나 공신력을 세우고 유지하는 대가에 관심을 가질 뿐, 공신력의 약화에 따른 대가는 홀시한다. 유사 사건에 대한 정보 공개는 사회 안정에 불리하다는 것 등을 예로 들 수 있다. 그러나 이로 인해 관련기관의 공신력 저하를 야기한다면, 그에 따른 대가는 더욱 클 것이라는 점을 사람들은 고려하지 않는다. 공신력의 저하에 따른 대가와 관련하여 몇 년 전에 생겼던 사건이 생각난다. 당시 미국에서는 인공위성을 발사하려고 하였다. 그 중 일부 개별 항목은 군사기밀에 관련된 것이었다. 이로 인해 매체를 통해 보도할 수 있도록 허가할 것인가 허가하지 않을 것인가에 대해 한바탕 논쟁이 일었다. 한 쪽에서는 보도를 허가함으로 인해 군사비밀이 누설될 것이라고 주장했고, 다른 한 쪽에서는 만약 보도를 하지 못하도록 한다면 이는 보도의 자유에 해를 끼칠 것이고, 아울러 그 대가가 더욱 클 것이라 주장했다. 이 논쟁은 후자의 승리로 결론지어졌다.

    중국에서 사회 공신력을 다시 세우려면, 이것은 다방면에 걸쳐 다루어져야 한다. 하지만 가장 먼저 다루어야 할 부문은 사회 자원을 많이 쥐고 있고 또 사회질서 유지에 중요한 작용을 하는 곳이다. 예를 들어 정부, 사법, 매체, 사회단체, 과학연구 부문 등이다. 그 이유는 이러한 부문에 대해 사회는 그들에게 권위를 부여하였고, 그들 또한 사회 공신력의 가장 중요한 전달자들이기 때문이다.

'친한 사람을 해치는 것(殺熟)' 에서부터
'약소를 핍박하는 것(凌弱)' 까지

표면적으로 볼 때 '친한 사람을 해치는 것' 과 '약소를 핍박하는 것' 이 양자는 서로 아무런 관계가 없는 개념이다. 하지만 90년대 초부터 지금까지 중국 사회생활의 궤적을 자세히 살펴보면, 이 두 현상이 모종의 내적관계가 있음을 알 수 있다.

'친한 사람을 해치는' 현상은 90년대 초 '전 국민의 상업화' 라는 분위기에서 일어났다. 80년대 광둥에서 유행했던 "관시(關係)가 바로 생산력이다"라는 명언을 대부분의 사람들은 아직도 기억할 것이다. 이를 지금 학문적 언어로 해석한다면, 그것은 바로 경제활동에 있어서 사회자본의 작용인 것이다. 하지만 중국 사회에서 '친한 사람' 에 대한 신임과 '낯선 사람' 에 대한 불신임은 줄곧 동전의 양면이었다. 친한 사람들 테두리에서 그들은 서로를 크게 신뢰하였다. 하지만 이러한 테두리를 벗어나면 그것은 바로 낯선 사람들의 세계였다. 신뢰 구조는 주로 이러한 친한 사람들 테두리 안에서 존재한다. 이러한 테두리 내에서, 가족·친척·친구·동창·동향·동료가 신뢰 구조를 이루는 기본적 유대이자 기초이다. 90년대에 상업 열기가 막 일어났을 때, '친한 사람' 으로 구성된 '관시' 가 중요한 사회자본이 되었다. 그 누군가가 사회자본을 많이 지녔다면, 그는 상업적인 성공을 거둘 수 있었다.

신뢰 구조에 대한 파괴는 처음에는 '낯선 사람을 해치는' 형식으로 나타났다. 친한 사람들 테두리 안에서는 서로를 신뢰했고 심지어 서로를 이용했다. 그러나 이러한 테두리 이외의 경우에는, 곤경에 빠뜨리고 속이며 몰래 빼앗고 기만하는 일들이 불문율처럼 되었다. 그러자 얼마 지나지 않아 테두리 밖 사람들 사이에 그나마 있었던 조그마한 신뢰 구조조차 순식간에 파괴되고 말았다. 본래 친한 사람들 테두리에서 신뢰 구조의 전통이 구축되었기 때문에, 더 넓은 범위의 신뢰 구조를 형성하기가 어려웠다. 문화대혁명 기간 동안 정치적인 투쟁과 배척으로 인해 '다른 사람을 경계하는 마음'이 그들의 의식 속에 깊이 뿌리박혀 있었다. 게다가 걸음마 단계에 처해있는 시장경제에서 행위 원칙이 결여됨으로 인해 신뢰 구조가 쉽게 손상되는 것은 자명한 일이다. 이처럼 곤경에 빠뜨리고 속이며 몰래 빼앗고 기만하는 대상이 테두리 외부에 있는 낯선 사람에서 내부에 있는 친한 사람으로 전환되었다. 이 때문에 한동안 친척이 친척을, 친구가 친구를, 동향이 동향을 곤경에 빠뜨리는 것이 보편적 현상으로 되었다. 친한 사람이 아니면 속임수에 걸려들지 않기 때문에, 장사를 하면서 손해를 보는 경우는 대부분 친한 사람이거나 친척 혹은 친구한테 '해를 당하는' 것이다.

'친한 사람을 해치는' 현상을 더욱 가속화시킨 것은 바로 다단계식 판매활동이었다. 다단계 네트워크는 기본적으로 친한 사람들을 기초로 한다. 다단계식 판매의 결과는 대부분 친척이나 친구 사이의 신뢰감을 이용하여 속이는 쪽으로 변했다.

어느 다단계 판매자는 자신의 경력을 이렇게 늘어놓았다. 다단계를 시작한 지 둘째 날 사촌형이 나를 데리고 가서 '판촉방법과 기교'에 대한 강의를 듣게 했다. 강의 내용은 친척과 친구를 어떻게 이곳에 가입시켜 큰 사업을 벌이도록 하는가라는 내용이었다. 그 절차는 다음과 같다. 첫째, 관계에 따라 친척과 친구의 명단을 가까운 쪽에서 먼 곳까지 순서대로 전부 기록한 후 초청편지를 쓴다. 둘째, 친척이나 친구가 왔을 때 제시될 수 있는 문제와 그에 대해 어떻게 답할 것인가에 대한 방안을 세운다. 마지막으로 아래 라인 사람들을 어떻게 부추겨 발전(사람을 속임)시킬 것인가라는 대책을 강구한다.

나는 사촌형의 지도하에 친구들한테 편지를 쓰기 시작했다. 물론 가장 친한 친구부터였다. 대학입학시험도 보지 못하고 또 일자리도 구하지 못한 몇몇 친구들은 나를 아주 신뢰하였기에, 편지를 받자마자 곧바로 나에게 찾아왔다. 나는 처음 사촌형이 나를 속인 것처럼 그들을 속이기 시작했다. 그다음 그들 자신도 모르게 해적선에 오르게 했다. 그들을 더 이상 갈 길이 없도록 만든 후, 집식구에게 어떻게 돈 달라고 하고, 다른 사람에게 어떻게 허풍을 떨며, 말도 안 되는 이론을 어떻게 주입하여 더 많은 사람이 회원으로 되게끔 하는가를 가르쳤다. 어느 날 사촌형이 술 뒤끝에 실언을 하였다. "실은 우리가 하는 것이 바로 다단계 판매야. 내가 여기에 오자마자 너를 희생물로 끌어들였어. 어차피 사람이 사람을 속이는 것인데, 친척이나 친구부터 속이지 않으면 어떻게 낯선 사람을 속일 수 있겠어? 너도 이미 한 배를 탄 사람이니까, 누군지는 신경 쓰지 말고 회원 끌어들이기만 필사적으로 하면 돼. 너 아래 회원이 많을수록 더 많은 돈을 벌수 있어. 뒤에 오면 올수록 절망적인 외길뿐이야."

허베이(河北)성 장쟈커우(張家口) 시 공상 부서에서는 다단계 판매 거점 세 곳을 소탕하였는데, 잡힌 16명의 다단계 판매원 모두가 친척이거나 친구 관계였다. 쩡쩌우(鄭州) 시 공상 부서에서는 다단계 판매에서 조금 변형된 '다단계식 경영'[35]을 소탕하는 과정에서, 이들 다단계 판매원에게 속임을 당한 하부조직이 모두 급우, 전우, 친척, 친구 관계였다. 더욱 심한 곳은, 하이난(海南)성 싼야(三亞) 시 공

---

35) 판촉 활동을 하는 사람이 아래 사람을 끌어들여 상품을 팔게끔 하고, 또 아래 사람의 판매액을 자기의 판매액에 더할 수 있는 판촉 방식이다.

상 부서에서 '다단계 판매 가정'을 색출하였는데, 잡힌 이들은 깐수(甘肅)성에서 온 사람들이었다. 이들의 수법은 아래와 같다. 먼저 어머니 구(丘) 모 씨가 아들을 속여 자신의 하부에 두고, 그 다음엔 아들이 동일한 수법으로 아버지를 속여 다단계 판매 조직의 일원이 되게 하였다. 체포되었을 때, 이 '다단계 판매 가정'과 하부 판매원들은 동업하려고 한다느니 일자리를 알선해 준다느니 하는 명목으로 친척과 친구 등 76명을 속여 다단계 판매 조직으로 가입시켰음이 드러났다.

보험판촉활동 같은 일부 상업 영역에서도 '친한 사람을 해치는' 현상이 보편적으로 존재한다. '친한 사람을 해치는' 현상의 가장 심각한 결과는, 사람들 간의 가장 핵심적인 신뢰관계를 파괴시킨다는 점이다. 앞서 말한 바와 같이, 이러한 사회에서 기본적인 신뢰 구조는 '친한 사람' 사이에서 이루어진다. 이처럼 '친한 사람'을 기초로 하는 신뢰 구조는 기타 신뢰 구조에 비해 더욱 기본적이고 중요한 신뢰 구조이다. 하지만 '친한 사람을 해치는' 이런 과정 속에서, 가장 기본적이고 심지어 있어야만 될 신뢰 구조가 파괴된다. 어제만 해도 가장 믿었던 사람이 오늘은 자기를 해치고 자신을 속이는 사기꾼이 되어 버렸다. 그래서 사람들은 자연적으로 '자신 외에는 그 누구도 신뢰할 수 없다'는 결론을 얻게 된다.

하지만 당시 낙관적인 일부 학자들은 '친한 사람을 속이는 것' 또한 긍정적인 현상이라고 생각했다. 그들의 추론은 다음과 같다. '친한 사람' 사이의 신뢰는 외부 세계에 대한 불신임을 야기함으로써 더 넓은 범위의 신뢰 구조 형성에 장애가 된다. '친한 사람을 해치는 것'은 가장 기본적인 신뢰 구조가 파괴됨을 의미한다. 가장 기본적인 신뢰 구조가 파괴된 후, 이 사회는 신뢰 구조가 완전히 사라진 상태에 처하게 될 것이다. 이때 사람들은 다른 규칙이 필요하게 된다. 다시 말해서 불신임이 만연한 기초 위에서 구축되는 새로운 규칙은 보편적인 신뢰 구조의 구축에 유리하게 작용할 것이다. 이러한 추리는 논리상 이치에 맞지 않는다고는 할 수 없다. 왜냐하면 조그마한 테두리를 기초로 하여 형성된 신뢰 구조는 보편적 신뢰 구조의 형성에 분명 방해로 작용하기 때문이다. 만약 중국 사회와 서구사회의 신뢰 구조를 형성하는 기초를 가지고 서로 비교해본다면, 이러한 추론에 충분히 이해가 갈 것이다.

하지만 이 추론은 중요한 문제를 간과하고 있다. 그것은 '친한 사람'을 기초로 한 신뢰 구조가 파괴된 후에는 새롭고 보편적인 신뢰 구조가 형성될 수도 있고, 또 어떠한 신뢰 구조도 형성될 수 없어 규칙이 없고 신뢰가 없으며 약소를 깔보는 양육강식의 상태에 처할 수도 있다는 것이다. 불행하게도 이런 추세가 지금 중국 사회와 경제생활에 나타나기 시작했다. 최근 심리를 끝내고 판결을 내린 리우용(劉涌)의 마피아성 범죄 집단 사건이 이러한 점을 명확하게 설명하고 있다.

보도에 의하면, 1995년 리우용은 당시 썬양 시 허핑(和平) 구 노동국 간부들한테 뇌물을 주고 노동국 산하의 기업인 타이위안(太原)가의 쭝화(中華)상점을 청부맡았다. 그때부터 일정 정도 경제력을 가지게 된 리우용은 지역 불량배들을 규합하여 자기의 세력범위를 넓혔다. 그는 두드려 부수고 칼로 찌르는 등 갖가지 비열한 수단을 동원하여, 사업 범위를 담배, 의류, 레스토랑, 오락, 부동산 등의 영역까지 신속하게 넓혀 나갔다. 이러한 과정에서 랴오닝(遼寧)성 기술감독정보연구소의 법집행인 세 명이 리우용이 경영하고 있는 바이지아(百佳) 슈퍼마켓을 조사하였다. 이들은 슈퍼마켓에서 다루는 술과 화장품이 관련규정에 부합되지 않음을 발견하였는데, 이로 인해 리우용의 불만을 야기하여 살해 위협까지 당했다.

랴오닝성 기술감독정보연구소 감독관리과 과장은 당시 상황을 이렇게 말했다. "당시 우리는 바이지아 슈퍼마켓에서 나왔어요. 그런데 갑자기 뒤에서 십여 명의 사내들이 달려와 칼을 마구 휘두르며 덮쳤지요. 결국 우리는 병원에 실려가 응급치료를 받았어요. 이러한 사건이 발생한 후에도 결국 아무런 결과도 없었을 뿐 아니라 정확히 해결할 수도 없었어요. 게다가 범인도 붙잡지 못했어요. 이 일로 인해 다른 법집행인들도 영향을 많이 받았지요. 이후에 우리는 리우용을 조사하지도 못했습니다."

이 사건에서 또 주의해야 할 점이 있다. 그것은 리우용의 남동생인 리우쥔(劉軍)은 원래 썬양 시 허핑 구 공안분국의 팀장이었으며, 그를 우두머리로 한 무리들도 이 범죄 집단 대열에 가입했다는 점이다. 이 사안이 발생하기 전만 하더라도 리우용은 썬양 시의 유명한 '성공 인사'였다. 그는 20여 개의 기업, 3,000여 명의 직원과 7억 위안의 자산을 지닌 유명한 기업가이자 썬양 시 인민대회대표이며 썬양 쯔공당(致公黨) 직속지부의 조직위원이었다.

이것은 우연한 사안이 아니다. 한동안 여러 지역에서 세대주가 아파트 관리회사로부터 맞은 사건이 발생했다. 베이징 펑타이(豊台) 구의 펑룬(鵬潤) 빌라 세대주가 보안요원한테 맞은 사건, 티엔통(天通) 빌라·인펑(銀楓) 빌라·펑룬(鵬潤) 빌라·베이위안(北苑) 빌라 등의 세대주들이 맞은 사건, 또 광저우 바이윈(白雲) 구 춘란(春蘭) 빌라의 세대주가 아파트 관리회사로부터 맞은 사건을 예로 들 수 있다. 하지만 집을 철거하고 이주하는 과정에서 범죄 집단의 힘을 이용하는 것은 더 이상 개별적인 현상이 아니다. 예를 들어 범죄 집단을 소탕하던 중 없애버린 '후허하오터(呼和浩特) 시 향진건설 주택철거이주 주식회사'는 원래 전인민 소유제 기업에 속한 것이었다. 이 회사는 40여

명의 일꾼(대다수가 건달이었다)을 고용하여 집을 철거하는 업무를 맡았다. 이 '철거이주회사'가 생긴 이래로 철거 과정 중에 고의로 상해를 입힌 안건이 십여 건이나 되었고 이에 부상당한 사람이 30여 명이나 되었다. 그들은 대다수 철거민들에게 해를 입혀놓고도 책임을 정부에 전가했다.

　　이와 유사한 사건은 부동산관리회사와 주택철거이주 업종에만 있는 것은 아니다. 조금만 더 분석해보면 경제나 사회생활 가운데 약소를 핍박하는 유사한 현상이 상당히 존재하고 있음을 알 수 있다. 앞서 우리는 신뢰 구조의 소실과 '마피아'와의 관계 분석을 통해, 신뢰 구조가 소실되면 폭력을 기초로 강자가 약소를 핍박하는 구조가 형성될 것이라고 지적했다. 위에서 열거한 현상을 통해, 우리는 이러한 논리가 작용하고 있음을 재차 확인할 수 있다.

　　하지만 또 주의해야 할 점은, 폭력을 기초로 하지 않고 형성된 약소 핍박 현상이다. 이것이 바로 독점이다. 지금 중국에 존재하는 독점 현상의 주요 특징은 행정적 독점과 업종 독점 그리고 자연적으로 생긴 과두(寡頭) 독점[36]이다. 이러한 독점형식 가운데 가장 심각한 것은 행정 독점과 행정 권력을 배후로 한 업종 독점이다. 하지만 시장 개혁으로 20여 년이 지난 지금, 특히 90년대 이후에 나타난 자원 재집중 현상인 과두 독점이 중국 경제와 사회생활에 나타나기 시작했다는 것에 주의해야 한다. 과두 독점으로 표출되는 약소 핍박 현상은 적나라한 폭력형식으로 나타나는 것은 아니지만, 이 역시 마찬가지로 난폭하고 비합리적이다. 옐친시대의 러시아에서도 이러한 과두 독점이 있었다. 그들은 금융과 보도매체를 상당 부분 제어함으로써 기형적인

---

36) 과두 독점이란 소수의 사람이 국가나 단체의 지배권을 가지는 체제를 말한다.

경제와 사회생활을 조성했다. 이런 교훈은 응당 경계로 삼아야 한다.

강자의 약소 핍박, 사회폭력, 과두 독점 등은 신뢰 구조가 무너진 후 형성되는 사회질서혼란을 조성하는 부분이다. 그 가운데 일부 현상은 중국 사회에서도 막 대두하고 있다. 그러므로 우리는 이에 대한 경각심을 높여야 한다.

신뢰 부족과 불신임을 기초로 한 구조

다음과 같은 이야기를 한 사람이 있다.

어떤 이는 자기 왼손조차 오른손을 믿지 못한다고 한다. "왼손이 오른손의 가려움을 긁어주었다. 오른손은 왼손이 그렇게 잘 긁어주는 이유는 뭘까라고 생각했다. 또 오른손이 왼손에게 신나게 비누칠을 해주었다. 왼손이 생각하기에, 오른손이 그렇게 신나게 하는 이유가 뭐지? 다음에 또 뭐하려고 그러지? 두 손으로 뜨거운 국그릇을 들었다. 왼손은 혼자 들어야지 오른손을 믿어서는 안 된다라고 생각했다. 오른손도 마찬가지로 그렇게 생각했다. 결국 두 손은 힘만 더 쓰게 되었다."

어떤 이는 서너 살 된 아들에게 교육을 시켰다. 아들이 물을 마시고 싶다고 해서 물 한 컵을 주었다. 아들은 한 모금 마시고선 뜨거워서 울었다. 그래서 아버지는 아들보고 "먼저 뜨거운지를 확인했어야지! 어떤 일이라도 혼자 한 번 해봐야지, 누구도 믿지 말고. 아버지도 믿어선 안 돼"라고 하였다.

이야기 자체가 좀 황당하지만, 여기에 등장하는 인물들을 시장에서 장사하는 두 상인으로 바꾸어보자. 그러면 이 이야기가 아주 보편적이고 일상적인 것처럼 보일 것이다. 다른 사회 곳곳에서도 이와 유사한 논리가 존재하지 않을 리 없다. 차이점이라면 단지 정도가 다를 뿐이다. 최근 중국 사회에서 신뢰 결핍 문제가 사람들의 많은 관심을 불러일으키고 있다. 신뢰는 사회생활의 기본이자 기초가 된다. 만약 최소한도의 기초마저 없다면, 우리의 사회생활은 한 걸음도 내딛기 힘들 것이다.

예를 들어보자. 우리가 시장에서 토마토 두 근을 샀다. 파는 사람이 토마토 두 근을 달아, 들고 있는 봉지에 넣어 주었다. 이때 만약 당신이 봉지 안에 있는 토마토가 파는 사람이 막 집어넣은 그 토마토가 아니라고 한다면, 파는 사람은 자기가 방금 넣은 토마토라는 것을 증명할 방법이 없을 것이다. 하지만 이런 상황은 거의 없다. 파는 사람은 아무런 생각 없이 토마토를 봉지에 넣어 준다. 그리고 당신 또한 트집을 잡지 않는다. 이는 파는 사람이 당신에 대한 신뢰를 지니고 있기 때문이다. 그런 다음 파는 사람이 토마토 두 근에 2위안이라고 말할 것이다. 당신은 잔돈이 없다고 하면서 50위안짜리 지폐를 파는 사람에게 건네주고는 거슬러주기를 기다린다. 이후 과정이 매우 중요하다. 파는 사람은 50위안짜리 지폐를 받아 금고에 넣고 난 뒤 거스름돈을 준다. 만약 이때 파는 사람이 "저에게 아직 돈을 주지 않았어요"라고 한다면, 당신은 방법이 있겠는가? 금고 속에 있는 50위안짜리 지폐가 파는 사람에게 막 건네 준 돈이라는 것을 당신이 증명할 방법이 있는가? 만약 돈에 적힌 번호를 말한다면 그 지폐가 당신 돈이라는 것을 증명할 수 있다. 하지만 그 번호를 십중팔구 알지 못할 것이다.

일상생활에서 이런 일은 거의 없다. 왜 그런가? 그 이유는 사람들 사이에 기본적인 신뢰가 존재하기 때문이다. 이 이야기는 일상생활에서 우리가 신뢰와는 잠시라도 떨어질 수 없음을 알려준다. 만약 기본적인 신뢰마저 저버린다면, 노점상에서 채소를 사는 것과 같은 이러한 일상적인 생활조차도 할 수 없게 될 것이다.

지금 여기서 제기해야 할 문제가 있다. 그것은 한 사회에서 신뢰 구조가 사라지는 상황이 나타나면, 그 사회의 사회생활이 어떻게 변할 것인가라는 점이다. 수많은 연구 결과, 사회의 신뢰가 사라지면 거래 비용이 높아질 것이라고 한다. 앞서 든 채소를 사는 예처럼, 기본적인 신뢰를 기초로 하지 않는다고 해서 거래가 이루어지지 않는 것은 아니다. 하지만 거래의 매 과정마다 서면 협의를 하거나 서로 승인하는 증인을 내세워야 한다. 하지만 이럴 경우 거래 비용은 더욱 높아진다. 우리가 생활하고 있는 사회에서 신뢰 구조가 없어지면 비용이 대폭 높아지고, 이에 따라 사회경제활동도 영향을 받게 되는 이러한 예를 흔히 볼 수 있다. 상인과 상인 사이에는 먼저 상대방을 사기꾼으로 가정해야만 한다. 그렇지 않으면 사기당하고 만다. 소비자와 판매자 사이에 있어서도, 소비자가 조금 큰 제품을 사고자 할 때 함정에 빠지지 않도록 언제나 잔뜩 긴장한다. 사회의 공공생활에서 정부의 통계수치나 신문 보도 자료를 완전히 믿지 않으려 할 것이다. 이처럼 사람들이 매번 일을 할 때마다 서두에서 얘기한 뜨거운 국그릇을 든 손처럼 힘을 배나 그 이상 쏟아야 한다.

문제는 여기서 끝나는 것이 아니다.

저명한 사회학자인 쩡예푸(鄭也夫) 교수[37]는 『신뢰론』에서, 신뢰 구조의 상실과 비밀사회와의 관계, 더 나아가 마피아와의 관계까지 분석했다. 쩡예푸 교수는 다음과 같이 지적하고 있다. 어떤 지역의 비밀사회나 마피아의 범람은 신뢰 구조의 상실과 밀접한 관계를 갖고

---

[37] 북경대학 사회학과 교수로, 중국 개혁개방 후 처음으로 중국 지식인에 대해 연구한 사회학자이다. 대표저서로는 『知識分子硏究』가 있다.

있다. 사람들이 어떤 문제를 해결하려 할 때 상규(常規)나 법률적인 해결방식을 믿지 못함으로 인해, 비밀사회나 마피아에 도움을 구하게 된다. 이것이 바로 비밀사회와 마피아가 자생할 수 있는 기초이다. 예를 들어보자. 마피아로 이름난 이태리의 시실리에서 도난사고가 발생했을 때, 경찰에 신고했다면 아무런 성과를 거두지 못하는 경우가 75%이다. 또한 범죄자를 잡을 수 있는 경우는 15%이며, 장물을 찾을 수 있는 경우는 10%에 불과하다. 반면 마피아에게 청탁할 경우 성공하지 못할 확률은 5%다. 그리고 도둑이 가져간 장물의 1/4내지 1/3은 중재자와 도둑이 나누어 갖는다.

　이태리의 시실리와 기타 여러 지역의 마피아에 대해 학자들이 많은 연구를 했다. 그들은 마피아를 '불신임의 대가' 라 불렀다. 아울러 그들은 이러한 지역에 유감스러운 현상들이 많이 존재하고 있음을 밝혀냈다. 그것은 쌍방에게 모두 이득을 가져다줄지라도 그들은 협력하지 않고 해를 입히는 수단을 가지고 경쟁하는 것이다. 어떤 경우는 경쟁을 통해서 큰 이익을 얻을 수 있는데도 그들은 이렇게 하지 않는다. 문제는 이것이 사람들의 이성 결핍에서 기인하는 것인가라는 점이다. 학자들의 대답은 부정적이다. 학자들은 마피아란 보편적인 신뢰 결핍에 대한 반응이라 여긴다. 이러한 신뢰 결핍은 복잡한 역사적 배경 아래 형성된 것이다.

　그들은 이런 지역에는 스페인통치 이전에 다음과 같은 특징이 있었음을 발견했다. 통치계급에 순종하고 반항하지 않음, 귀족들은 향락을 누림, 법정이 비굴하게 귀족에게 무릎 꿇음, 개인 이익을 공공의 이익 위에다 둠, 보편화된 기만, 교활함과 편파성, 범죄와 살해 등이다. 특히 스페인 통치시기에는 이러한 신뢰 구조의 결핍이 더욱 확대되고 심각해졌다. 어떤 학자는 "스페인 통치자들은 통치 목적을 달성하기 위해 불신임을 이용하였을 뿐 아니라, 피통치자에게도 이렇게 하도록 가르쳤으며, 또 그것을 후손들에게도 전해주었다"라고 지적하였다.

스페인 통치시기에는 '분할통치'와 '빈곤화' 정책을 줄곧 사용함으로써, 지역과 집단에 따라 사람들 사이에 불신임과 원한관계를 만들었다. 특히 나폴리 사람(neapolitan)과 시실리 사람(sicilian) 사이에 원한관계를 만들어 냈던 것이다. 이 시기에는 신뢰 구조에 대한 고의적 파괴가 존재하고 있었다. 다시 말해서 속국의 재화를 강탈하는 한편 속국의 '미덕'도 약탈했다. 이러한 사회신뢰의 파괴는 상당히 정교하면서도 복잡한 과정이다. 외부 통치자의 입장에서는 '한 사회의 신뢰를 붕괴'(이것은 통치에 유리함)해야 함과 동시에 '사회에 필요한 거시적 조건과 미시적 조건을 보증'(이것은 통치의 기초임)해야 하기 때문이다.

도리아(Paolo Mattia Doria)의 분석에 따르면, 구체적인 방법은 다음과 같다. 정치와 사회구조적으로 "신귀족을 대거 봉함으로써 신귀족의 신뢰가 사회 속에 존재해있는 것이 아니라 곧바로 국왕에게로 향하게 된다." 동시에 이것은 "구귀족정부 내에서 적의와 동란을 야기하는 데 아주 유용하다." 문화적인 측면에서 스페인의 행위규범이 공중신뢰에 의지하는 구(舊)규범을 대체하였고, "'습관과 풍속의 변이'는 공화국 자체의 지속적인 붕괴를 보증하는 법률 조례를 성공적으로 낳았다." 패그덴(Anthony Pagden)이 지적한 것처럼, "사실 이런 문화가치관의 변천이 가져온 것은, 모든 구성원 간의 신뢰에 기초하여 세워진 도덕사회의 멸망이다. 이를 대신하는 것이, 의심과 이기 그리고 오만과 우쭐함에 기초한 귀족 전제사회의 건립이다."

패그덴은 스페인 통치자들이 신뢰를 훼멸시키는 방법에 대해 구체적이면서도 깊이 있는 분석을 하였다. 신뢰를 세우고 유지하는 과정에서 정보량은 가장 중요한 요소이다. "그래서 스페인 사람들은 나폴리의 신뢰사회를 파괴하기 위해, 국민이 얻을 수 있는 정보량을 계획적으로 축소시켰다." 정부의 활동은 국민에게 공개하지 않고 비밀에 부쳤고, 대학에서는 회의적이지 않은 과목을 가르치고 종교의 맹신을 유도하는 것 등이다. 신비화에다 정보의 결핍까지 함께 나타나자, 신뢰가 무너졌다. 이로써 사람들은 자기의 공민적 책임이 뭔지를 정확하게 이해하지 못했다. 이런 상황에서 스페인 통치하의 나폴리는 다음과 같은 사회로 변했다.

　귀족계층은 그 지위 자체로 공동체에 대해 응당 책임을 져야하지만, 이러한 지위는 도리어 그들에게 무지와 오만을 가져다줄 뿐이었다. 법률 문건은 본래 법집행자로 하여금 공정을 유지하도록 하는 것이었지만, 도리어 끊임없는 고가 소송의 특허로 변질되었다. 국경일은 로마시기의 경기와 마찬가지로 응당 용감함과 조국에 대한 국민적 사랑을 고취시켜야 함에도 불구하고, 이 또한 귀족들의 소일거리나 방임으로 변질되어 버렸다. 그러자 "상층은 하층을 분노하듯 대하였다. 왜냐하면 상층은 자신들이 존경받아 마땅한 인물이라 여겼지만, 하층은 도리어 상층이 자신들의 존경을 사취했다고 여겼기 때문이다. 아울러 하층도 상층을 똑같이 대했다. 왜냐하면 그들은 상층 자신들이 아주 고명한 인물이라 여긴다고 느꼈기 때문이다. 그래서 각 계층 사이에는 단결도 우애도 없게 되었다."

　이에 사람들은 자기 동포의 행복에 더 이상 관심을 가지지 않았고, 자신과 친척의 개인적 목적에만 관심을 가지게 되었다. 경제활동 영역에선 예측불가의 거래와 부정확한 협의로 가득 차게 되었다. 이로 말미암아 광범위한 비개인적 협력을 할 수 없게 되었고, 단체 이외의 사람에 대해서는 보편적으로 믿지 않게 되었다. 이처럼 경제활동 영역에서 신뢰 결핍이 만연되면, 상업의 쇠락과 경제의 낙후가 필연적으로 초래하게 된다.

어떤 면에서 보면 마피아는 이러한 신뢰의 보편적 결핍 상황에서 나타난 산물이다. 인간은 이성적이다. 이기적이고 신뢰가 결핍된 이런 사회에서, 인간이 유일하게 하고자 하는 것은 자기 자신을 어떻게 유리한 위치에 처하게 하는가이다. 가장 기본적인 규칙과 신뢰가 존재하지 않기에, 사람들은 정상적인 '시장경쟁'의 수단으로는 상술한 목표에 도달할 수가 없다. 이런 경쟁 속에서 할 수 있는 가장 현실적인 목표는 상대방을 이겨야 하는 것이 아니라 상대방에게 상해를 입혀야 하는 것이다. "사람들의 유일한 목표는, 자기보다 지위가 높은 사람으로부터 특권을 찾고 지위가 같은 사람에게서도 억지로 특권을 요구하는 것이다. 아울러 극히 일부분의 특권을 지위가 가장 낮은 무리에게 나눠주는 것이다."

마피아의 조직과 행동방식은 의심할 바 없이 이런 환경에 가장 적합한 것이다. "어떠한 경우라도 마피아는 성공한 단체 혹은 일부 단체의 성공적인 연합으로 볼 수 있다. 마피아의 성공은 신뢰 결핍을 방어적으로 대할 수 있을 뿐만 아니라, 잔인한 폭력수단과 끊임없는 배척을 통해 불신임을 유리한 행동으로 변화시킬 수 있었다. 그들의 행위에서 가장 중요한 것은 바로 최대로 큰 영역에서 최대로 많은 자원을 독점하는 것이다." 사회 전체 입장에서 볼 때, 마피아가 경제 질서와 사회생활을 장악한다면, 설령 "거래 비용이 신뢰사회에서보다는 조금 높을 것이지만, 그에 따른 보답은 아무런 거래가 없는 것보단 조금 높아질 것이다."

마피아는 일반 범죄조직과 다르다. 마피아의 진정한 의미는 다음과 같다. 독특한 사회단체일 뿐 아니라, 더욱 중요한 점은 그들이 새로운 사회질서를 만들었다는 사실이다. 다시 말해서, 불신임을 강화하는 메커니즘과 폭력에 기초한 상대적으로 안정된 사회구조를 만든 것이다. 강베타(Gambetta)가 지적한 것처럼, 불신임이 깊이 뿌리박힌 사회에서는 가치와 문화 규범이 뭐든지 간에 아무런 관계가 없다. 그래서 거의 마피아격인 사람들은 강요와 경제적 이익을 위해 불신임 사회에 합당한 이성적 행위를 하게 된다. 여기에서 폭력은 협력의 주요한 메커니즘이 되었고, 이와 동시에 마피아의 많은 규범은 또 폭력 사용을 감소시켰다. 하지만 단순한 폭력적 위협만으로는 부족하기 때문에, 협력은 반드시 경제이익이라는 더욱 강력한 무기에 의존한다. 그들이 체포되거나 생명의 위협에 직면했을 때, 집단 내부적으로 일치단결하여 불법행동의 위험을 줄일 수 있다. 집단 외부적으로는 광범위한 경제적 네트워크를 형성할 수 있다. 예를 들어 공직자를 매수하거나 선거후보자를 지원하는 등의 방식으로 이익을 교환한다. 이것이 바로 마피아가 사회생활에 참여하는 가장 기본적인 원칙이다.

그래서 사회적 신임이 심각하게 결핍된 이러한 상황에 임했을 때, 우리 앞에 놓인 도전은 바로 사회생활의 '시실리화'나 '나폴리화'를 어떻게 방지할 것인가라는 점이다. 최근 몇 년 사이에 중국 사회도 마피아 세력이 창궐하고 있다. 이에 대한 염려가 전혀 쓸데없는 일은 아닐 것이다.

무슨 빚을 지었는가?

나는 우리 사회가 사람들 사이에 서로 무슨 빚을 진 것 같은 느낌이 든다. 그렇지 않다면, 일상생활에서 시시각각으로 마주치게 되는 아래의 현상에 대해 아무런 해석을 할 수 없기 때문이다. 상점에서 물건을 살 때 판매원이 당신에게 발끈 화를 내지 않는다면, 마치 무슨 손해라도 본 것 같은 느낌이다. 어떤 기관에 가서 업무를 처리할 때 한 차례 들볶이지 않는다면, 심적으로 달갑지 않는 것처럼 느껴진다(사실 들볶는 사람도 수고를 해야 한다). 그 누구든지 간에 국가나 공공단체의 녹을 먹는 사람, 특히 그 업무에 자격을 갖춘 사람이라면, 타인과 이야기할 때엔 항상 훈계조의 말투를 지니려 한다.

필자는 이런 일을 직접 겪은 적이 있다. 몇 년 전 따베이야오(大北窯) 버스정류소에서 버스를 기다리고 있었다. 때마침 퇴근 시간이라 버스를 기다리는 사람이 아주 많았다. 그러다가 어렵사리 타려는 버스 한 대가 왔는데, 정류소를 휙 지나 30m 쯤 앞에 있는 다른 버스 옆에 멈추는 것이었다. 두 버스 사이는 한 사람만 겨우 지날 수 있는 공간밖에 없었다. 그러자 사람들은 물밀듯이 밀려가 겨우 한 명 지나갈 수 있는 공간 사이로 필사적으로 비집고 들어갔다. 이때 정말 이해하기 어려웠던 것은, 매표원이 기뻐 날뛰며 흥분된 표정으로 "이 버스 정말 잘 세웠어! 정말 멋져!"라고 계속 소리치는 것이었다.

이 일은 벌써 몇 년이 지났건만 아직까지도 잊혀지지 않는다. 이는 도대체 사람과 사람 간의 어떠한 관계를 드러낸 것인가? 이치상으로 버스기사와 매표원은 승객과 아무런 원한도 없다. 고객이 더욱 붐비면 그들에게 무슨 이익이 있는 것도 아닐 터인데, 도대체 무엇 때문에 그렇게 기뻐하는 것인지? 이보다 더 이해하기 힘든 일도 있다. 자신이 좀 귀찮더라도 다른 사람을 애먹이고자 하는 그런 사람들의 동기나 심리 상태가 왜 생기는 것인가 하는 점이다. 다른 사람을 괴롭히면 자신의 미묘한 심리욕구가 충족될 수 있다고 말하는 이도 있을 것이다. 설령 이런 대답이 옳다고 하더라도, 우리가 관심을 기울이는 문제에 대해선 충분한 대답이 되질 못한다. 무슨 이유 때문에 중국 사회에서는 이런 현상이 보편적으로 존재하고, 반대로 다른 사회의 발전 단계에서는 이런 현상이 아주 드물게 나타나는 것인가?

이와 유사한 현상들에 대한 해석은 아마 한 가지밖에 없을 것이다. 그것은 바로 중국 사회에서 사람들 사이에 서로 무슨 빚이라도 지은 것이 아닐까라는 점이다. 표면적으로 보자면 이러한 해석은 이치에 전혀 맞질 않는다. 그 이유는 위의 예에서 언급한 사람들은 서로 초면인 관계이기에 누가 누구에게 빚질 리가 없기 때문이다.

나는 몇 해 전 판매원들이 화낼 때 항상 하는 말 속에서 일정 정도 그 이유를 뱉어 냈다고 생각한다. 그 말은 "내가 인민을 위해 봉사하는 것이지 당신 한 사람을 위해 봉사하는 것은 아니다"라는 것이다. 이 말에서 당신은 화자(話者)가 무슨 손해를 봤다는 느낌을 받았을 것이다. 나는 서비스를 제공하는 사람이고, 당신은 내가 서비스를 제공하는 대상이다. 당신이 나의 서비스를 받았으니, 이는 나에게서 이익을 챙겨간 것이다. 내가 서비스를 제공한 것은 바로 내가 손해를 보았다는 것을 의미한다. 이처럼 이면에는 실제로 이러한 논리가 작용하고 있는 것이다. 물론 이런 논리의 기초에는 더욱 깊은 논리가 있지만, 일반 사람들은 습관적으로 그냥 넘어가버리고 깊이 생각하지 않는다. 당신이 물건을 살 때 돈을 지불하게 된다. 이것은 회사 입장에선 이윤을 얻는 것이지만, 이 모든 행위가 나와 무슨 관계가 있는가? 내가 공짜로 서비스를 제공한 것이 아닌가? 바로 이런 논리가 사람들로 하여금 서로 무슨 빚이라도 진 것 같은 느낌을 가지게 하는 것이다.

하지만 사람들은 이런 논리 가운데 아주 중요한 요소를 등한시하였다. 그것은 바로 종업원이 받는 월급이다. 사실 레이펑(雷鋒)[38] 정신을 강조하던 시기를 제외한 국민을 위한 서비스를 가장 중시하는 시기에 있어서, 대부분의 종업원이 제공하는 서비스는 결코 무상이 아니다. 그 대가가 바로 월급이다. 바꾸어 말해서 봉사하는 자와 봉사받는 자 사이에는 일종의 교환이 존재하는 것이다. 하지만 최근 몇 년 사이 일에 관련된 사유 논리 가운데, 지금까지 분명했던 노동과 월급 사이의 관계가 끊어져 버렸다. 일이란 무엇인가? 이는 일종의 봉사이다. 즉 타인을 위한 사심 없는 봉사이다. 월급이란 무엇인가? 이는 사회제도상의 복지이자, 국가가 사회구성원들을 위해 제공해야하는 생존 조건이다. 이러한 논리에서 일과 보수 간의 불가분 관계를 더 이상 찾아볼 수 없고, 보수 또한 노동의 대가를 전제로 해야 한다는 것을 찾아볼 수 없다. 이러한 관계에서 '서비스 대상'이란 것은 필요 없는 존재로 되어 버렸다. 이러한 존재가 없어도 월급은 원래대로 여전히 받는다. 이러한 존재가 있다손 치더라도 서비스를 제공하는 자로서는 귀찮은 일만 더 생기게 되는 것뿐이다.

이로부터 일과 보수 간의 관계 단절, 즉 교환과정의 엄폐성으로 말미암아, 사람과 사람 간의 관계에 대한 이해가 왜곡되어 버렸다. 사람과 사람 간의 관계가 마치 서로 빚을 지고 있는 것 같다고 한 것은, 이

---

38) 레이펑(1940~1962)은 중국인민해방군 썬양 부대의 공병 분대장으로 근무하다 1962년 8월 공무로 순직하였다. 그의 평소의 행동과 정신은 인민의 모범이 될 만하다 하여 전국적으로 '레이펑을 본받자는 운동'이 전개되었다. 아울러 그는 '모주석의 뛰어난 전사'라는 명예를 받았다.

러한 사람들 간의 관계가 아주 독특하고 왜곡된 이해의 기초에서 만들어졌기 때문이다.

다른 측면에서 볼 때, 일상적인 노동을 성스러운 목표와 연결시킨다면, 이는 사람들을 더욱 열심히 일하게끔 격려하고 채찍질할 수 있게 하는 것이 아닌가? 따지고 보면 이것도 일리가 있는 말이다. 특히 혁명전쟁시기(혁명전쟁이 끝난 뒤 최초의 건설 시기를 포함)에 이러한 방법은 사람들이 열정적으로 일하도록 고무시키는 작용을 하였다. 하지만 생활이 정상화된 이후에는, 일상적인 노동을 신성화하는 이러한 방법은 역효과를 낳지 않도록 정도에 맞게 해야 한다.

그러므로 지금 우리가 아주 간단하지만 반드시 해야 할 작업은, 직업과 일에 관한 가장 기본적인 의미를 회복해야 하는 것이다. 상술한 것처럼 일 자체는 일종의 교환이기에 누가 누구에게 빚졌다라는 문제가 존재하지 않는다. 예를 들어 종업원이 고객에게 미소로 서비스하는 것은 결코 무상으로 지불하는 것이 아니다. 이것은 종업원과 고객 사이의 교환이다. 다만 이러한 교환에는 중간 과정이 존재하지만 그 중간 단계가 선명하게 드러나지 않을 뿐이다. 고객이 물건을 사고 돈을 지불할 때, 그 상품 대금에는 상점에서 사들인 원가와 상점에서 얻는 이윤이 포함된다. 그 중 일부가 바로 종업원의 월급이다. 표면적으로 보자면 종업원의 월급은 상점의 사장이 주는 것이지만, 사실은 물건을 구매한 고객이 주는 것이다. 다시 말해 고객의 구매행위는 고객과 상점 사이의 교환을 포함할 뿐 아니라, 이 속에는 고객과 종업원 사이의 교환도 포함되어 있다.

이런 의미에서 자신의 본연의 임무를 잘 수행하는 것은, 무슨 커다란 목표에 대한 요구가 아니라 종업원이 월급을 받기에 응당 해야 할 일인 것이다. 마찬가지로 횡령하지 말고 부패하지 말라는 것 또한 공복(公僕)에 대한 요구가 아니라 관리들에 대한 가장 기본적인 요구인 것이다. 당신은 공복이 아닐 수 있다. 하지만 당신이 만약 관리라면 응당 이러한 기본 준칙을 준수해야 한다.

그래서 사람과 사람 간의 이러한 관계를 일종의 교환관계로 보아야 하고, 사람들이 행하는 작업을 보수를 얻기 위해 행하는 교환으로 보아야 한다. 이는 표면적으로는 신성함을 무시하는 것 같지만, 사실은 사람과 사람 사이의 원활한 관계 수립을 위해 기초를 닦는 것과 같은 것이다. 또한 이는 한 사회에서 봉사정신의 제창을 배제하는 것은 결코 아니다. 한 사회에 봉사정신이 조금도 없다면, 그 사회는 문제가 있는 사회다. 여기에서 분명히 할 점은, 봉사와 교환이라는 이 두 가지는 각자의 영역과 범위가 있다는 것이다. 만약 이 두 가지를 같이 섞어놓는다면, 사회생활에 혼란이 초래될 것은 자명한 사실이다.

cleavage

09 정부의 기능 변화와 사회질서

정부는 사회질서를 바로 세우고 사회의 **공정성**을 보장해야 하는데 정부가 직접 장사에 나서는 등 경제적 효능만 추구하여 사회질서가 무너지고 부패가 판을 치고 있다.

정부의 기능 변화와 사회질서

정부행위의 경제화와 기업화 현상

정부와 경제생활의 관계 재구축(특히 정부와 기업 간 관계 재구축)은 지난 십여 년 동안의 체제개혁 중에 줄곧 해결하려고 노력한 문제이다. 이러한 십여 년의 시간 동안 정부와 경제활동과의 관계 그리고 정부와 기업행위와의 관계에 근본적인 변화가 생겼다. 이 과정은 사회구조와 기능적인 측면에 있어 정부와 기업의 대폭적인 분화로 나타났다. 다시 말해서 정부가 구체적인 경제활동으로부터 '철수'했다고 할 수 있다.

하지만 이와 동시에 일부 몇 가지 부분은 상반된 추세를 드러내고 있어 주의와 관심을 가지지 않을 수 없다. 이러한 추세를 정부행위의 경제화와 기업화라 할 수 있다.

1. 정부기능의 약화

한 가지 주의를 기울일 만한 현상이 있다. 지난 십여 년의 개혁개방 과정 가운데 정부기구와 인원의 간소화가 개혁의 중요 목표로 추진되었다. 하지만 결과적으로 정부기구와 관원은 감축되지 않았을 뿐 아니라 오히려 더욱 팽창하고 있는 실정이다. 지금 중국 정부의 규모는 정부기구의 종류나 수량뿐 아니라 인원수에 있어서도 개혁개방 이전보다 적어지기는커녕 훨씬 많아졌다. 다른 한편으로는, 정부기구와 인원의 규모가 커지고 도시에서는 거의 몇십 미터 사이를 두고 정부 부처의 간판을 볼 수 있음에도 불구하고, 정부행위는 거의 보이지 않는다. 어떤 의미에서 지금 중국에서는 정부의 소재를 더 이상 찾아볼 수 없게 된 것이라 할 수 있다.

정부의 소재가 보이지 않는다고 하는 까닭은, 정부기구나 관원이 보이지 않는다는 말이 아니라 통상적으로 정부가 담당해야 할 기능과 책임에 그 누구도 책임지지 않는 상태까지 처했음을 말한다. 다시 말해 정부행위를 거의 찾아볼 수 없다는 것이다. 정상적인 사회에서 정부가 있어야 하는 까닭은, 사회에 꼭 필요한 몇 가지 일들은 개인이나 기업 단독으로 해낼 수 없기 때문이다. 예를 들어보자. 다른 국가와 외교관계를 맺는다든지, 자국의 독립과 주권을 보호한다든지, 사회질서를 지킨다든지, 사회생활의 규칙을 세운다든지, 사회의 공명정대함을 보호한다든지, 공공시설을 설치한다든지, 사회복지계획을 세운다든지, 비영리 사회사업을 일으킨다든지 등은 정부 존재의 필요성과 작용이 있어야 한다. 하지만 오늘날 중국 사회는 앞서 말한 영역에서의 정부 역할이 보기 힘들어지고 있다. 그래서 정부가 해야 할 일의 일부는 기업과 사회로 옮겨가지 않을 수 없게 되었다.

'가짜와 위조' 상품에 대한 처벌 문제부터 살펴보자. 최근 들어 전

국민의 관심사는 가짜나 위조 상품이 널리 성행하고 있다는 점이다. 매년 가짜나 위조 상품에 대한 적발과 처벌 활동이 더욱 강화되고 있지만 그러한 상품이 여전히 성행하고 있다. 어떤 사회든 가짜와 위조 상품에 대한 효율적인 처벌 수단이 없다면, 이익이 되는 가짜와 위조 상품은 대량으로 존재하게 될 것이다. 그래서 문제는 "사람들이 왜 가짜나 위조 상품을 생산하고 판매하려 하는가"에 있는 것이 아니라, "왜 가짜나 위조 상품의 생산과 판매에 대한 효과적인 처벌과 제지가 없는가"에 있다. 이어지는 문제 역시 "가짜나 위조 상품에 대해 누가 처벌해야 하고 또 그러한 상품을 처벌하는 비용을 누가 부담해야 하는가"이다.

가짜나 위조 상품에 대한 처벌의 직접적인 수혜자는 의심할 바 없이 일반 소비자이다. 그 이유는 그들이 가짜나 위조 상품의 피해를 직접 입은 당사자이기 때문이다. 이런 의미에서 볼 때, 일반 소비자가 그러한 상품에 대해 제재를 가해야 하고 또 그 대가 역시 소비자가 짊어져야 한다. 하지만 여기에는 한 가지 기술적인 문제가 있다. 그것은 일반 소비자는 수적인 면에선 많지만, 독립적인 개체로서 가짜와 위조 상품을 처벌할 수 있는 효과적인 수단이 거의 없다는 점이다. 아울러 효율적인 원칙으로 보더라도, 소비자들이 직접 가짜와 위조 상품에 제재를 하려 한다면, 분명 그 효율이 아주 낮을 뿐 아니라 심지어 얻는 것보다 잃는 것이 더 많을 것이다.

가짜나 위조 상품의 또 다른 피해자는 그러한 상품으로 피해를 입은 유명브랜드 기업이다. 가짜나 위조 상품으로 피해를 입은 유명브랜드 기업은 가짜 상품 처벌의 수혜자가 된다. 이치상으로 이들 기업 역시 가짜 상품을 타도하는 책임을 져야 한다. 그러나 이렇게 되면 여러 가지 문제점이 나타난다. 먼저 '위조 상품 처벌센터'를 설치할 능력이 있는 기업이 도대체 얼마나 있는가? 이처럼 광활한 땅과 많은 인구를 가진 국가에서 모든 기업이 위조로부터 자신의 상품을 보호하려면, 인적 물적 비용이 굉장히 많이 들어야 한다. 하지만 이것은 일반 기업으로서는 부담할 수 없는 일이다. 한 발짝 물러나서 말해보자. 설령 모든 기업이 이러한 임무를 짊어질 능력이 있다손 치더라도, 대다수 기업들은 이렇게 하길 원치 않을 것이다. 왜냐하면 기업의 생명은 충분한 이익을 얻는 것이다. 만약 가짜나 위조 상품 타파에 드는 비용이 수익보다 많다면, 기업 입장에서는 수지가 맞지 않는 일을 하지 않을 것이다. 사회 전체 차원에서 볼 때도 개별 기업이 가짜 타도활동을 벌리는 것은 큰 낭비이다.

그러므로 세계 각국에서는 가짜와 위조 상품 타파활동을 정부에서 전적으로 책임지고, 그 경비는 국가 재정으로 부담하고 있다. 개인과 기업이 국가에 세금을 내는 까닭은, 바로 개인 및 기업이 할 수 없는 일의 비용을 국가가 제공하기 때문이다. 즉, 개인과 기업이 매년 국가에 내는 세금 가운데에는 정부가 가짜와 위조 상품을 타파하도록 하는 경비가 그 속에 포함되어있다. 하지만 지금 중국의 상황으로 볼 때, 가짜와 위조 상품에 대한 타파는 응당 정부가 담당해야 할 역할임에도 불구하고, 기업 자체에서 상당 부분을 담당하고 있다. 위시(玉溪)담배회사는 가짜 위조 상품을 타파하기 위해 수억 인민폐를 출자했고, 베이따팡쩡(北大方正)에서는 '가짜와 위조 상품 처벌센터'를 설치했다. 이 같은 사례는 우리가 생각하는 것보다 훨씬 더 많다. 그래서 오늘날 사회생활에서 가짜와 위조 상품을 타파하는 임무의 상당 부분을 관련기업이 담당하고 있다고 할 수 있다.

가짜위조 상품 처벌센터의 한 공무원에 따르면, 시장경제체제가 완벽해짐에 따라 정부의 감독 작용은 점차 약화될 것이고 기업 간의 직접적인 행위가 강화될 것이기에, 기업이 자발적으로 가짜와 위조 상품을 타파하는 것이 발전 흐름에 부합된다고 하였다. 틀린 말은 아니다. 오늘날 소비자와 기업도 자발적으로 타파활동을 하고 있지만 잘 되지는 않고 있다. 이 방법은 시장경제발전의 방향에 부합되는 것이 결코 아니다. 시장경제에서 요구하는 것은 한층 높은 기능의 전문화이다. 가짜 상품을 배격하는 일은 근원적으로 정부가 해야 할 일이지 기업이 해야 할 일은 아니다. 때문에 시장경제를 실행한다는 핑계로 가짜 상품의 타파 임무를 기업에다 전가하는 것은, 정부가 져야 할 책임을 회피하는 것이다.

가짜와 위조 상품이 성행하고 또 이러한 상품의 타파활동이 별다른 효과를 발휘하지 못한다는 점에서, 정부의 기능이 분명히 약화되었음을 알 수 있다. 하지만 지금 중국 사회에서 정부의 기능이 약화되었다는 사실은 단지 가짜나 위조 상품의 타파활동에서만 나타나는 것이 아니다. 지금 중국은 정부와 직접 관련되는 기능 거의 대부분이 약화되어가고 있는 실정이다. 이러한 예는 아래 내용에서 충분히 알 수 있다.

기초과학과 첨단기술에 대한 투자 부족으로, 우수한 첨단기술 연구원들 대부분은 생존을 도모하기 위해 '보잘 것 없는 재주'를 피우도록 강요당하고 있다. 예를 들어 국가출연연구소의 연구원이 열기구 생산으로 생계를 유지하는 것이다.

교육도 곤경에 처해 있다. 대다수 농촌 빈곤가정 아이들은 학교를 다닐 수 없고, 농촌 교사 상당수는 제때에 월급을 받지 못하며, 도시의 우수 교사들이 교단을 빠져나가는 현상이 심각하게 나타나고 있다. 교육 경비 부족이 매우 심각하여, 어떤 농촌 학교에서는 정부로부터 기껏 분필 정도 구입할 수 있는 교육경비만 받고 있는 실정이다.

도시 학교인 경우 대부분 교사들이 '제 2직업'으로 생계를 도모한다.

순수 문화와 예술은 정부의 도움을 받지 못하면 매우 곤란한 지경에 처하게 된다. 몇 년 전에 중앙교향악단이 곤경에 처했었는데, 이는 당시 전 사회의 관심을 집중시키는 뉴스거리가 되었다. 최근에는 기업으로부터 찬조를 받아 상황이 조금 나아졌다. 그러나 정말 곤경에 처한 것은 비단 중앙교향악단뿐만이 아니다. 몇 년 사이에 순수 문화와 예술은 거의 불경기상태에 처해져 있었기에, 순수 문화와 통속 문화가 균형적인 발전을 이루지 못했다. 이에 사회생활의 건전한 인문적 기초가 점점 상실되고 있다.

경제와 사회생활에서의 도덕규범이 파괴되고 법률의 집행효율이 매우 낮아, 마땅히 있어야 할 사회의 공평성이 보장될 수 없게 되었다. 정부의 기능 가운데 가장 기본은 사회질서를 바로 세우고 유지하며 사회의 공정성을 보장하는 것이다. 그러므로 정부는 시장과 판이하게 다른 새로운 운영 메커니즘을 실시해야 한다. 그러나 솔직하게 말해서 이러한 기능적인 측면에서 현 정부의 효율은 갈수록 떨어지고 있고, 경제적 효능만 추구하여 정부 부서가 마땅히 담당해야 할 특수한 기능에 대해 전심전력하지 않고 분산시켜 버렸다. 경비 부족 또한 법집행 기관의 효율성을 심각하게 제약하고 있다. 이러한 상황에서 정부가 책임져야 할 기능을 부득불 기업에다 전가시켰는데, 가짜와 위조 상품에 대한 타파 문제가 바로 그 한 가지 예이다. 이러한 까닭에 어떤 대기업에서는 '가짜 상품 처벌센터'를 따로 설치하는 현상이 나타났다. 위시담배회사는 매년 수천만 위안을 들여 가짜 상품 타파 활동이라는 황당한 일을 하고 있다.

생태환경이 심각하게 악화되고 있다. 후손들의 생존조건을 확보하기 위해 생태환경을 보호하는 것은 정부의 중요한 책무이다. 하지만 최근 몇 년 사이 생태환경과 자연환경에 대한 보호 노력은 경제성장을 추구하는 충동 앞에서는 무력함을 금치 못하고 있다. 생태환경에 관한 항목은 정부가 대부분 직접 입안하거나 아니면 주관하여 처리하지만, 이에 야기되는 파괴에 대해서는 보고도 못 본 체할 수밖에 없다. 그래서 경제성장에 따라 상당 지역의 생태환경은 악화일로로 치닫고 있다.

2. 정부행위의 경제화와 기업화

정부의 공공기능 약화는 문제의 한 측면일 뿐이다. 다른 측면에서 볼 때, 정부기능의 어떤 분야는 높은 효율을 지니면서 비정상적으로 확장되고 있다. 이런 추세를 정부행위의 경제화와 기업화라고 할 수 있다. 정부행위의 경제화와 기업화는 아래와 같은 현상을 가리킨다. 미시적 관점에서는 정부와 경제활동, 특히 기업경영활동과 새로운 결탁이 나타난다는 것이다. 정부는 기업 성향의 목표를 끌어와 이것을 토대로 자신의 목표로 삼아 활동 영역을 정한다. 그래서 경제적 효능만을 일방적으로 추구할 뿐 정부가 짊어져야 할 기타 기능을 홀시해 버린다. 즉, 일부 지방정부 부서의 행위와 경향은 시장에서 이윤만을 추구하는 기업과 별다른 구분이 없다는 것이다.

정부행위의 경제화와 기업화는 아래 몇 가지 측면에서 구체적으로 나타난다.

1. 정부기구가 수익성 경영활동에 직접 참여한다.

정부와 기업의 분리는 20여 년 지속되어온 경제체제개혁 과정에서 주 과제였다. 그 이유는 이 문제가 해결되지 않으면 기타 영역의 사회활동이 자율적으로 진행될 수 없기 때문이다. 하지만 아이러니하게도 정부기구가 국유기업의 일상적인 경영활동으로부터 철수함과 동시에 대다수 정부기구가 수익성 경영활동에 직접 종사하기 시작한 것이다. 즉 정부기구가 수익을 창출하는 것이다. 최근 몇 년 사이에 정부기구 가운데 이익 창출의 주체가 된 곳이 많아졌다. 정상적인 사회에서 수익성에 기초한 단위(單位)라면, 이윤에 의지하여 생존하고 발전하는 것이다. 비수익성에 기초한 단위라면, 이 단위가 담보하고 있는 사회적 기능이란 사회 전체에 꼭 필요한 것으로 사회에서 없어서는 안 될 것이다. 그래서 사회 전체에서 자원을 마련해 줌으로써 이들이 유지되고 발전할 수 있도록 해야 한다. 정부란 바로 후자에 속하는 것이다. 세계 각국의 상황을 살펴보면, 정부의 재정수입은 주로 세수에 기인하며, 또 일부 국유기업에서 낸 수익으로 충당하기도 한다. 그러나 어쨌든 정부기구 자체는 기업처럼 경영활동에 직접 종사할 수 없다.

하지만 오늘날 중국 사회에서 정부기구가 이윤 창출을 목적으로 경영활동에 종사하는 것은 상당히 보편적인 현상이 되었다. 거의 모든 기관에서 '제3산업'을 설립하여 수익을 창출하고 있다. 그래서 사람들은 우스꽝스러운 현상을 목격하게 된다. 그것은 바로 오늘날 중국 사회에서 일부 기업이 큰 손해를 봄과 동시에 (국유기업은 90년대 말 1/3 정도가 드러나게 손해를 보았고 1/3 정도는 드러나지 않게 손해를 보았다고 전해짐) 수익이 있을 수 없는 정부기구는 도리어 큰 돈을 벌었다는 점이다. 그래서 정부가 회사를 설립하고, 경찰이 회사를 설립하고, 학교가 회사를 설립하고, 군대도 회사를 설립하는 현상이 나타났다. 주위를 돌아보면 수익을 창출하지 않는 단위가 거의 없음을 알 수 있다. 창업을 하지 않으면 제3산업을 하였다. 심지어 수익 활동에 종사할 수 없는 일부 단위조차도 수입 창출을 위주로 하여 다른 일들을 겸하는 단위로 탈바꿈하였다.

2. 행정 권력을 이용해서 부서나 개인의 경제적 수입을 도모한다.

정부부서의 수입 창출은 회사를 설립하여 경영활동에 직접 종사함으로써 얻는 수입뿐만 아니라, 정부재정에 갖가지 틈을 벌여놓아 비합법적인 수단으로 민간에서 자원을 끌어내는 것이다. 또 관련되는 정부기능을 집행하는 과정 중에 벌금을 부과하고 할당하는 것을 첫 번째 목표로 하고 있다. 최근 정부기구에서 '겉만 번지르한 새로운 부서를 만드는' 현상이 출현하였다. 예를 들어, 중앙정부의 새 정책이 등장하면 몇몇 정부부서에서는 '부서'를 하나 새로 '만들어', 이로부터 굉장한 수입을 얻는다. 제멋대로 벌금을 부과하는 것은 정부기구의 행정 권력을 이용하여 부서나 개인의 경제적 수입을 도모하는 전형적인 예 가운데 하나이다.

벌금은 사회 징벌의 정당한 조치라 할 수 있다. 정상적인 사회에서 벌금이란 사회질서를 유지하는 기본 수단 중 하나이다. 그렇지만 현재 중국 상황에서 벌금이란 더 이상 정상적인 현상으로 존재하는 것이 아니라 사회의 병폐가 되어버렸다. 이 가운데 아래 세 가지에 대해서는 주의를 기울일 필요가 있다. 첫째, 벌금은 정부행위를 북돋우는 중요한 메커니즘이 되었다. 벌금을 챙길 수 있는 일에는 정부의 여러 부처가 앞다투어 참여하고, 챙길 수 없는 일에는 아무도 참여하려 하지 않는다. 그래서 이러한 현상이 나타나게 되었다. 만약 어떤 부서에다 책임을 맡기면, 그와 동시에 벌금을 부과할 수 있는 권력도 부여해야 한다. 둘째, 벌금의 남발이 사회적 병폐로 되었다. 정부기구의 주도 아래 벌금을 부과하는 풍조가 사회 전체에 만연되었다. 셋째, 벌금으로 인한 수입은 정부재정의 중요한 소득원이 되었다. 중국은 최근 매년 벌금 총액이 수천억 위안에 달하여, 중앙재정수입의 상당한 비중을 차지한다고 매체를 통해 보도된 적이 있다.

3. '기업을 위해 실질적인 일을 한다' 라는 명분으로 기업 활동에 개입한다.

최근 몇 년 사이에 '기업을 위해 실질적인 일을 한다' 라는 것은, 사람들이 끊임없이 제기하는 구호가 되었다. 하지만 바로 이러한 구호로 인해 일부 정부기구나 심지어 정부기구에 있는 개인이 기업의 경영활동에 빈번히 개입하게 되었다. 몇 년 전 신문에 이러한 보도가 실린 적이 있었다. 어느 유명 기업이 외국투자자와 합자하여 대형기업을 세웠다. 투자액은 자그마치 4억여 위안이나 되었기에 정부가 나서게 되었다. 시위원회 부서기가 직접 공사건설 감독자를 임명하고, 아울러 그에 상응하는 팀을 구성했다. 토지국의 간부가 직접 뛰어다니며 기업허가 문서와 용지(用地) 사용에 관한 결재를 했다. 계획위원회의 간부는 공장에 필요한 원자재와 설비를 맡았다. 공안국 간부는 공장을 보호하고 질서를 유지시켰다. 시위원회 조직부장은 고압선로를 책임지고 가설하였다. 그래서 공정이 순조롭게 진행되어 준공을 하게 되었다. 이에 대해 권위 있는 신문에서는 "기업은 이런 정부가 필요하다"라고 역설했다. 사실 이러한 행위는 많은 문제를 불러일으키게 될 것이다. 정부 관료가 어떤 경제경영활동에 개입할 경우, 경제활동의 운행에 필요한 많은 규칙들이 인위적으로 파괴되고 또 공정한 시장경제질서가 세워지지 않을 뿐 아니라, 게다가 부패현상은 피할 수 없이 생겨나게 된다.

4. 단계별로 경제성장지표를 하달하여 경제성장 속도를 정부 관료 평가의 기본적인 척도로 삼았다.

어떤 지역의 경제 지표는 상당히 구체적이었다. 서약서를 만들어 일정 지표에 도달하지 못하면 사직해야 하는 곳도 있고, 농촌 주민들의 소득이나 저축액이 일정 증가속도의 지표에 도달하지 못하면 공직에서 물러나는 경우도 있다. 또 현(縣) 위원회나 현 정부의 주요 간부를 향진기업 생산액이 얼마 정도 초과 완수한 향진 간부 중에서만 등용한 경우도 있다. 심지어 어떤 지역에서는 이러한 상황까지 나타났다. 경제발전 총결산 시상식장에서, 일정 정도 생산액을 초과한 향진기업의 주요 간부들을 현 위원회 상무위원으로 등용하기도 했다. 때문에 정부 관료의 심사기준이 기업의 대표이사나 부서의 이사를 심사하는 기준과 별반 차이가 없게 되었다.

5. 정부 관료와 기업 사이의 비공식적인 결합

개혁개방 이전만 하더라도 정부와 기업이 긴밀하게 결합되었지만, 이런 결합은 정식 체제 경로를 통해 형성된 기구와 기구 간의 관계이다. 하지만 최근에는 일부 정부 관료들이 몇몇 기업과 비밀리에 결탁하여 기업에다 정당하지 않은 서비스를 제공함으로써 개인적인 이익을 도모하기 시작했다. 우리는 일상생활에서 '관료와 기업가가 친구가 되는' 현상이 보편적으로 존재하고 있음을 알 수 있다. 하지만 이러한 '친구' 관계는 대부분 권력과 금전의 교역을 기초로 한 것이다.

상술한 두 가지 추세의 결합으로 정부와 기업이 기능적인 측면에서 결탁하는 현상이 나타나게 되었다.

3. 정부행위의 기업화 : 질서를 잃어버리게 된 근원

한 사회에 정부가 있어야 하는 까닭은, 단일 기업이나 개인이 할 수 없는 많은 일들이 있기 때문이다. 이에 정부가 이러한 일들을 모아서 처리해야 하는 것이다. 예를 들어보자. 국가안전을 보위하는 일, 타국과의 관계를 처리하는 일, 공공시설의 건설, 문화교육의 발전, 자연환경의 보호, 사회질서의 수호, 공정한 사회 보장 등이 있다. 설령 경제활동에서건 또는 시장경제의 조건하에서라 할지라도, 이러한 것들은 정부의 기본적인 목표이다. 아울러 시장경제의 조건하에서 정부는 더욱 중요한 임무를 지니고 있음을 알아야 한다. 시장경제체제하의 기업은 계획경제체제하의 기업과는 달리 자체적으로 각종 사회기능을 담당하고 있다. 아울러 시장경제체제하의 기업은 기능이 단순한 경제적 기능조직이다. 기업은 경제적 기능을 기본으로 하기에, 정부는 사회적 기능의 목표에 더 많은 관심을 기울여야 한다. 그러나 일부 지방정부의 행위가 경제화와 기업화 경향을 두드러지게 나타내기 때문에, 이에 따라 나타나는 결과로 정부의 사회적 기능이 아주 소극적으로 되어버린 것이다.

1. 정부기능의 기형적인 변화

정부는 가장 특수한 사회조직이다. 그 이유는 강제적인 권력을 행사할 수 있기 때문이다. 그렇기 때문에 정부는 수익성 활동에 종사하지 못하고, 그 대신 세수 등의 수입으로 운영을 하게 된다. 이는 현대사회의 통상적인 방식이다. 정부가 수익성 경제활동에 종사하게 되면, 정부가 지닌 권력성 자원과 독점적 자원의 남용을 초래하게 될 것이다. 우리는 권력성 자원의 남용을 부패라 하고, 독점적 자원 남용을 바람직하지 못한 정부 업무로 본다. 하지만 어느 유형이든 이는 모두 공공자원의 남용이다. 공공자원이 남용되는 경우 사회의 불공평을 심각하게 초래할 수 있을 뿐만 아니라 사회적 기능의 혼란도 야기할 수 있다.

1994년 상반기에 베이징에서는 대규모 시장 정비 활동을 펼쳤다. 이 활동을 펼친 이유는, 최근 몇 년 사이에 각종 노점상들이 일부 도로와 기타 공공용지를 대량 점유했기 때문이다. 이는 교통을 방해할 뿐만 아니라 주민 생활에 큰 불편을 끼쳤다. 일정 기간 동안의 정비

활동으로 상황은 호전되는 듯 했다. 하지만 일정 시간이 경과하자마자 대부분의 지역이 예전 상황으로 되돌아가 버렸다. 더구나 시장을 정비할 당시에도 일부 드러난 곳만 정비했을 뿐이었다. 일부 은폐된 지역, 특히 주민거주지역은 정비조차 하지 못했다.

　어떤 의미에서 이것 또한 고질병이 되었다. 이러한 고질병의 '고착화'는 어떤 장소에만 있는 것이지, 도로나 공공용지를 점유한 노점상에 있는 것은 아니다. 이러한 노점상들은 대부분 농민이며 사회에서 가장 약한 집단이자 관리가 쉬운 집단에 속한다. 이들은 이러한 대규모 정비활동에 대항할 능력이 전혀 없다. 그렇다면 문제는 어떠한 장소에 있다. 이런 합법적이거나 불법적인 시장을 누가 설립했는가 하는 것을 살펴보기만 하면 그 답은 금방 알 수 있다. 원인은 아주 간단하다. 이처럼 시끄러운 항목은 모두 관련 부서나 단위의 수입 창출 항목이다. 특히 주민거주지역의 노점상이나 '조그마한 시장'은 더욱 그러하다. 이러한 것들은 모두 주민위원회의 수입 창출 항목이다. 주민거주지역에서는 주민위원회가 수장이다. 그들이 수입 창출을 하고자 한다면, 주민들은 그들의 행위를 막을 수 없다. 그 이유는 그들이 운동선수이자 심판이기도 하기 때문이다.

2. 정부기능의 실효와 사회생활의 무질서

　몇 년 전부터 시행된 정부의 '샤하이(下海, 직접 장사에 나섬)' 정책은 정부의 행정경비 부족 문제를 어느 정도 완화시켰다. 그러나 이와 동시에 정부기능의 정확한 행사에 심각한 해를 입혔다. 정부는 전체 사회생활의 조절 기구이므로, 정부기능의 기형적인 변화는 이러한 조절 기구의 작용이 크게 상실되었음을 의미한다. 이로 인해 사회생활에 각종 혼란현상이 생겨나는 것이다.

　위에서 말한 벌금 문제가 아주 좋은 예이다. 벌금이 효력을 갖고 있는 까닭은, 규정을 위반한 자들이 자신의 위반행위에 대해 경제적인 대가를 지불하도록 하기 때문이다. 그러나 벌금이 정상적인 범위를 벗어나면, 사회징벌수단으로서의 벌금은 본래 의미를 상실하게 된다. 특히 그 자체가 하나의 목적이 될 경우, 더 나아가 벌금 액수가 벌금 부과자의 소득과 직접적인 관련이 있는 경우라면 더욱 그러하다. 우선적인 문제는, 만약 벌금 액수가 벌금 부과자의 개인 소득과 관계가 있다면, 사람들은 과연 벌금 부과자가 규정행위를 위반하는 경우가 많이 생기길 원할까 아니면 적게 생기길 원할까를 의심하게 될 것이다. 논리적으로 추리해보면, 위법 행위가 많이 생기면 더 많은 벌금을 매길 수 있고, 벌금 부과자의 소득도 증가할 것이다. 이와 반대로 위법행위에 대한 벌금부과 현상이 금지되면, 손실을 가장 많이 보는 것은 법집행 부서나 기타 벌금을 매길 권한이 있는 자들이다. 이는 논리적 추리만은 아니다.

우리는 공공장소에서 이러한 일을 자주 볼 수 있다. 한 사람이 손에 담배를 쥐고 있을 경우, 법집행자들은 담배꽁초를 아무 데나 버려서는 안 된다라고 일러주는 것이 아니라, 조용히 뒤를 따라가 그 사람이 담배꽁초를 버린 것을 본 후에야, 그 사람에게 위반 사실을 알리고 벌금용지를 꺼내어 벌금을 매긴다. 우리는 다음과 같이 가정해 볼 수 있다. 조용히 그 사람을 몇백 미터 뒤따른 결과, 그 사람이 담배꽁초를 손에 쥐고선 버리지 않았다면 법집행자는 어떠한 심정일까? 다행이라고 생각할까 아니면 실망할까? 만약 실망했다면 그가 바라는 것은 무엇일까?

다음으로 이러한 벌금은 법집행부서에다 불공정한 이익요소를 가져다주었다. 벌금은 경미한 위법행위를 제지하려는 데 있다. 그런데 사회생활 중에는 벌금 방식으로 제지하거나 징벌할 수 없는 매우 엄중한 위법행위가 많이 존재하고 있다. 그렇다면 한 가지 의문이 생긴다. 경미한 위법행위는 제지하는 자에게 이익을 가져다 줄 수 있다. 그러나 엄중한 위법행위에 대한 제지는 도리어 자신에게 이익을 가져다주지 못할 뿐 아니라, 심지어 자신의 희생을 동반해야만 한다. 거리에 침을 뱉는 행위에 대해 벌금부과 책임을 진 자는 그곳에서 이익을 얻을 수 있다. 그렇다면 자신을 희생하여 살인범과 격투를 한 법집행자들은 무엇으로 자신의 이익을 얻을 것인가? 만약 이처럼 가장 기본적인 공정 원칙마저 파괴되어 버린다면, 사회질서를 무엇으로 유지하겠는가?

3. 공공사업의 약화

정상적으로 기능이 배분된 사회에서는 정부가 대다수의 비영리 공공사업에 대해 전적으로 책임을 진다. 특히 과학, 문화, 교육사업은 더욱 그러하다. 그러나 최근 몇 년 사이 정부에서 책임져야 할 공공사업은 거의 모두 약화되고 있다.

4. 정부의 초월성 감소

여기서 말하는 정부의 초월성 문제란 바로 다음과 같은 내용을 일컫는다. 정부는 어떠한 개별적 이익집단에 좌우지되지 않고, 이러한 이익집단의 영향을 받지 않는 상대적으로 독립된 정책을 제정하는 능력을 구비하며, 전체 사회의 이익에 부합하는 경향을 더 많이 지녀야한다. 그러나 최근 몇 년 동안 우리는 일부 이익집단이 정부의 정책 결정에 상당한 영향력을 가지고 있음을 명확하게 알 수 있다. 특히 경제 조정에 관련한 정책 부분에서는 더욱 그러하다.

5. 정부 관료의 부패기회 증가

정부가 직접 수익성 활동에 종사하고 정부 관료가 그 속에 개입하고 있어, 일부 관리들의 심각한 부패행위를 초래하게 된다. 최근 들어 중국 사회생활에서 부패현상이 날로 심각해지고 있다. 어떤 영역에서는 그러한 부패 정도가 마치 정상적인 사회생활의 일부분이거나 생활방식처럼 되었다. 여기에는 감독과 제약 메커니즘의 결핍 등 여러 측면에서 원인을 찾을 수 있다. 그러나 여기서 부인할 수 없는 중요한 원인은 바로 정부행위의 경제화와 기업화이다. 왜냐하면 정부행위의 기업화, 경제화, 시장화는 관료들의 부패기회를 크게 증가시킬 수 있기 때문이다. 정부가 경제생활에 이처럼 깊이 개입하고 게다가 일부 제도적 요소가 작용(예를 들어 경제생활에서 현금을 대량 사용함)하기에, 이렇게 조성된 부패현상은 대부분 '감독할 수 없는 성질'을 지니게 된다.

사회징벌이 효력을 잃은 까닭은?

1. 무력한 사회징벌

최근 들어 끊임없이 부패를 척결하고 있지만, 부패의 바람은 갈수록 심해지고 있다. 가짜나 위조 상품을 제조하고 사람을 모함하고 속이는 사기사건 등의 위법 사건에 대해 끊임없이 조치를 취하고 있지만, 이러한 사건들은 여전히 아무런 거리낌 없이 생겨나고 있다. 이러한 위법행위에 대해 끊임없이 진압하고 있지만, 줄어들기는커녕 매년 늘고 있는 추세다.

우리는 이 모든 것으로부터 심사숙고해야 할 문제를 제기하지 않을 수 없다. 그것은 이러한 과정이 어떻게 발생했는가, 설마 사회의 징벌 메커니즘이 효력을 잃어버린 것이 아닌가라는 문제이다.

철학자들은 수천 년 동안 인성적인 측면에서 선악 논쟁을 벌였지만 아직까지도 정론(定論)은 없다. 그렇지만 인간의 본성이 선이냐 악이냐의 문제에 상관없이, 한 가지 점만은 이론(異論)이 없다. 그것은 바로 사회질서 유지에 있어서는 체계적이고 완전한 사회규범이 반드시 필요하다는 점이다. 하지만 이러한 사회규범을 효과적으로 시행하려면, 여기에는 일련의 사회적 포상과 징벌이란 시책이 있어야만 한다. 효과적인 포상이나 징벌 조치가 없다면, 사회규범은 형식에 불과하게 되고 사회질서 또한 더 이상 유지할 수 없게 된다.

지금 중국 사회에 첨예한 이슈로 떠오르는 문제는, 응당 있어야 할 사회징벌의 효력이 사라져버렸다는 것이다. 만약 중국이 개혁개방의 과정에서 사회징벌의 유효성을 재건할 수 없다면, 중국 사회는 권선징악의 능력을 잃어버리게 될 것이고 그에 따른 사회질서는 심각한 혼란에 빠지게 될 것이다.

그렇다면 중국 사회에서 사회징벌이 어째서 효력을 잃어버리게 되었는가?

2. 법에 대한 무지가 원인인가?

사회징벌의 실행 과정은 사회징벌 실행자와 대상자 간의 대결 과정이라 볼 수 있다.

중국인들은 보편적으로 법에 대한 무지를 위법범죄행위의 원인으로 해석하고 있다. 범죄자 본인도 통곡하고 후회하면서 이구동성으로 자기는 법을 몰랐다고 한다. 사람들이 범죄행위를 저지르는 것은 법률 조항의 존재를 몰랐기 때문인 것으로 볼 수도 있다. 하지만 이것은 전혀 분석력이 없는 소략한 해석이다.

법률을 몰라서 생기는 위법범죄행위가 존재한다는 것은 부인할 수 없다. 그러나 위법범죄행위 대부분은 법을 모르는 것과는 아무런 관련이 없다. 조금만 더 분석해 보면 아래와 같은 사실을 발견할 수 있다. 대부분 범죄행위, 특히 보편적인 경제영역의 범죄행위와 중대한 형사 범죄는 모두가 그 행위의 법률결과를 명백하게 알고 있는 상황하에서 발생된다는 것이다. 그들은 그 행위의 법률 결과를 명백하게 알고 있을 뿐 아니라, 그들과 법집행자 사이에서 끊임없이 저울질을 한다. 위법행위를 한 후, 발각될 확률은 얼마나 될까? 일단 발각된다면 금품과 관시로 사법기관과 적당히 처리할 수 있을까? 만약 적당히 처리할 수 없다면 어떠한 징벌을 받게 될 것인가? 이러한 모든 상황에 대해 심사숙고하고 더 나아가 타진까지 해 보는 것이다.

심사숙고하고 타진한 결과에 따라 행위 선택을 결정한다. 만약 범죄로 인한 처벌이 크다면 범죄행위를 포기하게 될 것이다. 반대로 시작하자마자 이로 인해 지불할 대가가 그다지 크지 않다면, 범죄행위를 선택할 수 있을 것이다. 여기에는 처벌받을 가능성과 처벌 정도가 가장 중요한 요소이다. 하지만 중국 사회에서 법을 따르지 않고 또 법집행 과정에서 사리사욕을 채우기 위해 부정을 저지르는 현상이 이미 언론을 통해 많이 발표한터라 여기선 더 이상 언급하지 않겠다. 다만 여기서 다루려는 문제는 사회징벌의 집행에 어느 정도 엄격함을 지니는가이다. 중국 사회에서 처벌이 경미하다는 것은 아주 보편적인 현상이다. 특히 경제 영역의 위법범죄행위에 대한 처벌은 지나치게 가볍다. 적당한 예가 하나 있다.

최근 모 시(市)에서 수천 명을 동원하여 물가에 대한 대대적인 감사를 실시한 결과, 800여 건의 법률위반 행위를 색출해 내었다. 그런 다음 시 당국은 이들 법률위반자들에 대해 엄격하게 처리하여 만여 위안의 벌금을 부과했다(《중국공상신문(中國工商報)》 1994. 7. 12 보도 내용). 만여 위안이라는 벌금은 적지 않은 돈이다. 그러나 간단하게 계산을 해보면 문제점을 명확히 발견할 수 있다. 800여 건의 위법행위에 대한 벌금으로 모두 합쳐 만여 위안을 냈다는 사실은, 매 건마다 벌금이 평균 몇십 위안 정도에 불과하다는 것이다. 이러한 현상은 중국 사회에서 더 이상 개별적인 것이 아니라 너무나 보편적인 현상이 되어 버렸다. 이처럼 경미한 처벌 현상은 탈선을 부추기는 요인으로까지 되었다. 다시 말해 경미한 처벌은 범죄자들의 위법 행위를 자초하게 할 수 있는 것이다. 왜냐하면 이로 인해 짊어져야 할 위험 부담이 그다지 크지 않기 때문이다.

위법 행위에 대한 경미한 처벌 문제 이외에도 주목해야 할 현상이 있다. 그것은 바로 사회적 징벌을 시행하는 기준이 엄격하지 않다는 점이다. 특히 법집행 과정에서 법의 신축(伸縮) 여지가 너무 많다. 사람들은 다음과 같은 상황을 자주 보게 된다. 사회적 처벌을 시행하는 자가 처벌 대상에게 훈계하듯이 "너의 태도 때문에 벌금 50위안을 더 부가한다"라고 말한다. 이 말은 곧 벌금이 얼마인지에 대해서는 정해진 기준이 없고 처벌 대상자의 태도에 의해 결정된다는 것이다. 어떤 경우에는 처벌 시행자의 기분이 좋고 나쁨에 따라 벌금의 경중(輕重)이 결정될 수도 있다. 이러한 상황에서 사회 징벌의 엄격성은 애들 놀이같이 되어버렸고, 더군다나 그것의 존엄성은 더 이상 논할 필요조차 없게 되어 버렸다.

3. 임시변통

사회징벌에 응당 있어야 할 효력을 잃어버렸다는 것은, 사회징벌이 엄격하지 않고 또 무력하게 집행된다는 것과 직접적으로 관련이 있다. 사회징벌의 시행과정을 살펴보면, 그 과정에 엄청난 임시변통이 존재하고 있음을 알 수 있다. 처벌을 할지 안 할지 또 어떠한 처벌을 내려야 하는지에 대해서 기준이 없다. 한동안 무수히 반복된 말이 있다. 그 말은 "솔직히 자백하면 관대하게 처리하고, 항거하면 엄벌에 처한다"는 것이다. 이 말은 비록 그 의도는 좋지만 현실에서는 늘 갖가지 임시변통을 위한 구실이 되어왔다.

임시변통이 보편화되었다는 것은, 이러한 사회징벌이 시행되는 그 사회의 특징과 직접적인 관련이 있다. 엄격하고 효과적인 사회징벌의 시행은 특정한 사회관계를 기초로 해야 한다. 이러한 사회관계가 바로 보편적인 사회관계이다. 이런 사회관계 속에서 '일과 관련되어야지 사람과 사적으로 관련되지 않아야' 하는 것이 가장 기본적인 준칙이다. 하지만 중국 사회는 특수한 인간관계가 중요한 위치를 점하고 있다. 이런 특수한 사회관계 속에서 규칙은 사람 간의 관계에 자주 복종하게 된다. 관계가 다르면 적용되는 규칙과 표준도 따라서 달라진다. 이런 특수한 인간관계는 오늘날 중국 사회에서 사회징벌의 엄격함과 효율성을 심각하게 훼손시키고 있다. 그 이유는 어떠한 사회처벌이라도 모두 사람이 시행하고 집행하는 것이기 때문이다. 사회징벌을 시행하는 과정 중에 집행자의 인정이 끼어들게 되면, 이러한 처벌에 갖가지 부패와 변형이 생기게 된다.

최근 〈중국청년신문(中國靑年報)·경제칼럼〉 가운데 "하부 중앙은행의 법집행이 무기력한 원인과 실태"라는 기사는 바로 이러한 예의 좋은 본보기다. 특정 은행에 대한 검사와 감독은 하부 중앙은행의 기능 중 하나이다. 그렇지만 많은 하부 중앙은행에서 이러한 기능을 이행할 때면 무력하기 그지없다. 그 원인의 하나는 바로 "중앙은행과 특정 은행 간의 관계가 사돈이나 친척 관계처럼 나누어질 수 없는 인간관계의 네트워크로 형성되었기 때문이다." 기사에 의하면 중앙은행과 특정 은행 간의 관계를 다음과 같이 기술하고 있다. "직권을 남용하여 자녀와 친척들을 서로 취직시켜주는 현상은 너무도 흔한 일이다. …… 해당 지역에서 온 하부 중앙은행의 직원들은 그들의 친척과 자녀 혹은 친구들을 해당 지역의 특정 은행에다 취직시키는데, 이렇게 함으로써 그들 간에 충분한 네트워크가 형성되는 것처럼 보인다. 그러나 문제가 일단 드러나면, 얽히고설킨 관계로 인해 처리해야 할지 말아야 할지 아니면 어떻게 처리해야 할지 골머리를 앓게 된다."

여기에서 지적해야 할 것이 있다. 그것은 '인정'과 '관계'라는 것이 사회처벌의 시행에 무력함을 야기하는 중요한 요소이지만, 그 속의 '관계'와 '인정'이라는 순수한 작용에 대해 지나치게 높게 평가해서는 안 된다는 점이다. 아울러 '인정'과 '관계'의 배후에는 더욱 비열한 금권 거래가 존재하고 있음을 알아야 한다. 몇 년 전 동북지역의 어떤 성(省)에서 일어난 사건이 신문지상에 실렸다. 살인범이 '아는 사람(관계)'을 통해서 보석으로 풀려났다. 나중에 밝혀진 바로는, 관련자 가운데 한 사람 이외에는 살인범과 직접적인 친척관계가 없었고, 단지 금전이 중요한 역할을 했다는 것이다. 이것은 사람들의 주의를 불러일으켰다. 즉, 관계를 구실로 사회징벌의 시행에 대한 임시변통에는 실질적인 이익 교환이 다소 존재하고 있다는 것이다. 실제 생활에서 우리는 늘 이런 말을 들을 수 있다. 그 말은 "설령 관계가 있다손 치더라도 돈으로 선물 꾸러미를 준비하지 않으면 안 된다"는 것이다. 이것은 사람들이 흔히 말하는 온정 맥락의 '관계'가 아니라 일종의 이익 교환이다. 더욱 정확하게 말하자면, 온정이 충만한 '관계'에다 적나라한 금권 교환이 결합된 것임을 의미하고 있다.

4. 법으로 감당하지 못할 현상이 어떻게 생겨나는 것인가?

상술한 요인들을 제외하고도 사회적 징벌 그 자체가 무력하다고 느낄 때가 있을 것이다. 그 중 한 가지 상황은 바로 사회적 징벌이 응당 징벌 받아야할 대상이 수없이 많은 경우에 직면할 때이다.

사회생활에서 사회징벌의 실행이 무력하게 되는 것은, 징벌을 받아야할 현상과 그 대상이 너무 많아 법으로 전부 다 처벌할 수 없다는 것과 직접적인 관계가 있다. 실제로 사람들을 사기치고 기만하는 현상들이 너무 많아 법으로 감당하지 못할 처지에 이르렀고, 가짜와 위조도 넘쳐 법으로 감당할 수 없는 지경에 이르렀다. 부패 현상 또한 이와 마찬가지다. 법으로 감당할 수 없는 이러한 상황은 울지도 웃지도 못할 결과를 낳았다. 불법이나 위법 현상이 '대단히 많은' 정도까지 이르면, 처벌과 제재를 받지 않는 것이 당연한 것처럼 보이고 이와 반대로 처벌과 제재를 당한 개인은 도리어 '억울한' 기분이 들 것이다.

사회적 징벌이 법으로 감당할 수 없는 지경에 이르면, 처벌받는 현상이 합법화되는 작용을 불러일으킬 수 있다. 곰곰이 생각해 보면 사람들의 시비관념은 두 가지 측면에서 온 것임을 알 수 있다. 하나는 역사전통이나 가치관념 또는 정식 입법으로 확정된 표준이다. 이 표준은 명확한 것이다. 다른 하나는 어떤 활동을 하는 사람 수가 많고 적음에 따라 확정된 표준이다. 사람들이 다 이렇게 하면 이러한 일은 좋은 것처럼 여겨지기에, 적어도 이렇게 할 수 있는 것이다. 만약 대다수 사람들이 하지 않으면, 이러한 일은 하지 않아야 되는 것이다. 우리는 사회생활에서 이런 경우를 자주 볼 수 있다. 원래 비난받을 행위이지만 많은 사람들이 그렇게 하고 있고 또 처벌을 받지도 않는다면, 이러한 행위는 점차 정당성을 지니는 것처럼 된다. 이런 경우에 처벌을 하게 되면 처벌 받는 대상의 입장에서는 억울한 일이 되는 것이다.

법으로도 감당할 수 없는 정도인 경우에 있어서는, 응당 처벌당해야 될 현상이 합법화될 수 있을 뿐 아니라 일종의 밴드왜건 효과(Bandwagon effect)[39]를 야기할 수도 있다. 몇 년 전에 "먹을 것이 있으면 먹지 않을 자가 그 누구이며, 가질 수 있으면 그 누가 안 가지겠나?"라는 말이 있었다. 이것은 바로 법의 기능으로 많은 범법행위를 일일이 감당하지 못함으로써 초래한 밴드왜건 효과이다. 이로부터 추론하면 아래의 내용이 논리적으로 다 맞는 것이다. 함정에 빠뜨리고 속일 수 있으면 그 누가 함정에 빠뜨리고 속이지 않겠는가? 가짜나 위조품을 만들어도 되면 그 누가 안 만들겠는가? 또 부정부패를 할 수 있다면 그 누가 부정부패를 하지 않겠는가? 우리는 사회생활에서 실제로 이런 논리가 설득력 있게 작용하고 있음을 분명하게 알 수 있다.

그러면 법이 이처럼 많은 범법행위를 일일이 처리하지 못하는 현상은 어떻게 생긴 것인가? 그것은 사회적 징벌의 실행력이 부족한 것과 상관있을 뿐 아니라, 처벌의 실행 방식과도 직접적인 관계가 있다.

부패현상을 예로 들어보자. 몇 년 동안 반부패 활동을 펼쳤지만 효과는 그리 좋지 않았다. 이처럼 끊임없는 반부패 활동에도 불구하고 부패는 계속 퍼지고 있다. 이는 더 이상 논쟁할 필요가 없는 사실이다. 이러한 현상은 우리가 반부패 활동을 펼친 구체적인 방식과 직접적인 관계가 있다. 일반적인 반부패 활동의 모델은, 부패현상이 어느 정도 심각한 상황에 이른 다음에 한차례 부패와의 전쟁을 치루는 것

---

[39] 밴드왜건이란 마을에 서커스가 들어오면 악대를 앞세워 행진을 하게 되는데, 이때 맨 앞에서 악대를 이끌고 가는 차나 마차를 의미한다. 밴드왜건이 지나가면 어린이들이 그 뒤를 졸졸 따라가는 모습을 볼 수 있는데, 그것을 빗대어 남이 하는 대로 따라 하는 소비 행태를 밴드왜건 효과(편승효과라 하기도 함)라고 한다. 네트워크 효과와 같은 현상을 설명하는 것으로 사용자가 많으면 많을수록 사용자가 더 많은 효용을 느껴 사용자가 증가할 경우 밴드왜건 효과 또는 네트워크 효과가 있다고 이야기한다.

이다. 반부패에 대한 초기 전개 방식은, 먼저 상급기관에서 관련문서를 보내어 동원령을 내리고 TV나 신문에서 여론을 조성한다. 그 다음에 총출동하여 낱낱이 조사하기 시작한다. 예를 들어 어떤 이가 보름 전에 어떤 부패행위를 하였는지, 또 어떤 이가 3개월 전에 무슨 부패행위를 하였는지 등이다. 이로 인해 드러난 일부 부패 명단을 TV나 신문에 폭로하는데, 이것을 반부패 활동의 실제성과로 간주한다. 그렇지만 대부분의 문제들은 깊이 조사하면 할수록 희미해지고, 또 조사할수록 연루된 자가 많아지게 된다. 그래서 분명하게 조사할 수 없는 문제들은 자연히 흐지부지 그만두어 버리고, 분명하게 조사한 문제들은 극소수의 전형적인 것을 제외하고는 대부분 '엄격히 조사하고 관대하게 처리' 할 수밖에 없다. 그런 후 부패와의 전쟁을 무사히 마쳤다고 선포한다. 하지만 며칠 지나지 않아 부패는 여전히 존재하게 된다.

우리는 이러한 모델을 통해 지금까지 부패와의 전쟁 효과가 어찌 그렇게 밋밋하게 되었고, 또 부패와 전쟁을 치룬 후 부패 바람이 왜 재빨리 다시 일어나는지를 알 수 있다. 문제는 바로 이 모델 자체에 있다. 만약 이러한 조사 방식을 취하지 않고, 엄격한 규칙을 세워 과거의 잘못을 묻지 않고 지금부터 범죄자에게 일률적으로 엄격하게 처리한다면, 그 효과 또한 클 것이다. 이렇게 한다면 과거에 부패를 저지른 사람들이 이익을 보는 것이 아니겠는가라고 말하는 이도 있을 것이다. 그러나 실제로 이렇게 하지 않으면 부패와의 전쟁은 흐지부지될 수밖에 없다. 아울러 이런 방식 역시 과거를 거슬러 재차 규명하는 가능성도 완전히 배제할 수 없다.

무작위 벌금부여 :
사이비 처벌수단

"우리 고향의 지방정부에서는 한 집에 세 아이 낳는 것을 허락하지만요, 그 중 한 아이에 대해서는 벌금을 내야 해요." 다시 물어 보았으나 역시 이런 대답이어서, 무슨 뜻인지 한참 동안이나 알 수 없었다. 이것은 광둥성의 농민공을 조사할 때 있었던 일이다. 당시 우리는 모 자치구에서 온 농민공을 인터뷰하였다. 그녀에게 아이가 몇이고 또 그녀가 살고 있는 지역의 가족계획정책에 대해 물어보았을 때, 그녀는 위와 같이 답했다. 우리는 한참 후에야 그 뜻을 헤아릴 수 있었다. 원래 그 지방정부에서는 농민들에게 두 아이를 낳을 수 있는 정책을 실행했다. 하지만 실제 집행 과정에서 세 아이를 낳는데 그다지 간섭을 하지 않고선, 셋째 애를 낳은 후에야 그들에게 벌금을 내라고 한다. 그래서 벌금을 낸다면 해당 지역 정부에서는 출산을 제지하지 않는 것이다. 이러한 과정을 살펴보면 해당 정부의 숨은 동기를 알 수 있다. 초과 출산한 부모들에 대한 벌금을 통해서 지방정부(실제로 관련부서일 것임)는 눈에 띄는 재정수입을 얻게 된다. 이 농민공은 빈곤지역에서 왔기 때문에, 해당 지역정부의 재정은 분명 상당한 곤경에 처해있을 것이다. 그래서 이러한 벌금은 재정수입을 임시방편으로 충당할 수 있는 근거라 생각된다.

이와 유사한 사건들이 얼마만큼 보편성을 지니는지는 알 길이 없다. 하지만 이렇다 손치더라도 우리는 그 속에서 이러한 논리가 우리 사회에서 결코 개별적인 것은 아니라는 것을 알 수 있다. 가족계획정책은 정부가 제정한 것이고 정부가 집행하는 것이다. 가족계획정책을 위반한 행위에 대해 벌금을 부과하는 것은 이러한 사건들의 재발을 막기 위한 것이다. 그러나 상술한 예가 발생한 지역에서는 사건의 논리가 완전히 뒤바뀌었다. 정책은 벌금의 근거가 되고, 벌금을 매기기 위해서는 관련 규칙들을 제정해야만 한다. 그런데 벌금에 합당한 대상을 만들려고 하면, 사람들의 위법 행위에 대해 묵인해야만 한다. 그렇지 않으면 벌금은 바로 쌀 없는 밥이거나 물 없는 생선이 된다. 그 이유는 규칙을 위반하지 않는다면 벌금을 징수할 수 없기 때문이다.

우리는 유사한 사건들을 어디서든 볼 수 있다. 특히 공공장소에서 이러한 사건들을 흔히 볼 수 있다. 공공장소마다 쓰레기를 함부로 버리지 말라고 하고선 위반자들에게는 벌금을 부과한다고 규정하고 있다. 그렇지만 법집행자들은 담배꽁초를 버리는 사람을 보고서도 교화하지 않고, 그냥 그 사람 뒤를 따라가면서 담배꽁초를 버릴 때 쏜살같이 달려가 벌금고지서를 꺼내 벌금을 부과한다. 이에 우리는 다음처럼 가설을 세울 수 있다. 법집행자가 수백 미터까지 뒤를 따라갔는데도 손에 쥐고 있는 담배꽁초를 버리지 않으면, 이 집행자의 기분은 어떨까? 다행으로 여길까? 아니면 실망할까? 실망했다면 그(그녀)는 무엇을 바라는 것일까?

유사한 사건에서 위법행위가 많이 발생하면 벌금을 많이 부과할 수 있음과 동시에 법집행자의 수입도 높아질 것이다. 반대로 만약 위법행위에 대한 벌금부과 현상이 금지되면, 가장 손해를 입는 자는 법집행 부처이거나 기타 벌금을 부과할 수 있는 권리를 가진 자들이다.

벌금은 분명 사회징벌의 정당한 조치이다. 정상 사회에서 벌금은 사회 질서를 유지하는 기본적인 수단 가운데 하나이다. 벌금이 효력을 지니는 것은, 범죄자들이 자기들의 위법행위에 대해서 경제적인 대가를 지불해야 하기 때문이다. 미국의 세수(稅收)가 효과적으로 진행되는 것은, 탈세행위에 대해 상당히 무거운 벌금을 부가하기 때문이고 이로 인해 탈세자들은 재산을 거의 탕진하게 되기 때문이다. 이런 경우 사람들은 탈세하려고 할 때 신중을 기하게 된다. 따라서 벌금을 공평하게 집행하여 사회질서와 규칙 그리고 정의를 수호하기 위한 목적으로 하려면, 벌금 부과 행위는 법집행 부서와 법집행자들의 소득과 분리시켜야 한다. 이는 법집행 부서와 인원이 벌금을 징수하고자할 때, 그들의 목적이 사회질서를 유지하기 위한 것이지 자신의 수입을 늘리기 위한 것이 아님을 말한다. 그런데 벌금이 일단 부서나 개인의 이익과 연계되면, 벌금조치는 그 의미가 변질될 수 있다. 즉, 수단이 바로 목적으로 변하여 마구잡이 벌금 부과 현상이 필연적으로 나타나게 된다. 이렇듯 지금 중국에서의 벌금문제는 바로 여기에서 나타나고 있는 것이다.

현재 상황에서 중국 사회의 벌금은 분명 어떤 부서 심지어는 개인의 이익과 관련이 있다. 관련 규정에 따르면 이런 벌금은 모두 국고에 귀속되어야 한다고 되어 있다. 그러나 사실은 전혀 다르다. 보도 자료에 의하면 다음과 같다. 국가 귀속의 벌금 가운데 거액이 각종 지하경로를 통해 새어나가거나 흘러나가 부서의 작은 금고나 심지어 개인 주머니로 들어간다. 그래서 그 가운데 정말로 아주 작은 부분만이 재정수입으로 들어간다. 어떤 현의 단위와 부서에서 거두어들인 벌금에 대해 대대적인 조사를 한 적이 있다. 조사 결과 벌금 합계가 488.8만 위안이었다. 현의 재정수입으로 들어간 돈은 386.8 만 위안이었고, 나머지 102만 위안의 벌금은 관련부서에서 몰래 꿀꺽 삼켜 버렸다. 그리고 현의 재정수입으로 들어간 386.8만 위안 가운데 206.4만 위안은 장려 차원과 책임완성이란 명목으로 법집행 부서에 되돌려주었다. 그래서 현의 재정수입은 180.4만 위안밖에 되지 않았는데, 이것은 전체 총액의 30.6%에 불과했다.

이익동기의 추동으로 말미암아 미구잡이식 벌금 부가는 피할 수 없는 현상이다. 중국은 징벌조치의 일환으로써 벌금이 다른 사회의 발전 단계보다 더욱 일상적이고 보편적이다. 이것을 가장 명확히 증명할 수 있는 것은 초·중등학교에 있는 벌금이다. 허난(河南)성의 일부 학교에는 이러한 규정이 있다고 한다. 학생이 한 번 지각하면 벌금 0.5위안을 내고, 한 번 무단결석하면 1위안을 내며, 한 번 싸우면 5~10위안을 내고, 꽃을 꺾으면 0.5위안을 낸다. 일기나 주기(周記)를 한 편 덜 적으면 0.5위안을 내고, 시험에 합격하지 못하면 1위안을 내며, 한 과목 추가시험을 치면 3위안을 내고, 시험성적이 뒤에서 세 번째까지는 20~50위안을 내어야 한다. 다른 항목도 더 많이 있으나 여기서 일일이 열거하지 않겠다. 어떤 중학교는 한 학기 동안 벌금을 낸 학생 수가 4,000여 명에 달했고, 벌금총액은 2만 위안이나 되었다. 하지만 이것은 사회 전체의 벌금제도의 물결 가운데 물보라에 불과할 뿐이다.

중국은 매년 벌금총액이 거의 천억 위안에 달한다고 한다. 사실 정상적인 벌금과 무분별한 벌금 부과는 관련 부서의 중요한 수입원이 되었다. 여기에 주의할 만한 것이 있다. 그것은 벌금을 많이 부과할 권리를 지닌 단위에서 근무하는 개개인의 소득이 적지 않다는 점이다. 이런 경우 어떤 것이 무분별한 벌금이고 어떤 것이 정당한 벌금인지 이론적으로는 엄격하게 구별할 수 있지만, 실제로 그 경계를 명확하게 구분하기는 매우 어렵다. 극단적으로 벌금이 관련부서나 개인의 소득과 상관이 있다고 한다면, 그것은 틀림없이 무분별한 벌금일 수밖에 없다.

이러한 벌금은 법집행 부서에 불공정한 이익요소를 가져다주었다. 그 이유는 벌금을 부과하여 제지하려는 것은 일반적으로 경미한 위법행위이지만, 사회생활에서 벌금 방식으로 제지하고 처벌할 수 없는 심각한 범법행위들이 많이 존재하고 있기 때문이다. 여기서 한 가지 가능성이 생기게 된다. 경미한 위법행위에 대한 제지는 법집행자에게 이익을 가져다 줄 수 있지만, 심각한 위법행위에 대한 제지는 자기에게 이익을 가져다주지 못할 뿐 아니라 심지어 자신의 희생까지도 감수해야 한다. 함부로 침을 뱉는 일에 대해 벌금을 부과하는 사람은 그 가운데서 자기의 이익을 얻을 수 있지만, 몸을 던져 살인범과 격투를 벌인 법집행자는 무엇으로 자기의 이익을 얻겠는가? 이러한 가장 기본적인 원칙이 파괴되었다면 무엇에 기대어 사회질서를 유지하겠는가?

무분별한 벌금징수 현상이 생겨나는 것은 현 체제의 배경과 깊은 관련이 있음을 부인할 수 없다. 구체적으로 말하자면, 그것은 국가 재정의 제도적 불건전성과 직접 관계가 있다. 정당하고 제도화된 수단으로 사회자원을 얻는 것은 갈수록 어려운 측면이 있다. 하지만 다른 한편으로 개인이나 단위에서 이행할 수 없는 기능이나 사안들에 대해서는 정부에서 처리해야 한다. 정부에서 이러한 일을 처리하기 위해서는 그에 상응하는 돈이 필요하다. 그래서 규범화되지 않은 수입방식에 의존하지 않을 수 없다. 이러한 것의 대표적인 예가 바로 벌금과 할당이다. 그렇지만 규범화되지 않은 방식으로 자원을 얻게 되면 이에 대해 많은 대가를 지불해야만 한다.

먼저, 규범화되지 않은 방식으로 거둔 자원이 아주 많은 양에 도달하였을 경우, 규범화된 방식으로 거둔 자원인 국가의 세수는 어려움에 직면하게 될 것이다. 최근 몇 년 사이에 탈세 현상이 보편화된 것은 이러한 현상과 관계가 없다고 말할 수 없다. 둘째, 벌금과 할당 등의 세수방식은 규범화되지 않은 방식이어서, 본래 국고에 귀속되어야 할 자원이 단위나 개인의 수중으로 들어가게 되는 결과를 낳았다. 그래서 관련 기업이나 개인의 부담을 줄이기 위한 측면이건 국가 세수를 늘이기 위한 차원에서건, 벌금과 할당 등의 규범화되지 않은 세수 방식을 대폭 줄여야 하고, 또 국가의 세수관리 체계를 강화해야만 한다.

cleavage

10

사회충돌과 사회통제

사회가 진보하면 할수록 **사회충돌**이 늘어나는 원인은 사회분업이 심화되면서 특정 이익집단이 생기고 각 집단들이 스스로의 이익만을 추구하기 때문이다.

사회충돌과 사회통제

사회충돌과 사회통제에 관한 토론

1. 사회충돌의 관례화

오늘날 사회충돌이 고대사회보다 증가했느냐 감소했느냐 하는 문제는 분명 자료로 증명할 방도가 없다. 그러나 한 가지는 확실하다. 이전 시대와 비교하여 지금의 사회충돌은 명확하게 관례화되었다는 점이다. 관례화란 것은, 이러한 사회충돌이 우리의 일상생활 가운데 이미 정상적인 구성요소로 되었음을 말한다. 더 나아가 그것은 일상생활의 정상적인 구성요소일 뿐 아니라, 이와 관련된 일부 사회제도로 인해 더욱 '관례' 적으로 처리되는 평범한 일이 되어버린 것이다. 과거에는 사회충돌이란 단어를 제기하기만 하면, 마치 '공존할 수 없고' '필사적이며' '총칼로 싸우는' 것 같은 살기등등하고 피비린내 나는 표현이 떠오르게 된다. 하지만 지금 사회충돌이란 단어를 다시 제기하면 온종일 이 단어가 떠올라 불안할 뿐이다. 평상심으로 사회충돌을 대하는 것은 아마도 현대 중국 사회의 특징 가운데 하나라고 할 수 있다.

사람 마음을 안절부절 못하게 만들었던 사회충돌이 지금은 평이한 일이 되어버렸다. 이것은 아마도 괴이한 것을 보고도 놀라지 않는 어휘로만 해석되는 것일지도 모른다. 사실 많은 인간사가 다 이와 같다. 처음 나타날 땐 크게 놀라지만 시간이 지날수록 태연하게 대처하게 된다. 더군다나 효과적이고 안정된 제도화 방식으로 처리하는 방법을 다시 찾아낸다면, 이처럼 크게 놀라는 행위는 더 이상 부질없는 것이 된다.

대부분의 사람들은 사회가 언제나 진보한다는 진화론을 믿는다. 이런 관점에서 보면, 오늘날 현대사회가 이전의 전통사회보다 더욱 진보한 것임은 틀림없다. 그렇지 않다면 사람들이 무엇 때문에 최선을 다해 사회발전을 추구하고 또 대가를 아끼지 않고 현대화를 실현시키려 하는지를 해석할 수가 없다. 그렇지만 우리가 이해할 수 없는 것은, 사회가 진보하면 할수록 사회충돌이 무엇 때문에 더 많아지고, 게다가 그것이 이렇게 '진보된' 사회의 중요한 구성요소가 되었느냐 하는 점이다. 여기에는 적어도 두 가지 원인이 있다고 생각한다.

첫째, 사회분업의 심화와 협력 범위의 확대이다. 전통사회에서는 노동 분업이 발달하지 않았기에, 적어도 많은 충돌은 피했다. 남자는 농사짓고 여자는 베를 짜며 자급자족하는 자연경제에서의 핵가족을 예로 들어보자. 남자는 자기 땅을 가꿈으로써 온 가족이 땅에서 수확한 식량을 소비하고, 여자는 베를 짜서 만든 옷을 온 가족에게 입힌다. 이런 상황에서 이것과 연계되는 사람은 적고, 충돌이 일어날 기회도 상대적으로 적다. 충돌하더라도 가족 내부나 친척 혹은 이웃으로 제한된다. 현대사회는 이와 완전히 다르다. 현대사회는 사회의 노동

분업이 더욱 심화되어, 한 가지 일을 처리하려면 많은 사람들의 협력이 필요하다. 사회분업의 범위가 확대되었다는 것은, 개인이 많은 사람과 이익관계를 이룸을 의미한다. 인류사회생활에서 증명되듯이, 이익관계가 존재하는 곳이면 어디든 충돌이 야기될 수 있다. 따라서 사회분업 범위의 확대와 이익관계 범위의 확대로 말미암아 야기되는 이익모순의 증가는, 현대사회의 충돌을 대량으로 증대시키는 기본원인이다.

둘째, 사회분업을 기초로 형성된 이익분화다. 상술한 분석은 개인적 입장에서 말한 것뿐이다. 실제로 사회분업의 범위가 넓어짐에 따라, 개개인 간의 이익충돌이 증가될 뿐만 아니라 집단 간의 이익대립과 이익충돌이 야기되고 늘어나게 될 것이다. 이러한 의미에서 보면, 사회분업의 심화는 사회 유형을 정교하게 한 개념임이 틀림없다. 사람들이 종사하는 직업이나 직종으로 사회구성원에 대한 유형을 구분해보자. 노동 분업이 덜된 중국의 전통사회에서는 사회구성원이라곤 '사농공상(士農工商)'에 그쳐, 그 유형이 아주 적고 개략적일 뿐이다. 하지만 오늘날 사회에서 사회구성원을 직업이나 직종에 따라 분류해보면 상당히 세밀하고 정교할 정도까지 이르렀다. 관료와 정치가, 전문가와 학자, 의사와 간호사, 사장과 경영자, 화이트칼라와 블루칼라, 농민과 노동자 등 그 직종이 수없이 많다. 특정 유형의 사회구성원과 서로 관련되는 것은, 직장이나 소득 그리고 생활패턴의 차이가 있을 뿐만 아니라 이익 차이까지 포함한다. 이것이 바로 문제의 소재이다. 다시 말해서 명확하게 세분화된 직업유형이 서로 다른 이익집단을 형성하게 한 것이다. 따라서 자신의 이익에 대한 특정 이해집단의 표현과 추구가 바로 이 시대 사회충돌의 기본내용으로 되었다.

2. 안전밸브와 완충기

60년대 이전만 하더라도 사람들의 상식에서건 학자들의 머릿속이건 간에 사회충돌은 그다지 좋은 현상이 아니었다. 한 사회에서 충돌이 많이 생긴다면, 그 사회의 지배자 입장에서 볼 때 그것은 결코 영예로운 일이 아니었다. 19세기 말 철학가의 천국인 독일에서, 사회충돌은 그 자체로 적극적인 작용이 있다고 힘써 주장한 사회학자 짐멜(Georg Simmel)[40]이 있었다. 그는 『충돌론』과 『충돌과 사회구성원 간의 관계망』이란 저서를 출판했다. 이러한 저서와 대표작인 『사회학 : 사회교류 상황에 관한 연구』에서 다음과 같은 두 가지 관점을 반복해서 논증했다. 첫째, 사회충돌은 사회교류의 주요 형태이자 사회교류에서 피할 수 없는 형식이다. 둘째, 사회충돌은 소극적으로만 작용하는 것이 아니라 적극적인 작용을 불러일으키기도 한다.

하지만 당시 사회에서 짐멜의 관점은 그에 상응하는 반향을 불러일으키지 못했다. 사회학의 몇몇 학자들만이 이러한 관점에 주의를 기울였을 뿐이다. 아마 당시 사회는 짐멜의 이러한 관점을 귀담아 들을 수 있는 여건이 형성되지 않았을 것이다. 당시 사회적 여건을 돌아보면 이 점을 쉽게 이해할 수 있다. 당시 사회적 조건은 자본주의 문명이 일이백 년의 발전 역사를 지녔음에도 불구하고, 총체적으로 여전히 원시자본축적단계에 머물러 있었다고 볼 수 있다. 이 단계는 이익대립과 이익충돌이 가장 첨예한 시기이자, 이런 첨예한 충돌에 대해 제도화된 해결방법을 찾아내지 못한 시기였다. 따라서 이 시기 사람들이 평상심으로 사회충돌을 대할 수 없었다는 것은 충분히 이해할 수 있다.

---

40) 짐멜(1858~1918)은 독일 철학자이자 사회학자이다. 주요저서는 『사회분화론』(1890), 『화폐의 철학』(1900), 『사회학의 근본문제』(1917) 등이 있다.

60년대에 접어들면서 이러한 상황은 근본적인 변화를 가져왔다. 미국의 저명한 사회학자인 코세르(Lewis Coser)[41]가 『사회충돌의 기능』을 출판했다. 이 책의 출판은 사회학 가운데 구조기능주의의 충돌학파 형성의 표지가 되었다. 코세르는 이 책에서 사람들이 주의하지 못했던 짐멜의 중요한 관점을 다시 설명하면서 자신의 의견을 개진하였다. 이로써 그는 사회충돌의 적극적인 기능에다 설득력 있는 논증과 설명을 가했다.

이후 충돌학파에 지대한 영향을 끼친 코세르는 이 책에서 두 가지 관점을 설득력 있게 증명했다. 첫째, 사회충돌은 안전밸브 역할을 할 수 있다. 저명한 인류학자인 레드클리프 브라운(Radcliffe-Brown)은 『국제사회과학백과사전』의 '사회처벌'이란 단어를 해석하면서, 오스트레일리아 원주민의 사회충돌 현상을 예로 들어 다음과 같이 생동적으로 묘사했다. "오스트레일리아의 부락에서 한 사람이 다른 사람에게 무례한 짓을 하였을 때, 대중 여론에 따라 피해자가 상대방에게 작살이나 날카로운 무기를 던지거나 아니면 어떤 방향에서 상대방의 허벅지를 찌를 수 있도록 허락한다. 피해자가 일정 정도 화가 풀리면 상대방에게 더 이상 원한을 품지 않게 된다."

독일 인류학자인 하인리히 슐츠(Heinrich Schultz)[42]는 '배기공(排氣孔)'이란 단어를 만들었다. 이는 원시사회에서 적대감과 단체로부터 억압당하는 내구력(內驅力)에다 제도적으로 화풀이를 할 수 있는 풍습과 제도를 가리킨다. 인류의 일상생활에 대한 모든 연구들이 코세르가 연구한 사회충돌의 기능에 가져다 준 의미는 매우 컸다. 그러

---

41) 코세르(1913~2003)는 독일의 사회학자이다. 주요저서는 『사회충돌의 기능』(1997)이 있다.
42) 하인리히 슐츠(1884~1970)는 독일의 신경심리학자이자 인류학자이다.

나 코세르는 안전밸브와 배기공은 다르다고 지적했다. '배기공'은 충돌하면서도 단체 내의 인간관계가 끊어지지 않으면서 만들어진 공인된 사회체계이고, 안전밸브는 적대감이 대체목표로 전이되거나 혹은 발산하는 통로 역할을 하는 것이다. 중세의 결투가 바로 안전밸브의 전형적인 예라 할 수 있다. 이러한 결투를 벌인 사람 가운데 한 쪽이 죽더라도, 죽은 자의 친척과 친구는 상대방에게 절대로 적대감을 품어서는 안 된다. 이처럼 사회적 수단을 통해 장기간 지속될 수 있는 적대감을 '해결' 함으로써 사회관계를 유지할 수 있게 한다.

둘째, 외부단체와의 충돌은 단체 내의 정합(整合)과 단결을 유지하고 강화시킬 수 있다. 우리는 일상생활에서 이런 충돌의 전형적인 케이스를 쉽게 찾을 수 있다. 부부는 가족 내부의 어떤 모순으로 인해 서로 말을 하지 않거나 심지어 말다툼하고 싸움까지 하기도 한다. 하지만 부부 중 한 명이 외부와 충돌이 일어나면, 부부간의 모순과 대립은 금방 사라져버리고 힘을 합쳐 외부 충돌에 대항한다. 이처럼 외부와의 충돌은 가족 내부의 모순을 해결하는 데 기묘한 역할을 한다. 만약 외부와 충돌이 없다면, 이들 부부의 화해 또한 상당히 애를 써야 할 것이다. 이러한 논리는 가정처럼 미시적인 사회에도 존재할 뿐만 아니라 거시적인 정치 측면에도 존재한다. 가장 전형적인 케이스가 정치가들이 국제적 충돌을 일으킴으로써 국내의 정치적 모순을 완화하는 것이다. 이것은 통상적으로 국내에 어떤 위기가 일어나고 있고 또 정치세력 간에 심각한 대립이 존재하는 경우이다. 아울러 통치자도 우세한 위치에 있지 않고 불리한 처지에 놓여 있을 경우이다. 이런 경우 통치자는 국제적 분쟁을 일으키는 방식으로 국내의 시선을 다른 쪽으로 돌리게 한다. 이때 통치자의 동기가 정말로 떳떳하지 못해도, 객관적인 결과는 국내 모순이 완화되고 적대시하는 파벌과 힘을 합쳐 외부에 대항하는 효과를 낼 수 있게 된다. 이론적으로 외부단체와의 충돌은 단체의 한계를 다시 확인하고 강화시키는 데 유리하고, 단체 내부의 정합과 단결을 강화할 수 있다.

3. 이슈와 주요 분열벨트

어떤 형태의 충돌이든 또 충돌이 언제 발생하든지 간에, 그것이 적극적으로 작용한다는 것은 결코 아니다. 사회충돌이 사회생활에서 어떠한 작용을 하는가 하는 것은, 사회충돌의 성격과 특징에 관련이 있을 뿐 아니라 사회충돌을 해결하기 위해 설치된 제도적 장치와도 관련이 있다.

사회충돌의 성질과 특징에서 먼저 언급해야 할 문제가 있다. 그것은 각종 충돌이 함께 엉클어져 있을 때, 그 사회에서 주요한 분열벨트가 형성될 수 있는가 하는 점이다. 예를 들어 한 단체 내에 갑, 을, 병, 정 네 사람이 있고, 현재 충돌 유발 가능성이 있는 A와 B 두 문제가 있다. 이런 상황에서는 두 가지 현상이 나타날 것이다.

하나는, 문제 A에 관련된 충돌에서 갑과 을이 같은 쪽이고 병과 정이 다른 쪽이 되어, 갑·을과 병·정 사이에 충돌이 발생한다. 문제 B에 관련된 충돌에도 같은 진영이 되어, 갑·을이 같은 쪽이고 병·정이 다른 쪽이다. 충돌 역시 갑·을과 병·정 사이에서 일어난다. 이런 경우 두 충돌의 입장이 일치하게 되면, 갑·을과 병·정 사이에는 절대적인 일체감을 드러낼 것이다. 두 충돌의 입장이 다르면, 갑·을과 병·정 사이가 도무지 맞지 않은데다 심하게는 첨예한 대립을 형성하게 될 것이다. 다른 한 가지 가능한 현상은, 문제 A에 관련된 충돌에서 갑·을이 같은 쪽이고 병·정이 다른 쪽인 경우이면, 충돌은 갑·을과 병·정 사이에서 일어난다. 하지만 문제 B에 관련된 충돌에서 갑과 병이 같은 쪽이고 을과 정이 다른 쪽이 되면, 그 충돌은 갑·병과 을·정 사이에서 일어난다. 이로부터 문제가 다름에 따라, 갑은 을과 병의 동맹자가 되기도 하고, 을은 갑과 정의 동맹자가 되기도 한다. 병은 갑과 정의 동맹자가 되기도 하고 정은 을과 병의 동맹자가 되기도 함을 알 수 있다. 하지만 앞의 상황은 분명하게 다르다. 어느 문제이든 간에 갑과 을 그리고 병과 정은 동맹자이고, 갑·을과 병·정은 계속해서 충돌 대상이 된다.

위의 예에서 첫 번째 상황은 갑·을이 같은 편이고 병·정이 다른 편이어서, 쌍방 사이에 분열벨트가 분명하게 형성됨을 알 수 있다. 이런 과정에서 감정과 같은 비이성적 요소가 가미된다면, 다음과 같은 상황을 예측할 수 있다. 충돌이 생겨날 세 번째 문제 C가 나타날 때, 갑·을과 병·정은 자연스럽게 동맹자가 될 것이라는 점이다. 충돌을 유발하는 이슈가 부단히 증가할 때, 이러한 주요 분열벨트는 더욱 깊어질 것이다. 이런 분열벨트가 일정 정도까지 심화되었을 때, 사회적 분열과 동요가 일어나게 될 것이다. 두 번째 상황은 결합하는 진영이 끊임없이 변하여, 어느 사이에 갑과 을이 같은 편이 되고 또 어느 사이에 을과 병이 같은 편이 되기에, 주요 분열벨트를 형성할 수 없다. 그 이유는 이것이 영구적인 동맹을 이룰 수 없을 뿐만 아니라 영구적인 대립도 형성할 수 없기 때문이다.

이런 이유로 기이한 현상조차도 답을 찾을 수 있다. 예를 들어 미국 같은 사회는 매 이슈마다 의견 차이와 대립 그리고 충돌이 존재한다. 베트남 전쟁이 한창 진행 중인데도 국내에서는 반전운동이 거세게 일어났다. 낙태가 합법적인지 아닌지에 대해서 의견이 서로 날카롭게 맞섰다. 이라크 전쟁에 있어서 미국 국내의 의견 차이는 국제적인 의견 차이보다 더욱 심했다. 설령 올림픽대회의 주최국을 신청하거나 월드컵대회를 개최할 수 있는가 없는가라는 일이라도, 이에 대한 의견 차이와 대립이 없는 데가 없었다.

　사람들이 의아해 하는 것은, 의견 차이와 대립이 늘 존재하고 게다가 말다툼과 대립을 일삼는 전문적인 의회를 설치한 이러한 국가에서 어째서 분란이 일어나지 않고 또 지금까지 대란의 흔적조차 보이지 않는가 하는 점이다. 그 중 한 가지 원인은, 의견 차이와 대립이 있을 때마다 매번 다른 진영에 있음으로 사회적인 주요 분열벨트를 형성할 수 없는 것이다. 이와 반대로 일부 다른 사회에서 생기는 많은 충돌들은 도리어 주요 분열벨트를 둘러싸고 전개된 것이다. 가장 전형적인 예는 바로 부락정치가 중요한 작용을 일으키는 아프리카 국가이다. 충돌 대부분이 부락을 둘러싸고 있는 경계에서 전개된다. 그래서 매번 충돌할 때마다 원래 있던 분열벨트가 더욱 깊어지기에, 그 결과 충돌과 대립이 갈수록 첨예해지고 이로 인해 조성되는 사회 충격 또한 갈수록 심각해지게 된다.

　어느 아프리카 국가처럼 부락정치에 기초하여 형성된 주요 분열벨트는 역사적으로 계승되어 온 요소로 인한 것이어서, 충돌 자체의 특징과는 그다지 연관성이 없다. 하지만 현대사회에서 사회충돌이 주요 분열벨트를 형성할 수 있는가 없는가 하는 것은, 대부분 충돌 자체의 성질과 특징에 관련되어 있다. 다시 말해 충돌을 유발하는 문제가 이슈성 성질을 지니고 있어, 이에 대해 영향이 지대한지 아닌지 하는 점이다. 이슈가 되는 문제는 보통 다음과 같은 명확한 특징이 있다. 첫째, 사회 전체가 관심을 많이 가지는 문제이다. 둘째, 충돌의 결과가 대부분 사람들의 이익에 영향을 미친다. 셋째, 이런 문제는 많은 사람들의 감정을 유발할 수 있다. 이 세 가지 특징은 이슈가 될 만한 성질의 문제로 야기되는 충돌이 다른 충돌의 대체물로 될 수 있음을 말한다. 다시 말해 코세르가 말했던 '비현실적 충돌'의 특징을 지니고 있는 것이다. 이때 우리는 '현실적 충돌'과 '비현실적 충돌'에 대한 코세르의 구분이 상당히 의미가 있음을 알 수 있다.

현실적 충돌은, 그 충돌이 단지 수단일 뿐이며 목적은 추구하고자 하는 한 가지 목표를 이루는 데 있다. 예를 들어, 노동자가 임금인상을 위해 벌이는 파업이 바로 현실적 충돌의 케이스이다. 이와 반대로 비현실적 충돌은, 대부분 충돌 그 자체를 목적으로 삼는다. 이러한 까닭은 이익표현이나 감정해소의 다른 통로가 막혀버렸기에 부득이하게 충돌의 목표를 다른 문제들에게로 지향하게 된다. 이로써 이후의 충돌에서 긴장된 정서를 해소할 수 있기 때문이다. 코세르는 "비현실적 충돌은 박탈과 좌절에서 생겨난다"고 하였다. 어떤 충돌이 이런 '비현실적 충돌'의 요소를 지닐 때, 본래 이러한 충돌과 아무런 이해관계가 없는 사람들을 이 충돌 안으로 끌어들임으로써, 더욱 복잡한 상황이 나타나게 된다. 많은 사람들이 이러한 충돌에 빠져들고, 아울러 충돌을 둘러싼 문제는 양립할 수 없는 두 진영을 형성하게 된다. 이러한 충돌은 사회 전체에 심각한 충격과 진동을 가져다준다.

4. 사회충돌의 형식과 강도

사회충돌이 한 사회를 흔들 수 있는 정도는, 사회충돌이 주요 분열 벨트를 형성할 수 있느냐 하는 것 이외에도 사회충돌의 강도와 형식에서 결정된다.

먼저 사회충돌의 형식적인 측면을 가지고 보자. 사회충돌 대부분을 이익의 표현과 권리의 추구에서 생긴 것이라 간주한다면, 사회충돌의 형식에 대해 아래와 같이 구분할 수 있을 것이다.

사회충돌이 가장 낮은 레벨에서는 약탈과 절도와 같은 형사범죄의 형태로 나타난다. 미국의 저명한 사회학자인 로버트 머턴(Robert King Merton)[43]은 이것을 전형적인 탈선행위라 하였다. 이것이 지니는 사회적 의의는 다음과 같다. 이러한 탈선행위를 저지르는 사람들은 사회의 주 가치체제가 허가하는 사회적 목표, 즉, 돈이 많으면 많을수록 더 좋다라는 점을 인정한다. 그러나 그들은 이런 목표를 달성할 수 있는 제도적 수단이 없다. 다시 말해 그들은 취업이나 어떤 경영활동에 종사하거나 혹은 제도화된 수단으로 이런 목표를 달성하는데 높은 비용을 치러야 한다고 여기기에, 방향을 바꾸어 위법수단으로 이런 목표를 달성하려는 것이다.

가장 높은 레벨에 있어서 이익의 표현과 추구는 정치와 이데올로기 측면의 충돌로 표현될 수 있다. 이런 충돌의 구체적인 이익은 정치목표와 이데올로기적 요구로 추상화되고 승화되어 나타난다. 이러한 충돌은 한 가지 보편적인 가설이 존재한다. 그것은 오로지 정치구조와 이데올로기를 바꾸어야 만이 비로소 이익을 실현할 수 있는 전제조건이 될 수 있다는 점이다. 사회의 이익충돌이 이러한 측면까지 상승할 때면, 상식적인 방식으로 충돌을 완화시키고 해결할 수 있는 가능성이란 거의 없다. 그래서 이러한 충돌이 사회에 가져다주는 진동과 충격은 낮은 레벨에 비해 훨씬 강하다.

이 양자 사이에 있는 것이 조직을 갖춘 이익표현과 이익충돌이다. 오늘날 이런 방식으로 자기의 이익을 표현하고 쟁취하는 것은 보편적이고 일상적인 형식이 되었다. 그 결과 각종 이익집단이 나타나고 사회생활과 정치생활에 광범위하고 중요한 역할을 하게 되었다. 이것이 앞의 두 가지 충돌형식과의 차이점은, 이러한 충돌이 지금의 정치체

---

43) 로버트 머턴(1910~2003)은 미국 사회학자이다. 대표저서로는 『사회이론과 사회구조』가 있으며 그 외에 많은 저작이 있다.

제에서 탈퇴하거나 배반하는 것이 아니라 지금의 정치체제를 인정하는 전제 아래 진행된다는 것이다. 충돌의 목표는 간단하고 단순하다. 그것은 어떤 이익 요구를 실현하기 위한 것이기에, 그 속에 기타 잡다한 요소가 끼어들지 않는다. 이 세 가지 충돌형식에 대해, 우리는 이를 '밤의 충돌', '길의 충돌', '회의실의 충돌'로 명명할 수 있다. 근 백 년을 이어온 중국의 사회충돌 역사를 거슬러 올라가면, 근대라는 한 세기가량의 시간 속에서 중국의 사회충돌이 대부분 최저와 최고의 측면에서 진행되었지, 그 중간에 위치한 조직적인 이익충돌은 거의 없었음을 발견할 수 있다.

그 외에도 사회충돌의 강도 역시 많은 관심을 기울여야만 한다. 사회충돌은 사안마다 극렬 정도가 다르다. 침착한 토론으로 자기의 이익과 요구를 표현하는 것은 가장 온화한 이익충돌형식이다. 만약 무력으로 이익을 표현한다면 그것의 강도는 더욱 극렬하고 엄중해질 것이다. 충돌 강도에 영향을 미치는 요소는 아주 많아 여기서 일일이 논의하기는 불가능하다. 여기서 우리가 관심을 가지는 것은, 충돌의 극렬 정도가 합법적으로 제도화된 표현루트와 관련이 있는가 하는 점이다. 최근 중국 농촌에서 발생한 사회충돌은 이 문제에 대한 깊이 있는 연구 기회를 가져다주었다. 최근 들어 농업의 비교이익이 낮아졌고 또 농민의 부담이 커짐에 따라, 일부 지역에서는 농민들이 격렬한 방법으로 이익을 요구하는 현상이 여러 차례 나타났다. 그 가운데 일부는 신문에 자세히 보도되었다. 중국 농민들이 자기의 이익을 표현하는 방식을 분석해보면, 두 가지 특징에 주목할 만하다.

첫째, 표현의 정체성이다. 예를 들어 농사의 비교이익이 낮은 문제이다. 가을에 농민들이 수확물을 판 후 수지타산이 맞지 않는다고 생각하면 내년엔 농사를 짓지 않기로 마음먹을 것이다. 그러나 이러한 결정은 자기와 주위 사람만 알뿐, 효과적인 어떤 통로를 통해서 표현하지 않는 한 정부나 관료들이 이 점을 파악할 길은 전혀 없다. 그래서 다음 해 봄에 농사를 짓지 않는 어떤 농지가 있다는 것을 확인해야만 말단직원이 알아채게 된다. 그러나 아래로부터 위로 가는 정부 당국의 소통통로가 극히 비효율적이기 때문에, 정보가 위에서 아래로 되돌아오는 과정은 극히 완만하다. 중앙정부는 추수 후에 이와 관련된 통계숫자를 받아본 이후에야 문제의 심각성을 알게 되고 그에 맞는 정책을 제정하게 될 뿐이다. 하지만 정책의 집행 과정도 상당 시간이 소요된다. 따라서 최초의 이익표현부터 문제의 해결까지, 단순히 기술적인 측면만 가지고도 최소 2년이 걸려야 한다.

둘째, 충돌 정도의 '도약성'이다. 최근 중국 농촌에서 이익표현으로 야기된 사회충돌 가운데 상당 부분이 '농민의 과중한 부담' 문제와 관련이 있다. 이에 따른 격렬한 충돌은 한 가지 공통적인 특징을 지닌다. 그것은 바로 '도약성'으로 극렬 정도가 명확하게 상승한 것이다. 대부분의 경우 이익표현의 효율적인 통로가 없고 또 향촌정부의 보복을 당할까봐, 농민들은 참을 수 있는 만큼 참게 된다. 그러나 더 이상 참을 수 없을 정도에 이르면, 위험을 무릅쓰고라도 폭력적인 형식으로 반항이 나타나게 된다.

5. 요구의 응집과 조직의 형식

최근 중국 사회에 주목할 만한 현상 중 하나는, 경제와 사회생활에서 노동조합의 역할이 관심을 불러일으키고 있다는 점이다. 이 문제에 대한 사람들의 관심 정도는 각종 대중매체의 보도에서 짐작할 수 있다. 어떤 의미에서 지금 중국은 노동조합을 재구성하고 있는 중이라 할 수 있다.

노동조합과 같은 이러한 조직형식은 중국에서 상당히 긴 역사를 지녔지만, 그것이 중요하게 작용했던 사회배경은 오늘날과 분명한 차이가 있다. 1949년 이전의 노동조합은 공산당의 지도에 따라 노동자를 조직해 만든 혁명투쟁조직이었다. 중화인민공화국이 수립된 후, 노동조합은 공산당의 지도에 따르는 시민단체였다. 하지만 오늘날 노동조합은 사회생활에서 노동자의 권익을 대표하는 중계조직으로 변하고 있는 중이다. 그래서 시장경제체제가 어느 정도 형성됨에 따라 노동조합의 역할이 갈수록 중요해질 것이라 예측할 수 있다.

아래 몇 가지 문제는 주목할 만하다.

신화사는 1994년 9월 상반기에 개최된 베이징 시 10차 전국인민대표대회 상임위원회 제12차 회의에서 〈베이징 시『중화인민공화국노조법』시행 방법〉을 통과시켰다고 보도했다. 이 문건에 따라 1994년 11월 1일부터 베이징 시에 있는 모든 외국투자기업과 사영기업 그리고 일정 조건을 갖춘 향진기업은 해당 기업의 노동자가 노동조합을 조직하는 것을 지지해야만 했다. 만약 이를 지지하지 않으면 법률적 책임을 져야 한다. 관련 보도에 의하면 1994년 8월 말 현재까지 베이징 시에는 외국투자기업 9,200여 개, 향진기업 20,000여 개, 사영기업 6,000여 개가 있다. 이러한 법규에 따라 이 30,000여 개의 기업이 멀지 않아 노동조합을 만들게 될 것이다.

이러한 법규가 만들어지기 전에 푸젠(福建)성에서도 이와 유사한 법규를 제정했다. 1994년 8월 푸젠성 인민대표대회 상임위원회에서는 〈푸젠성 기업노동자의 합법적 권익보호 조례〉를 통과시켰다. 이 〈조례〉는『중화인민공화국헌법』과『중화인민공화국노조법』과 최근에 통과된『중화인민공화국노동법』의 기본 정신에 따른 것이다. 조례의 내용은 근로자 소송에 대한 처리, 기업이 직원을 채용하는 노동계

약서 체결 기한, 근로자대표의 특수보호, 노조 조직을 거부하거나 방해하는 기업에 대한 처리, 퇴직근로자의 권익 보호, 국유기업 재산권이 양도된 이후 원래 있던 직원에 대한 사회보장, 적법하게 사회보험을 납부하지 않거나 임금을 지불하지 않는 것에 대한 기업의 책임 등 갖가지 측면에 대해 구체적인 방법을 제정한 것이다. 이 〈조례〉는 특히 비공유제기업의 노동조합 설립비율이 낮은 상황에 대해 직시하면서, "기업이 조업을 개시한 지 만 1년이 되어도 노동조합을 조직하지 않았다면, 매달 상급노동조합에다 월급총액의 2%에 해당하는 노동조합 준비금과 0.5%의 보상금을 물어야 한다"고 규정함으로써, 이러한 기업들이 노동조합을 빨리 조직할 수 있도록 했다.

　이와 같은 사건이 생겨난 배경에는 일부 기업에서 노동자의 권익을 계속 침범한 사실에 기인한 것이다. 이런 상황은 비공유제기업이 더욱 두드러졌다. 이런 현상은 주로 다음과 같이 나타난다. 노동조건이 열악하여 노동자의 건강을 심각하게 해치고, 관리방법이 거칠어서 인신모욕까지 하는 경우도 있으며, 근로자를 일방적으로 해고하여 복지 대책이 전혀 보장되지 않고, 노동시간을 연장해도 노동수당이 불합리한 것 등이다. 사실 전민소유제와 집체소유제 기업에서도 이와 유사한 현상이 존재하지만, 비공유제기업만큼 그렇게 심각하고 보편화되지 않았을 뿐이다. 여기에서 문제점이 나타난다. 그것은 시장경제 조건 아래 어떻게 하면 기업의 경제적 이익을 보장하는 동시에 근로자의 기본이익을 효율적으로 보장받을 수 있는가 하는 것이다. 이런 상황에서 국가가 관련 법률규정을 제정하여 근로자의 합법적 권익을 보호하는 것 외에, 근로자도 자신의 조직형식이 있어야만 자신의 이익을 추구하고 보호할 수 있는 것이다.

　노동조합과 대응하는 것은 농민조합 문제이다. 1994년 초에 필자는 중국사회과학원의 황핑(黃平) 연구원과 새로운 농민조합의 건립 문제에 대해 토론을 한 적이 있었다. 그 중의 일부 결과가 올해 ≪시점(視點)≫ 제1호에 발표되었다.

당시 이 문제를 제기하려 했던 까닭은 아래와 같은 고려에 기인한 것이다. 개혁 이전의 인민공사체제에서는 농민조합과 같은 조직을 만들 필요가 없었다. 그 이유는 당시 사회체제의 특징이 행정적 수단으로 사회정합의 목표를 달성하는 것이기 때문이었다. 그래서 정치정합이 사회생활의 각 방면에 스며들어 있었다. 인민공사의 조직형태는 국가와 농민을 긴밀하게 연결시켰기에, 농민은 독립적 이익요구를 할 수 없었다. 그러나 개혁개방이 시행된 지 20년이 지난 지금 상황은 완전히 달라졌다.

청부책임제가 시행된 후, 국가 권력이 농촌에서 일부 빠져나갔고 인민공사 형태의 조직이 해체되었다. 이로써 농민 스스로가 독자적 이익을 갖는 사회성원이 되었다. 지금 농민들은 이익의 표현과 분산된 사회활동의 조직 문제에 직접 나서고 있다. 예를 들어, 분산되어 있는 농민이 시장에 어떻게 적응하는가 하는 문제, 자영 농민이 선진 농업기술을 어떻게 효율적으로 이용하는가 하는 문제, 농업의 제반 기본설비 구축에 자신의 행동을 어떻게 조절하는가 하는 문제, 농민의 과중한 부담을 해결하는 문제 등으로, 이 모든 것은 그에 상응하는 조직형식과 연결되어 있다. 동시에 국가 또한 농민과 어떻게 접촉할 것인가라는 문제에 직면하고 있다. 농업 인프라의 건설, 재배계획, 농산품가격 등 일련의 문제들은 국가와 농민 간의 상호작용을 통해 해결해야만 한다. 그러나 문제는 국가는 수많은 농민과 일일이 접촉할 수 없고, 다만 조직화된 농민과 교류할 수 있을 뿐이다. 이러한 측면에서 농민조합의 존재와 역할이 필요한 것이다.

현 상황에서는 국가와 농민 사이에 중간연결고리가 없기 때문에, 농민의 이익표현은 흔히 정체성과 도약성의 특징으로 나타난다. 농민은 논밭을 묵히는 방법으로 농산품과 농업생산 재료가격에 대한 불만족을 나타내지만, 이런 방식으로 자신의 요구를 표현하면 사회적 측면에서 큰 대가를 치러야 된다. 왜냐하면 국가는 단시간 내에 어떠한 일이 발생했는지 알지 못한 상태에서 토지 상당 부분이 묵혀버리기 때문이다. 일인당 농경지면적이 크지 않은 나라에서는 큰 손실이 아닐 수 없다. 아울러 이러한 상황에서 생겨난 이익표현 행위는 강력한 파괴력을 가진다. 황핑 연구원이 지적했던 것처럼, 이는 개체농민이 국가와 사회에 직접 대응한 결과다. 이로 인해 나타나는 상황은 농민의 이익과 요구가 사회에 의해 집어삼켜버려 침몰되는 것이 하나이고, 또 다른 상황은 바로 폭동이다. 그래서 현실적인 대화 통로가 필요하고 쌍방이 서로 대화하고 흥정할 수 있는 수단이 필요하다. 이러한 수단 중의 하나가 바로 농민자신의 조직형식이다. 이러한 조직이 있으면 정부는 누구를 찾아야 문제를 해결할 수 있는지를 알게 되고, 농민 자신도 대표를 통해서 이익을 호소하고 획득할 수 있게 된다.

6. 정부와 민중이 대면하는 문제

노동조합이 경제와 사회생활에 다시금 중요한 역할을 하는 것은, 시장경제발전의 필연적 요구일 뿐만 아니라 경제와 사회구조에 중대한 변화를 일으키는 필연적 결과이기도 하다. 우리가 노동조합과 같은 중개조직의 효과적인 활동논리에 대해 자세히 분석해보면 그 속의 이치를 쉽게 헤아릴 수 있다.

주의를 기울여야 하는 문제는 최근 몇 년 사이에 노동자와 국가의 관계 그리고 농민과 국가의 관계를 논의할 때 점차 '쌍방'이라는 개념을 사용하기 시작했다는 점이다. 개혁개방 이전에는 이런 개념이 없었고, 이런 개념의 출현과 존재조차도 금기시했다. 그 이유는 노동자와 국가 그리고 농민과 국가는 이론적으로 한 덩어리이기 때문이다. 국가의 이익이 바로 노동자와 농민의 항구적인 이익이고, 국가의 요구는 바로 노동자와 농민의 항구적인 이익의 반응이다. 이런 점에서 국가와 집단 그리고 개인의 이익은 일치하는 것이다. 만약 일치하지 않는 점이 있으면, 그것은 항구적인 이익과 단기적인 이익 간의 모순일 뿐이다. 이러한 논리에 따라 어떻게 자기한테 이익을 쟁취하고 요구할 수 있겠는가 하는 점이다.

이러한 논리에서 아래의 두 가지 추론이나 결론이 당연히 나오게 된다.

첫째, 국가와 개인의 이익요구 사이에 모순과 충돌이 나타날 때, 개인적 요구가 아무리 합리성을 지닌다 할지라도 그 요구는 부정된다는 점이다. 그 이유는 당시의 논리에 따르면 국가는 국민의 항구적인 이익을 대표하는 것으로, 국가의 이익과 모순되는 개인의 이익 요구는 개인의 단기적 이익에 반응한 것이기 때문이다. 단기적 이익과 요구는 장기적 이익과 요구에 복종해야만 하는 것이다. 따라서 국가와 개인 간에 이익충돌이 생겨났을 때, 이에 대한 유일한 해결책은 선전과 교육을 통해서 개인에게 자신의 항구적인 이익을 인식시켜, 자신의 항구적인 이익을 대표하는 국가이익에 복종하도록 하는 것이다.

둘째, 자신의 이익을 요구하는 어떠한 행동의 합리성도 모두 부정된다. 다시 말해서 어떠한 저항 운동의 합리성도 모두 부정된다.『중화인민공화국헌법』에서 파업 권리를 없앨 때 내세운 해석 논리는 다음과 같다. 그것은 사회주의국가에서의 파업과 자본주의국가에 있는 파업의 효과가 다르다는 것이다. 자본주의국가에서 노동자가 파업을 하면 자본가가 손해를 보는 동시에 노동자 자신은 이익을 쟁취할 수 있다. 반면에 사회주의국가에서는 국가와 노동자의 이익이 일치하기 때문에, 노동자가 파업을 하면 손해를 입는 측은 자본가가 아닌 국가 즉 노동자 자신인 것이다. 자신이 어떻게 자신의 이익에 대해 손해를 입힐 수 있겠는가?

이런 논리는 당시의 경제체제와 사회구조의 직접적인 반응이다. 그러나 시장경제로 향한 개혁이 점차 심화됨에 따라 상황 논리에 중요한 변화가 일어났다.

먼저, 국가와 개인의 이익과 완전히 불일치하는 다른 유형의 기업이 나타났다. 삼자기업, 사영기업, 주식회사 등 이러한 기업의 이익이 국가나 개인의 이익과 같다고 하기는 어렵다. 하지만 이러한 기업이 국가의 이익과 일치하는 면도 있다. 기업이 발전하고 효율이 높아지면, 기업의 이윤이 증가할 수 있고 국가의 세수도 증가할 수 있다. 그러나 이것은 문제의 일면일 뿐이다. 이와 반대로 기업과 국가의 이익이 서로 모순되는 면도 있다. 기업이 국가에 세금을 많이 내면 기업 자신의 이윤이 그만큼 감소하게 될 것이고, 기업이 탈세를 하게 되면 기업의 수익은 늘어나지만 국가의 이익은 손해를 보게 된다. 이러한 기업은 직원과의 관계에서도 마찬가지다. 기업이 발전하면 이윤이 증가하게 될 것이고 직원의 소득과 대우도 나아질 기반이 되지만, 쌍방의 이익 또한 모순이 존재하게 된다. 그 이유는 노동자의 임금과 복지는 기업이 부담하는 것으로, 사실상 기업을 가진 개인이 지출하는 것이기 때문이다. 이런 상황에서 이익의 모순은 갖가지 충돌로 변화되어 발전한다. 또한 비공유제기업이 수적으로 증가함에 따라 이러한 충돌은 더욱 많아지고 보편화될 것이다.

공유제기업에서 줄곧 일해 온 사람들은 개혁개방 과정에서 이와 유사한 여러 문제에 부딪치게 될 것이다. 특히 개혁 가운데 국유기업의 재산권이 이양된 기업의 직원들은 더욱 그렇다. 랴오닝(遼寧)성 단동(丹東) 시 유리식기공장 직원들은 이런 과정을 겪었다. 이 기업은 원래 시 소속의 국유기업으로 출발하였는데, 기업의 생산경영이 갈수록 어려워졌다. 1994년 초 공장장인 마여우량(馬有亮)은 홍콩 투자자의 자금을 이용해서 이 공장을 개인 명의로 구입했다. 당시 이것은 랴오닝성에 있는 시 소속 국유기업의 재산권이 개인에게 이양된 첫 번째 케이스다. 다시 말해서 원래 국유기업이었던 것이 지금은 사영기업이 된 것이다. 원래 국유기업이었기에 노동자와 기업의 이익관계가 애매했다고 한다면, 지금은 직원과 기업의 이익관계가 아주 분명해졌다. 사실 기업 재산권이 이양된 국유기업일 뿐만 아니라 아직 재산권이 이양되지 않은 국유기업에서도 이익관계와 이익차별이 갈수록 명확해지고 있다. 왜냐하면 개혁 이전만 하더라도 직원의 이익과 기업의 이익이 국가의 이익과 차이가 있었다 하더라도, 이는 당시의 이론적 해석으로 말미암아 애매했기 때문이다.

지금 문제는 명확해졌다. 경제 분야에 있어서 적어도 삼자(직원 개인, 기업, 국가)의 이익이 서로 다르다. 다시 말해서 이는 다원화된 이익 구조인 것이다. 여러 가지 이익이 공존하는 곳에는 이익의 모순으로 말미암아 대립과 충돌이 분명 유발될 것이다. 이것이 바로 오늘날 중국 사회생활의 현실이다. 이런 상황 아래 이익관계를 조화롭게 하여 이익모순으로 야기된 사회충돌이 과도하게 격화하지 않도록 하는 메커니즘이 무엇보다 필요하다.

서구 선진국에서는 직원과 기업의 이익관계를 완벽하게 조화시키는 메커니즘이 일찍 형성되었다. 이것이 바로 단체협의제도로, 단체협상제도라 하기도 한다. 이러한 협상의 협의제도의 특징은, 이익모순으로 유발되는 충돌을 이성적인 기초 하에 토론과 협상을 통해 쌍방이 다 받아들일 수 있는 결과를 얻도록 하는 것이다. 이러한 협상과정 중에 노동조합이 지극히 중요한 역할을 한다. 왜냐하면 공장 측은 수천수만 명의 개인과 일일이 협상할 수 없고, 단지 노동조합과 같은 이런 중개조직을 통해서만이 단체협상을 할 수 있다. 중국에서도 관련 법규와 규정에 따라 단체협의제도가 시행되고 있다. 이것은 사회충돌을 조절하는 효과적인 방법임에 틀림없다.

지금의 시각에서 국가, 집단, 개인의 이익이 완전히 일치한다고 보는 견해는 다소 일방적이다. 이런 일방적인 견해는 흔히 이상주의적 요소와 연결된다. 흥미 있는 사실은, 이익이 한 덩어리로 된 시대에서는 사회충돌이 수적으로 크게 줄어들겠지만, 이러한 충돌이 일단 폭발하면 정치적, 사회적 안정까지 위협하는 큰 위험성을 지니고 있다. 그러한 시절에 이런 상황을 흔히 볼 수 있다. 한 기업의 노동자가 간부나 직속상사와 충돌이 일어나면, 그는 곧바로 자신의 의견을 정부와 국가에 연계시키려 할 것이다. 사실 충돌 대부분은 국가나 정부와는 그다지 직접적인 관계가 없다. 그러나 당시의 제도와 사회구조의 배경에서 이러한 연계는 당연한 것처럼 보인다. 하지만 이익이 다원화된 오늘날에 있어서는 상황논리에 근본적인 변화가 생겼다.

이익의 다원화는 많은 사회문제(예를 들어 사회충돌이 크게 늘어날 수 있다)를 유발할 수 있지만, 이러한 충돌의 사회적 위협은 뚜렷이 수그러지게 되었다. 이익주체가 다원화되고 재산 소유권이 명확하다는 전제 아래, 국유기업을 제외한 기업과 노동자의 충돌은 바로 기업과 노동자의 충돌이지 국가나 정부와는 아무런 직접적인 관계가 없다. 예를 들어보자. 개인 식당의 주인과 종업원과의 충돌은 사회 안정에 그다지 위협이 되지는 않는다. 위협이 된다면 그것은 사회 치안 측면에 국한될 것이다. 이런 충돌에 있어서 국가는 오히려 제삼자로서 이런 충돌의 중재자가 된다. 이런 충돌이 노동자나 개인 식당의 주인 사이에서 발생한 것이 아니라 전민소유제의 노동자와 국유 호텔 사이에서 일어난 것이라 가정한다면, 문제가 상당히 복잡해지고 잠재된 위험성 또한 상당히 크게 될 것이다. 다시 말해서 이익의 분화로 조성된 이익주체의 다원화는 사회 안정의 유연성을 만들어낸 것이다.

7. 충돌 중의 소통과 타협

이익다원화 사회에 이익 충돌은 일상적인 현상이 되었다. 즉, 사회 충돌이 일상사회생활에서 빠질 수 없는 한 부분이 되어버린 것이다. 그러나 우리는 어떤 사회에서든 이익 충돌이 급속히 격화됨에 따라, 충돌을 유발하는 이익모순과 무관한 요소가 재빨리 들어오는 것을 흔히 볼 수 있다. 이런 상황에서 충돌은 조절가능성을 잃어버리게 되고 그와 동시에 사회생활과 사회질서를 극심하게 뒤흔드는 진동으로 변하게 된다. 사회충돌을 조절하고 해결하는 중요한 고리는, 바로 갖가지 조건을 창출하여 사회충돌을 가능한 이성적인 기초 아래 두고서 유지 해결하도록 하는 것이다.

"동풍이 불고 전고를 두드리니, 지금 세상에 도대체 누가 누구를 더 두려워하는지 모르겠다. 인민은 미제국주의를 두려워하지 않는데 미제국주의가 오히려 인민을 두려워하네." 문화대혁명 기간에 가장 귀에 익었던 이 가사는 충돌에 대응하는 사유방식을 표현한 것이다. 이런 사유방식에 있어서 충돌의 쌍방 관계는 거의 필사적이다. 이런 충돌에 있어 쌍방의 목표는 자신의 이익을 얻는 것뿐만 아니라 상대방을 철저히 이겨야 하는 것이다. 다시 말해서 상대방을 이기는 것이 바로 목적인 것이다.

좀 더 자세히 분석해보면, 이런 충돌의 이면에는 상대방에 대한 공포감이 있음을 발견할 수 있다. 서로에 대한 이런 공포감이 존재하기 때문에 상대방을 철저히 이겨야만 비로소 안정감을 가질 수 있게 된다. 냉전시기 미·소 양국의 군비경쟁이 가장 전형적인 케이스이다. 서로에 대해 공포심을 가지기 때문에 많은 인력과 재력을 군사경쟁에 투입하는 것에 양국은 아까워하지 않는다. 여러 조건으로 말미암아 이런 충돌이 전쟁으로 바뀌진 않는다 하더라도, 안정감이란 자신 쪽의 절대적인 우세를 전제로 하는 것이다. 그래서 우세를 점하기 위해 서로 경쟁하기에 쌍방의 군사력은 끊임없이 확대되는 것이다.

협상을 특징으로 하는 이익충돌의 이성적 해결방식에는 협상이 기본적 기교가 되어야한다. 아울러 이런 기교 자체에는 서로 간의 양보를 포함하고 있다. 어떤 의미에서 쌍방 간의 양보가 협상으로 결과를 얻을 수 있는 가장 기본적인 조건이다. 극소수가 일방적이고 절대적인 승리로 끝나는 것 외에, 세계에서 가장 해결하기 어려운 모순과 충돌은 대부분 협상을 통해 서로 양보하여 해결된 것이다. 아랍과 이스라엘이 수십 년 동안 전쟁을 벌였고, 쌍방의 충돌 목표가 망국과 멸종을 목적으로 한 것이라 해도 과언이 아니었다. 역사로부터 현실까지, 종족에서 종교까지, 자원에서 국토에 이르는 이 지역의 전면적인 충돌과 대립은 인류 역사상 가장 첨예한 대립이자 충돌이었고 아울러 가장 완고한 것이었다. 그렇지만 결국엔 협상과 양보의 해결방식으로 기적을 창조해내었다. 수십 년 동안 필사적인 공격과 살육이 있은 후, 쌍방은 같은 자리에 앉아서 서로 양보를 기초로 한 평화협정을 체결했다. 사실 중국에 있는 여러 다른 이익단체의 충돌도 마찬가지다. 쌍방이 모두 피해를 입는 것은 비이성적인 방식으로 충돌을 끝낸 결과이다.

이익 때문에 유발되는 충돌에 대한 대화와 협상에 있어서, 공통된 규범과 공통된 언어가 있는가 그리고 상호간의 불신과 두려움을 제거할 수 있는가 하는 점도 매우 중요하다. 코저(Lewis A. Coser)[44]는 짐멜(Georg Simmel)의 관점에서 더 나아가 "현대의 노사쌍방은 공공규범이 있기에, 충돌이 생겼을 때 양측은 상대편이 규칙을 지키느냐에 주목한다"고 하였다. 그는 여기서 더 나아가 "그러나 이런 규칙의 준수에는 통일되고 엄밀한 조직의 보증이 필요하다"고 하였다. 바로 이 때문에 전승을 목표로 하지 않고 협상을 목표로 하는 사회충돌에 있어서, 조직에 대한 요구는 자기편 조직에 대한 요구일 뿐만 아니라 상대편 조직에 대한 요구이기도 하다.

미국 노동조합의 창시자인 곰파스(Samuel Gompers)[45]는 1920년에 출판한 『노동자와 고용주(Labor and Employee)』에서 통일된 고용주 조직의 출현을 노동조합의 입장에서 보면 유리한 일이라 여겼다. 그래서 그는 "우리는 고용주 조직을 환영한다. 우리는 이 조직이 합리적인 기초 아래 세워진다면 노사 쌍방이 합의를 이루는 것이 더욱 쉽다는 사실을 안다."

사실 어떤 노동조합이나 고용주 조직도 상대방의 지지와 협조 아래 만들어지는 것이다. 규칙과 조직 형식의 보증 아래, 쌍방은 이와 동시에 의무를 지게 된다. 그것은 "쌍방은 규칙을 준수하지 않는 상대방의 행동에 제지를 가하게 된다." 여기에는 표면적으로 서로 모순되는 현상이 존재하는 것처럼 보인다. 한 측면에서 보면 충돌 쌍방 가운데 어느 한 쪽의 조직화는 자신의 역량을 증가시키는 데 유리하게 함

---

44) 루이스 코저(1913~2003)의 대표적 저술로는 『사회사상사』를 들 수 있다.
45) 곰파스(1850~1924)는 미국의 노동운동 지도자로, 주요저서로는 『생활과 노동의 70년』이 있다.

으로써, 충돌에서 이길 수 있는 가능성을 증가시킬 수 있다. 다시 말해서 충돌의 쌍방에 있어서 어느 한 쪽의 조직화는 상대방에게 불리한 결과를 낳게 된다. 그러나 다른 한 측면에서 보면 꼭 이와 같은 것은 아니다. 코저가 지적한 것처럼, "쌍방의 힘이 서로 비슷하다면 통일된 한 쪽은 연합하였거나 통일된 라이벌을 더욱 원하게 되는" 것이다. 이러한 충돌에서 쌍방의 조직화는 쌍방 간의 소통과 담판에 유리할 뿐만 아니라 규칙과 담판의 결과를 이행하는 데 유리하기도 하다. 결론적으로 이것은 충돌의 목표를 이성에 기초해야만 한다는 것이다.

실업, 인류 스스로 창조한 황당무계한 선택

2001년 한여름 섭씨 40도를 오르내리는 가장 무더운 어느 날, 친구와 같이 샹산(香山)의 최고봉인 '귀견수(鬼見愁)'에 올랐다.

이렇게 찌는 듯한 날씨에 산 정상에서 맞이하는 시원한 바람은 절로 감탄을 불러일으킨다. 이 세상에 도대체 얼마나 많은 생명이 존재하고 있는가? 식물은 물론이고 동물만 하더라도 몇만 아니 수십만 종이 있을 것이다. 인류는 그 중의 한 종이면서 스스로를 '만물의 영장'으로 여기고 있다. 그러나 곰곰이 생각해보자. 이 몇만 아니 수십만 종의 동물 가운데, 어떤 동물이 스스로에게 이런 생활의 '올가미'를 만들어 자신의 생존을 위해 일주일 중 5일(몇 년 전만 하더라도 6일이었다)을 일하도록 했는가? 하루에 8시간씩 일해야 하고 또 반드시 아침 몇 시에서 저녁 몇 시까지여야만 하는 것이다. 그렇게 하지 않으면 생존(발전이리 히기도 함)의 기회를 잃게 되거나 어떤 처벌을 받게 된다. 하지만 인간 이외의 다른 동물에게는 이러한 생활의 논리가 존재하지 않는다.

'만물의 영장'인 나와 내 친구는 적어도 사회의 하층에 속하지는 않는다. 하지만 '유유자적'한 생활을 두고 말하자면, 어느 종(species)에 속해 있건 또 그것이 설령 '하층사회'의 일원이라 할지라도, 그 종은 우리에게 "나는 당신보다 강하다"고 자랑스럽게 말할 것이다. 맞다. 중학교 교과서에는 노동이 유인원을 사람으로 변하게 했고 사람을 창조했으며 사람을 다른 동물과 구별하게 한다는 내용이 있다. 우리가 일상생활에서 누리고 있는 것은 모두 노동과 관련이 있다. 그러나 반대로 우리 자신에게 되물을 수 있다. 우리가 행하는 모든 노동이 다 자연스럽고 합리적인가? 우리가 하는 노동 중에 황당무계하고 지루하며 심지어 죄악스러운 부분은 정말 없는가? 우리가 행한 노동으로 말미암아 민둥민둥하게 된 산맥이나 말라버린 하천 그리고 오아시스가 없는 사막을 차치하고라도, 우리의 노동으로 창출해낸 것(즉, 우리가 향유하는 물품)에도 황당무계한 함의가 그 속에 담겨져 있지 않는가? 더군다나 우리가 '유유자적함'을 잃어버리는 대가로 대비해 볼 때 더욱 그러하다.

사실 노동 자체는 황당하지 않다. 황당한 것은 우리 인류가 노동에 대해 만들어 놓은 갖가지 제도 장치인 것이다. 이런 장치 속에서 노동은 정말 황당함을 드러낸다. 아울러 노동을 하지 않는 것, 즉 실업은 노동 자체보다 이런 장치의 황당함을 더욱 표출시킨다.

오늘날 중국 사회는 여러 가지 재난과 폐단이 존재하고 있다. 그러나 실업이란 폐단은 그곳에 속한 개인 입장에서는 정말 이해하기 힘든 재난이다. 우리는 인류사회에 존재하는 질병에 대해 충분히 이해할 수 있다. 그 이유는 지금 우리가 가지고 있는 기술이 모든 질병을 없애버릴 정도까지 발전하지 않았기 때문이다. 우리는 인류사회에 존재하는 전쟁에 대해 이해할 수 있다. 왜냐하면 우리는 모든 집단에 가장 합리적인 이익 배분을 할 능력이 아직 없기 때문이다. 그렇지만 유독 실업에 있어서만은 그것을 변호할 그 어떤 이유도 찾을 수 없다. 그것은 정말이지 인류 자신이 만들어낸 폐단이자 재난인 것이다.

대다수 동물들의 활동은 다음과 같은 두 가지 특징이 있다. 활동은 자기 생존을 위한 것이고, 더욱 많은 활동은 본능적으로 자기에게 휴식과 여가의 기회를 만들어 주기 위한 것이다(어떤 동물은 겨울잠이다). 그러나 인류의 노동목적은 단지 더 많은 노동기회를 창출해내기 위한 것처럼 보인다. 인류가 쓴 수많은 서류, 논문, 선언과 경제학 저서에는 이런 논리로 충만해 있다. 우리는 열심히 일해야 하고 동시에 노동 효율을 높여야 한다. 열심히 일하고 노동 효율을 높이는 것은 경제 발전을 위해서다. 경제발전의 목표 가운데 하나는 더 많은 취업기회를 창출하는 것이다. 다시 말해 더 많은 사람에게 더 많은 일자리를 제공하기 위한 것이다.

하지만 이런 노력은 항상 실패하고 만다. 현실에서 우리는 종종 이런 광경을 본다. 노동을 하고 있는 사람들이 노력하면 할수록 효율은 더욱 높아지지만, 이런 노동에 종사할 수 있는 사람은 갈수록 적어진다. 다시 말해서 이 부분의 유효노동이 일부 다른 사람들의 노동기회를 배척하게 된다는 점이다.

그래서 실업이 생겨나는 것이다.

역사적으로 실업을 어떻게 해석하고 정의했는지 모르겠지만, 적어도 오늘날의 실업은 바로 이러한 광경이다. 인류가 창조한 기술의 수준이 높아지고 또 각 부문에서 창조한 조직적 효율로, 전체 노동력 가운데 일부분만 지금의 노동시간에 따라 일해도 인류는 생존해 나갈 수 있다. 생존해 갈 수 있을 뿐만 아니라 잘 살 수 있다. 이는 모두가 다 일할 필요가 없게 되었고, 적어도 모두 다 필사적으로 일할 필요가 없게 되었음을 말한다. 만약 어느 다른 동물이라도 이렇게 한다면 부유하고 여유로운 생활을 누릴 수 있을 것임에 틀림없다. 하지만 인류에게는 그렇지 않다. 인류 사회에서는 그것이 사회문제인 실업으로 되었다. 따라서 대량의 부가 유통되는 오늘날 세계 각국의 지도자, 정부관리, 전문가와 심지어 일반시민까지 모두 한 가지 문제에 대해 부심하고 있다. 그것은 그처럼 많은 노동력이 필요하지 않은 상황에 어떻게 하면 많은 사람들이 노동에 참여하게 할 수 있겠느냐는 것이다.

인류가 스스로 만들어낸 이 문제가 역시 지금 중국을 괴롭히고 있다.

중국의 발전문제를 논의할 때면, 사람들은 항상 가장 기본적인 국정(國情)인 '중국에는 13억의 인구가 있다'는 점을 잊어서는 안 된다라고 일깨운다. 이처럼 일깨우는 배경에는 시기마다 다른 의미가 있다. 과거에는 이 요소의 함의가 어떻게 십여억 인구의 끼니 문제를 해결하느냐는 것이었다. 하지만 오늘날 끼니 문제는 더 이상 큰 문제가 되지 않는다. 그래서 그 함의가 십여억 인구의 취업문제로 옮겨졌다. 노동연령에 속한 인구만 두고 말하더라도, 근 8억에 달하는 노동인구의 취업문제를 어떻게 해결하는가 하는 점이다. 사실 도시에 있는 4~5천만 명의 실업인구를 말하지 않고도 농촌에는 6억 이상의 노동력이 더 있다. 하지만 농업에 필요한 노동력은 기껏해야 3억에 불과하다. 이에 근거하여 만약 농촌의 노동력도 계산해 넣는다면 중국의 실업률은 20%에 달할 것이다. 따라서 이처럼 방대한 규모의 노동력 문제를 어떻게 해결할 수 있는가 하는 것은 중국 경제사회발전에 아주 중요한 문제가 되었다.

그렇지만 중국이든 세계 다른 국가이든 간에, 이것은 정말이지 가장 해결하기 쉬운 문제가 아닌가?

우리 마음대로 아래 몇 가지 방안을 가상할 수 있다.

방안1 : 입법 형식으로 사람마다 일생 동안 20년만 즉 30~50세만 사회노동을 할 수 있다고 규정하는 것이다. 10살 이전에는 놀고, 10~30살 사이에는 공부를 하고, 50살 이후에는 즐기며 쉰다.

방안2 : 가정마다 대표 한 사람만 사회노동에 참가하는 것이다. 이는 마치 명절 때 가정마다 대표 한 명이 가도위원회조직의 의무노동에 참가하는 것과 마찬가지다. 독신자에 대해서는 다른 규정을 둔다.

방안3 : 노동연령에 부합하는 사회성원은 모두 다 사회노동에 참여하는 것이다. 이는 지금과 같이 매일 8시간씩 일하지만, 매주 2~3일만 일하고 나머지 시간은 즐기며 쉰다.

방안4 : 노동연령에 부합하는 사회성원은 모두 다 사회노동에 참여하는 것이다. 이는 지금과 같이 매주 5일씩 일하지만, 매일 반나절 즉 4시간만 일을 한다. 나머지 시간은 즐기며 쉰다.

사실 다른 방안이나 절충 방안도 많이 있을 것이다. 상술한 방안은 각국마다 보편적으로 봉착하고 있는 실업문제를 해결할 수 있다. 아울러 인류가 창조한 부의 총량이 줄어들지 않을 것이라 보장할 수 있다. 그러나 이 모든 방안이 시행될 수 없음을 우리는 알고 있다. 그 이유는 이러한 방안은 인류가 창조한 경제효율에 관련된 장치와 서로 모순되거나 아니면 또 다른 그 어떤 장치와 모순되기 때문이다. 문제는 이런 장치도 인류 자신이 창조한 것이라는 점이다. 이러한 장치가 바로 다음과 같은 결과를 낳은 것이다. 그것은 전체 인류 가운데 노동능력이 있는 사람을 취업자와 실업자로 나누었고, 또 이러한 방법으로 인류의 기술 성과와 문명의 진보 정도를 구현했다는 점이다. 이러한 배경 아래, 취업자는 긴장된 작업 스트레스를 받고 실업자는 일할 기회가 없어 경제적 심리적 스트레스를 받는다. 결론적으로 그 어느 누구도 취업자건 실업자건 관계없이 인성에 부합하는 방식으로 인류의 진보에 따른 성과를 누릴 수 없는 것이다. 이것은 오늘에만 그치는 것이 아니기에, 인류 자신이 만든 가장 황당무계한 것이 아니겠는가?

이 글을 끝낼 쯤 해서 나는 한 보도 내용에 주목했다.

리춘메이(李春梅)란 아가씨가 있었다. 그녀는 선쩐 근처의 송강(松崗)진에서 일하다가 장시간 연장 근무로 말미암아 과로사했다. 같이 일했던 동료는 그녀가 죽기 전에 작업장에서 근 16시간 동안 장난감 부품을 이 기계에서 저 기계로 옮기느라 계속 왔다 갔다 했다고 말했다. 자정을 넘긴 지 얼마 되지 않아 작업종료 벨소리가 울렸을 때, 젊은 그녀의 얼굴은 땀으로 뒤덮여 있었다. 그녀와 동료들은 일요일의 휴식을 누리지 못한 지가 두 달이나 되었다. 그녀의 룸메이트는 이렇게 회상했다. 이제 막 19살이 된 그녀가 그날 저녁 침대에 누워 위쪽 침상을 바라보면서 정말이지 피곤에 지쳤다고 원망스럽게 말했다. 그녀는 아픈 두 다리를 마시지하면서 기침을 했다. 불이 꺼졌다. 리춘메이가 기침을 하면서 피를 토했을 때 룸메이트들은 깊은 잠에 빠져 있었다. 몇 시간이 지난 후 동료들이 샤워실에서 몸을 움츠려 신음소리를 내는 그녀를 발견했을 땐 이미 코와 입에서 피가 흘러나오고 있었다. 급히 구급차를 불렀지만 도착하기 전에 그녀는 죽었다.

리춘메이의 죽음이 다른 질병과 관련이 있는지는 알 수가 없다. 그러나 일부 지역에서 지나친 작업 연장으로 '과로사'나 다른 질병을 유발하는 등의 보도는 수시로 접할 수 있다. 다른 동물에게도 이런 현상이 존재하고 있는지는 몰라도, 물자가 부족한 시기에 인류에게 이런 현상이 존재했던 사실은 알고 있다. 그런데 사람들이 리춘메이 현상에 주목하는 원인은, 아주 선명한 대비를 이루는 배경에서 형성된 것이기 때문이다. 기술 발전이 선진 수준에 달하고 부가 대량으로 늘어나는 이런 사회를 '과잉사회'라 부른다. 이러한 사회에 필요한 노동은 갈수록 적어져, 일부 사람들이 일자리에서 내몰릴 수밖에 없다. 그래서 그들은 실업자로 전락하여 '노동'을 할 수 없어서 걱정을 한다. 이와 동시에 다른 일부 사람들은 작업장에서 연장 근무로 극도의 피로가 쌓여 잠깐의 휴식 중에 과로사하게 된다.

이것이 우리가 창조해낸 터무니없는 선택이 아니고 무엇이겠는가?

우리는 어떠한 제도 환경에 살고 있는가?

2002년 여름 짧은 며칠 동안의 출장에서 나는 여러 가지 상황을 겪었다.

첫 번째 상황이다. 기차역 앞 광장 특히 지하철역 입구 근처에서 거의 일정한 거리마다 기차표와 영수증을 파는 사람들을 볼 수 있다. 기차표를 파는 사람은 암표장사인지 아니면 일이 생겨 일정을 늦추어야겠기에 이미 샀던 표를 처리하는 것인지는 알 수 없다. 하지만 영수증을 파는 것은 가짜 영수증을 전문적으로 파는 것이다. 왜냐하면 우리는 이런 보도를 수없이 많이 듣고 보았기 때문이다. 보도에 따르면, 어떤 지역에서는 심지어 온 마을 농민들이 전부 밖으로 나가서 가짜 영수증을 판매한다고 하면서, 이것을 부자가 되는 지름길로 삼는다고 했다. 다시 말해서 가짜 영수증을 파는 것은 더 이상 개별적인 현상이 아닌 것이다. 좀 과장되게 말한다면 일부 지역에서 가짜 영수증을 파는 것이 조그마한 산업이 된 것이다.

가짜 영수증을 파는 현상이 사회와 경제생활에 미치는 해독은 더 이상 말할 필요가 없다. 만 위안짜리의 증치세(增値稅) 전용영수증이 거짓 발부되면 국고 가운데 1,700위안의 세금이 상실된다. 십만 위안 짜리는 17,000위안이고 백만 위안짜리는 17만 위안이다. 길가에서 파는 가짜 영수증은 대부분 정산하는 데 쓰인다. 예를 들어 숙비, 식비 그리고 기타 물품 구입 등이다. 이렇다면 영수증이 몇 장씩 팔리는 만큼 몇백, 몇천 위안이 불법적으로 개인 주머니로 들어가는 것이다.

여기서 우리는 가짜 영수증의 해독을 말하는 것이 아니라, 가짜 영수증을 파는 판매자가 어떻게 큰 길에서 공개적으로 판매를 하고 또 사람이 많이 다니고 경찰력이 강하게 작용하는 공공장소에서 어떻게 영수증을 팔 수 있느냐는 것이다. 가짜 영수증 판매 행위에 대한 정부나 집행부서의 태도는 명확해야만 한다. 90년대에 매년 가짜 증치세(增値稅) 영수증을 대량 제조하고 판매하여 사형선고를 받은 범죄는 두 자릿수였다.

우리는 신문과 텔레비전에서 이런 보도를 흔히 볼 수 있다. "어떤 시(市) 경찰 당국의 급습으로 가짜 영수증을 제조한 범죄 집단을 체포했다." "어떤 시(市) 경찰 당국의 급습으로 가짜 영수증을 팔던 수십 명을 단번에 잡았다." 문제는 이렇게 많은 엄중한 타격과 급습이 있은 뒤에도 가짜 영수증을 파는 행위가 왜 이처럼 노골적으로 행해지는가 이다. 만약 타격을 가하고 해결을 하는 데 어떤 어려움이 있다면, 이는 말도 되지 않는다. 왜냐하면 우리가 매번 그곳을 지나갈 때 가짜 영수증을 파는 사람을 적어도 십여 명은 만날 수 있기 때문이다. 이때 엄중한 타격과 급습에 큰 힘을 기울이지 않고도, 단지 변장만으로도 적어도 십여 명의 판매자를 잡을 수 있을 것이라 여긴다. 그런데 문제는 이러한 행동이 없거나 아니면 이러한 행동의 효과가 없는가 하는 것이다.

　두 번째와 세 번째 상황은 모두 실업자와 관련된 것이다. 왜냐하면 이번 출장의 목적이 바로 실업자에 대한 조사이기 때문이다. 이곳은 동북지역의 유명한 공업도시다. 이 도시는 일찍이 눈부신 역사를 지니고 있었지만 오늘날에는 철 지난 공업기지로 전락했다. 여기도 심각한 노동자 실업과 샤강 문제에 직면하고 있다. 여기서는 그 공업기지에서 근무했던 두 사람의 이야기를 하고자 한다. 한 명을 A라 부르고 다른 한 명을 B라고 부르자. 그들은 급여를 남은 재직연수에 따라 일괄 처리해버리는 방식(買斷工齡)으로 근무연한을 다 사버리고 난 뒤 실업상태에 처해 있었다. 그들은 근무연한 가격에 대해 만족스러워했다. 그 이유는 그들의 근무연한 가격이 이 지역의 다른 사람보다 상대적으로 높은 편이기 때문이었다. 근무연한의 가격 표준은 1년 기준으로 2,800위안이었다. 근무연한이 15년이면 42,000위안을 받을 수 있다. 문제는 근무연한 비용을 받고난 이후에 어떻게 생활하는가 하는 것이다.

　A 가족은 부인과 아이를 포함하여 3명이 있다. 부인은 10년 전에 일을 그만두었고 아이는 학교에 다니고 있다. A도 다른 일을 찾지 않고 그 돈으로 주식에 투자했다. 주식을 살 때 때마침 피크에 달해있었다. 지금은 투자한 돈의 절반밖에 남지 않았다. 다시 말해서 근무연한 비용인 몇만 위안을 빼고는 그들 가족에게는 아무런 다른 수입원이 없는 것이다. 관련 규정에 따라 그들은 최저 생활보장비를 받을 수 있다. 그러나 문제는 곧바로 나타난다. 최저 생활보장비를 받으려면, 이에 대한 첫 번째 전제 조건은 독립적인 호구가 있어야 한다. 독립적인 호구가 있다는 전제는 그들이 독립적인 주택을 가지고 있어야 한다는 것이다. 문제는 바로 이 주거에서 나타난다. 그들은 자신들의 주택이

없고 부모 집에서 같이 살기에 호구도 부모와 같이 되어있다. 따라서 그들은 다음과 같은 난제에 부딪히게 된다. 최저 생활보장비를 받으려면 먼저 자신의 주택이 있어야 한다. 주택을 사려면 큰 돈이 있어야 한다. 그러나 그들은 지금 돈이 없다.

 B의 상황은 A와 확연히 다르다. 그는 지금 조그마한 가게를 열었다. 여러 원인으로 가게 장사가 잘 되고 있다. 그는 지금 한 달 소득이 이전 회사의 일 년치 월급과 비슷하다고 했다. 기본생활은 물론이고 잘 사는 편이라 했다. 그러나 우리의 예상과는 달리 인터뷰를 하면서 그는 과거처럼 그러한 일자리가 있으면 당장 가게에서 손을 떼고 일하러 갈 것이라고 거듭 말했다. 왜 그런가? 그는 장사하면서 모욕당하는 것을 참을 수 없다고 했다. 공상국, 세무국, 환경검사국 등이 자주 찾아와 귀찮게 한다. 권력이 조금이라도 있는 사람이라면 모두 찾아와 비용을 거두어 간다. 게다가 이런 비용은 아무런 근거도 없으며 심지어 돈을 받고선 영수증조차도 주지 않는다. 영수증을 주지 않은 그런 돈이 어디로 가는지 가히 짐작할 수 있다. 권력을 지닌 이러한 사람들이 태만하다면 당신은 장사를 제대로 할 수 없을 것이다. 사실 정부는 실업자와 샤강 인원이 경영활동을 하는데 대해 일련의 우대정책을 제정했다. 그러나 실제 사회생활에서 우리는 거의 상반된 광경을 보고 있다.

 네 번째 상황은 집으로 돌아가는 택시 안에서였다. 택시에 있는 라디오에서는 베이징 '란지수(藍極速)' PC방 화재의 후속뉴스를 보도하고 있었다. PC방의 화재는 인위적인 방화로, 혐의자는 두 소년이었다. 방화자는 경찰에 수감되어 조사를 받고 있다. 이번 화재로 24명이 사망했고 13명이 부상을 입었다. 나는 다른 지역에 머물고 있으면서 TV 보도를 통해 이러한 소식을 접했다. 집으로 돌아온 후 인터넷에서 이와 관련된 보도와 평론을 살펴봤다. 아래와 같은 두 가지 의문이 상당히 인상적이었다.

첫째, 수많은 불법 PC방이 왜 존재하고 있는가? 매체에서 공포한 통계에 따르면(완전하진 않음), 베이징 시에는 지금 PC방이 2,400여 개가 있다. 그 중 문화국, 공안국, 공상국 세 부서의 '세 가지 증서'를 다 갖추고 합법적으로 경영하는 곳은 200개도 되지 않는다. 다시 말해서 베이징 시에는 개업수속과 증명이 완전하지 않은 PC방이 약 2,200여 개나 된다. 문제는 이런 숫자를 어떻게 이해하느냐는 것이다. 관련 보도를 통해 우리는 다음과 같은 사실을 알았다. 많은 PC방들이 불완전한 수속에다 불법적인 경영상태에 처한 까닭은, PC방에 대한 관련 부서의 심사와 비준이 매우 엄격하기에 합법적인 PC방 경영의 모든 수속을 밟고자 하는 것은 굉장히 힘들기 때문이다. 그러나 문제는 관련 부서에서 PC방에 대해 그처럼 엄격하게 통제하는 데도 왜 그렇게 많은 '불법 PC방'이 있을 수 있는가? 게다가 수많은 대로와 골목 사이에 공공연하게 존재하고 있는가?

두 번째 의문은, 사고 발생 후 관련 부서에서는 시 전체 PC방에다 한 달 동안 휴업하여 정돈하라고 결정했다는 점이다. 여기서 제기할 수 있는 문제는, 관련 부서가 무슨 권력이 있기에 모든 PC방(합법적으로 경영하는 PC방을 포함)을 한 달 동안 휴업하게 하느냐는 것이다. 합법적으로 경영하는 PC방이 한 달 동안 휴업하는 손실은 누가 책임져 줄 것인가?

위와 같은 몇 가지 일들이 며칠 사이에 일어났다. 이런 일들은 서로 다를 뿐 아니라 심지어 서로 간에는 아무런 관계가 없다. 그러나 몇 가지 일을 한데 모으면 우리는 '우리가 어떤 제도에서 생활하고 있는가'라는 문제에 대해 생각하지 않을 수 없다. 만약 논문으로 만든다면 각각의 내용마다 장편의 문장을 만들어 낼 수 있을 것이다. 그 내용들 이면의 제도적 배경에 대해, 우리는 그 가운데 불완전하고 결여된 점들을 분석할 수 있을 것이다. 하지만 우리는 이렇게 반문할 수 있다. 이 세상에 완전무결한 제도가 어디 있는가? 사실 어떤 제도나 모두 사람이 집행하고 조작하는 것이다. 제도적 규정과 인간의 조작이 결합해야 만이 제도가 효율적으로 작동할 수 있다. 문제의 관건이 바로 여기에 있다. 개혁개방 이래 20여 년 동안 사회생활의 제도화 수준이 크게 제고되었다. 그러나 이와 동시에 구상은 아주 좋은 제도들이 실제로 실행될 때 변형되어 나타나거나 심지어 다른 모습으로 바뀌어 나타나는 것도 보아왔다. 더 넓은 시각으로 제도상의 문제를 바라보아야 할 것이다.

학계의 경박한 학풍은 어디서 오는가?

최근 학계의 경박한 학풍에 대해 의논이 분분하다. 눈앞의 이익에만 급급함, 과장됨, 실체가 불분명한 부서를 만듦, 지나치게 선전함, 높은 지표, 큰 기척을 울림, 형식주의 등은 사람들로 하여금 '대약진시기' 의 역사를 생각하게끔 한다.

90년대 초와 중기에 《중국사회과학계간지》와 《중국서평》을 진지로 하여 '학술규범화' 에 관한 대 토론이 한 차례 있었다. 그 토론에서 중국 학술계(정확하게 말하자면 인문사회과학계)가 80년대의 개혁에 적극적으로 개입한 후, 이를 '본분의 일' 로 여기기 시작했다. 바로 이런 과정에서 80년대의 일부 '지식인' 이 90년대의 '학자' 로 변했다. 사실 우리는 90년대 중기에 인문사회과학계의 모든 학술규범이 명확하게 진전되었음을 볼 수 있었다. 더욱 중요한 것은, 이때 학과와 전문화에 따라 학술평가메커니즘이 형성되기 시작했다는 사실이다.

우리는 당시 이러한 변화가 생겨난 배경을 고찰해야 한다. 이런 과정을 촉발시킨 직접적인 원인은, 90년대 초 상당히 많은 학자들이 현실사회에 대한 격앙된 평론을 포기하고 서고로 되돌아가 학문적인 연구를 하기 시작했다는 점이다. 그래서 80년대 소위 혼돈에 처했던 지식인 가운데 처음으로 아카데미 학자를 낳게 되었다. 이후 또 외국에서 돌아온 학자와 90년대 국내에서 배양된 젊은 학자들이 아카데미로 들어왔다. 이때부터 그들은 학계의 경계를 구축하고 학계의 규범을 형성하며 지식의 발전을 착실하게 추진하는 데 주력했다. 이러한 학술규범의 기본은 서양 학계의 규범에 따른 것임은 두말 할 나위 없다. 그 가운데 또 한 가지 원인이 있다.

그것은 바로 당시 국내에서 제공할 수 있는 자원(주로 연구비)이 상당히 제한적이었다는 점이다. 특히 학문적인 연구에 대한 지원이 아주 적었다. 그래서 많은 사람들이 시야를 서양으로 돌리지 않을 수 없었다. 국외의 기금회에다 연구비를 신청하든지 아니면 국외의 연구자와 공동 연구하든지 하는 것이었다. 이것 또한 이러한 연구에 종사하는 학자로 하여금 서양에 이미 갖추어진 학술규범을 받아들이지 않을 수 없게 만들었다.

이런 노력이 아래와 같은 두 가지 원인으로 반대에 부딪치고 있다. 그것은 첫째, 서구와의 연계만을 일방적으로 강조하는 것이다. 둘째, 현실사회에 대한 관심 결여이다. 그러나 이것이 학술규범화에 끼친 영향은 매우 컸다. 학술규범화에 대한 강조로 90년대 초부터 학계에서는 착실한 학풍이 형성되기 시작했다. 일부 주요 학과의 학술공동체에서는 양호한 학술평가메커니즘이 형성되기 시작했다. 이 메커니즘은 지식에 대한 실질적인 추진을 기본적인 평가기준으로 삼았으며, 더 이상 양적 성과를 강조하지 않았다. 80년대 매체나 비전문가의 박수 소리로 학술을 평가하는 현상이 점차 사라지게 되었고, 같은 연구자와 전문가의 평가가 더욱 권위를 얻게 되었다. 대학 강의에서도 교육내용과 방식이 빠르게 바뀌었고, 석·박사의 학위논문은 규범화와 학술 수준이 뚜렷하게 높아졌다.

학풍의 변화 혹은 경박한 학풍은 90년대 중·후기에 나타났다.

최초의 흔적은 어떤 학술기관에서 사회자원을 얻기 위해 만든 실체가 불분명한 '부서'였다. 90년대 초 학술기관이 지니고 있는 자원이 극히 부족하여, 설령 일부 중점 대학이라 하더라도 국가에서 지원받는 교육경비는 기껏해야 정상적인 학교 운영의 50% 정도였다. 그 나머지는 스스로 해결해야만 했다.

시장경제가 잘 운영되고 있었지만 내부적으로는 자원이 상당히 결핍된 상황이어서, 일부 학술기관에서는 부득이하게 실체가 불분명한 '부서'를 만들어 이를 체제 내에서 혹은 시장에서 자원을 얻는 수단으로 삼았다. 때마침 해외에서 귀국한 학자들 가운데 일부는 외국에서 큰 성과를 얻었다. 그래서 이런 해외파를 '포장'하고 선전하는 방법이 유행하게 되었다. 당시의 견해는 '브랜드'를 만들어야 한다는 것이었다. '브랜드'를 내세우기 위해서는 기존에 있던 성과에 대해 포장해야할 뿐만 아니라(과장된 부분도 어쩔 수 없이 그 속에 들어 있다) 인위적이고 행정적인 수단으로 큰 '브랜드'를 만들어야만 했다. 어떤 지역에서는 행정적인 수단으로 '단체'를 만들어, 성과가 있는 일부 학자들을 이 단체 속의 '학술선두주자'로 조직화하였다. 그래서 그 성과도 '전형성'을 갖춘 단체의 성과로 되었다.

이어 90년대 중·후기에 들어서면서 다른 요소가 나타났다. 그것은 체제 내 자원의 신속한 증가이다. 앞서 말한 바와 같이 이전에는 교육과 연구경비의 결핍은 보편적인 현상이었다. 그러나 90년대 중기 이후에 세수제도의 개혁으로 더 많은 자원이 중앙정부에 집중되었다. 바로 이 시기에 교육과 과학연구에 대한 지원이 상당히 늘어났다. 특히 90년대 후기 세계 일류대학을 만드는 목표 아래, 많은 재원을 일부 중점 대학에 지원했다. 이것은 장기간 재원 부족상태에 처했던 학계로 보면 의심할 바 없이 분명 도와주는 것이다. 그러나 문제는 이러한 재원 지원이 학계 내부 체제가 근본적으로 변화하지 않은 상황에서 발생한 것이다. 따라서 행정적인 수단으로 이러한 자원을 다루고 사용하는 것을 피할 수 없게 되었다. 행정적인 수단으로 갑자기 증가한 이 자원을 다루고 사용하는 것으로 말미암아 전체 학술계의 분위기에 영향을 끼치게 되었다.

    먼저 우리는 다음과 같은 사실을 알 수 있다. 그것은 이러한 자원이 거의 행정적인 통로로 배치되기 때문에, 상급주관부서에다 이런 자원을 얻어내는 것은 각 학술기관의 제일 중요한 일이라는 사실이다. 그리고 이런 자원을 효율적으로 얻어내려면 상급행정부서에서 이해할 수 있는 언어를 사용해야만 한다. 상급지도기관에서 알아들을 수 있는 언어가 어떤 것인가? 그것은 비전문가들도 이해할 수 있는 '테크닉'이 있어야만 한다. 따라서 실체가 불분명한 '부서'가 가장 좋은 방법이 되었다. 바로 이러한 배경 아래 당시 가장 유행한 것이 바로 '큰 배를 만드는 것'이었다. 결과적으로 학교를 갈수록 크게 만들었다. 장점을 서로 보완한다는 미명하에, 원래 아무런 관계가 없던 여러 학교가 합쳐져 초대형 규모의 대학으로 되었다. 학과 수립에 있어서도 눈앞의 이익에만 급급하여 공을 세우길 좋아했다. 원래 서로가 독립적인 기관이었던 것을 한데 모아 큰 배로 만들었다.

이러한 큰 배는 종합적인 보고와 검사에 적합한 것이다. 예를 들어 이 기관에는 박사학위 수여 전공 수가 얼마인지, 박사 지도교수가 몇 명인지, 교수가 몇 명인지, 박사가 몇 명인지 그리고 어떤 하드웨어 조건을 갖추었는지 하는 것 등이다. 그러나 진정한 학술을 위해서는 그다지 의미가 없다. 그 이유는 진정한 학술교류와 협력은 일반적으로 진정한 동료 연구자 사이에서 나타나지, 이런 동료 연구자가 행정 조직상 같은 기구에 속해 있는지 없는지는 아무런 관계가 없다. 이와 반대로 합병 과정에서 권리를 다투는 잡음이 일게 될 것이고, 이로 인해 인간관계가 악화되고 인심은 야박해질 것이다. 이처럼 자원을 쟁취하는 행위가 '실체가 불분명한 부서를 만드는' 경기로 변하게 된다. 한 기관에서 상급기관에다 자원을 얻고자 할 때 '실체가 불분명한 부서'를 만들어야 했고, 기관에 있는 직원이 기관에서 자원을 쟁취할 때도 '실체가 불분명한 부서'를 만들어야 했다. 그래서 '실체가 불분명한 부서'를 만드는 것이 이처럼 보편적인 사회풍조가 되었다.

　　재원이 증가함에 따라 그에 상응하는 관리문제도 나타났다. 진정한 학술평가 메커니즘이 형성되지 않고 행정부서에서 재원을 장악하고 있어, 행정적 수단으로 자원을 관리할 수밖에 없다. 그래서 자원을 얻으려는 학술기관의 행정부서에서는 갖가지 점검해야할 지표를 제정하기 시작했다. 어느 지역에서는 이것을 '정량관리'라고 부른다. 예를 들어 어떠한 학문은 일 년에 논문과 저서를 얼마만큼 발표해야 하는 임무가 주어지는 것이다. 사실 어떤 의미에서 보자면 이것은 행정관리부서의 부득이한 선택이다. 그 이유는 이런 자원을 얻은 후 이것에 대해 항상 관리를 해야 하기 때문이다. 그러나 문제는 두 가지 측면에서 나타난다.

　　하나는 이러한 자원은 행정 라인을 통해 내려온다는 것이고 또 하나는 학계에 공정하고 효율적인 학술적 평가메커니즘이 결여된다는 점이다. 이런 상황에서 학술활동에 대한 행정적 관리 심지어 수치화된 관리가 필연적으로 선택될 것이다. 왜냐하면 이러한 정량적인 지표가 있어야만 학술을 행정적인 관리방식에다 적응시킬 수 있고 또 점검할 수 있기 때문이다. 그런데 그 학술적인 가치는 수치화된 지표로 측정할 수 없기에 외면당할 수밖에 없다. 이러한 관리와 점검방식은 학술거품 심지어 학술쓰레기의 출현을 촉진시킨다. 어떤 학자가 일 년에 십여 편의 논문을 학술기관에 발표했다고 하지만, 학술적인 가치로 따지면 아무런 가치가 없다고 할 수 있다. 게다가 베끼거나 표절하는 현상은 더 말할 나위가 없다.

이런 과정에서 착실한 학술연구는 지위를 상실하게 되었다. 작년에 어떤 매체에서 "중국 과학기술이 경박한 풍조에 직면하다 : 국가의 과학상이 삼 년 동안 수상되지 못함"이란 보도가 있었다. 왜 이런 현상이 나타나게 되었는가? 이것은 경박함과 눈앞의 이익에만 급급한 학술풍조와 직접적인 관련이 있다. 착실한 학술연구는 오랜 시간을 거쳐야만 성과가 나올 수 있다. 성과가 나오기 전에는 이름이 세상에 알려지지 않은 상태로 있게 된다. 이러한 연구는 자원 쟁취에 아무런 도움이 되지 않기에 자원배치부서의 주목을 받을 수 없다.

위에서 분석한 바와 같이 학술풍조의 변화는 학술자원의 배치방식과 관련이 있다. 최근 들어 학계에 경박한 학술풍조가 만연한 까닭은 갑자기 늘어난 자원의 행정적인 배치와 행정적인 관리와 관련이 있는 것이다. 학술자원의 배치시스템과 방식을 바꾸지 않는다면, 설령 아무리 많은 호소와 비난이 있어도 이러한 경박한 학풍을 바꾸는 데 적절한 역할을 할 수 없을 것이다.

대학 문을 어떻게 여는가?

매년 한여름철에 시행되는 대입 수능시험은 고등교육자원이 극히 제한적인 우리 같은 사회는 괴롭고, 아울러 한바탕 희비극이 연출된다.

올해 사람을 놀라게 한 사건은 다음과 같다. 바오지(寶鷄) 시의 샤오딩(小丁)이란 학생은 자신이 갈망했던 상하이의 중점대학에 붙었다. 그렇지만 그가 입학고지서를 받은 지 열흘 째, 그의 아버지는 자식의 학비를 낼 도리가 없었기에, 8월 25일 밤에 유서 한 통을 남기고선 빌딩에서 뛰어내려 자살했다. 그 사건이 있은 이후 이 학생은 사회의 도움 아래 대학에도 들어갔다. 하지만 이것이 사회에 제기한 문제는 아직 끝나지 않고 있다.

사실 이 사건이 개별적인 사안이라 하더라도, 부모 생활이 자식의 교육비 때문에 곤경에 빠지는 일은 종종 들린다. 비싼 대학 학비(학기마다 생활비를 포함하여)는 특히 농민과 도시에 있는 빈곤가정의 입장에서는 감내할 수 없는 큰 부담으로 작용한다.

그래서 이러한 화제는 무수히 반복되어 제기된다. 고등교육의 학비를 어떻게 생각하는가? 어떻게 하면 못사는 가정의 아이가 경제적인 원인으로 고등교육의 기회를 잃지 않도록 할 것인가? 더 예리한 질문 방식은 대학의 문은 누구를 위해 여는가이다.

이 질문의 이면에는 상당히 복잡한 문제가 감춰져 있다.

먼저 고등교육의 비용을 살펴보고 아울러 그 비용이 비싼 이유를 알아보자. 사람들이 고등교육의 비용을 논의하는 주된 이유는 다음과 같다. 고등교육이란 의무교육이 아니라 인력자본의 재생산과정이기 때문에, 졸업 후에는 그에 상응하는 보답이 있다. 그래서 수익자 개인이 투자하는 것은 당연한 것이다. 그러나 이런 논증은 충분한 설득력을 가지지 못한다. 그 이유는 초등교육부터 고등교육까지 전 과정 가운데 어떤 시기가 인력자원의 생산이고 어떤 시기가 그런 과정이 아니냐 하는 것을 구별하기 힘들기 때문이다. 현실적인 원인은 지금 단계에서 사회의 공적지출에만 의지해서는 고등교육의 존재와 발전을 유지할 수 없다는 것이다. 이 문제는 중국에서 더욱 두드러진다.

지금 중국의 교육인구(대학, 중학, 초등학교의 등록학생)는 2억여 명으로 전 세계 교육인구의 25%를 차지한다. 하지만 중국의 교육경비는 전 세계 교육경비의 1%를 차지할 따름이다. 90년대의 통계에 따르면, 평균교육경비는 세계평균이 215달러, 그 가운데 북미 국가는 1,000달러, 아시아는 84달러, 발전도상국은 평균 42달러, 아프리카 국가는 30달러이다. 하지만 중국은 8~10달러에 불과할 뿐이다.

다른 수치를 살펴보자. 공부하는 기간을 보면, EU 국가는 평균 17년이지만 중국은 6년에 불과하다. 10만 명 가운데 대학생 수가 미국은 500명, 일본은 200명, 발전도상국은 평균 55명이지만, 중국은 20명밖에 되지 않는다. 이런 수치에서 우리는 다음과 같은 기본적인 결론을 얻을 수 있다. 첫째, 지금 중국의 고등교육은 최저 수준에 처해 있고, 대학의 문은 너무 비좁다. 둘째, 고등교육이 발달하지 못한 직접적인 원인 가운데 한 가지는 교육 경비의 제약에 있다. 교육 경비를 늘리려면 정부가 한층 늘어난 비용을 투입하는 것 외에, 가장 현실적인 전망은 고등교육의 학비 문제다. 문제는 아주 분명하다. 고등교육 경비의 증가가 없다면, 대학의 문은 더욱 좁아질 것이고 많은 사람이 대학에 들어갈 기회를 잃게 될 것이다.

그러나 이것은 한 측면만을 설명한 것이다. 이런 논증은 아래와 같은 결론을 절대로 도출해낼 수 없다. 그것은 고등교육을 받는다는 것은 하나의 상업적인 기회이기에, 대학의 문이 돈을 향해서 열려있고 돈 있는 사람이면 누구든지 들어갈 수 있다는 것이다. 사람은 누구나 교육을 받을 수 있는 현대문명의 평등권리(이런 권리는 경제적 원인으로 인해 손해를 받지 않아야 된다)를 제쳐두고라도, 공리주의적 각도로 보자면 고등교육도 한 사회에 있어서 그 사회의 엘리트를 선발하여 더 좋은 교육을 시킴으로써 사회와 경제발전을 촉진하는 중요한 메커니즘인 것이다. 뛰어난 소질을 가진 아이가 경제적인 원인으로 대학에 들어갈 기회를 잃어버리면, 이는 개인적인 비극일 뿐만 아니라 사회 전체의 손실로 여겨야 한다. 하지만 현실생활에서는 이러한 사회선발 메커니즘이자 교육의 평등권리가 고등교육의 높은 교육비 때문에 피해를 입고 있다.

국가통계국 도시조사팀의 조사에 따르면, 한 아이를 유치원부터 대학졸업까지 교육시키려면 20년 동안 모두 5.5만 위안이 든다고 한다. 대학 이상 학생은 학기당 4,838위안을 지출하고, 전문대 학생은 3,971위안을 지출한다. 이것은 기타 생활비용을 제외한 수치이다. 만약 기타 생활에 필요한 소비비용을 덧붙인다면, 한 학생이 4년제 대학을 이수하는 데 대략 5만 위안 이상 필요한 것이다. 이는 보통가정으로서는 적지 않은 부담이다. 더구나 매년 소득이 몇천 위안에 불과한 농민에게는 정말 부담하기 힘든 것이다.

지금 직면하고 있는 문제는 아주 분명하다. 한편으로 일정 비용을 거두지 않으면 고등교육은 발전하기 힘들다. 다른 한편으로, 경제적 부담이 되는 고비용 때문에 우수한 청년들이 대학에 들어가기 힘들다는 것이다. 최근에 이런 문제를 해결하려는 조치가 나타났다. 예를 들어 장학금제도와 학자금임대제도 등이다. 하지만 극히 제한적으로 운용될 뿐이다. 사실 검토할 가치가 있는 생각은, 지금 중국에 있는 정규 대학 중 일부분을 뽑아(예를 들어 100개~200개 대학), 국가에서 그곳에다 재정투입을 늘이고 학생에게는 저비용이나 심지어 받지 않는 방안이다. 만약 각 성이나 도시마다 이와 같은 대학이 3~5개 정도가 있으면, 분명 빈곤가정 출신이지만 뛰어난 소질의 학생이 대학 문을 들어설 수 있을 것이다.

다시 말해서 지금 우리가 토의하고 있는 화제인 '대학 문은 누구를 위해 여는가'라는 문제를 '대학 문을 어떻게 여는가'라는 문제로 바꿀 수 있다.

중국 상해 남경로
관료들의 부정부패와 기업, 개인들의 신뢰위기는
중국 경제와 사회생활의 중요 영역을 거의 뒤덮고 있다.

cleavage

11

인터뷰 순리핑 교수와의

90년대 들어 국가가 소유한 자산의 대규모 분할이 이루어졌다. 정부 부처는 국유지를 아주 저렴한 가격으로 부동산 개발업자에게 팔아버렸고, 개발업자들은 시장에 되팔아 폭리를 취했다. 부는 다시 소수에게 **축적**되기 시작했다.

쑨리핑 교수와의 인터뷰

경제회복 이면의 근심

1. 경제는 초보적인 회복세를 보이고 있지만, 내구소비재 시대로 들어가는 기본적 전제는 아직 해결하지 못하고 있다.

질문: 몇 년 동안 지속된 경제침체를 겪은 후, 2000년이 되면서 중국 경제는 뚜렷한 회복세를 보였고, 경제성장률은 8%대에 이르렀다. 이번 경제회복의 전망에 대해 학계와 업계에는 여러 견해와 판단이 존재하는데, 이에 대해 어떻게 생각하는가?

쑨리핑: 사실 1999년 하반기부터 이런 경제회복 현상이 나타났다. 당시 〈중국합작신보(中國合作新報)〉에 실은 기고문에서 나는 멀지 않아 제한적인 경제회복이 나타날 것이라고 지적했다. 2000년에 들어서자 이러한 회복현상이 현저하게 나타났다. 급속한 경제성장으로 인해 사람들은 중국의 경제발전에 새로운 자신감을 지니게 되었다.

그런데 이번의 초보적인 경제회복은 기본적으로 단기정책의 효과와 외부환경의 호전(대외무역의 경제성장에 대한 견인효과)에 의존하고 있음을 알아야 한다. 특히 적극적 재정정책의 실시, 대규모 장기건설국채의 발행, 투자규모의 확대 등은 경제성장을 자극하는데 커다란 역할을 했다. 하지만 다른 각도에서 보면, 중국 경제성장에 영향을 미치는 심층 문제에 대해서는 아무런 근본적인 해결도 하지 못했다. 이러한 각도에서 볼 때, 이번 경제회복의 동력은 부족했다고 볼 수 있다. 체제와 구조상의 이러한 심층 문제를 해결하지 못하면, 지속적인 경제성장은 물론 장기적인 경기침체에 빠지게 될 가능성이 농후하게 될 것이다.

질문: 과거 20년 동안 언제나 당시의 중국 경제가 위기에 차 있다고 예측한 학자들이 있었다. 하지만 이런 비관적인 예측은 잘못된 것으로 증명되었다. 반대로 이번 경제회복에 대해서는 많은 경제학자들이 매우 낙관적인 견해를 견지하고 있다. 심지어 어떤 학자는 중국 경제가 지금 산업화 중기의 자동성장단계에 처해 있고, 특별한 요소의 방해가 없다면 매우 빠른 성장을 할 수 있다고 주장한다.

쑨리핑: 이런 판단의 전제가 잘못되었다. 우리는 이 문제를 더 넓은 배경에서 고찰해야 한다. 지금 중국 경제는 생활필수품의 생산과 소비 단계에서 내구소비재의 생산과 소비 단계로 전환하는 시기에 처해 있음을 알아야 한다. 아이러니컬하게도 최근 몇 년간 내수부족에 관한 토론에서 아무도 이 문제에 관심을 가지지 않았고, 또 이 문제를 중요하게 생각하지 않았다. 지금 중시해야할 문제는, 이런 전환과정이 순조로운 것이 아니라 일련의 진통이 수반될 수 있다는 점이다. 서양에서는 20세기 초에 이미 이러한 전환 과정에 처했었다. 20년 동안의 노력에도 불구하고 이를 전환시킬 수 없게 되자 마침내 1930년대 경제 대공황이 폭발했다. 1930년대 경제 대공황은

내구소비재 단계로 전환하는 과정의 위기였던 것이다. 마침내 서구 국가들은 경제 대공황에 직면하여 일련의 제도적 혁신을 단행했다. 예를 들어 케인즈주의, 루즈벨트의 뉴딜정책, 복지국가 등이다. 이어서 제2차 세계대전이 폭발함에 따라, 수요부족을 해소할 외부시장 조건이 나타남으로써 서구 국가는 이러한 전환을 순조롭게 실현시켰다. 아울러 로우스토(W.W.Rosto)가 말한 대중소비사회로 진입했다.

질문: 서구의 1930년대 대공황에 대한 해석은 정말 독특하다. 이는 우리 자신의 문제를 해결하는 데도 참고할 만하다.

쑨리핑: 내구소비재 시대로 향하는 과도기에 왜 어려움과 고통이 많이 나타나는가? 여기에는 중요한 원인이 있다. 한 사회가 내구소비재 시대로 진입하려면, 이에 상응하는 소비패턴이 형성되어야 한다. 즉 그것의 시장조건이 형성되어야 한다. 만약 생활필수품 시대에 생산이 경제생활을 지배하는 것이라면, 내구소비재 시대에 있어서는 소비가 경제생활을 지배한다. 다시 말해 소비가 없으면 생산이 없다는 것이다. 이것이 내구소비재 시대의 전형적인 특징이다. 여기서 내구소비재 시대의 소비패턴은 이전 시기와 완전히 다르다는 것에 주의해야 한다. 생필품 시대의 소비패턴이 사람의 생리수요에 따라 결정된다면, 내구소비재 시대의 소비패턴은 일련의 제도와 사회계층구조의 요소에 따라 결정된다. 이런 제도와 구조 조건을 창출할 수 있는가, 또 이로부터 내구소비재 시대에 상응하는 소비패턴을 형성할 수 있는가 하는 것이 순조로운 전환의 키포인트가 된다.

나의 판단은 바로 이러한 관점을 전제로 한 것이다. 좀 더 명확히 말하자면, 지금 중국 경제는 생필품 시대에서 내구소비재 시대로 넘어가는 과도기적 단계에 처해 있다. 하지만 갖가지 제도와 사회구조적 조건으로 말미암아, 우리는 내구소비재 단계에 상응하는 소비패턴을 형성하는 데 많은 문제와 어려움에 봉착해 있다. 따라서 과거 몇 년 동안은 경제침체기를 맞이했다. 지금은 단기적인 정책으로 말미암아 경제가 회복세를 보이고 있지만 근본적인 문제는 여전히 해결하지 못하고 있다. 이런 심층 문제가 해결되지 않으면 내구소비재 단계로 진입하기 어렵고, 또 내수가 부족하여 경제성장의 내적 동력이 약화될 것이다.

2. 중국 인구의 2/3가 내구소비재 시장 밖으로 밀려났기에, 국내시장의 수요가 부족한 것은 필연적이다.

질문: 그럼 우리가 당면하고 있는 문제는 어떤 것인가? 다시 말해서 어떤 구조와 제도적 요소가 내구소비재 시대에 상응하는 소비패턴의 형성을 저해하고 있는가?

쑨리핑: 주로 세 가지 측면에 문제가 있다고 본다. 첫째는 도시화 지체의 문제이고, 둘째는 내구소비재 시대의 소비패턴을 지탱하는 사회보장제도의 결여이며, 셋째는 부의 분배방식 문제이다.

첫 번째 문제를 먼저 이야기해 보자. 나는 당신들이 지금 우리의 경제생활에 존재하는 기이한 현상, 즉 어떤 제품을 생산하는 사람들 대부분이 그 제품을 소비하지 않는다는 점에 주의를 기울이고 있는지 모르겠다. 예를 들어, 온수기를 생산하는 사람들은 자신의 집에서는 온수기를 사용하지 않는다. 그 이유는 온수기를 생산하는 공장에서 생산에 종사하는 노동자들은 대부분 농촌에서 온 농민공이어서, 이러한 농민공(극소수를 제외하고는)은 온수기와 아무런 인연이 없기 때문이다. 도시의 건축현장에서 바쁘게 일하는 노동자들도 대부분 이러한 농민공이다. 그들은 각종 양식의 주택을 짓지만, 그들이 짓는 이러한 주택과 그들의 거주와는 아무런 상관이 없다. 다시 말해 우리 사회는 이런 부류가 상당수를 이루고 있다. 그들은 각종 내구소비재를 생산하면서도 이 제품의 소비자가 아니다. 물론 어느 사회라도 자기가 생산한 것을 모두 소비할 수 있는 것은 아니다. 이는 원자탄을 생산한 사람들이 원자탄을 소비할 수 없는 것과 같다. 그러나 우리가 여기서 말하는 것은 내구소비재이다.

질문: 이 문제는 아주 간단해 보인다. 하지만 지난 몇 년간 우리의 경제생활을 괴롭혀온 것은 이처럼 간단해 보이는 문제이다.

쑨리핑: 그렇다. 거시적 데이터를 사용하면 곧바로 문제점을 찾을 수 있다. 지금 중국 인구는 대략 13억 명이다. 인구 가운데 2차 산업과 3차 산업인 공업과 서비스업에 종사하는 사람은 대략 4억 정도이다. 즉, 도시 노동자 2억, 향진기업의 노동자 1억에다 농민공 1억이다. 그렇다면 이런 공산품과 서비스를 소비하고 향유하는 사람은 얼마나 되는가? 대략 3억의 도시인구와 1억의 부유한 농민이다. 이와 동시에 간과할 수 없는 사실이 있다. 그것은 공산품과 서비스업을 향유할 수 있는 인구 가운데 고소비집단이 존재하고 있다는 것이다. 하지만 이들이 소비하는 물품의 상당 부분은 국내에서 생산되는 것이 아니라 수입 물품이라는 점이다.

예를 들어보자. 모두 13명이 있는데, 그 중에 4명이 만두를 빚어 살아가고 있다. 동시에 그들은 만두를 팔아 얻은 수익으로 5식구(도시에서의 노동력으로는 개인당 0.5명을 부양하고, 농민공과 향진기업의 노동자는 개인당 2명을 부양하는 것으로 계산한다)를 부양해야 한다. 하지만 만두를 빚고 나자, 9명(그 중에는 만두를 빚는 2명이 포함된다)이 "만두가 맛있기는 한데 비싸서 먹을 수 없다. 우린 만둣국물이나 좀 마시면 그만이야"라 하였다. 이렇게 되면 만두를 살 수 있는 사람이라곤 4명이 남을 뿐이다. 하지만 이 4명 가운데 또 한 사람이 "난 만두를 사서 먹을 수 있어. 하지만 만두는 먹기 싫고 오리구이가 먹고 싶어"(이는 수입품을 위주로 소비하는 부류)라고 하였다. 그러면 이때 과연 몇 명이 만두의 실질 소비자가 될 수 있겠는가?

중국의 공업화는 단절된 것이고, 농촌(동부지역의 농촌은 제외)은 이런 공업화 밖으로 밀려났다. 생필품단계에서는 이 문제가 돌출되지는 않고 오히려 사회적 소비 압력을 누그러뜨리는 작용을 한다. 하지만 내구소비재 시대에는 지체된 도시화가 곧바로 내수부족의 근본 원인이 된다. 공업화로 내구소비재가 대규모로 생산될 때, 이러한 제품을 소비할 수 없는 소비자가 돌연히 나타난다. 이 문제를 해결하지 않으면, 내구소비재를 주요 내용으로 하는 경제는 발전 동력이 부족하게 될 것이다.

3. 사회보장제도가 불건전하면 내구소비재 시대의 소비 패턴을 형성할 수 없다.

질문: 당신이 말한 것처럼 사람들 대부분은 아직 이 문제를 이해하지 못한다. 지금 사람들은 수중에 많은 돈을 가지고 있지 않은가? 또한 은행에 저축한 돈도 많지 않은가? 그런데 왜 그들은 이 돈을 끄집어내어 소비하지 않는가?

쑨리핑: 이것은 다른 문제와 관련이 있다. 그것은 내구소비재 시대의 소비패턴을 지탱할 수 있는 제도적 조건이다. 앞서 언급했듯이 서구사회가 내구소비재 시대로 진입하게 된 중요한 함수 관계는 바로 복지국가의 확립이다. 복지국가의 역할은 무엇인가? 그것은 사람들

이 미래에 대한 안정적인 예측하에 내구소비재를 마음 놓고 소비하고 구매하도록 하는 것이다.

나는 앞서 내구소비재 시대에 상응하는 소비패턴을 재차 강조한 바 있다. 왜 이 점을 강조해야 하는가? 그 이유는 시대에 따라 소비패턴도 근본적으로 달라지기 때문이다. 생필품 시대에는 소비하려는 물품이 생활에 필수적이기 때문에 소비해야만 한다. 아울러 생필품의 수량도 많고 단가도 저렴하다. 하지만 내구소비재는 생활에 꼭 필요한 것만은 아니다. 또한 각 제품의 단가가 아주 높기 때문에, 구매하려면 몇 년 동안 저축해둔 것을 사용해야 한다. 경우에 따라서는 대출도 받아야 한다. 이때 문제가 발생한다. 그것은 사람들이 어떤 상황에 처해야만 몇 년 동안 저축한 돈을 사용하고, 심지어 대출을 받아 내구소비재를 거리낌 없이 구매할 수 있는가라는 점이다. 첫 번째 전제는 뒷걱정이 없어야 하므로, 그러기 위해서는 사회보장제도가 필요하다.

질문: 사회보장제도의 불건전성이 경제발전에 부정적 영향을 미치거나 내구소비재 시대로 진입하는 데 부정적 영향을 미쳤다는 의미인가?

쑨리핑: 몇 년 전 나는 단기행위에 대해서 연구했다. 당시 나는 제도의 불확실성이 단기행위를 유발할 수 있음을 발견했다. 왜냐하면 어떤 행위의 선택은 그 행위의 결과를 충분히 예측할 수 있는가에 달려 있기 때문이다. 그렇지만 최근 몇 년 사이에 나는 제도의 불확실성도 극단적인 장기(長期) 행위를 유발할 수 있음을 발견했다. 지금 우리 사회의 저축성향이 바로 이러한 일례이다.

이 점은 일상생활에서도 알 수 있다. 지금 많은 사람들은 다음과 같은 문제에 조바심을 내고 있다. 앞으로 아이가 학교에 가면 교육비를 얼마나 지출해야 하는지? 모른다. 늙었을 때 퇴직금이나 양로보험이 있는지? 있다면 얼마나 받을 수 있는지? 살아가기에 충분한지? 모른다. 병에 걸리면 특히 큰 병에 걸린다면 돈이 얼마나 필요한지? 의료보험으로 문제를 어느 정도 해결할 수 있는지? 모른다. 이와 비슷한 '모른다'는 허다하다. 이러한 일련의 '모른다'로 말미암아 형성된 것은 보편적인 불안감이다. 이런 불안감은 중년 이상의 사람들에게 더욱 강렬하게 다가간다. 그 이유는 그들이 충분히 예측할 수 있는 명확하고 안정된 사회보장제도가 없기 때문이다. 이러한 예측을 할 수 없기에, 어쩔 수 없는 가운데 남은 방법이라곤 될 수 있는 한 많이 저축하는 것이다. 최대한 많이 저축함으로써 안정감을 얻게 되는 것이다.

질문: 제도보장이 제대로 되어 있지 않아 어쩔 수 없이 저축을 한다는 말인가?

쑨리핑: 그렇다. 이 논리를 알게 되면 사람들은 은행에 그렇게 많은 예금이 있는데도 왜 그처럼 시장이 침체되는지, 또 소비에 대한 신용소비와 대출소비의 자극이 왜 그렇게 미미한지를 알 수 있을 것이다. 어떤 사람이 안전을 위해서 저축하고 또 저축한 돈을 감히 쓰지 못한다면, 그 사람에게 "당신에게 돈을 빌려 줄 테니, 이 대출금으로 자동차를 사라"라고 한다 치자. 그러면 그가 어떠한 반응을 보일 지는 충분히 짐작할 수 있다. 우리는 서구의 초과지출, 대출소비를 흥미진진하게 이야기하는 것을 자주 듣는다. 그러나 이러한 행위는 완전한 사회보장제도가 확립된 이후에야 생겨난다는 사실을 알아야 한다. 그들이 대출하여 소비를 하는 것은 이후 생활에 아무런 걱정이나 근심이 없기 때문이다. 이는 최소한 그들이 이후 생활에 명확한 예측을 할 수 있다는 것이다. 여기에서 사회보장제도는

소비행위를 촉진하는 중요한 작용을 하고 있음을 알 수 있다.

따라서 건전한 사회보장제도를 확립해야 하는 것은, 단지 대규모적인 내구소비재 생산에 상응하는 소비시장을 형성해야 한다는 점만 가지고 보더라도 피할 수 없는 추세이다. 여기서 우리가 주의를 기울여야 할 현상이 있다. 그것은 80년대 소득 예측에서 90년대 지출 예측으로의 변화다. 80년대 사람들은 소득 증가를 중시했다. 사람들 대부분은 내년 매월 소득이 얼마나 증가할 수 있는지, 또 이에 따라 생활을 어떻게 이룰 것인지 계획했다. 이것은 소득에 대한 예측이다. 그런데 90년대에 들어서자 상황이 완전히 바뀌었다. 지금 사람들은 수입이 얼마나 증가할 수 있는가를 고려하는 것이 아니라, 앞으로 어떠한 새로운 지출항목이 나타날 것인가를 걱정한다. 예를 들어 위에서 언급했던 자녀 교육, 주택, 양로, 의료 등의 문제이다. 사람들도 이런 예측에 근거해 자신의 생활을 구상한다. 이것을 지출 예측이라 칭할 수 있다.

그렇다면 지출이 왜 이처럼 중요한 지위를 차지하게 되었는가? 근본적인 원인은 소득 증가폭과 지출 증가폭의 대비에 있다. 지금의 정상적인 상황에서 월수입은 가장 많이 올라봐야 3자릿수 정도 증가하지만, 상술한 지출항목은 5자릿수 심지어는 6자릿수로 증가하기 때문이다. 이처럼 나타날 수 있는 5자릿수나 심지어 6자릿수의 지출항목으로 보자면, 3자릿수의 소득 증가는 하찮아 거의 계산 축에도 들지 않는다. 따라서 이런 배경 아래 건전한 사회보장제도의 확립은 사람들이 제도적 규정에 따라 자기의 생활을 예측 가능하도록 만든다. 다시 말해서 이는 효과적인 시장수요를 형성하는 데 아주 중요한 조건인 것이다.

4. 사회의 많은 부가 소수에 집중하여, 정기적인 소득 비중이 작은 소득구조 또한 내구소비재시장의 형성을 방해할 것이다.

질문: 제 3의 요소인 사회 재부의 분배문제에 대해 이야기해 보자. 최근 몇 년 사이 부의 분배에 대해 많은 담론이 있었지만, 주로 사회 공평의 측면에서 다루었지, 그것을 경제성장의 조건으로 간주하고 논의한 것은 거의 없었다.

쑨리핑: 80년대는 자원 확산의 시기로 볼 수 있다. 처음 개혁조치를 실행했을 때 원래 체제에서 불리한 위치에 있었던 사회계층이 여러 가지로 이익을 얻었다. 예를 들어, 농민은 농가청부제와 다각 경영으로 많은 이익을 얻었고, 도시 실업자는 자영업의 발전과 취업 기회의 확대를 통해 많은 이익을 얻었다. 권력의 하부 이양과 조세체제의 개혁에 따라 사회의 말단조직과 기업이 더 많은 자원을 장악했다. 향진기업이 발전하자 중소도시가 활기를 띠게 되었다. 이것이 바로 개혁 초기의 평등화의 산물이다.

    90년대에 이르면 이런 추세가 근본적으로 변하기 시작했다. 말단조직이 마비되고 변두리 지역의 발전이 현저하게 뒤떨어졌다. 더욱 중요한 사실은 부가 갈수록 소수에 집중된 것이다. 이에 대해 경제학계와 사회학계에서는 많은 연구를 행했다. 그들의 구체적인 연구결과는 다소 차이가 있지만, 다음과 같은 몇 가지 점에 대해 인식을 같이 했다. 그것은 사회 불평등의 정도가 80년대보다 현저히 높아졌고, 지니계수로 판단한 불평등의 정도가 불평등이 상당히 높은 국가에 근접했다는 점이다. 사회 재부의 80%가 소수 20%에 집중되었고, 나머지 80%의 사람들이 20%의 재부를 지닐 뿐이었다.

질문: 이런 부의 분배 형태는 지금 중국의 경제성장, 특히 내구소비재 시대로의 전환에 어떤 영향을 미치는가? 어느 정도의 불평등

은 경제성장에 도움이 될 수 있다고 생각하지 않는가?

쑨리핑: 사회 불평등의 정도에 대해 이전 사람들은 사회 정의와 사회 논리의 각도에서 주의를 기울였지, 이러한 부의 분배형태가 경제성장 자체에 어떠한 영향을 미치는가에 대해서는 거의 주목하지 않았다. 심지어 어떤 이는 사회의 불평등이 경제성장에 도움이 된다고 여겼다. 그 이유는 부가 소수에게 집중되면 자본 형성에 유리하기 때문이다. 후자의 의견이 일리가 있어 보이지만, 사실은 매우 잘못된 견해이다. 생필품시대는 자본 형성이 절대적으로 중요했다. 이 시대에는 빈부격차가 자본 형성에 유리했고 경제성장에도 유리했다. 하지만 내구소비재 시대가 되면 해외식민시장이 없는 상황에서 현격한 빈부격차는 내구소비재 시장의 형성에 방해가 될 것이고, 이로 인해 내구소비재의 대량 생산에 필수적인 시장 조건을 제공할 방법이 없게 될 것이다.

빈부격차는 내구소비재 시장의 조건 형성에 방해가 되는 것 외에도, 분배구조에도 홀시할 수 없는 문제로 작용한다. 그것은 바로 개인소득의 구조이다.

질문: 개인소득의 구조란 무엇을 말하는가? 이것은 경제성장에 어떠한 영향을 미치는가?

쑨리핑: 개혁 전의 상황을 돌이켜 보자. 대다수 사람들이 기억하듯이, 그때 사람들의 임금은 아주 낮아 한 달에 30~50위안이 보편적인 현상이었다. 그러나 당시 사람들이 돈에 대한 사용방식은 지금과 큰 차이가 있다. 오로지 먹는 것에 다 써버리는 것이 당시의 주된 소비방식이었다. 급여를 받기 며칠 전에 월급을 다 써버린 이도 있었다. 당시 사람들은 "두렵지 않아, 며칠 지나면 월급이 나올 테니"라고 종종 말했다. 이는 소득이 적었기에 그러하겠지만, 실제로는

꼭 그렇지만은 않았다. 또 다른 중요한 원인은 다음달의 월급을 받을 수 있다고 기대감을 가지고 있기 때문이다. 아울러 그는 다음달 월급이 언제 나오는지 또 얼마나 나오는지를 알기 때문이다. 바로 이러한 판단으로, 그는 이번 달의 월급을 다 써버릴 수 있고 심지어는 돈을 앞당겨 쓰기도 한다.

질문: 지금도 옛날과 마찬가지지 않은가?

쑨리핑: 틀린 말은 아니다(정상적으로 생산할 수 없어 정상적으로 월급을 지급할 수 없는 기업을 제외하고). 그러나 주의해야할 중요한 구별이 있다. 80년대나 그보다 이른 시기의 사람들은 기타 소득이 거의 없었기에, 월급을 제때 안정적으로 받을 수 있다는 것은, 모든 소득을 제때 받을 수 있다는 것을 의미한다. 그러나 지금 상황은 다르다. 지금은 정규 소득 외에 비정규 소득, 즉 아주 많은 우연 소득이 있다. 지금 중국은 소득 분배의 기형적 구조로 말미암아, 월급 계층 가운데 상당 부분은 우연 소득에 큰 비중을 두고 있다. 정규 소득인 월급은 겨우 생존할 수 있는 생활수당일 뿐이고, 심하게는 기본적인 생활조차 유지해 나갈 수 없는 실정이다. 이는 오늘날 월급은 때맞추어 지급하지만, 기타 소득은 제때에 얻어지는 것이 아님을 설명한다. 이런 소득구조는 사람들의 소비행위에 큰 영향을 미친다.

질문: 지금 중국 사회의 정규 소득과 비정규 소득의 비례 관계를 어떻게 평가해야 하는가?

쑨리핑: 비정규 소득이 사람들의 생활에 얼마만큼 비중을 차지하는지는 알 수 없다. 이는 정말 정확하게 대답하기 어려운 문제다. 먼저 한 가지 사례를 들어 보자. 평소에 '깨끗한 관청'이라 여겨지던 단위에서 자금을 모아 주택을 지으려 했다. 위치가 좋고 주택의 내부 설계도 좋아, 방이 세 칸 딸린 주택에 20여만 위안의 자금이 필요했

다. 처음 시작했을 때, 사람들은 직원들이 이런 자금을 지불할 수 없을 것이라 여겼다. 이런 소식이 막 전해졌을 때 사람들 사이에도 의견이 분분했다. "이렇게 많은 돈을 누가 지불할 수 있을까?" "우리들 일 년 연봉이 얼마나 된다고?" 하지만 등록을 받았을 때 의외로 자금 모집이 활발하였다. 지불 능력이 있는 대다수 직원(중년 직원을 포함해서)들은 아예 그 대열에 끼지도 못했다. 그렇다면 도대체 누가 이런 대열에 들 수 있는가라는 문제에 대해 한바탕 쟁론을 불러 일으켰다.

20만 위안이라는 돈이 어떠한 개념인가? 이 단위의 평균 월급으로 계산하더라도, 이는 직원의 20여 년의 월급에 해당한다. 몇 년 전만 하더라도 월급 수준이 아주 낮았다는 점을 고려한다면 더욱 그러하다. 일부 직원들은 일을 시작하면서부터 지금까지의 모든 월급을 다 합친다 해도 20만 위안이 되지 않을 것이다. 그러면 이런 돈이 어디서 나왔단 말인가? 이 단위는 행정기구가 아니어서 직원이 행정 권력을 남용할 수 없기 때문에, 부패 요소가 있을 수 없다. 필자는 이런 돈이 소위 '초과' 소득, 즉 제 2직업의 소득이거나 기타 임시 소득이라 여긴다. 여기에는 외국에서 얻은 소득 등을 포함한다.

어느 사회나 이러한 비정규 소득이 존재한다. 문제는 중국 사회에서 이런 비정규 소득이 차지하는 비중이 지나치게 높다는 데 있다. 90년대 중반 어느 해에 도시 주민 전체가 받았던 월급이 6,000억 위안이었고, 그 해 전국 저축잉여의 증가도 6,000억 위안이었다. 여기에는 농민들의 저축도 포함되어 있다. 하지만 당시 농민들 저축은 전국 저축액의 일부분을 차지할 뿐이다. 따라서 이런 데이터는 도시 주민이 1년 동안 아무것도 먹지 않은 채 보냈다는 인상을 주다. 하지만 그들은 먹었을 뿐 아니라 잘 먹었다는 사실이다. 문제는 이처럼 먹고 생활하는 돈의 원천이 바로 비정규 소득에 있다는 것이다. 여기에서 다음과 같은 사실을 쉽게 알 수 있다. 직장에서 은행을 통해 월급이 지불되지만, 그들 중 일부는 몇 개월 심지어 일 년에 한 차례 은행에 가서 돈을 찾는다. 그들의 일상생활에서의 지출은 이러한 비정규 소득에 의지한다.

지금 우리들이 분석해야 할 점은, 이러한 소득구조가 사람들의 소비행위에 어떠한 영향을 미치는가 하는 점이다. 개괄하면 이러한 소득구조는 지불능력에 있어 다음과 같은 두 가지 특징을 지니게 된다. 첫째, 일회성 지불 능력이 강하다. 이는 앞서 제시한 예처럼, 단위 노동자가 한 번에 일이십만 위안을 찾아 집을 구입하는 능력은 사람들의 상식을 훨씬 뛰어넘는다. 둘째, 고정적인 지불능력이 부족하다. 그들이 한 번에 일이십만 위안을 찾을 수 있다는 것이 일상생활에서 매월 몇백 위안이나 몇천 위안을 지출하는 것을 의미하지는 않는다.

더 구체적으로 말하자면, 일회성 지출과 고정적 지출에 대한 그들의 실질적 심리 부담이 같지 않다는 것이다. 그들에게 한 번에 큰돈을 내라고 하면 이를 악물고 내려 할 것이다. 그러나 매월 고정적으로 일정 정도의 돈을 내라고 하면, 그들은 아마도 내지 못할 것이다. 더욱 중요한 사실은, 그들은 후자에 스트레스가 더욱 심하다는 것이다. 이러한 원인은 바로 앞서 기술한 소득구조에 있다. 일회성 지출은 이전의 비정규 소득의 축적으로 사용하지만, 고정적인 지출은 이후의 정규 소득에 기초해야 함을 의미하기 때문이다.

이것은 현재 중국의 소비 시장에 보편적으로 존재하는 '살 수는 있지만 쓸 수는 없는' 현상을 야기했다. 전형적인 예가 바로 자동차다. '살 수는 있어도 관리하기 힘들다'라는 것이 자동차 구입에 대한 대다수 사람들의 느낌이다. 다시 말해 도시가정 상당수는 몇만 위안의 가격을 지불할 능력은 있지만, 매년 몇천 위안이나 몇만 위안의 관리비용에 대해서는 뒷걸음질친다. 여기에는 자동차의 관리비용이 지나치게 높다는 데 문제가 있다. 하지만 더욱 중요한 것은 사람들의 소득구조와 관련이 있다.

부동산 구매도 같은 이치다. 분양 주택을 사려면 거액의 구입비용을 지불해야할 뿐만 아니라, 매월마다 적지 않은 관리비를 지불해야 한다. 이러한 비용은 일 년에 많게는 일이만 위안에서 적게는 몇천 위안이 된다. 소비자 대다수는 분양주택을 구입할 때 관리비 부담을 가장 중요하게 고려하는 것으로 조사되었다. 지금 중국의 산업정책 가운데 주택과 개인 승용차는 중요한 항목이자 경제성장의 동력이다. 그러나 상술의 분석에서 알 수 있듯이, 이 두 상품에 대한 소비는 상당히 높은 개인적 정규 소득에 기초해야만 한다. 하지만 지금 중국 주민의 소득구조 상황은 이러한 요구와 모순되고 있다.

더 구체적으로 말하자면, 이러한 소득구조의 기초 아래 대출 소비나 신용 소비 그리고 분할 지불은 소비 수요를 자극하는 역할 면에서 상당히 제한적이다. 지나치게 많은 비정규 소득과 너무 적은 정규 소득의 소득특징, 게다가 앞서 이야기한 불확실한 제도적 요소로 야기되는 영향은 정말로 크다. 그들 저축은 대부분 불확실한 비정규 소득에서 온 것이다. 그들은 은행에다 저축한 돈조차 감히 쓰지 못하는데, 하물며 그들에게 대출을 받아 자동차와 주택을 구매하고 또 이후에 고정적으로 상당 비용을 제때에 지불하도록 하는 것은 받아들이기 힘든 일이다.

어떤 경제학자는 내수부족의 원인 가운데 하나가 너무 낮은 소득수준과 관련이 있다고 여긴다. 이 견해는 지나치게 두루뭉술하고 모호하다. 문제의 본질은 사람들의 정규 소득이 너무 적다는 것이다. 사회 전체로 볼 때, 소득 대부분은 비정규 루트로 얻어진 것이지 정규 루트로 분배된 것이 아니다. 이것은 규범화되지 않은 소득분배를 야기했고, 효과적인 시장 수요의 형성에 제약을 가했다.

소득분배 : 도대체 무슨 문제가 있는가?

개혁개방 이래 소득분배 문제는 학계에서 줄곧 관심의 초점이 된 문제 중 하나이다.

지금 중국의 소득분배에서 가장 큰 문제는 소득격차와 양극화라고 하는 이가 있다. 또 어떤 이는 그래도 평균주의라고 말한다.

쑨리핑(孫立平) 교수는 지금 중국은 빈부격차와 평균주의가 병존하고 있다고 여기고 있다. 소득분배에 존재하는 가장 근본적인 문제는, 제도로써의 소득분배가 지금 붕괴와 와해 상태에 처해 있고, 아울러 빈부격차와 평균주의는 바로 제도 붕괴의 또 다른 표현이다.

1. 90년대는 자원 재축적 시대이다.

질문: 개혁개방을 한지 20여 년 지난 오늘날에도 소득분배는 여전히 의견이 분분한 문제이다. 최근 몇 년 사이에 사람들은 이 문제에 대해 더욱 관심을 가지게 되었다. 학계에서도 이 문제에 대해 여러 견해가 있는데, 이 문제에 대해 어떻게 생각하는가?

쑨리핑: 사실 90년대와 80년대는 아주 큰 차이가 있다. 80년대는 자원 확산 시기였다. 개혁 이전 중국 사회의 재부는 대부분 국가의 수중에 집중되어 사회 재부가 극도로 부족했다. 이런 상황에서 사회

의 가장자리에서부터 발단이 된 시장을 기본방향으로 한 경제체제 개혁은, 재부의 증가와 자원 확산의 효과를 가져다주었다. 이런 과정에서 사회의 약소집단과 주변집단은 개혁 기간 동안 가장 먼저 수익을 얻었다. 농민의 소득이 증가했고, 실업상태에 처했던 일부 지식청년들이 도시로 돌아와 개인 경영을 통해 안정된 소득을 얻었다. 그 중 어떤 이는 부유한 사람이 되었다. 이와 동시에 사회의 가장자리에서 왕성한 기상과 발전의 활기가 나타났고 농촌경제가 괄목하게 증가하였으며, 향진기업이 급속히 성장했고 소도시도 발전하기 시작했다. 권력의 일부를 하부에 넘겨 이익을 양도하는 식(放權讓利式)의 개혁이 추진됨에 따라, 말단 정부와 기업은 더 많은 자주권과 배분자원을 획득하게 되었다. 이렇게 함으로써 기층 경제의 발전과 사회생활에 활력을 가져다주게 되었다.

질문: 이런 추세가 90년대까지 지속했는가? 아니면 역전되었는가?

쑨리핑: 80년대 말과 90년대 초부터 사회재부의 축적과정이 생기기 시작했고, 사회 전체의 구조도 이에 따라 바뀌기 시작했다. 처음 시작했을 때 이 과정은 대부분 생산재료 시장과 자본 시장 그리고 금융 시장의 형성과 개방에서 이익을 얻었다. 어떤 학자의 통계에 따르면, 중국의 모든 통제 상품의 가격차가 대략 1,300억 위안 이상, 이윤 차액이 대략 200억 위안, 외환 차액은 대략 500억 위안이었다. 위의 '세 가지 차액'의 총액은 2,000억 위안 이상이었다. 1988년에는 상품 가격차가 1,500억 위안 이상, 이윤 차액은 1138.81억 위안 이상, 외환 차액은 903.43억 위안 이상이었다. 세 가지 차액의 합계는 총 3,569억 위안 이상으로, 그 해 국민소득의 30% 정도를 차지했다.

90년대로 들어선 이후, 대다수 상품 가격이 통제 없이 개방되고 외환에 대해 '시장에서의 조절'이 진행됨에 따라, 이 두 부분의 기격차는 감소될 수 있었지만 이윤 차액은 이전과 마찬가지였다. 아울러 대출 총액이 부단히 증가함에 따라 이윤 차액도 증가했다. 이윤 차액 외에도 주의해야 할 점이 두 가지 있다. 하나는 국가세금의 유실문제다. 관계자의 추측에 따르면, 1992년 국가세금의 유실이 1,000억 위안에 달했다. 그 가운데 탈세가 포함되고, 또 불합리한 감면세금도 포함된다. 둘째는 '지가(地價) 차액'이다.

90년대, 특히 1990년 말로 접어들면서 국유자산의 대규모 분할이 본격적인 단계로 들어섰다. 가장 먼저 나타난 것이 '인클로저 운동'이다. 1987년에서 1992년 사이 '개발지역 붐'에서 지방정부의 관련부서는 극히 저렴한 가격으로 토지를 부동산개발상에게 팔아버렸다. 염가로 토지를 구매한 '부동산개발상'들은 이런 토지를 여러 차례 손을 거친 후 시장에다 팔아 폭리를 취했다. 이와 동시에 기업의 제도개혁이 진행됨에 따라 과거 수십 년 동안 누적된 국유자산이 분할되기 시작했다. 이 수치가 얼마나 큰지 통계를 내거나 계산할 수 없을 정도였다(어떤 학자의 개략적인 계산에 따르더라도 그것은 너무나 큰 수치였다). 이외에 부패도 부의 축적에 실질적 역할을 했다.

앞서 말한 바와 같이 80년대에는 부패현상이 개별적인 것과는 사뭇 다르지만, 당시 관련된 부의 양이 제한적이었기에 전체 사회에 대한 부의 분배에 실질적인 영향을 가져다주지 못했다. 그러나 90년대로 들어선 이후 부패현상이 점차 보편화되었고 횡령 액수도 갈수록 커졌다. 수십만 위안의 사안은 흔히 볼 수 있었고 근 백만 위안의 사안도 빈번하게 생겼으며, 수백만 위안, 수천만 위안 심지어 몇억 위안의 사안도 간혹 나타났다. 그 결과 부패는 사회의 부를 배분하는 중요한 수단이 되었고, 사회 재부의 분배구조에 영향을 주는 중요한 요소가 되었다.

이런 상황하에 부는 다시 소수에게 축적되기 시작했다.

첫째, 집단 간의 소득격차가 갈수록 커졌다. 개혁 초 '큰 파이 만들기'라는 개혁모델은 실패자가 나타나기 전에 성공한 자를 양성한 것이다. 그런데 90년대 자원배치 메커니즘의 변화로 말미암아 사회의 일부 사람들이 부를 신속히 모았고, 원래 개혁 초기에 일부 이익을 얻었던 주변집단이나 약소집단은 점차 개혁의 부담자로 되었다. 다시 말해서 90년대는 개혁의 실패자가 나타난 시기다.

둘째, 사회의 가장자리에서 쇠퇴의 징조가 나타났다. 그것은 특히 농촌과 소도시다. 어떤 농촌에서는 젊은이를 찾기 힘들었고, 어떤 마을은 '빈껍데기 촌'으로 되어 마을의 도로와 수리시설 등 기초설비를 오랫동안 보수하지 못했다.

셋째, 말단조직이 마비되었다. 최근 몇 년 동안 재정수입이 갈수록 상급정부에 집중되어 말단정부의 재정능력이 갈수록 빈약해졌다. 특히 농촌의 향진정부들의 부채는 갈수록 누적되었다.

2. 소득 분배구조에서 나타난 폐단

질문: 개인소득이 양극화됨과 동시에 일부 지역의 소득분배는 현저한 평균주의의 특징이 존재하고 있는데, 이것은 또 어떻게 해석해야 하는가?

쑨리핑: 분명히 그러하다. 지금 중국은 빈부격차와 평균주의가 병존할 뿐 아니라, 이 두 가지 현상이 심각해지는 추세를 드러내고 있다. 표면적으로 보면 이해하기 힘들지만, 중국인의 소득구조를 자세히 분석하면 이런 괴이한 현상이 왜 존재하는지를 발견할 수 있을 것이다.

질문: 소득 분배구조는 무엇을 가리키는가?

쑨리핑: 먼저 개인의 소득원이다. 중국은 지금 계획경제체제에서 시장경제체제로 전환하는 시기에 처해 있기에, 그러한 경제체제는 순수한 계획경제나 순수한 시장경제가 아니라, 계획경제와 시장경제가 결합된 혼합경제체제이다. 이런 혼합경제체제의 조건하에서, 개인의 소득원 역시 아주 복잡한 상황을 드러낸다.

개인이 얻는 소득은 주로 3가지 공급원이 있다. 첫째, 분배 부서의 소득이다. 이것은 주로 국가행정과 사업단위 직원의 월급소득, 국유나 집체기업 간부와 노동자의 월급소득, 국가에서 방출한 생활보조금을 포함한다. 둘째, 시장교환에서 얻는 소득, 즉 재분배소득이다. 이것은 주로 분배 부서의 월급소득, 이자, 이윤과 임대금 등의 소득을 포함한다. 셋째, 재분배부서와 시장 간의 교환 영역에서 나오는 소득이다.

혼합경제의 각 부문에서 경제활동은 다른 원칙으로 운행된다. 재분배경제부문에서는 재분배원칙의 지배 아래 경제자본과 경제자본 간의 교환이다. 시장경제부문에서는 시장원칙의 지배 아래 경제자본과 경제자본 간의 교환이다. 이 두 부문 간의 교환영역 가운데 실제로 시장과 비슷한 형태가 존재한다. 여기서는 권력과 금전의 교환을 원칙으로 한 정치자본과 경제자본 간의 교환이 행해진다. 이것은 재분배경제가 시장경제로 향하는 과도기적 과정으로, 특히 주의해야 할 교환영역이다. 이런 교환영역이 존재하고 있기에, 지금 중국의 개인소득 분배가 순수한 시장경제와 순수한 계획경제의 개인소득 분배보다 더욱 복잡한 상태로 나타나는 것이다.

질문: 이것은 개인 소득원 구조에 어떠한 영향을 미치는가?

쑨리핑: 사람들이 어떠한 형식으로 소득을 얻었는가에 직접적으로

영향을 미친다. 지금 중국의 상황에서는 다음과 같은 것에 특히 주의해야 한다.

첫째, 개인의 부당소득이다. 정상적인 사회에서 개인 소득구조에는 이 항목이 존재하지 않고, 적어도 단독적인 항목으로는 하찮거나 이루어질 수 없는 것으로 되어야만 한다. 그러나 지금 중국에서는 이 항목이 개인소득에서 무시할 수 없는 위치를 차지하고 있다. 왜냐하면 혼합경제 가운데 재분배부문과 시장부문 사이에는 정치자본과 경제자본 간의 교환관계가 존재하기 때문이다. 이런 교환관계의 존재는 일부 사람에게 여타 사회에서 획득하기 힘든 소득을 제공하는데, 이것이 바로 '비관례적 분배'로 제공되는 소득이다.

구체적으로 말하자면, 이 항목은 두 가지 하위항목으로 구성된다. 첫째, 국유자산의 유실(또는 국유자산의 분배)로 형성된 개인소득이다. 둘째, 공금의 소비다. 최근 몇 년 동안 중국의 집단 구매력은 직선적으로 상승했다. 경제침체와 시장불경기 그리고 시민들의 실제 구매력이 줄어들었음에도 불구하고, 집단 구매력은 지속적인 상승 추세를 유지했다. 집단 구매력 가운데 일부분(혹은 상당 부분)은 실제로 개인의 소비로 전환되었다. 어떤 이는 90년대 중국에서는 매년 공금으로 식사하고 여행한 총액이 천억 위안에 달한다고 예측했다. 기타 공금으로 결제한 개인적 실제 소비 항목은 통계를 내거나 계산할 수 없는 천문학적 숫자이다.

둘째, 실물의 배분이다. 개혁 전의 계획경제에서는 전체 개인소득의 분배 가운데 실물분배가 상당히 중요한 부분을 차지했다. 이러한 실물분배의 내용에는 공공기관에서 배분한 승용차, 공동 주택, 전화, 단위가 무료로 제공한 서비스와 기타 물품, 의료 등을 포함한다.

셋째, 정상적으로 분배한 부문 중의 화폐소득이다. 이 부분의 분배는 가장 기본적이고도 정상적인 분배 형식이다. 그러나 이것이 가장 정상적인 분배임에도 불구하고 지금 중국에서는 이상하고 복잡한 상황이 나타나고 있다. 한편으로는 단위 내의 화폐소득 외에 외적인 소득이 나타났다. 어떤 지역에는 이런 '부당 소득'이 대다수 사람들의 소득에서 중요한 구성성분을 이루게 되었고, 심지어는 단위 내에서 얻는 소득을 초과하기도 했다.

다른 한편으로 단위 내의 화폐소득은 두 부분으로 구성된다. 그것은 노동 효율을 반영한 월급과 보너스 그리고 평균주의를 표준으로 분배된 복지항목의 소득이다. 여기에서 분명히 알 수 있는 추세와 특징은, 화폐분배 가운데 상당 부분의 단위에서는 노동효율을 반영한 월급과 보너스가 차지하는 비율이 갈수록 적어지는 반면, 자동차 보조금, 식사 보조금, 서적과 신문 요금, 독자 자녀 보조비, 목욕이발비 등 복지항목이 차지하는 비율이 커지고 있다는 점이다.

3. 심사숙고할 만한 각기 다른 소득 분배 모형

질문: 이런 상황에서 개인의 소득분배는 분명 혼란 상태를 드러낼 것이다.

쑨리핑: 그렇다. 좀 더 자세히 관찰하면 중국 사회에는 월급과 소득이 서로 분리된 현상이 명확히 존재하고 있음을 알 수 있다. 다시 말해서 노동보수를 주요 소득원으로 하는 월급계층이라 할지라도, 월급과 소득은 갈수록 달라지고 있고, 이 둘은 아무런 상관이 없는 것으로 되고 있다. 이처럼 월급과 소득이 분리되는 직접적인 결과는 '고임금-저소득'과 '저임금-고소득'의 양극단적인 모형이 형성된다. 여기에서 설명을 덧붙여야 할 점은, 여기에서 말하는 '고소득'

이나 '저소득'은 월급계층의 노동소득만을 두고 말하는 것으로, 그들의 저축 이자, 주식 이자, 임대로 생긴 소득은 여기에 포함되지 않는다. 이러한 전제 아래 우리는 이 두 모형을 개괄적으로 분석할 수 있다.

첫째, '고임금-저소득' 모형이다. 일부 대학의 교수와 과학기술 연구기관의 고급연구원이 '고임금-저소득'의 전형이다. 이런 모형에는 월급은 높은데 '부수입'이 적은 국가공무원이나 정년퇴직자 등도 포함된다. 이런 사람들은 기본 월급은 높지만, 단위 내에서 분배한 장려금과 노동임금 및 기타 복지성 소득이 적으며, 단위 외에서 기타 노동소득을 거의 얻을 수 없는 것을 공통 특징으로 한다. 교육, 과학기술연구, 문화 등의 사업성 단위나 일부 행정부서에서 이런 모델이 상당히 보편적으로 존재하고 있으며, 이들 간에는 정도 차이만 조금 있을 뿐이다.

둘째, '저임금-고소득' 모형이다. '저임금-고소득' 모델은 관광 가이드를 전형적인 예로 들 수 있다. 현행 임금 표준으로 보면, 가이드의 임금은 낮은 편이다. 대학 교수나 연구소의 고급연구원보다 낮을 뿐 아니라, 심지어 대학 강사, 조교, 행정기관의 과장급, 처장급 간부들보다 낮다. 하지만 그들의 실질 소득은 전자보다 높다. 그 원인은 그들의 전체 소득 가운데 각종 보조금과 보너스 그리고 수수료가 큰 비중을 차지하며, 심지어 기본구성부문으로 된다. 경제수익이 높고 보수가 노동효율과 직접 연결된 일부 기업 노동자들도 대체적으로 이런 유형에 속한다. 이런 모형에는 임금은 적지만 '부수입'이 많은 사람도 포함된다. 이 외에도 일부 기업의 판매원의 소득도 이런 모형에 속한다. 왜냐하면 성공한 판매인의 공제액도 제한된 임금과는 비교할 수 없기 때문이다.

셋째, 중간모델이다. 이 양극단 모형 사이에 많은 중간 모형이 존재한다. 중국 사회는 '삼자' 기업 직원의 소득에 줄곧 관심을 가졌다. 그들의 소득은 대체로 '고임금-고소득' 모형에 속한다. 이는 그들의 임금 표준이 아주 높기 때문이다.[46] 이와 반대로 경제수익이 낮은 기업에서 제2직업에 종사하지 않는 노동자 소득은 대체로 '저임금-저소득'의 유형에 속한다. 몇몇 기관의 일반간부, 초·중등학교의 일부 교사도 이런 유형에 속한다.

4. 빈부격차와 평균주의의 병존

질문: 소득 분배구조에 대한 상술 논의에서 지금 중국의 개인소득은 극히 복잡하고 미묘한 항목으로 구성되어 있음을 알 수 있다. 이로 인해 중국의 개인 소득문제가 극히 복합적인 상태로 나타나게 되었고, 아울러 여러 가지 병폐 또한 이와 밀접한 관계가 있음을 알 수 있다.

쑨리핑: 그렇다. 먼저, 평균주의와 빈부격차가 병존하여 발전하는 문제가 나타난다. 일반적으로 평균주의와 빈부격차는 서로 모순된 현상으로, 동일한 시기에 한 사회에서 공존하기 어렵다. 어떤 사회이든 평균주의 사회 아니면 빈부격차 사회다. 이상하게도 지금 중국은 서로 모순된 이 두 현상이 뒤엉켜 있다. 만약 앞서 분석한 개인소

---

46) 이 부분은 의논의 여지가 다분히 있다. 저자는 '고임금-고소득'의 대표적인 예로 '삼자' 기업의 직원을 들고 있다. 하지만 그들은 임금 표준은 아주 높지만 기타 수당이나 부수입은 아주 적고, 게다가 과중한 업무로 제2직업에 종사할 여력이 없다. 그래서 역자는 이들을 '고임금-저소득'의 예로 적당하지 않을까 생각한다. 그렇다면 '고임금-고소득'에 속하는 유형은 아마도 국유독점기업(석유공사, 수리공사 등)의 직원일 것이다. 이들은 삼자기업이나 집체기업보다 임금이 많을 뿐 아니라 국가적인 복지 혜택도 충분히 누릴 수 있기 때문이다.

득구조의 기초로 이 문제를 분석한다면, 이 두 경향이 동시에 병존하는 것 역시 이상하지 않을 것이다.

사람들이 빈부격차를 말할 때면, 이는 실제로 두 부류 간의 소득격차를 말하는 것이다. 이 두 부류는 고소득자가 한 부류이고 저소득자가 또 한 부류이다. 고소득자란 주로 사영기업주인데, 그들의 소득은 대부분 자본과 관리수익이다. 일부 개인경영자의 소득은 주로 자본수익과 노동수입이다. 그리고 일부 국유나 집체기업의 청부업자들의 소득에는 임금과 보너스 그리고 기타소득이 포함된다. 자금횡령, 뇌물수수 및 기타 국유자산의 분할에 따른 수익자가 있는데, 이들의 소득은 기본적으로 불법이다. 정규 공연 외에 개인적으로 출연한 가수, 스타들의 소득은 대체로 제 2직업(그들 대부분은 정식 직업이 있다)의 소득에 속한다. 기타 제 2직업에서 거액의 소득을 얻는 사람도 이러한 유형에 속한다. 소위 저소득자란 불법소득이 없고 제 2직업이 없는 월급계층을 말하며, 그 중에서도 특히 월급계층의 소득보다 더 낮은 대다수 농민을 가리킨다.

하지만 이것은 문제의 한 단면일 뿐이다. 다른 면으로 보면 소득격차가 부단히 확대됨과 동시에 평균주의가 발전하는 것도 분명한 사실로 나타난다. 개혁 이래 평균주의의 발전 및 평균주의와 소득격차의 확대라는 이 두 현상 간의 관계를 설명하기 위해, 소득 분배구조 가운데 몇 가지 다른 항목에 대해 깊이 분석을 해야 할 뿐 아니라 이런 항목과 앞서 분석한 4가지 항목 간의 비례 관계에 대해서도 깊은 분석을 해야 한다. 만약 현재 중국의 소득 분배원의 구성과 형식구조에 대해 초보적으로 분석한다면, 아래에 기술한 소득 분배항목은 평균주의의 형성과 발전에 직접적인 역할을 하고 있음을 알 수 있다.

첫째, 월급이다. 개혁 이래 중국은 대규모로 정도를 달리한 임금 조정을 여러 차례 시행했다. 특히 1985년에 시행한 구조임금[47]의 실행을 주요내용으로 한 임금개혁은 임금분배 영역에서 큰 변화를 낳았다. 임금조정의 최초 동기는 평균주의 경향을 극복하려는 고려가 있었지만, 여러 가지 원인으로 말미암아 평균주의를 극복하려는 고려는 부득이하게 평균주의의 선택으로 넘겨주게 되었다.

둘째, 보너스이다. 여기에는 명실상부한 보너스와 노동임금이란 명의로 분배되는 보너스를 포함한다. 원래 보너스와 노동임금과 같은 이러한 분배 명목의 설치는 보수에다 노동효율을 연결시키기 위한 것으로, 그 결과는 분명한 차이가 나타나야 한다. 그러나 지금 대다수 단위에서의 보너스와 노동임금은 '제 2임금'이나 '생활보조금'으로 되었고, 어떤 곳에서는 평균적으로 분배된다. 어떤 곳에서는 임금분배의 차이가 있지만, 그 차이가 아주 적어서 상징적인 의의만 있을 뿐이다. 또 어떤 곳에서는 일정한 임금 차이가 있지만 순서대로 돌아가면서 분배한다.

셋째, 기타 복지성 항목이다. 예를 들어 자동차 보조, 목욕이발 비용, 주식(主食) 보조, 부식품 보조, 책이나 신문 요금, 독자자녀 지원비 등으로 이를 모두 평균적으로 분배한다. 여기서 알 수 있듯이, 월급, 평균주의로 배분된 보너스와 노동임금, 복지성 분배 항목은 단위 내에서 화폐분배가 평균주의 경향을 이루는 주요소가 된다.

그렇지만 우리가 평균주의 경향을 이루는 분배항목만 살펴본다면, 이는 충분하지 않다. 그래서 우리는 소득 분배구조 측면에서 평균주의 경향을 나타내는 심층적 원인을 분석해야만 한다. 더욱 명

---

47) 구조임금은 기본임금, 직무임금, 근무연한 보조금, 장려금 등 네 부분이 합쳐진 임금을 말한다.

확히 말하자면, 갈수록 심해지는 평균주의 추세는 지금의 개인소득 분배구조와 직접적인 관계가 있는 것이다. 만약 우리들이 소득 분배 가운데 부당소득의 부분을 공제하고, 정당한 소득 가운데 실물분배 부분을 공제하며, 게다가 화폐소득 가운데 단위 외적 소득부분을 공제하고, 또 단위 내의 화폐소득 가운데 복지성 소득부분을 공제한다면, 그 나머지가 월급, 보너스 그리고 노동임금이다. 이 세 부분은 개개인의 소득구조, 특히 개인의 소득구조 가운데 임금은 아주 작은 부분과 비율을 차지할 뿐이다.

　　이런 상황에서 보너스와 노동임금을 포함한 임금은 그 자체로 성질이 바뀌게 된다. 다시 말해서 지금 단위 내에서 화폐 형식으로 분배하는 임금, 즉 보너스와 노동임금은 일한 보수라기보다 기본 생활비라 하는 편이 더 낫다. 평균적으로 분배해야만 가장 기본적인 생활을 유지할 수 있다. 차이가 좀 많이 나면, 생존조차 유지하기 어려운 사람도 있을 것이다. '식사는 단위에다 기대고 소비는 자신에게 기댄다'라는 국면이 바로 이렇게 형성된 것이다. 결론적으로 단위 내의 화폐분배, 특히 임금 부분이 전체 개인소득 분배에서 차지하는 비율이 갈수록 축소되는 것은, 단위 내 화폐분배(특히 임금)의 평균주의 추세가 부단히 가중되는 중요한 원인 중의 하나가 된다.

5. 빈부격차의 확대를 억제하는 제도적 메커니즘 건설

질문: 　그럼 중국은 소득분배에 존재하는 갖가지 문제를 어떻게 해결해야 하는가?

쑨리핑: 　분석에서 나타났듯이, 지금 중국의 소득분배에 존재하는 가장 근본적인 문제는 제도로써의 소득분배가 붕괴와 와해 상태에 처해 있다는 것이다. 빈부격차와 평균주의는 모두 제도 붕괴의 표현

이다. 소득분배에 존재하는 일련의 문제들을 해결하려면, 근본적으로 개인소득의 분배제도를 다시 세워야만 한다. 그 중에서도 특히 빈부격차 문제이다.

빈부격차는 세계 각국에 보편적으로 존재하는 사회 문제이다. 이 문제를 해결하기 위해 서구에서는 일련의 경제수단과 법률수단을 취하였는데, 그 중 첫 번째가 개인소득세의 징수이다. 어떤 국가에서는 개인소득세의 조절을 통해 사회분배의 불평등 정도를 반으로 줄일 수 있었다. 예를 들어 어떤 국가에서는 세금징수 이전 소득이 상위 10%에 드는 사람들의 평균소득은 하위 10%에 드는 사람들의 소득보다 10배나 많다. 하지만 세금징수 이후 그 차이는 5배로 줄어들었다. 그러나 개인소득세로 소득격차를 조절하려면, 여기에는 기본적인 조건이 필요하다. 그것은 바로 정부가 개개인의 소득, 즉 누가 돈을 얼마나 버는지를 알아야만 한다.

서구에서는 신용제도가 발달하여 주민의 소비는 대부분 신용대출방식으로 행해지고, 그들 수중에 있는 현금이 적기 때문에 정부는 개인소득 상황을 정확히 파악할 수 있다. 아울러 이것은 세금징수의 기초가 된다. 탈세행위가 일단 발견되면 법률적 엄징을 받아야만 할 뿐 아니라, 이후 벌금을 내어도 그 일이 가볍게 되지 않는다. 이런 경제와 법률수단의 효과적인 통제 아래, 국민으로서 납세에 대한 강한 의식이 형성된다.

한 통계자료에 따르면, 미국에서 상위 1% 내의 소득에 든 사람이 납부한 세금은 연방세금의 14.7%를 차지한다. 이 외에 부가 세습되어 과도하게 집중되는 것을 방지할 목적으로 정부는 높은 상속세를 징수한다. 독일의 상속세율은 50%에 달해, 어떤 이는 이를 "부는 3대를 건너지 못한다"라고 형상적으로 묘사하였다. 경제와 법률

등으로 부의 과도한 집중을 억제하는 조치는 부의 분배를 북돋우는 사회적 메커니즘이다. 예를 들어 각종 기금을 설립하여 자선과 복지 및 교육사업에 지원할 때, 국가는 출자자의 분배 자산에 대해 세금을 부과하지 않는 것이다.

현 상황에서 가장 기본적인 문제는, 중국은 이러한 기초 제도가 빈약하기 때문에 정부가 주민의 소득과 재산 상황을 정확히 파악할 수 없다는 것이다. 그 결과 누가 부자인지 누가 가난한지를 구별하지 못한다. 간단한 예로 국민주택을 들 수 있다. 최근 베이징과 전국 각지에 국민주택을 많이 지었다. 처음에는 주택 구입이 곤란한 중등소득자와 저소득자를 위해 염가의 주택을 제공하려는 목적이었다. 하지만 결과적으로 중등소득자와 저소득자들은 이러한 주택을 구입할 수 없었다. 정부 우대와 보조금으로 지어진 주택을 고소득자들이 대부분 다 구입하였다. 이것을 통해서도 중국 정부가 소득격차를 조절하는 능력이 떨어진다는 것을 알 수 있다.

불평등과 경제성장 : 논리적으로 어떻게 변화했는가?

질문: 최근 몇 년 사이에 사회의 불평등 문제가 갈수록 사람들의 관심을 불러일으키는데, 학계에서는 일치된 견해가 없다. 문제의 원인이 도대체 어디에 있는가?

쑨리핑: 학계에서는 이 문제를 공평과 효율의 관계로 개괄하였다. 사실 이 문제에 대해 이삼백 년 동안 계속 논쟁을 벌여왔다. 이처럼 논쟁이 불분명하게 된 것은 개념에 대한 정의 문제이기도 하다. 그것은 모두가 알고 있는 기점의 공평과 결과의 공평 등이다. 그러나 논

쟁을 거치면서 문제가 명확하게 되는 것이 아니라 더욱 애매모호해졌다. 문제의 원인이 도대체 어디에 있는가? 나는 이 논쟁의 전제가 틀렸다고 본다. 왜 그런가? 그 이유는 논쟁의 쌍방이 첨예하게 다른 의견을 지닌 것처럼 보이지만, 그들 간에는 공통된 가설이 있기 때문이다. 즉 그들은 고정적이고 불변하는 공평과 효율 관계가 존재한다고 여긴다. 하지만 이것은 존재하고 있지 않다. 공평과 효율의 관계가 어떠한가 하는 것은 구체적인 상황에 따라 서로 연관되기 때문이다.

질문: 그렇다면 지금 토론한 문제를 20여 년 동안의 개혁개방이란 구체적인 배경에 놓고 보면 어떠한가? 문제의 범위를 더욱 축소하여, 20여 년 동안 개인소득격차와 경제성장의 관계를 어떻게 보아야 하는가? 사실 사람들이 정말 관심을 가지는 문제 역시 바로 이것이다.

쑨리핑: 맞다. 개혁개방 초기에 공평과 효율의 문제가 제기되었다. 당시의 기본배경은 개혁 전에 시행했던 노동에 따른 분배정책이었다. 개혁 전의 중국 사회가 완전 평등한 사회라 말할 수 없지만(예를 들어 도시와 농촌 간에 큰 폭으로 불평등과 소득격차가 존재했다), 주로 도시 중심의 일정 범위 내에서 엄격한 평균주의는 효율 제고를 억제한 중요한 요소였다. 당시 이런 소득격차를 끌어당긴 중요한 함의는 바로 이런 평균주의를 타파하는 것이다. 동시에 이것 역시 당시 '일부 사람이 먼저 부자가 되게 한다'라는 이념과 관계가 있다. 이 구호가 이후 어떤 소극적인 결과를 가져왔다 하더라도, 당시 상황에서 이 구호는 경제와 사회 발전의 동력을 키우는 역할을 했다. 왜냐하면 당시 사람들 대부분은 부자가 되어 잘살게 되는 가치관(이것은 이후 보편적으로 인정하는 가치관으로 됨)에 대

해 심적으로 두려워했다.

　　개혁개방 초기의 공평과 효율의 관계, 달리 말해 소득격차와 경제성장의 관계를 분석한다면, 여기에는 아주 깊은 배경이 있다. 그것은 바로 자본형성의 문제이다. 발전경제학의 저서를 살펴보면, 소득격차가 경제성장을 자극할 수 있다는 그러한 관점은 자본축적의 각도에서 논술된 것임을 발견할 수 있다. 그 이유는 많은 개발도상국에서 경제성장을 제약하는 주요소가 자본의 결여이기 때문이다.

　　어떤 경제학자의 견해에 따르면, 소득 불평등은 자본 축적에 유리할 수 있다. 예를 들어 보자. 만약 200위안을 가지고 두 사람이 나눈다 치자. 각각 100위안을 가지고 한 달에 자기의 기본생활비를 지불하는 데 90위안을 쓰면, 결국 남는 돈은 20위안이다. 이 20위안은 자본으로 전환할 수 있다. 다시 말해서 20위안의 자본 축적이 이루어진다. 그러나 방법을 바꾸어 갑에게 150위안을 을에게 50위안을 준다. 을의 생활은 아주 어렵겠지만 생존할 수 있다. 갑의 생활은 좀 사치스러워져 한 달에 110위안을 썼다. 이때 40위안이 남았다. 이 40위안을 자본축적으로 본다면, 자본축적이 2배로 증가했다고 볼 수 있다. 위의 예는 지나칠 만큼 간단하지만, 불평등이 경제성장을 가속화시킬 수 있다는 논증적 논리로 볼 수 있다. 이에 어떤 경제학자는 더욱 진일보적인 해석을 가한다. 두 번째 방안에 따르면 빈부격차는 분명 확대된 것으로 보인다. 그러나 자본축적이 많아지고 경제가 발전함에 따라, 그 중 일부 경제성장의 과실은 일자리 증가와 임금의 상승을 통해 근로소득 형식으로 가난한 자에게 간접적으로 유입시킬 수 있다는 것이다. 이것이 바로 '간접유하(Trickle-Down)' 효과이다.

　질문:　　다시 말해서 소득 분배의 불평등이 경제성장에 이륙다는 논

리는 개혁개방 초기에는 성립할 수 있는 것이다. 그렇다면 이 논리는 언제부터 변화하기 시작했는가?

쑨리핑: 이러한 변화의 전환점은 80년대 말과 90년대 초이다. 90년대 중·후기에 이르자, 소득분배의 불평등이 경제성장을 억제하는 논리임이 분명해졌다. 이 문제를 분명히 하려면 아래 두 가지 기본배경을 끌어와야 한다.

첫째, 불평등의 정도다. 이전 토론에서 학자들은 불평등과 경제성장의 관계를 얼버무려 논증할 뿐 불평등의 정도 문제에 대해서는 아무런 주의도 기울이지 않았다. 이것은 마치 불평등의 정도가 아무리 크다 해도, 이것과 경제성장의 관계는 고정불변인 듯하다. 사실 정도라는 것은 아주 중요한 요소가 된다. 이러한 각도에서 말하자면, 90년대 이후 중국 사회의 불평등 정도는 급격히 확대되었다. 1997년 세계은행이 발표한 〈지속적으로 높아지는 소득을 같이 누리자〉라는 보고서에서, 80년대 초의 중국은 주민소득격차를 반영하는 데이터인 지니계수가 0.28이었고, 1995년에는 0.38이며, 90년대 말에는 0.458이라고 밝혔다. 세계은행의 통계에 따르면, 이 데이터는 사하라아프리카국가와 라틴아메리카국가보다 좀 나은 것 외에, 빈부격차는 선진국, 동아시아의 여타 국가와 지역 그리고 소련과 동유럽국가보다 훨씬 높다. 전 세계에서 15년이란 짧은 기간 동안 소득격차의 변화가 이처럼 큰 나라는 아직 없었다.

또 한 가지 배경이 있다. 거의 동일한 시기에 중국은 생필품 시대에서 내구소비재 시대로 전환하기 시작했다. 이러한 변화는 아주 큰 영향을 미쳤다. 한 가지 기본적인 문제는 내구소비재 시대의 소비패턴이 생필품 시대와는 전혀 다르다는 점이다. 생필품 시대의 소비패턴이 사람들의 생리적 욕구에 의해 결정된다고 한다면, 내구소비재 시대는 소비가 경제생활을 지배한다는 것이다. 이것이 바로 소비가 없으면 생산도 없다는 말이다. 이것은 내구소비재 시대의 전형적인 특징이다. 이처럼 이러한 제도와 사회구조 조건을 창출할 수 있는가, 이로써 내구소비재 시대와 어울리는 소비패턴을 형성할 수 있는가 하는 것이 순조로운 전환을 결정하는 관건이다. 앞에서 말했듯이 내구소비재 시대로 향하는 과도기에는 어려움과 고통이 많은데, 그 중요한 원인이 바로 여기에 있다.

서구는 20세기 초에 벌써 이런 전환기에 처했었다. 그러나 20여 년 동안 아무리 노력해도 전환할 수 없어, 결국 30년대에 경제 대공황이 폭발했다. 이러한 경제 대공황은 내구소비재 단계로 전환하는 과정의 위기로 볼 수 있다. 마침내 서구에서는 경제 공황에 직면했을 때 일련의 제도적 혁신을 단행했다. 케인스주의, 루스벨트의 뉴딜정책, 복지국가 등을 예로 들 수 있다. 이어 제2차 세계대전이 폭발함에 따라 외부시장 여건이 조성되자, 서구는 로스토우가 말한 대중소비사회로 변모했다.

그럼 내구소비재 시대와 어울리는 소비패턴을 형성하려면, 기본 제도 조건은 무엇인가? 지금 중국 상황으로 볼 때 기본적인 문제가 3가지 있다. 첫째, 지체된 도시화는 농촌인구 대다수를 내구소비재 시대로 들어갈 수 없도록 함으로써, 내구소비재 시장 형성을 억제했다. 둘째, 효율성 없는 사회보장제도는 생활의 안정과 장기적인 예측을 형성할 수 없게 만들어, 내구소비재 시대와 어울리는 소비패턴을 형성할 수 없게 하였다. 셋째, 빈부격차의 양극화사회는 내구소비재를 구매할 수 있는 소수 부자들의 수요가 포화상태에 처하게 만들지만, 수요가 필요한 대다수 가난한 국민들은 내구소비재를 구매할 수 있는 현실적 구매력이 없게 만든다.

질문: 다시 말해서 사회의 불평등이 내구소비재 시대와 어울리는 소비패턴을 저지함으로 말미암아 경제성장을 억제하는 작용을 일으킨다는 것인가?

쑨리핑: 90년대 말부터 이 문제는 아주 분명해졌다. 먼저 가장 표면적인 현상을 살펴보자. 최근 몇 년간 중국 GDP 성장속도가 줄곧 7~8%대 사이를 유지해왔다. 어느 기준으로 보건 이것은 상당히 높은 성장속도이다. 하지만 동시에 우리는 기이한 현상을 보고 있다. 그것은 이처럼 급속한 경제성장임에도 대다수 사람들은 이것을 번영이 아니라 불경기라고 느낀다는 점이다. 우리가 말한 이런 사람들은 일반시민뿐만 아니라 상업 활동에 종사하는 사람들도 포함된다. 경제가 급속히 성장할 때 사람들은 생활의 긴박감을 느낀다는 것이다.

이를 거시경제학적 측면으로 표현하자면, 지금도 논의가 분분한 물가의 지속적 하락이다. 학계에서는 물가의 지속적 하락이 디플레이션을 의미하는 지에 대해서는 각기 다른 의견이 있지만, 지속적인 물가의 하락은 논쟁할 필요가 없는 사실이다. 1998년 4월부터 중국 주민의 소비자물가가 하락하기 시작하여 2000년 4월까지 25개월 동안 지속되었다. 그 후 일 년여의 소폭상승세를 거치다가, 2001년 11월부터 주민의 소비자물가가 다시 하락하여 지금까지 10개월이나 지속되었다.

이것이 바로 중국 경제의 발전을 저지하는 내수 부족과 시장불경기 문제의 원인이다. 더 구체적으로 말하자면, 80년대 중국의 경제성장을 제약하는 주요인이 자본 형성이라면, 90년대 특히 후반기에는 수요 부족이 경제성장을 제약하는 주요인이 되었다. 따라서 소득 분배의 불평등과 경제성장 간의 관계는 직접적인 관계가 아니라 간접적인 관계다. 그래서 소득분배 불평등의 경제성장에 대한 작용을 살펴보는 데 가장 관건이 되는 것은, 경제성장을 제약하는 소득분배 불평등의 중대한 요소들이 어떠한 영향을 가져다 줄 수 있는가를 살펴야 하는 것이다. 앞서 우리들의 분석 논리에 근거하면, 80년대 소득분배의 불평등은 주로 자본형성에 미친 영향을 통해 경제성장에 끼친 작용이었다면, 90년대 특히 중기 이후 소득분배의 불평등은 주로 시장수요의 영향을 통해서 경제성장에 끼친 작용이었다. 이것이 바로 불평등과 경제성장 간의 논리 관계의 변화다.

질문: 다시 말해서 지금 소득분배의 불평등과 경제성장과의 관계를 평가할 때 주로 수요부족의 영향으로 간주하고 있는 것인가?

쑨리핑: 그렇다. 앞서 물가의 지속적 하락 문제를 언급했다. 이에 대해 전문가들이 몇 가지 요인을 찾았다. 예를 들어 공급이 수요보다 많은 것 그리고 중복건설과 과도한 투자로 인한 생산능력 과잉이다. 또 화폐 전달의 메커니즘에 문제가 생겨 경제 활성화에 영향을 끼친 것 등이다. 그러나 우리가 일상생활 속으로 들어가 문제를 일으킨 메커니즘을 찾는다면, 이 현상에 대해 명확하게 설명할 수 있을 것이다.

얼마 전 나는 중국 경제성장 과정 속의 이상한 논리를 평가한 글을 적은 적이 있다. 경제가 어느 정도 급속한 성장을 했지만, 사회의 대다수가 그 속에서 이익을 누릴 수 없다. 만약 이러한 급속한 성장이 없었다면 사회의 대다수가 경제 침체로 피해를 입게 될 것이다. 이런 논리는 중국 경제와 사회생활을 곤혹스럽게 한다. 아울러 하나의 논리로 중국의 경제정책을 지배하게 되고, 심지어 사회의 발전방향을 좌지우시하게 된다.

중국 사회에서 국민 대다수가 급속한 경제성장에서 이득을 얻지 못한 것은 분명한 사실이다. 먼저 대다수 농민이 이러한 경제성장에서 아무런 이득을 얻지 못했다. 정부에서 통계수치로 최근 몇 년 사이 농민의 소득이 완연하게 성장해왔다고 밝히고 있지만, 이런 데이터는 모두 평균치로 계산한 것이다. 이것을 자세히 분석하면, 대다수 농민들은 과거 몇 년 동안 아무런 실질적인 소득증가가 없었음을 발견할 수 있다. 다음으로 농민공의 소득에 뚜렷한 증가가 없었다. 최근 외지로 나가 일을 하는 농민이 대략 1억이 넘는데도, 임금수준은 아무런 변화가 없었다. 그들 역시 이러한 경제성장에서 아무런 이득을 얻지 못했다. 셋째는 도시의 샤강 노동자와 실업자다. 이들의 입장에서 볼 때, 급속한 경제성장은 그들과 아무런 직접적인 관계가 없다. 그들이 피부로 느끼는 것은 사회보장기준의 제고이다. 하지만 사회보장기준의 제고는 경제성장의 속도보다 훨씬 느리다. 따라서 이 집단 역시 급속한 경제성장 속에서 아무런 이득을 얻지 못했다.

앞서 언급했듯이 중국은 지금 내구소비재 시대로 진입하는 중이다. 한 사회가 내구소비재 시대로 전환하는 데 가장 중요한 문제는 내구소비재 시대와 어울리는 소비패턴을 형성하는 것이다. 이런 소비패턴은 소득분배와 밀접한 관계가 있다. 빈부격차가 큰 사회구조는 소수의 부자가 소득과 재부의 대부분을 지니고 있다는 것을 의미한다. 그리고 가난한 자는 소득과 재부에 있어 적은 부분을 차지한다.

여러 차례 조사 결과, 9조 위안의 국민저축 가운데 20%의 사람이 80%의 저축액을 지니고 있는 반면 그 외 80%가 20%의 저축액만을 가지고 있었다. 소비행위로 표현하자면, 소수 부자들의 내구소비재는 기본적으로 포화상태에 처해 있다. 따라서 그들이 많은 부와 높은 소득을 지니고 있지만, 내구소비재나 기타 상품에 대해서 그들의 소득과 부에 걸맞는 수요는 더 이상 없을 것이다. 이와 반대로 저소득자들의 입장에서 보면, 그들은 내구소비재에 대한 강렬한 수요가 있지만 현실적인 구매능력이 없다. 이런 상황에서 내수부족과 시장 불경기는 거의 필연적이다.

그래서 효율의 각도로 보더라도, 소득 분배의 불평등이 경제성장을 저지하는 중요한 요인이 되었음을 알 수 있다.

실업 : 중국 최대의 사회문제

질문: 2000년도에 중국의 경제성장률이 8%에 도달하여 경제 회복 현상이 두드러졌다. 우리는 지난 번 인터뷰에서 이 문제를 집중적으로 토의했는데, 선생께서는 이번 경제성장의 동력과 전망에 대해 걱정을 표시했다. 이번 경제회복에서 또 하나 주의해야 하는 것은, 경제회복의 과정 중에 노동취업문제가 명확히 호전되지 않았다는 것이다.

쑨리핑: 그렇다. 정부에서 발표한 소도시의 실업률이 몇 년 동안 계속 3.1%였다. 분명 이것은 축소된 숫자다. 왜냐하면 이것은 등록된 실업률이기 때문이다. 하지만 지금 중국은 등록되지 않은 실업자가 허다하다. 여러 차례 표본조사에서 실제 실업률이 이것보다 훨씬 더 높다는 것이 증명되었다. 정부에서 발표한 소도시의 등록실업률에 따르더라도 분명히 문제가 있음을 알 수 있다. 그것은 지난 일 년 동안의 실업상황이 경제의 명확한 회복에 따라 개선되지 않았다는

것이다. 사실 이러한 상황은 지난 몇 년 사이에 이미 나타나기 시작했다.

 1997년 중국의 GDP는 8.8% 성장했지만 일자리는 1.1% 증가에 그쳤다. 1998년 중국의 GDP는 7.8% 성장했음에도 불구하고 종업원은 0.5%밖에 증가하지 못했다. 1999년도 역시 중국의 GDP는 7.1% 성장했지만 종업원 증가율은 0.89%에 그쳤다. 2000년 중국의 GDP는 8% 성장했다. 그러나 종업원은 0.79%밖에 증가하지 못했다. 따라서 취업기회의 증가는 국민경제의 성장속도보다 훨씬 느림을 알 수 있다. 사람들은 이것을 '고용 없는 경제성장'이라고 부른다. 이 속의 함의는 말하지 않아도 알 수 있다. 경제는 성장하고 있지만, 이러한 경제성장이 취업기회를 얻을 수 없는 사람에게는 아무런 의미가 없다. 경제성장 과정에서 일자리를 잃은 사람에게는 이러한 경제성장에 대해 적극적이기는커녕 소극적이다.

 문제의 시야를 좀 더 넓혀보자. 지난 일 년 동안의 경제회복에서 취업문제는 아무런 개선도 이루어지지 않았고, 사회생활의 여러 중요한 측면에서도 마찬가지였다. 예를 들어 경제성장과정에서 사회의 빈부격차는 조금도 개선되지 않았고, 도시에서는 빈곤계층의 수가 증가하고 있으며, 농민의 소득증가는 더더욱 느려졌다. 또 수많은 사회문제도 개선 흔적을 찾아 볼 수 없었다. 예를 들어 범죄와 치안문제, 사회풍기문제 그리고 사회 모순이 완화되기는커녕 어떤 지역에서는 도리어 과격한 낌새마저 나타났다. 이는 계속 발생하는 악성 형사사건에서 증명된다. 그래서 우리들이 반드시 제시해야할 문제가 하나 있다.

 80년대 경제발전과 사회발전의 관계에서 이러한 논리가 나타났다. 그것은 경제성장이 사회 치안상황을 크게 개선할 수 있다는 것이다. 그러나 90년대는 상황이 완전히 바뀌었다. 경제성장이 사회 치안상황을 개선할 수 있다는 논리가 더 이상 존재하지 않게 되었다. 경제가 성장하는 동시에 사회의 치안상황은 오히려 갈수록 악화되었다. 노동취업문제가 그 중의 중요한 원인이다.

질문: 이 과정에서 정부는 취업문제를 매우 중시했다. 특히 각종 조치를 통해 '재취업 프로젝트'를 실시했다. 이에 대해 어떻게 평가하는가?

쑨리핑: 이것은 숫자로 알 수 있다. 정부가 공식 발표한 숫자에 의하면, 1998년 전국 샤강 노동자 중 재취업자는 609만이고 1999년에는 492만이다. 하지만 2000년도에 재취업을 한 인원수는 361만 명뿐이다. 여기에서 재취업을 한 인원수가 해마다 감소하고 있음을 알 수 있다. 또한 일부 사례조사에 따르면, 실업 이후의 재취업은 안정적이지 못하기에 '재취업' 시간은 아주 짧다. 실제 재취업 상황은 상술한 숫자에서 표명된 것처럼 그렇게 낙관적이지 못하다. 사실 재취업은 중국 실업문제 해결에 제한적인 역할을 할 뿐이며, 중국의 실업문제를 근본적으로 해결하기란 불가능한 것이다.

1. 현재의 실업은 사회구조의 단절이다.

질문: 지금 중국의 실질 실업률은 증가하고 있고, 재취업은 실업문제를 해결하는 데 상당히 제한적인 역할을 하고 있다. 이것은 어떻게 된 일인가?

쑨리핑: 최근 중국에 나타난 대량 실업과 샤강 현상을 사람들은 3가지 각도로 해석한다. 첫째, 국유기업의 저효율과 보편적 적자다. 둘째, 해마다 계속되는 경제 불경기로 경제성장속도가 떨어졌다. 셋째, 산업구조의 전환이다. 이것은 모두 일시적인 원인이다. 그래서

사람들은(정부를 포함) 실업이나 샤강은 어떠한 일시적인 원인(경제 불경기나 국유기업의 저효율)으로 생겼기에 이러한 문제가 해결되면 취업기회를 다시 얻을 수 있다고 착각했다. 바로 이러한 환상에 기반을 두기에, 사람들은 재취업기회를 창출하는 것에 큰 기대를 걸었다.

나는 상술한 세 가지 문제가 원인이 아니라는 것은 결코 아니다. 사실 이것은 영원히 변하지 않는 현실적 환상이다. 새로운 기술혁명으로 일부 전통적인 직업이 도태되고, 또 새로운 직업들이 창조될 것이다. 실업과 샤강 집단의 상황과 새로 창출되는 직업의 수요를 살펴보면, 새로운 직장에서는 실업과 샤강 노동자에게 취업기회를 전혀 제공할 수 없음을 발견하게 된다.

지금의 샤강과 실업자는 대부분 아래와 같은 특징을 가지고 있다. 연령은 35세 혹은 40세 이상이고, 대다수가 중등교육만 받았을 뿐이며, 과거에 주로 기술이 거의 필요 없는 직업에 종사했다. 하지만 새로운 취업기회는 상당히 높은 교육수준이 필요하기에, 이런 직업은 주로 고등교육을 받은 젊은이들에게 제공된다. 새로운 경제성장이 나타나더라도 또 국유기업의 개혁이 잘 되었다 하더라도, 그들의 상황은 근본적으로 변하기가 어렵다. 그들 중 대부분은 첫째, 사회의 주도산업으로 돌아가기가 근본적으로 불가능하다. 둘째, 현재의 체제 아래 원래 안정되었던 취업 체제로 돌아가기도 근본적으로 불가능하다. 셋째, 신흥 산업은 그들에게 취업기회를 거의 제공하지 않을 것이다.

질문: 이런 측면에서 보면 중국이 맞닥뜨린 실업문제는 정상적인 상태의 실업과 다르다. 그것은 어떠한 사회적 의미를 지니는가?

쑨리핑: 프랑스의 유명한 사회학자인 뚜렌(Touraine)은 최근 프랑스

의 사회구조 변화를 분석할 때 이러한 비유를 했다. 과거 프랑스의 사회구조는 피라미드식 등급구조였지만, 오늘날은 마라톤 경기와 같다. 사람들이 마라톤 경기를 하는 것처럼 각 시기마다 낙오하는 사람이 있게 된다. 지금 프랑스에서 마라톤 경기를 계속하는 사람은 4~5백만 명뿐이고 그 나머지는 모두 떨어져 나갔다. 계속 달리는 사람은 국제경제 질서에 들어간 취업자들이다. 대오에서 탈락한 이들은 내동댕이쳐진다.

오늘날 중국 역시 이와 같은 문제가 생겨나고 있는데, 이러한 사실은 경제 불경기와 국유기업의 저효율이란 표면적 이유 아래 감춰져 있을 뿐이다. 이 또한 이러한 의미를 담고 있다. 샤강 노동자와 실업자는 사회에서 도태된 사람으로, 그들은 이미 사회구조 밖으로 내동댕이쳐진 집단이 되었다. 또한 이런 집단의 규모는 아주 방대하다. 이러한 점의 지적은 아주 중요한 의미를 지닌다. 실업자와 샤강 노동자를 다만 일시적인 원인으로 직업을 잃었다고 간주한다면, 이 문제를 해결하는 방식은 재취업 기회를 창출하는 것이다. 하지만 이들이 사회의 주도산업으로 영원히 돌아갈 수 없거나 심지어 안정적인 취업기회조차 찾을 수 없다고 인정한다면, 부차적인 취업 기회를 창출해야 함과 동시에 약간의 제도적 장치로 최소한의 경제적 이익과 사회적 요구를 보장해야만 한다. 이처럼 완전히 서로 다른 두 가지 맥락은 전혀 다른 정책적 함의를 지닌다.

그들이 사회구조 밖으로 내동댕이쳐진 것은 또 다른 의미가 있다. 과거 중국 사회보장은 대부분 단위제도와 연결되어 있었기 때문에, 샤강이나 실업은 일자리와 월급을 잃어버릴 뿐만 아니라 동시에 많은 복지와 사회보장도 잃어버리게 됨을 의미한다. 중국노동사회보장부의 조사에 따르면, 샤강 노동자가 제일 걱정하는 것은 바로 '양로나 의료 등 사회보장을 잃게 되는 것' (83.4%)이다. 기타 일부 조사에서도, 샤강 노동자와 실업자 가운데 기본 생활에 큰 곤란을 느끼는 사람은 그다지 많지 않았다고 했다.

그들의 생활에서 부딪히는 주요 문제는 아래 몇 가지로 나타난다. 첫째, 기본 사회보장 결핍으로, 특히 큰 질병이 생겼을 때 생활이 아주 어려워지게 된다. 둘째, 주거나 자녀교육 등에 필요한 큰 비용을 지불하기가 어렵다. 셋째, 생활 도중 어떤 돌발적인 일에 부딪혔을 때 대응하기 힘든 국면이 나타나게 된다.

2. 더 심각한 국면이 아직 남아있다.

질문: 어떤 의미에서 중국이 21세기 초에 당면한 가장 큰 도전은 실업문제가 될 것이다. 표면적으로 실업문제는 애매한 사회문제로 각 국가마다 정도를 달리하지만 존재하고 있다. 하지만 중국 상황에서 이것은 폭발성을 지닌 아주 심각한 문제다. 이 문제의 심각성은 다음과 같다. 첫째, 중국이 당면한 실업문제의 심각성은, 정상적인 해결방법으로는 아무 것도 할 수 없게 되었을 뿐 아니라 문제 해결의 효과적인 사고방향조차 찾지 못하고 있다(비정상적인 해결방향에 대해서는 후반부에서 이야기할 것이다). 둘째, 실업문제는 사람들의 생활과 긴밀한 연관성이 있기에, 많은 사람들은 실업으로 생존위기에 직면하게 될 것이다.

쑨리핑: 노동취업문제에 있어 지금 중국이 당면한 상황은 데이터에서 드러난 것보다 더욱 심각하다. 그 중 한 가지 중요한 요소는 지금 농촌의 잉여 노동력과 그들의 이동 문제를 같이 고려해야만 한다는 것이다. 지금 중국 경작지의 총 면적이 20억 묘(畝)이고 일인당 평균 경작지는 대략 1.4묘에 불과하다. 하지만 지금 농촌의 취업인구는

5.5억 명 정도인데, 여기에 노동인구에 들어가지 않는 소위 반노동력 인구를 포함한다면, 농촌의 노동력은 대략 6~7억 명에 달한다.

90년대 초의 기술표준에 따르면, 지금 중국 농업생산은 이모작을 기준으로 묘당 표준노동일이 28일이 필요하다. 다시 말해서 1인당 농업노동력으로 8묘의 토지를 경작할 수 있다. 이것은 중국이 지금 지니고 있는 20억 묘의 경작지를 경작하려면, 대략 2.5억 명의 농업노동력이 필요함을 의미한다. 바꾸어 말해서 지금 농촌에 약 4.5억 명의 잉여 노동력이 있다는 것이다. 여기에서 향진기업에 들어간 1.3억 명의 노동력과 임업·목축업·어업에 종사하는 0.6억 명을 다시 빼버린다면, 그래도 2.5억여 명의 잉여 노동력이 있게 된다.

2.5억의 잉여 노동력 가운데 대략 1억의 노동력이 도시에 들어가 농민공이 되었다. 하지만 향진기업이 농촌의 잉여 노동력을 흡수하는 능력도 이전과 같지 않았다. 지난 2년 동안 향진기업의 종업원 수는 2,200만 명이 감소되었고, 그 중에서 1998년에만 1,700여만 명이 감소되었다. 전문가들은 앞으로 몇 년 후에 농촌의 잉여 노동력이 여러 방식을 통해 매년 천만 명 정도가 도시로 진입할 것이고, 이에 따라 농촌에는 실제로 대략 1~1.2억의 잉여 노동력이 있을 것이라 예측하고 있다.

도시의 몇천만과 농촌의 1.2억으로 거의 1.5억의 잉여 노동력이 있다. 지금 우리의 당면 과제는 이런 노동력을 어디에다 배치시키는가이다. 아울러 지금의 상황 또한 매우 심각한 시기가 아닐지도 모른다. 2020년이 되면 중국의 총인구수는 16억에 이를 것이다. 노동연령인구는 지금보다 적어도 2억 명이 많아질 것이다. 만약 취업 기회가 증가하지 않는다면, 실업인구도 지금보다 2억이 많아져 3.5억에 달할 것이다.

질문: 경제가 성장하면 취업기회도 많아져야 한다. 어떤 이는 신기술혁명이 새로운 취업기회를 많이 창출할 것이라 여기고 있다.

쑨리핑: 우리는 신기술혁명의 영향을 분명히 고려해야만 한다. 경제성장에 따라 취업기회도 증가할 것이라 여기는 이도 있다. 2020년이 되면 취업기회는 지금보다 훨씬 많아질 것이다. 하지만 이러한 예측은 정확하지 않다. 그 이유는 지금의 경제성장은 주로 새로운 기술혁명에 의지하기 때문이다. 새로운 첨단기술은 더 많은 취업기회를 창출할 수 없을 뿐만 아니라, 심지어 노동력을 배척하는 현상이 나타날 것이다. 인터넷혁명을 통해 우리들은 이러한 추세를 보아왔다. 앞으로 바이오기술의 혁명은 이러한 영향이 더욱 클 것이다. 그때가 되면 농산품의 공장화 생산이 실현될 것이다. 이런 상황은 과거에는 터무니없는 것이라 여겼지만, 지금에서 보면 우리와 아주 가깝게 되었다. 또 그때가 되면 농민들 대부분은 농사지을 땅이 없어, 잉여 노동력이 되어 진정한 실업자가 될 것이다.

또 어떤 이는 미국의 경우를 들면서 신경제는 취업기회를 증가시킬 수 있다고 한다. 왜냐하면 최근 들어 미국의 경제성장은 주로 신경제의 추진에 있고, 취업률도 상당히 높은 수준에 도달했기 때문이다. 이러한 관점은 하나만 알지 둘은 모르는 것이다. 미국이 신경제를 실시한 가운데 높은 취업률을 나타낸 것은, 세계경제질서에서 차지하는 위치와 관련이 있다. 우리에게는 이러한 논리가 작동할 조건이 구비되어 있지 않다.

최근 몇 년 동안의 상황을 볼 때 중국에서 신기술혁명이 상대적으로 요원하다고 한다면(사실 그다지 요원하지 않다), 중국은 벌써 WTO에 가입했을 것이다. 최근 타이완의 〈행정원 대륙위원회〉에서 다음과 같은 연구결과를 내놓았다. 중국이 WTO에 가입하고 난 후 실업률이 급속히 증가하여 5년 내 4,000만 명이 직업을 잃게 될 것이라 예측했다. 그 가운데 500만~1,000만 명은 일자리를 잃어버린 농민이고, 1,000만 명은 국유기업의 샤강 실업노동자이며, 다른 2,000만 명의 실업인구는 사영기업에서 나온 자들이다. 이 연구에서는 또 실업문제가 중국의 심각한 불안정 요소가 될 것이라 여겼다.

3. 실업문제에 대해 제도적인 장치를 마련해야 한다.

질문: 이런 심각한 실업 압력에 대해 우리는 어떻게 해야 하는가?

쑨리핑: 관례적인 방식으로는 이처럼 거대한 실업 압력을 해결할 수 없다. 그러나 일정 범위 내에서는 관례적인 방법이 어느 정도 작용할 수 있기에 방치해서는 안 된다. 관례적으로 취업을 해결하는 방식으로 보자면, 먼저 우리들은 취업기회의 증가를 사회발전의 중요한 목표의 하나로 삼아야만 하고, 취업기회의 증가가 없는 경제성장의 길을 걸어서는 안 된다. 지금 우리가 마땅히 해야 하고 또 능히 할 수 있는 것에 있어서 아래의 몇 가지 시책을 고려해 봄직하다.

첫째, 중국 경제발전의 전략에 조정이 필요하다. 자금과 기술집약형 산업을 발전시킴과 동시에 더 많은 취업기회를 창출하기 위해 노동집약형 산업을 크게 발전시켜야 한다. 둘째, 도시화의 진전을 적극적으로 추진해야 한다. 특히 대도시의 발전을 촉진함으로써 대도시의 취업상황을 이용하여 더 많은 취업기회를 제공해야 한다. 농민이 도시로 들어감으로써 도시의 실업문제를 가속화시킨다는 그러한 견해는 단편적인 사고다. 셋째, 일반 고등학교, 기술고등학교, 전문기술학교 및 고등교육을 발전시켜 청년들의 취업 연령을 지연시킨다. 그러나 이렇게 하더라도 이처럼 거대한 취업 압력에 직면하면, 상술한 조치의 역할도 극히 제한적이다. 그래서 우리들은 다른 해결 방안을 고려해야 한다.

질문: 그럼 비관례적인 방법은 무엇인가?

쑨리핑: 단기적으로 적어도 20년 내에 우리는 이처럼 많은 노동력의 취업문제를 해결할 능력이 없다는 것을 직시해야만 한다. 우리가 최대한 노력을 기울이고 또 정책과 조치가 매우 정확하다 하더라도, 취업문제를 여전히 해결할 수 없을 뿐만 아니라 어쩌면 지금보다 더 심각해질 가능성도 있다(앞서 GDP 성장속도와 취업인원의 증가속도 비교연구에서 알 수 있다). 따라서 지금 우리에게 필요한 것은, 최대한도로 많은 취업기회를 창출하는 것 외에도 정확한 정책과 이에 상응하는 제도장치를 제정하여 실업인구의 기본생활을 보장하도록 해야 한다. 아울러 이러한 기초 아래 사회질서에 대한 높은 실업률의 충격을 완화하도록 해야 한다.

최근 우리는 이 방면에 일정 정도 작업을 했다. 이처럼 높은 실업과 샤강 현상에 직면하여, 정부는 사회보장제도의 확립을 강화하고 있다. 이 제도는 세 부분으로 구성한다. 첫째, 국유기업 샤강 노동자의 기본생활보장이다. 둘째, 실업보험이다. 셋째, 중소도시 주민의 최저생활보장이다. 이러한 사회보장은 상당히 낮은 생활수준을 유지하게 할 뿐이다. 그 중 일부 사회보장 시책은 기업에서 일부 부담해야 하기에, 경제상황이 좋지 않은 기업은 부담할 수 없어서 유명무실하게 되어 버린다.

지금 중국 사회의 총자원이 제한적임을 인정해야 한다. 여기서 말하는 자원은 창출할 수 있는 취업기회, 제공될 수 있는 사회복지와 사회보장을 포함한다. 그런데 문제는 이런 자원의 분배가 심하게 중첩되어 있다는 점이다. 즉, 지금 많은 사회복지와 사회보장은 취업과 관련이 있다. 사회보장제도를 두고 보자면, 이는 양로, 의료, 실업과 사회구제 등 4가지를 주로 다룬다. 양로에 관한 사회보장제도는 '노동자양로보험제도' 다. 2000년 말 노동자양로보험에 가입한 직원은 1억 367만 명이고 퇴직자가 3,173만 명이었다. 의료는 노동자의료보험제도로, 2000년 말 기본의료에 가입한 인원은 4,332만여 명뿐이었다. 실업보험제도는 취업한 적이 있는 실업자를 대상으로 지불할 수 있지만, 2000년도에 매월 실업보험금을 받는 사람은 137만 명뿐이었다. 사회구제 면에 있어 최근 최저생활보장제도를 설립했다. 이 제도는 중소도시 주민을 대상으로 한 것으로, 2000년 6월 말 기준으로 전국적으로 최저생활보장을 받는 사람이 303만 명에 달했지만, 매월 받을 수 있는 보장금의 차액보상금이 73위안에 불과했다. 아울러 상당지역에서는 이러한 기준에 도달했지만 보장금을 받기 어려웠다.

사회보장제도에서 가장 중요한 부분은 대부분 취업과 관련되어 있다. 그 결과 다음과 같은 현상이 조성되었다. 취업이 되면 월급과 동시에 의료보장이 되고, 염가의 주택을 구매할 기회와 권리를 가지며, 양로 보장과 기타 방면의 복지 혜택을 얻을 수 있다. 반대로 일자리가 없으면 모든 것이 없음을 의미한다. 의료 보장, 양로 보험도 없으며, 염가의 주택을 구매할 기회가 없을뿐더러 심지어 자식이 좀 나은 학교에 다니려 해도 일이 있고 직장이 있는 사람보다 더 많은 돈을 지불해야 한다. 왜냐하면 지금 대부분의 사회복지는 단위에서 제공한 것이기 때문이다. 실업은 단위 상실과 동시에 사회복지를 제공하는 원천이 없게 되는 것을 의미한다. 이런 상황의 결과, 과거에는 분배에 집중했던 사회의 희소 자원이 일부 사람들 수중에 집중하게 되었다.

앞에서 언급했듯이, 지금 중국 사회의 총자원은 아주 제한적이다. 만약에 자원이 풍부하다면 배분에 좀 집중하더라도 큰 문제를 일으키진 않는다. 그 이유는 분배를 좀 적게 받는 사람이라 할지라도, 그들의 기본생활보장에는 아무런 문제가 되지 않기 때문이다. 그러나 문제는 중국 사회의 총자원이 아주 제한적이란 것이다. 이로 인해 중국 사회에서는 다음과 같은 현상이 형성되었다. 일부 사람은 일자리와 화폐 소득뿐 아니라 사회보장도 있지만, 다른 일부 사람은 일자리나 화폐 소득은커녕 사회보장도 없다.

이것은 지금 중국의 제도장치에 문제가 있다는 것을 설명해준다. 따라서 취업과 사회보장을 철저히 분리해야만 한다. 사회보장 제도의 역할은 '위급할 때 도와주는 것'이지 '금상첨화'는 아니다. 그래서 우리들은 이러한 제도적 장치를 고려해야만 한다. 이미 취직한 사람에게는 사회보장을 최저한도로 해야 한다. 그 이유는 이미 취업한 사람은 화폐 소득이 있고 위기대처 능력이 강하고, 동시에 젊고 기력이 왕성하여 병에 걸릴 가능성이 적기 때문이다. 마찬가지로 실업자에게는 필요한 사회보장을 제공해야 하고 또 기타 사회복지제도에 있어서도 그에 상응하는 안배를 해야 한다. 이렇게 하면 일부 실업자들이 더 이상 재취업을 요구하지 않게 될 것이다.

4. 가정을 단위로 하는 취업 창출

질문: 많은 사람들이 실업상태에 있다. 알다시피 실업은 심각한 사회문제를 유발할 수 있는데, 사회생활에 미치는 실업문제의 심각한 충격을 어떻게 피할 것인가?

쑨리핑: 동시에 이러한 점을 고려할 수 있다. 가정을 단위로 한 취업을 장려하여, 부부 가운데 한 사람이 취업하고 다른 한 사람은 살림살이를 하는 것이다. 이것은 좋은 방법이 아니라도 어쩔 수 없다. 만

약 가장 이상적인 상태로 모든 가정에서 부부 가운데 한 명만 취업을 한다면, 취업인구는 거의 절반 정도 감소할 것이다. 이렇게 된다면 중국 노동력의 잉여와 취업압력문제는 근본적으로 해결할 수 있다. 이처럼 융통성 없이 규정할 순 없지만, 이러한 상황에 대해 조세와 사회보장 측면에서 지원할 수 있는 관련 정책의 제정을 통한다면, 그러한 정책을 이끌어나갈 수 있을 것이다.

사회의 약소집단에 대한 주시

아카데미학파 : 2002년 〈정부업무보고〉에서 주 총리는 '약소집단'이란 단어를 처음 사용했다. 이것은 중국 정부가 약소집단 문제에 대해 주목하기 시작했고 아울러 그러한 문제에 직면했음을 의미하고 있다. 이 문제에 대해 어떤 견해를 가지고 있는가?

쑨리핑 : 90년대로 들어선 이래 중국 사회에 나타난 주목할 만한 현상은, 빈부격차가 양극화에 따라 사회의 약소집단이 출현했다는 점이다. 이 문제에 대해 어떻게 대응하고 해결하는가 하는 것은 우리로서는 새로운 도전이며, 이 문제를 인정한다는 것은 용기와 믿음의 표현이다.

1. 무엇을 약소집단이라 하는가?

아카데미학파 : 최근 매체와 학자들의 연구논문에서 '약소집단'이란 개념을 폭넓게 사용하고 있는데, '약소집단'이란 개념 가운데 '약소'라는 두 글자를 어떻게 이해해야 하는가?

쑨리핑 : 개인적인 견해로는 '약소'라 이르는 것에는 적어도 3가지

측면의 함의를 가지고 있다. 첫째, 그들은 현실생활에 있어서 아주 불리한 상황에 처해 있다는 것이다. 더욱 현실적으로 말하자면, 물질적 생활에 있어서 빈곤상태를 가리킨다. '약소집단' 이란 이 개념은 '빈곤인구' 라는 개념과 완전히 같다고는 할 수 없지만, 적어도 중첩되는 부분이 꽤나 많이 있다. 지금 중국 상황에서 약소집단의 일부는 가장 기본적인 생존문제조차도 제대로 해결하지 못하고 있다. 이러한 특징은 약소집단의 생활상 빈곤함을 설명할 뿐만 아니라 문제 해결의 절박성을 설명하는 것이다.

둘째, 그들은 시장경쟁에 있어서 약소 위치에 처해 있다. 20여 년 동안 시장 추세로 개혁을 거치면서, 중국의 경제생활과 일부 사회생활에 시장화 정도가 갈수록 높아졌다. 개인의 지위와 사회생활에서 획득할 수 있는 개인적 대가는, 대부분 개인의 노력과 경쟁능력에 의해 결정되었다. 이런 메커니즘은 경제와 사회발전의 동력 창출에 도움이 되었지만, 이와 동시에 개인에 대해서도 극심한 스트레스를 야기하게 되었다. 약소집단은 갖가지 원인으로 말미암아 시장경쟁체제에서 열세에 처하게 된다. 여기에는 다양한 원인이 있다. 사회 제도장치와 같은 사회적 원인이 있고, 신체·지능·성별·교육 등의 개인적 원인도 있다.

셋째, 사회와 정치적인 측면에 있어서도 그들은 약소 지위에 처하게 된다. 이것은 그들이 자신의 이익을 표현하고 추구하는 데서 주로 나타난다. 이러한 점은 서구 사회에서 더욱 명확하다. 돈이 있고 세력이 있는 강세집단은 그들이 장악하고 있는 자원을 동원하여 공공여론과 정치가의 태도에 영향을 끼치며, 심지어 선거과정이나 정부의 결정에까지 영향을 미칠 수 있다. 이와 반대로 약소집단은 그들이 장악하고 있는 자원이 아주 적기 때문에, 수적으로 많음에도 불구하고 주장이 사회에 표출되기가 어렵다. 우리가 인정하지 않을 수 없는 한 가지 사실이 있다. 그것은 약소집단의 이익을 다룰 때 그들 자신의 목소리가 아주 미약하므로, 정부와 대중매체가 이들의 주장을 대신해 주어야만 한다. 솔직히 정부와 매체에서 그들을 대변하지 않는다면, 그들 자신은 자신의 이익을 효과적으로 표현하고 추구할 수 있는 수단을 지니기가 어렵다.

2. 중국 약소집단의 형성

아카데미학파: 중국에서 약소집단은 언제 어떤 배경에서 형성되었는가?
쑨리핑: 엄격히 말해서 약소집단은 어느 사회나 존재한다. 80년대나 개혁 전의 중국 사회에서도 약소집단이 존재했다(당시에는 주로 노인, 허약자, 병자, 신체장애자를 가리켰다). 지금 중국에서 약소집단이 주목을 받는 까닭은 아래와 같은 몇 가지 이유 때문이다.

첫째, 빈부격차가 갈수록 커지고 있다. 둘째, 원래 약소집단은 주로 농촌에 있었다. 사람들도 가난한 농민이 있다는 것을 알면서도, 사회의 중심과는 멀리 있었기에 사회의 중심에다 강력하고 구체적인 인상을 형성할 수 없었다. 하지만 지금은 중심이 되는 도시 자체에도 도시 약소집단이 생겨남에 따라, 이러한 약소집단에 대해 사람들은 직관적이고 구체적으로 느낄 수 있다. 셋째, 80년대에도 약소집단이 존재하고 있었지만, 그들의 생활수준은 좋은 방향으로 개선되었다. 90년대 특히 중기로 접어들면서 약소집단 가운데 절대빈곤 현상이 나타나기 시작했다. 이것은 중국 사회에서 경제가 상대적으로 급속히 성장함과 동시에 일부 사람들의 절대적 생활수준이 하락하고 있음을 의미한다. 넷째, 평균 수치로 위장된 통계의 내면을 들여다보면, 지난 몇 년 동안 이 약소집단의 숫자가 감소추세이기는커녕 상승하고 있음을 발견하게 될 것이다. 바로 이러한 이유로 지금 중국 사회에서 약소집단 문제는 국가와 사회에서 세심하게 관심을 기울여야만 하는 절박한 문제가 되었다.

아카데미학파: 지금 중국 사회의 약소집단은 주로 어떤 사람인가?

쑨리핑: 누가 사회의 약소집단에 속하느냐 하는 것은 학계에서도 여러 견해가 있다. 사용하는 판단 기준이 다르기 때문에 정의를 어떻게 하느냐에 따라 약소집단의 인원수도 큰 차이가 생겨나게 된다. 내 개인적 관점으로 보자면, 지금 중국 사회의 약소집단은 주로 아래 몇 가지 부류의 사람으로 구성된다.

가난한 농민이다. 1980년 초 농촌경제체제의 개혁과 농산품 가격절상이라는 두 가지 원인의 작용으로, 농민 소득과 생활수준이 급속하게 높아졌다. 1978년에서 1985년까지 농촌 주민의 일인당 순수입은 133.57위안에서 397.6위안으로 올라, 해마다 평균 16.8% 성장했다. 물가 요인을 제외하면 연 평균 성장률이 15.2%였다. 도시의 기업들은 여전히 구체제의 엄격한 속박 하에 있었지만, 농촌에서는 개혁으로 흘러나온 '자유유동자원'이 밀폐된 체제하의 도시로 유입될 수 없어서 농촌에 축적되었는데, 이로써 향진기업이 왕성하게 발전하였다. 이러한 향진기업의 번영과 활력은 잠깐이었지만, 사람들은 중국 농촌이 진정으로 발전할 수 있는 계기라고 착각했다. 어떤 학자는 이것을 '토지는 떠났으나 고향은 버리지 않는' 중국식 농촌현대화모델이라 개괄했다. 그런데 이러한 호경기는 오래가지 않았다.

80년대 중반에 이르자, 농촌개혁의 에너지가 거의 다 나왔고 농민의 소득 증가폭도 늦추어졌다. 1986년에서 1991년까지 농촌 주민의 일인당 순수입은 423.76위안에서 708.55위안으로 증가하여 매년 평균 10.8% 성장했다. 물가 요인을 제외하면, 연 평균 성장률은 2.7%였다. 90년대 중반부터 향진기업의 발전 속도가 떨어지기 시작했다. 게다가 식량 등 농산물 가격이 지속적으로 하락함에 따라, 농민의 '약소' 특징이 점차 드러나기 시작했다. 전문가들은 90년도 후반기의 식량 가격이 30%나 하락했다고 추산했다. 이것은 절대다수의 농민들 입장에서 보자면 실제 소득이 줄어든 것을 의미한다.

한편으로는 농민들의 실제소득이 하락했고 또 다른 한편으로는 도시 주민의 소득이 증가했다. 그 결과 도시와 농촌 간의 격차가 급속히 확대되었다. 1978년의 도시와 농촌 간의 일인당 소득비율은 2.4:1이었는데, 1983년에 이르자 1.7:1로 줄어들었다. 그러나 1997년에는 또다시 2.5:1로 확대되었고, 2000년에는 2.79:1까지 확대되었다. 이로써 도시와 농촌의 주민소득격차가 가장 높은 수준까지 이르게 되었다. 금융자산의 점유율로 보면, 1999년 말 농민들의 저축 잔고가 1조 위안으로, 이것은 전 국민 저축 잔고의 1/5에도 미치지 못했다. 하지만 농민이 전국 인구에서 차지하는 비율은 근 65%에 이른다.

농민 문제의 심각성은 위에 제시된 숫자에서 나타난 농민의 빈곤상태에만 그치지 않는다. 더욱 중요한 사실은, 농민들이 '향토(鄕土)'라는 변화하지 않는 구조적 조건에 계속 속박당한다면, 농민 문제의 해결 전망은 희망이 없다는 것이다. 지금 중국 농민의 소득은 농업생산(특히 식량 생산)의 소득과는 더 이상 직접적인 연관성이 없는 듯하다. 최근 몇 년 동안 식량 생산은 어느 정도 풍부하거나 평균치에 달했기에, 설령 풍년이 들었다 할지라도 농민의 소득에는 아무런 변화가 없을뿐더러 심지어는 반대로 낮아지기까지 하였다.

아울러 지금 중국이 WTO에 가입했고 또 국내 대부분의 농산품 가격이 국제 시장의 가격보다 훨씬 높은 상황에서, 농산품 가격을 대폭 높여 농민 소득을 증대시킨다는 것은 불가능한 일이다.

아카데미학파 : 다시 말해서 공업화와 현대화 시대에 '향토'에서 제공되는 자원과 재부는 극히 제한적이고, 전체 경제에서 차지하는 비중은 갈수록 적어질 것이다. 이런 상황에서 농산품에 의지하는 농민들이 약소집단으로 변하는 것은 필연적이다.

쑨리핑 : 그렇다. 이제 가장 관심을 두어야하는 것은 여전히 원바오 문제를 해결하지 못하는 농촌의 빈곤 인구이다. 국무원 공보실에서 발표한 〈중국의 빈곤농촌 지원 개발〉 백서에 따르면, 2000년 말까지 원바오 문제를 해결하지 못한 중국 농촌의 빈곤 인구가 3,000만 명으로, 농촌 총인구의 3% 정도가 빈곤인구이다. 이 3%의 인구는 기본적인 생존 문제조차 완전히 해결하지 못한다. 건강과 의료 방면에서도, 농민의 70%는 의료비 증가율이 빠르다고 여겼고 20%는 병을 무시해버린다고 조사되었다. 돈 없이 진료를 받고 약을 타며 또 돈 없이 입원하여 치료받는 환자가 증가했다. 농민이 병에 걸려 돈 없이 진찰받는 비율이 4%(85년도)에서 7%(93년도)로 상승했고, 병원에 입원해야 함에도 돈이 없어 입원할 수 없는 비율이 13.4%에서 24.5%로 상승했다. 빈곤한 산악지역에서는 의료비를 지불할 수 없어, 농민이 병에 걸려도 진단을 받지 못하는 비율이 72%에 달했고 입원해야 함에도 입원하지 못하는 비율이 89%나 되었다.

다음은 도시로 들어간 농민공이다. 앞서 말했듯이 약소집단의 함의는 경제적인 측면뿐 아니라 사회적인 측면도 있다. 농민공이 바로 경제와 사회의 두 가지 요소로 만들어진 전형적인 하층집단이다. 90년대 초부터 농촌의 잉여 노동력이 도시로 몰려가기 시작했다. 지금까지 농촌에서 도시로 몰려간 유동인구가 거의 억 규모에 이른다. 국가통계국의 통계자료에 따르면, 1978년에서 2000년 사이 비농업으로 옮겨간 농업노동력이 1.3억 명이나 되었다. 매년 평균 561만 명이 이동한 것이다. 〈농촌노동력 유동 과제팀〉의 연구결과에 따르면, 앞으로 몇 년 동안 외지로 일하러 나가는 농민이 적어도 매년 800만 명 이상 증가할 것이다. 그 가운데 돌아오는 이도 있을 것이지만, 외지로 일하러 나가는 농민은 적어도 600만 명 이상이 될 것으로 추산하고 있다.

전체 사회로 볼 때, 1억이나 되는 농민공은 상당한 규모에다 독특한 신분과 사회적 지위를 지닌 사회집단이 되었다. 농민공이 도시로 들어가 일하면, 농촌 주민의 소득 증가에 중요하게 작용할 뿐만 아니라 농촌노동력의 소질 제고에도 무시할 수 없는 작용을 한다. 어떤 연구보고에는 농촌청년이 도시에서 일하면서 얻은 수확 가운데 가장 큰 것은 시야와 식견을 넓힌 것이라 하였다. 그러나 다른 한편으로는 도농(都農) 이원구조의 존재로 인해 농민공은 처음부터 불평등한 사회신분으로 도시에 들어간 것이다. 그 중 대다수는 비록 도시에서 거주하고 도시에서 일하면서도, 제도적으로는 도시사회의 일원이 아니다. 경직된 호적제도로 인해 그들은 그들이 일하고 생활하는 도시 밖으로 배척되었다. 도시사회에서 그들은 분명 하층민이었다. 그들 가운데 많은 사람은 수용당했거나 송환당한 경험도 있었다. 1982년 국무원에서 공포한 〈도시유랑민과 구걸인원의 수용 및 송환 방법〉에 따르면, 수용과 송환은 주로 도시에서 유랑하거나 구걸하는 인원을 구제하고 교육하거나 배치하는 것이다. 그런데 최근 몇 년 사이에 도시의 어떤 부서는 이 조치를 농민공을 다루는 데 전적으로 이용했고, 심지어 수익 창출 수단으로 여겼다.

농민공은 작업장에서 응당 있어야 할 기본 권리조차 받을 수 없었다. 이것은 주로 다음과 같이 나타난다. 첫째, 농민공이 종사하는 일은 대부분 도시인들이 하기 싫어하는 일들이다. 작업 환경이 좋지 않고 대우도 낮다. 일부 지역에서는 10년 동안 농민공의 임금이 거의 증가하지 않았고 도리어 하락했다. 2000년에 광둥성 훼이저우(惠州)에서 농민공이 한 달에 500시간을 일하다 과로로 죽은 사건이 있었다. 이 장갑공장의 노동자들은 모두 장시간 야근을 하여, 노동자들의 한 달 평균 노동시간은 500시간이 넘었다. 하지만 이들 노동자의 임금은 300위안에 불과했다. 둘째, 기본적인 인권을 보장받을 수 없다. 셋째, 임금 지불이 항상 지연되었다.

그 다음으로는 도시의 샤강 실업자들로 이루어진 빈곤계층이다. 90년대 이후부터 중국의 실업과 샤강 문제는 갈수록 심각해졌다. 도시에서 실업이란 기본 생활의 원천이 단절됨을 의미한다. 따라서 최근 몇 년 사이 중국의 도시에서는 실업과 샤강 노동자를 주축으로 한 새로운 빈곤계층이 형성되었다. 도시의 실업자와 샤강 노동자의 수와 도시 빈곤인구의 수치에 대해, 정부와 학자 간에는 계산 차이가 아주 크다. 실업률을 예로 들어보자. 중국인민대학 노동인사대학 학장인 쩡샹취앤(曾湘泉) 교수는 다음과 같이 언급하고 있다. 지금 실업률이 얼마나 되는지 명확하지 않다. 실업률이 1.7%라 말하는 사람도 있고 17%라 말하는 이도 있어, 그 차이가 10배나 된다. 또한 도시의 빈곤인구에 대해서도 정부의 데이터로는 1,500만이지만, 학자들은 도시의 빈곤문제에 대해 정부가 너무 과소평가하고 있다고 여긴다.

이것은 일찍이 없었던 현상이다. 농민과 비교해 볼 때 이 빈곤집단은 독특한 특징이 있다. 첫째, 농민은 자신의 토지가 있기에, 현금 소득이 부족해도 식사문제는 스스로 해결할 수 있다. 그렇지만 도시 주민은 토지가 없기에, 현금 소득이 끊어진다면 식사조차도 문제가 될 것이다. 1999년에 관련 부서에서 베이징 시의 샤강 노동자 1,000명을 대상으로 조사한 적이 있었다. 그 조사에서는 샤강을 당한 후 개인 소득이 평균 61.15% 떨어져, 그 폭이 극빈층으로 떨어지는 것보다 높았다. 둘째, 농민들이 처한 기본환경 자체가 보편적인 빈곤이어서, 농촌에서는 빈부격차의 자극이 그다지 없다. 하지만 도시에서의 빈부격차는 아주 선명하게 나타난다. 그래서 이러한 빈부격차는 도시 빈곤집단이 훨씬 더 크게 느낀다. 셋째, 도시의 생활비가 높고 탄성이 부족하다. 90년대 초기와 중기에 물가와 생활비가 급격히 상승했다. 90년대 말에 이르자 물가가 상대적으로 안정되었지만, 원래 사회보장에 속했던 것이 지금에 와서는 자신이 부담해야 할 항목으로 바뀌었다. 예를 들어 주택, 자녀 교육비, 일부 의료비와 양로 등이다. 샤강 노동자들은 주로 35세에서 45세 사이로 부모님을 모시고 아래로는 자식을 길러야하는 연령이기에, 그들의 임금은 가정생활의 주요 원천이었다. 따라서 그들이 샤강을 당하면 전 가족이 빈곤 상태에 빠지게 된다. 넷째, 단위에 여전히 많은 복지 혜택이 있는 상황에서, 일자리와 소득이 없어진다는 것은 많은 복지 혜택을 누릴 수 없다는 것을 의미한다.

　　약소집단은 어느 사회든 존재한다. 우리는 정확한 대책을 위해 특정 사회의 약소집단의 특징을 명확히 알아야만 한다.

3. 약소집단의 구조적 특징

아카데미학파: 2001년 '양회(兩會)'[48] 대표들의 토론에서 한 대표가 '개혁 중의 약소집단'이란 개념을 사용했다.

쑨리핑: 그렇다. 이 또한 지금 중국 약소집단 형성의 특수한 배경인 것이다. 중국의 약소집단을 분석할 때 이러한 특징에 주의를 기울여야 한다. '개혁 중의 약소집단' 이란 개념은 전통적인 '약소집단'의 개념과는 대립되는 것이다. 전통적인 약소집단이란 주로 자신의 생활, 경험, 가정배경, 문화 등의 특징으로 형성된 것이다. 하지만 '개혁 중의 약소집단' 이란 주로 시장전환 과정에서 형성된 것이다. 이미 어떤 이가 지적했듯이, 이 집단은 주로 샤강 노동자, 실업자, 저학력자, 비공유제 기업의 일부 부녀자, 중·장년, 도시의 미취업 청년, 일용근로자와 농촌의 빈곤농민 등을 가리킨다.

    이러한 배경은 다음과 같은 사실을 일깨워준다. 지금 중국 약소집단의 중요한 특징은 바로 그들 간의 동질성과 집단성이 아주 강하다는 것이다. 중국의 빈곤문제를 연구할 때, 일부 학자는 중국의 빈곤문제의 독특한 특징이 바로 집단적 빈곤이란 점을 깨달았다. 전통적 약소집단은 각기 서로 다른 집단에 흩어져있다. 예를 들어 장애인은 각 집단에 모두 다 있다. 분명 장애인은 그 자체로 독특한 사회집단이라 간주할 수 있지만, 현실생활에서 그들은 다른 집단의 정상인들과 같이 생활하고 있다. 하지만 '개혁 중의 약소집단' 은 전혀 다르다. 그들의 경험과 특징은 어느 정도 유사하여, 같이 거주하는 경우가 흔하고 원래 단위와 관련이 많이 있다. 이는 다시 말해서 원래 동료로서 연결이 되는 것이다. 이것이 그들로 하여금 강력한 동질성, 집중성과 집단성을 지니게 만든다. 이러한 특징은 다음과 같은 영향을 가져올 수 있다. 첫째, 이러한 특징으로 말미암아 그들은 자기의 이익을 표현하고 추구하는 능력이 더욱 강하다. 둘째,

---

48) 全國人民代表大會와 政治協商會議를 가리킴.

그들은 자신의 이익을 추구할 때, 사회 불안정 요인을 더 많이 가져올 수 있다.

아카데미학파: 전환기적 특정사회의 배경은 약소집단의 특징에 중요한 영향을 끼치는 요소다. 지금 상황에서 중국의 약소집단을 분석할 때 어떠한 요소에 주의해야 하는가?

쑨리핑: 우리는 지금 급속한 사회 변혁 시대에 살고 있다. 약소집단 문제는 이러한 시대적 배경과 밀접한 관계가 있다. 이 시대 속의 허다한 요소, 예를 들어 과학기술 진보 요소, 글로벌 경제 요소, 사회 구조변동 요소 등은 약소집단의 독특한 특징을 형성하게 된다. 이런 특징 가운데 특히 주의해야 할 점은 약소집단을 통해 나타난 '사회 단절'의 구조적 특징이다.

실업 문제를 예로 들어보자. 새로운 기술혁명으로 일부 전통적 직업이 점차 도태되고 있다. 이런 와중에도 새로운 직종은 생겨나고 있다. 하지만 실업과 샤강 집단의 상황과 새로 창출된 직업의 노동력에 대한 수요를 살펴볼 때, 새로운 직장에서는 실업과 샤강 집단 노동자에게 그리 많은 재취업 기회를 제공해 주지 못함을 발견할 수 있다. 지금 샤강 노동자와 실업자는 대부분 아래와 같은 특징을 지니고 있다. 그들의 연령은 35세 혹은 40세 이상이고, 대부분 중등교육을 받았을 뿐이며, 이전에 주로 기술이 거의 필요 없는 직업에 종사했다. 하지만 새로운 취업 기회는 높은 교육수준을 필요로 하고, 이런 일자리는 주로 고등교육을 받은 젊은이에게 제공된다. 새로운 경제성장이 나타나고 국유기업의 개혁이 잘 되었다하더라도, 그들의 상황에는 근본적인 변화가 있을 수 없다.

그들 입장에서 보면 첫째, 사회의 주도산업으로 돌아갈 가능성은 전혀 없다. 둘째, 현재 체제에서 원래 안정되었던 취업체제로 돌아갈 가능성도 전혀 없다. 셋째, 유망산업은 그들에게 취업기회를 거의 제공하지 않는다. 따라서 지금의 샤강 노동자와 실업자는 사실상 사회에서 도태된 자들로, 사회구조 밖으로 내몰린 집단이 되었다. 또한 이런 집단의 규모는 대단히 크다. 이러한 문제 지적은 중요한 것이다. 만약 지금의 실업자와 샤강 노동자를 단지 어떤 일시적인 원인으로 일자리를 잃었다고 여긴다면, 이 문제를 해결하는 방법은 재취업 기회를 창출하는 것이다. 하지만 이들이 사회의 주도산업으로 영원히 들어갈 수 없다거나 심지어 안정적인 취업 기회를 찾을 수 없다는 것을 인정한다면, 여기에는 부차적인 취업 기회를 창조해야 함과 동시에 제도적 장치를 취하여 그들의 기본적 경제이익과 사회 수요를 보장해야 한다.

사회 단절의 또 다른 표현은 도시와 농촌 간에 있다. 공업화와 현대화 과정에서 중국 사회는 농촌 위주의 사회에서 도시 위주의 사회로 전환해야 했다. 이것은 기본적인 상식이다. 만약 한 사회가 이러한 변화를 순조롭게 실현하지 못한다면, 어떠한 상황이 될 것이란 점을 고려해야만 한다. 현재 중국의 상황에서 이러한 전환을 순조롭게 실현하지 못한다면, 이전처럼 농촌 위주의 사회를 유지하지 못하게 될 것이다. 아울러 이로 인해 단절된 사회를 만들게 될 것이다.

호적제도로 인해 대다수 농민들이 농민공의 신분으로 도시에 들어간 이후, 단절된 도시의 모습이 또 다른 방식으로 투영되어 나왔다. 농민공 절대 다수는 도시로 들어올 때, 투자경영의 자본은 없고 단지 노동력만 가지고 있을 뿐이다. 그들 대부분은 도시 사람들이 종사하길 원치 않는 체력노동 위주의 일에 종사할 뿐이었다. 특히 노동 강도가 세고 노동환경이 열악한 위험성을 내포한 일을 한다. 베이징이나 상하이 같은 대도시에서는 정부가 갖가지 규정을 만들어서 농민공이 일부 직업에만 종사할 수 있도록 하고 있다. 그래서 그들은 도시의 주류 노동력시장 안으로 진입할 수 없다. 더군다나 농촌 호적을 지니고 있어 사회신분상 도시의 일원이 될 수 없다. 그들은 도시 호적이 없기에 사회보장이나 기타 도시 사람들이 향유하는 사회복지를 누릴 수 없다. 아이들도 도시의 학교에서 공부할 수 없다. 그들은 좁고 혼잡하며 질서가 문란하고 비위생적인 도시와 농촌의 경계인 변두리 지역에 거주한다. 이와 동시에 그들이 도시에 거주하면서 취업 자격을 취득하려면 갖가지 비용을 지불해야만 한다.

베이징 시를 예로 들어보자. 외지에서 온 농민공이 베이징에서 합법적으로 일하고 싶다면, 먼저 호구가 있는 지역에서 '유동인구증서'를 만들어야 한다. 아울러 매년 관리비란 명목으로 50에서 80위안을 납부해야 한다. 베이징에 도착하면 또 신청해야 하는 증명서가 여섯 일곱 가지가 된다. 그래서 모든 외지 근로자들은 적어도 매년 450위안을 지출해야 한다. 더군다나 공안, 도시관리, 공상 등 법집행자들의 거칠고 난폭한 행위는 다반사다. 이런 상황에서 사회에 대한 불만이 유발될 수 있음은 의심할 여지가 없다.

4. 제도적 장치로 약소집단의 문제를 해결하다.

아카데미학파: 어떤 의미에서 약소집단의 존재는 피할 수 없는 현상이다. 그러면 우리는 이 문제에 대해 어떻게 대응하고 해결할 것인가?

쑨리핑: 약소집단에 대한 관심은 다양한 고려에서 나타날 수 있다. 첫 번째 고려는 사회의 안정요인에 기초한다. 약소집단 문제가 잘 처리되지 않으면 사회 안정에 위협을 가져다 줄 수 있다. 따라서 사회 안정을 위해서라도 약소집단의 문제를 잘 처리해야만 한다. 두

번째 고려는 약소집단 자체에 대한 관심에서 나온다. 이 두 가지의 관심은 모두 정당한 것으로 모순적이지 않다.

약소집단 문제를 해결하려면 근본적으로 일련의 제도적 장치를 확립해야 한다. 제도적 장치를 통해 약소집단의 생활상황이 사회발전에 따라 끊임없이 개선할 수 있도록 한다.

지금 내 생각으로는 무엇보다 먼저 아래 3가지 측면의 문제를 해결해야 한다고 생각한다.

첫째, 사회의 공정성과 공평성 그리고 정의의 문제다. 공정하고 공평한 사회질서가 없다면, 그 사회의 첫 번째 피해자는 약소집단이 될 것이다. 예를 들어 버스를 탑승할 때 다들 줄을 서지 않고 힘으로 비집고 올라간다면, 체력이 강한 자는 분명 유리하지만 노약자나 장애인 임산부 등 약자들은 비집고 올라갈 수 없을 것이다. 따라서 약소집단의 문제를 해결하려면, 먼저 공정하고 공평한 사회질서를 확립해야 한다. 이런 사회질서를 만들려면 차별적인 시각을 없애야 한다. 우리는 사회의 그러한 질시가 모두 약소집단을 겨눈 것임을 알 수 있다. 공정하고 공평한 사회질서여야만 약소집단에 공평한 기회를 제공할 수 있다. 동시에 공정하고 공평한 사회질서란 강한 자가 약한 자를 얕보는 그러한 현상의 존재를 허락하지 않는다는 의미이다.

둘째, 사회보장제도다. 약소집단은 신체적 결함이나 능력 부족 등 자신에게 원인이 있다. 따라서 설령 사회에서 공평한 경쟁 환경을 제공한다 하더라도, 그들 가운데 일부는 시장경쟁에서 불리한 지위에 처하게 될 것이다. 따라서 국가나 정부가 그들을 돌봐주어야 한다. 이런 보살핌은 주로 사회의 재분배제도를 통해서 진행한다. 이를 구체적으로 말하면 사회보장제도와 사회복지제도다. 그런데 여기에는 아직 큰 문제가 존재하고 있다. 먼저, 사회보장의 시행 지역이 너무 좁아, 농촌 인구의 절대다수는 여전히 시행 지역 밖에 처해 있어 이러한 혜택을 받지 못한다. 다음, 일부 사회보장과 사회복지 그리고 기타 일부 약소집단을 위한 조치가 실제로 약소집단에게 적용되지 않는다. 예를 들어 의료문제로, 월급을 받는 자는 의료보장이 있지만 월급이 없는 자는 의료보장이 없다.

셋째, 정부와 약소집단 간의 채널을 만들어, 약소집단의 이익요구가 제도화된 채널을 통해 전달될 수 있도록 한다. 우리가 지금 직면한 현실 문제는, 한편으로 약소집단의 요구가 정상적으로 표현될 수 있어야 하고, 다른 한편으로 이런 표현이 사회 안정에 부정적인 영향을 미치지 않아야 한다는 것이다. 이 문제는 이론적으로는 해결할 수 있지만, 현실적으로는 일련의 제도적 혁신으로 뒷받침되어야만 한다.

두 논쟁으로 본 차별과 우대의 국민권리평등문제

질문: 최근 들어 다시 국민권리평등문제에 대해 뜨거운 관심이 일고 있다. 몇십 년의 탐색기간을 거치면서, 사람들은 국민권리의 평등이 없으면 공평을 기초로 한 시장경제가 근본적으로 확립될 수 없다는 점을 더욱 실감했다. 이는 시장경제의 기타 모든 외부적 특징을 갖출 순 있어도, 기형적인 시장경제에 불과한 것이다.

쑨리핑: 국민의 평등한 권리문제는 처음 농민문제에서 야기되었다. 최근 사람들이 이 문제에 대해 관심을 가지는 것은, 앞서 생겨났던 두 논쟁과 관련이 있다. 한 논쟁은 석사 이상의 학위 소지자에게 두

아이를 가질 수 있는지 없는지에 대한 논쟁이고, 또 한 논쟁은 해외 유학자에게 갖가지 우대혜택을 주는데 대해 야기된 논쟁이다. 나는 이 두 논쟁을 분석하는 것이 의미 있는 작업이라 생각한다. 왜냐하면 이를 통해 논증의 논리가 무엇인지 또 국민권리의 불평등 현상이 존재하는 심층적 근저가 무엇인가를 알 수 있기 때문이다.

국민권리의 불평등 문제가 마치 사회의 기타 불합리하고 불공정한 현상들과 마찬가지인 것처럼, 만약 그것이 단지 불합리하고 또 불공정하기만 한 것이라면 아마도 존재하지 않았을 것이다. 이와 반대로 일부 불합리하고 불공정한 현상이 그처럼 '뿌리 깊게' 존재하는 까닭은, 나름대로 근거가 있고 이치가 있는 듯하다. 이것도 이러한 현상에 대한 도덕적인 비난이 효과를 나타내지 못하는 원인의 소재이다. 따라서 이 두 논쟁을 분석함으로써 그 이면의 원인이 도대체 무엇인지를 밝힐 수 있는 기회가 될 것이다.

질문: 그럼 먼저 도시에서 석사 이상의 학위 소지자가 두 명의 아이를 가질 수 있는지의 논쟁에 대해 살펴보도록 하자. 이번 논쟁에는 일부 웹 사이트도 참여했는데, 이는 사람들이 자신의 견해와 관점을 충실하게 피력할 수 있는 가능성을 제시했다.

쑨리핑: '도시에 있는 고학력자는 두 명의 아이를 가질 수 있다'는 주장은 80년대 초에 이미 제기되었다. 왜냐하면 당시 실행되었던 산아제한정책은, 도시 주민은 한 명, 농촌 주민은 두 명, 어떤 소수민족은 세 명을 낳는 것이었다. 심지어 일부 편벽 지역에서는 실제로 이보다 더 많이 낳았다. 그래서 당시 일부 학자들은 국민 자질의 '역도태(逆淘汰)' 문제를 제기했다. 그러나 우리가 주의를 기울인 것은, 이번 논쟁이 더 이상 학자들의 일반적인 견해가 아니라 지방 입법권을 지닌 성급인민대표회의의 토론과 제의에서도 나타났다

는 점이다. 이를 주장하는 자들은 국민의 자질을 높이기 위해 박사나 석사와 같은 고학력들에게 두 명의 아이를 낳을 수 있게끔 하고, 교육수준이 낮은 사회계층 특히 농민에 대해서는 인구의 증가를 더욱 통제해야 한다고 건의했다.

질문: 이것으로 보자면 석사 이상의 학위를 가진 자에게 두 아이를 낳을 수 있게끔 하는 제의는, 국민의 자질을 높이기 위한 조치로 볼 수 있다. 우리는 실제 토론에서 의견 불일치와 논쟁 역시 이 문제를 둘러싸고 전개된 것임을 알 수 있다.

쑨리핑: 우리는 논쟁 쌍방의 논리적 근거와 배후에 숨겨진 가치주장을 살펴볼 수 있다. 이를 주장하는 자들이 석사 이상의 학위 소지자에게 두 아이를 낳을 수 있도록 하는 것에는 적어도 아래와 같은 몇 가지 이유가 있다. 첫째, 학력이 높은 사람은 우량아를 낳을 수 있고 태어난 아이도 보편적으로 높은 소양을 가질 수 있다. 어떤 고학력자의 소양은 확실히 저학력자보다 높다. 물론 이것은 절대적인 것은 아니다. 둘째, 고학력은 고소득을 의미한다. 아이에게 더 좋은 교육조건을 제공할 수 있다. 얼마 전 정부 관련부서에서 실시한 공식적인 조사에 따르면, 사회 각 계층의 소득상황은 기본적으로 학력의 높고 낮음과 정비례하는 것으로 드러났다. 이러한 현상에 기초하여, 만약 아이가 고학력 가정에서 태어났다면 이는 더 좋은 교육과 배려를 받을 수 있음을 의미하는 것이라고 생각하는 사람이 적지 않았다.

이러한 주장에 찬성하는 사람 가운데, 우리는 유전학에 권위 있는 학자의 견해에 특별히 주의를 기울였다. 이름을 밝히길 원치 않는 이 학자는 이러한 안건에 대해 나름대로 이유가 타당하다고 했다. 그는 지금의 상황을 다음과 같이 지적하고 있다. 고학력과 높은 소양을 지닌 대다수 사람들은 아기를 적게 낳거나 아니면 낳길 싫어하지만, 발달이라곤 전혀 없는 대다수 농촌 사람들은 키울 능력이나 조건이 되지 않아도 아이를 많이 낳는다. 그러한 아이들의 지능지수는 좋을지는 몰라도, 생활을 보장할 수 없을뿐더러 제대로 키울 우수한 교육환경이 없다. 어쩌면 체계적인 교육으로 재목을 만들 수 있을지는 몰라도, 이 또한 소수에 불과하다. 이 학자의 견해가 주목을 받는 까닭은, 지력과 유전의 관계가 줄곧 논쟁이 되는 문제이기 때문이다. 특히 출산정책을 다룰 경우, 이 문제는 더욱 민감하게 작용한다. 이 학자가 '우생(優生)'이 아닌 '우육(優育)'의 각도로 자신의 관점을 피력했지만, 그의 관점은 여전히 더욱 권위를 가진다.

이에 반대하는 사람들의 이유는 첨예하게 대립한다. 첫째, 용이 꼭 용을 낳는 것은 아니다. 대다수 사람들은 고학력이 바로 높은 소양을 대표하는 것이 아니며, 더군다나 지금은 '관시'를 통해 학위를 받는 것은 아주 쉬운 일이라 여기고 있다. 둘째, 높은 소양을 지닌 자가 낳은 아이가 반드시 높은 소양을 지닌다고 할 수는 없다. 더욱이 어떤 사람은 이러한 제의를 새로운 '혈통론(血統論)'이라 칭했는데, 이는 2차 세계대전 기간에 독일의 일부 학자가 제기했던 '인구우생론(人口優生論)'과 비슷한 것이다. 이 논점은 이후 나치가 종족주의를 추진하는 근거가 되어 인구학에서 악명을 떨치게 되었다. 반대 의견 중에 우리는 〈국가산아제한정책위원회〉 직원의 견해에 주의를 기울였다. 그녀는 중국에서는 고학력에 따라 인구를 나눌 수 없다고 했다. "모든 사람은 법률 앞에 평등하다." 고학력을 지닌 사람의 아이가 반드시 높은 소양을 지니는 것은 아니다. 칭화대학을 보더라도 우수 학생 중에 농촌 출신도 아주 많다.

질문: 양육 권리의 각도에서 이 주장에 반대하는 이유를 논증하는 사람도 일부 있다.

쑨리핑: 그렇다. 어떤 논자는 이 문제를 바라보는 기본 원칙이 사람은 법률 앞에서 모두 평등하다고 여긴다. 하지만 이 관점은 논증방식과 연관이 있다. 그것은 고학력자가 뛰어난 인재를 낳거나 잘 키울 수 있는 것은 아니라는 점이다. 자세히 관찰해보면 이러한 논쟁의 배경에서 민감하게 드러나는 문제가 모호하게 지나쳐버린다는 것을 발견할 수 있을 것이다. 이 문제는 '우생'이란 문제, 특히 '우생' 가운데 생리와 유전적 요인을 어떻게 대하는가 하는 것이다.

사실 현대과학의 발전으로 사람의 소양 가운데 특히 지능은 생물적인 기초가 있고 또 유전을 통해서 일부 실현될 수 있음이 증명되었다. 단순히 학력이 유전적 소질과 완전히 일치한다고 여길 수는 없다. 그러나 만약 어떤 이가 갖가지 실험을 통해 좋은 유전 인자를 뽑아내어 고학력자로 만들 수 있다면, 어떻게 되겠는가? 이 문제는 이미 첨예하게 우리 앞에 펼쳐져 있지만, 토론 과정에서는 이 문제에 대해 정확히 직시하며 토론하지 않았다.

따라서 이 문제의 본질은 다음과 같다. 만약 자질이 유전될 수 있다는 것을 증명할 수 있다면, 또 만약 고학력자의 유전적 자질이 확률적으로 높다는 점을 증명할 수 있다면, '일부 사람에 대한 혜택'의 양육정책을 실행할 수 있을까라는 점이다.

질문: 그렇다면 당신은 이 문제를 어떻게 생각하는가?

쑨리핑: 답안은 명확하다. 안 된다. 어떠한 원인에서건 근본적으로 차별적인 양육정책은 현대문명의 기본정신에 용납되지 않는 것이다. 모든 사람이 법률 앞에 평등하다는 것은 『중화인민공화국헌법』의 기본원칙이자 현대문명의 기본 핵심이다. 양육권과 같은 이러한 기

본적인 권리에 있어서는 더더욱 차별적인 정책이 존재할 수 없다.

이러한 의미에서 과학적으로 차별적인 양육정책이 인구의 소질을 제고하는 데 유리하다는 것을 증명할 수 있다 해도, 이 정책을 실행할 수 없다. 다시 말해서 공리적인 고려가 가장 기본적인 문명의 원칙과 인류의 권리를 위배하는 이유가 될 수 없다. 이것은 가장 기본적인 가치관 문제이다.

이것은 몇 년 전 미국에서 발생한 사건을 생각나게 한다. 당시 미국은 우주 비행기를 발사하려고 했다. 그 속에는 일부 군사실험 항목이 포함되어 있었다. 어떤 정부 관료는 군사비밀을 누설하지 않도록 하기 위해 신문매체의 보도를 금지해야 한다고 주장했다. 그러나 반대 입장의 이유는 다음과 같다. 신문매체의 보도를 금지시키면, 이는 군사비밀의 누설은 방지할 수 있지만 신문의 자유를 파괴하는 대가를 지불해야만 하고, 아울러 신문의 자유를 파괴하는 대가는 군사비밀의 누설에 따른 대가보다 더욱 크다. 결국 이와 관련된 보도는 제한을 받지 않았다. 이는 우리에게 하나의 문제를 상기시킨다. 현대문명 가운데 인간의 권리에 관한 기본원칙이 신성한 까닭 중의 한 가지는, 그것이 어떤 시기에 있어서 매우 중요한 공리적 고려 때문에 절삭되거나 파괴될 수 없기 때문이다.

양육정책에 있어서 공리성의 고려와 개인의 평등권리 간에는 이와 같은 명확한 모순이 존재하지 않는다. 요즘 중국에서는 분명 양육의 '역도태 현상'이 존재하는 것은 부인할 수 없다. 이 또한 중시해야 한다. 그런데 이러한 현상의 존재는 농촌에서는 두 아이를 도시에서는 단지 한 아이를 낳도록 허락하는 정책과 직접적인 관련이 있다. 이런 양육정책 역시 차별적인 양육정책이다. 따라서 양육의 '역도태 현상'을 완화하기 위해, 고학력자에게 두 명을 낳게 하는 새로운 차별 정책을 실행할 것이 아니라 현존하는 '농촌에서는 두 명을 도시에서는 단지 한 명을 낳도록 하는' 차별적인 양육정책을 변화시켜야만 할 것이다.

질문: 다시 말해서 양육권과 같은 인류의 기본적인 권리문제는 사람마다 평등하기에, 차별적인 방법을 실행할 수 없는 것이 첫 번째 원칙이다.

쑨리핑: 그렇다. 권리평등의 가치는 독립적인 가치로, 공리적인 결과로 평가할 수 없다. 그것이 유용하다고 해서 이 원칙을 실행하고 유용하지 않은 경우에는 이 원칙을 실행하지 않는 것이 아니다. 심지어 어떤 공리적인 목표를 위함이라도 이 원칙의 실행을 방해할 수는 없다. 물질생활의 개선이 인류가 노력하는 목표인 것처럼, 인권의 평등을 실행하는 것도 물질생활을 개선하는 것 마냥 중요한 목표이다. 이 역시 인류발전의 중요한 내용이다. 우리 인류가 스스로 만든 각종 제도장치는, 인류의 물질적 복지를 촉진하기 위한 것도 있지만 상당 부분은 인류에게 이러한 권리를 보장하기 위한 것이다.

현실적인 각도에서 인류의 권리보장은 공리적 목표와 모순되지 않는다. 어떤 사람은 인류의 권리보장을 선진국에서만 실현될 수 있는 것으로 여기고 낙후된 사회에서는 일종의 사치로 여기고 있는데, 이는 잘못된 생각이다. 현대사회의 경제발전의 동력은 대부분 공평한 경쟁을 기초로 해서 세워진다. 공평한 경쟁이 형성되려면, 기본적인 전제 조건으로 인간의 평등한 권리를 보장하여야만, 진정 만민이 법 앞에 평등한 것을 실현할 수 있다. 우리는 엄중한 차별성이 존재하고 인간의 기본적 권리를 보장할 수 없는 사회에서 공평한 경쟁 환경을 만들어 낼 수 있으리라고는 상상할 수 없다.

질문: 바로 이러하기에 몇 년 동안 시장메커니즘 확립의 주요 목표

는 공평한 경쟁 환경을 형성하는 것이었다.

쑨리핑: 지난 20년의 개혁개방 과정에서 우리는 이 방면에 큰 성과를 이루었다. 그러나 아직 해결해야 할 문제가 많이 남아있다. 농민과 도시로 들어간 농민공의 경우 이들에 대한 공개적인 차별은 더 이상 말할 필요가 없다. 중국 사회에는 은폐된 차별이 여전히 존재하고 있는데, 이것을 흔히 '혜택'이라 한다.

이것을 이야기할 때면 불현듯 한 장면이 떠오른다. 나는 늘 같은 도로를 지나다닌다. 그 도로 옆으로 십여 층의 빌딩이 있는데, 그곳에 걸려있는 '귀국유학생 창업단지' 라는 팻말이 눈에 뛰었다. 전국에 이런 '단지' 가 있는 도시는 아주 많다. 이것은 첨단기술을 발전시키려는 조치라고 들었다. 알다시피 이런 단지의 배후에는 자금과 인재를 유인하는 우대정책이 있다.

이러한 정책에는 다음과 같은 내용이 있다. 자금의 투입, 대출금 어음할인, 경영범위의 완화, 장려방법을 포함하고 있다. 또 직장을 옮기라는 지시나 제한을 받지 않고, 본인과 가족의 도시 정원초과 징수비를 받지 않으며, 전문기술 인력을 심사 선발하고, 심사선발 시한과 단위 내 직위의 숫자를 제한받지 않는다. 게다가 필요한 주택을 구매할 수 있고, 자녀 유치원 입학과 초·중학교 입학의 우선배정 등 그 혜택이 적지 않다. 이와 관련된 규정에는 '이 정책은 어떤 사람에게만 제한한다' 는 조항이 있게 마련이다. 이것이 바로 우대정책이다. 그러나 뒤집어보면 이러한 '우대' 는 동시에 다른 일부 국민에 대한 차별을 의미하는 것이다.

질문: 개혁개방 과정에서 우리는 많은 '우대' 정책을 제정했고 실시했다. 예를 들면 감세정책, 외국자본에 대한 우대정책, 특구설치 우대정책 등이다. 그러나 이런 특혜정책과 조치는 분명 중국 경제

와 사회에 중요한 역할을 했다.

쑨리핑: 문제는 여기에 있다. 중국의 경제와 사회생활은 대부분 소위 '우대정책'에 의해 움직여졌다. 중국의 경제와 사회생활 가운데 허다한 일(개혁개방에 따른 허다한 시책을 포함)들은 대체로 '우대정책'과 '편의를 봐주는' 등의 방법으로 실현된 것이다. '정책'을 결정하거나 '우대'를 해 주는 것은 일부 관료들의 일상 업무가 되어 버렸다. 이러한 조치는 그 나름대로 합리성을 지니고 있다. 특히 개혁개방 초기에는 더욱 그러했다. 그러나 이를 좀 더 자세히 분석해 보면, 일부 사람에 대한 우대는 대체로 다른 사람에 대한 차별을 의미한다. 그래서 어떤 정책과 실행에는 갖가지 부득이한 이유가 있겠지만, 이것이 중국 사회의 정상적인 현상으로 여겨서는 안 된다.

'우대정책'에 대해서도 구체적으로 분석해야 한다. 어떤 '우대'는 사람에 대한 것이 아니라 일에 대한 것이다. 예를 들어 첨단기술 기업에 대한 감세와 면세는 바로 이 종류에 속한다. 어떤 '우대'는 일에 대한 것이 아니라 사람에 대한 것이다. 예를 들어 앞에서 말한 귀국유학생의 창업에 따른 특수한 정책이 바로 이에 속한다. '우대' 이면에 은폐되어있는 차별은 두 번째 종류에서 드러난다. 유학을 다녀오지 않고도 창업 능력이 있는 사람은 왜 이런 우대정책을 누릴 수 없는가? 만약 유학이란 배경이 없는 사람을 이러한 우대정책에서 배척시킨다면, 중국 경제와 사회발전에 손해를 끼치는 것이 아닌가? 더욱 중요한 것은, 이런 갖가지 '우대정책'에서, 개인 평등의 권리가 어떻게 보장받을 수 있는가이다.

'차별'을 점차 해소하고 불합리한 '우대'를 점차 해소한다면, 이는 중국이 규칙적이고 공평하며 제도화된 사회로 나아가는 발단이 될 것이다.

도덕추락 : 우리는 어떤 위기에 처해 있는가?

1. 도덕위기는 심각한 사회 질병이다.

질문: 지난 20년 동안의 개혁과정에서 사람들의 주요 화젯거리는 '도덕추락'이었다. 최근 이 문제는 근본적으로 호전되기는커녕 갈수록 걱정거리가 되었다. 바로 이러한 이유로 중앙정부에서 제기한 것은 '덕으로 국가를 다스려야 한다(以德治國)'는 것이었다. 이 문제에 대해 어떻게 생각하는가?

쑨리핑: '도덕추락' 문제가 존재하는지에 대해 학계는 의견이 분분하다. 사실 이 문제에 대한 견해의 불일치 이면에는 갖가지 이데올로기적 요소가 숨어있다. 그 중에 어떤 사람은 '도덕추락'이란 누구나 다 아는 사실이라 여기고 있다. 일부는 이런 '도덕추락' 현상을 시장경제와 연관시키면서, 시장경제가 도덕의 역행을 야기했다고 여기며 시장경제의 일부 원칙을 변화시키길 요구했다. 또 일부는 '도덕추락' 현상의 존재를 완강히 부정했다. 그들은 세상의 기풍이 옛날 같지 않다고 개탄하는 사람들이 구시대적 시야로 이 문제를 대한다고 여기고 있다. 그들이 '도덕추락' 문제를 제기할 수 있는 까닭은 바로 일부 사람들이 이전의 표준으로 새로운 사물을 형량하기 때문인 것이다.

　　이 문제에 대한 내 견해는 아래와 같은 몇 가지 내용으로 개괄할 수 있다.

　　첫째, '도덕추락' 현상의 존재를 있는 그대로 인정해야 한다. 이 문제는 도덕의 시대성과 역사성으로 중대한 문제는 사소한 것으로 하고 사소한 문제는 끝난 것으로 하기 어려운 것이다. 어느 사회든 도덕은 두 부분으로 구성된다. 하나는 시대적인 도덕이고 다른 하나는 시대를 초월하는 도덕이다. 예를 들어 '도둑질은 부도덕한 것이다' 라는 이러한 도덕적 가치표준은 어느 시대에나 통용될 수 있는 것이다. 따라서 이러한 사실에 대해 우리는 먼저 그것을 올바로 보아야만 한다. 개혁 이미지를 보호하기 위해 '도덕추락' 현상을 단연코 부정하는 방법은 취할 바가 아니다.

둘째, '도덕추락' 은 매우 심각한 사회 질병으로 보아야 한다. 도덕, 사상, 문화 등은 사회의 생명이자 기본적이고도 영원성을 발휘하는 것이다. 이런 기초를 조금 파괴한다 하더라도, 사회생활은 정상적으로 돌아가는 것처럼 보이기에, 사람들은 이것에 대해 그다지 두드러지게 느끼지는 않을 것이다. 그러나 시간이 길어지면 사회적 만성병이 생기게 되어, 몇 대에 걸쳐 이것에 대한 대가를 지불해야 할 것이다. 이번에 발생한 필리핀 사건[49]은 우리에게 좋은 교훈을 가져다준다. 도덕과 규칙이 심하게 파손된 사회에서는 정치와 사회의 위기가 끊임없이 나타난다.

셋째, 우리는 '도덕추락' 현상의 존재를 인정하되, 이는 일부 사람들이 주장하는 것 마냥 시장경제 원칙을 변화시키는 방식으로 이 문제를 해결하는 것을 의미하는 것은 아니다. 지난 20년 동안 이미 형성되었고 또 실천되었듯이 중국 경제의 발전을 촉진할 수 있는 방법과 조치에 대해서, 우리는 계속 견지할 뿐 포기할 수 없다. 아울러 '도덕추락' 문제에 대해서는 구체적이고도 심층적인 연구를 하여 '도덕추락' 현상을 초래하는 메커니즘 더 나아가 제도적 요소를 찾아냄으로써, 이 문제를 효율적으로 해결해야 한다.

---

49) 이것은 필리핀 '피플 파워' 의 정신적 지도자였던 하이메 신 추기경이 지난 1986년 독재자 마르코스를 평화적인 시위를 통해 축출시킨 것과 2001년 부패와 실정으로 논란에 휩싸인 조셉 에스트라다 대통령을 축출한 것을 일컫는다.

2. 사람들이 도덕에 따르지 않는 원인은 도덕에 따르는 대가가 너무 크기 때문이다.

질문: 그럼 '도덕추락'의 원인을 어떻게 봐야 하는가?

쑨리핑: 가장 급선무는 이런 현상의 근본 원인이 어디에 있는가를 살피는 것이 아니라, 도덕추락을 야기하는 구체적인 요소와 메커니즘이 무엇인지를 구체적으로 분석해야만 한다.

이 문제를 설명하기 위해, 먼저 두 가지 기본적인 가설을 세워야 한다. 첫 번째 가설은, 대다수 사람들은 자신의 행위를 선택할 때, 이 행위에 대해 지불해야 하는 대가와 얻을 수 있는 수익을 계산하려 한다. 그들은 수익이 대가보다 높을 수 있다고 여겨야만 이 행위를 선택한다는 것이다. 두 번째 가설은, 사람들 대부분은 지배적 지위를 점하고 있는 어떤 사회적 가치 관념에 대한 인식과 내면화로 말미암아, 큰 대가를 지불하지 않는 상황에서 타인에게 유익한 일을 하고 싶어 한다는 것이다. 이것은 자아요구의 만족에서 나올 수 있을 뿐만 아니라 내면화의 기준에서 나올 수 있는 것이다. 동물세계에서도 '이타(利他)' 행위가 광범위하게 존재하는데, 하물며 우리 인류들이랴?

이 두 가지 기본 가설은 모든 사람에게 적용할 순 없지만, 대부분 사람에게는 마땅히 적용시켜야 한다.

이 두 가지 기본 가설에서 출발할 때, 지금 '도덕추락'을 유발하는 중요한 원인은 사회의 갖가지 제도장치로 인하여 도덕을 지키는 행위의 대가가 지나치게 높은 반면, 도덕을 위반하는 행위로 지불해야 하는 대가가 너무 낮기 때문이라 여긴다. 이렇게 되면 그들이 도덕을 지키지 않는 가능성은 더욱 커지게 된다.

탑승할 때 줄을 서는 경우를 들어보자. 버스를 탈 때 줄을 서지 않고 함부로 밀치는 것은 중국 사회의 독특한 광경이다. 경제학자의 말에 따르면, 여기에는 적어도 두 가지 측면의 문제를 야기한다. 하나는 불공평성이다. 늦게 온 신체 건장한 자가 먼저 차에 올라타고, 먼저 온 노약자나 환자는 붐비는 차의 희생자로 될 수밖에 없다. 두 번째는 효율의 원칙에 부합하지 않는 것이다. 그 이유는 앞을 다투면서 올라가는 것보다 질서를 지켜 차에 오르는 것이 빠르기 때문이다. 따라서 차에 오를 때 줄을 서지 않고 함부로 밀치며 차에 오르는 현상은 공평성의 원칙에 부합하지 않을 뿐 아니라 효율의 원칙에도 부합하지 않는 것이다.

그렇다면 왜 사람들은 줄을 서지 않고 밀치며 오르려 하는 것인가? 그렇게 많은 사람들이 공평하지도, 효율적이지도 않은 이러한 행위를 무엇 때문에 선택하는가? 여기에서 우리들의 관심 대상은, 공중도덕이 부족한 그들이 아니라 서둘러 차에 오르려는 것을 즐기는 사람들이다. 어느 사회나 이러한 사람들이 있다. 아마도 그들은 천성적으로 타고난 것인지도 모르겠다. 여기에서 흥미를 유발한 것은, 원래 밀치며 오르길 원치 않고 심지어 그러한 행위에 반감을 가지면서도, 자신도 어쩔 수 없이 밀치며 차에 오르는 그러한 사람들이다. 그들은 밀치며 차에 오르길 싫어하면서도 왜 자신도 밀치며 차에 오르는 것인가? 무슨 원인으로 이렇게 하는가?

우리는 아래 상황을 가정해 볼 수 있다. 밀치며 차에 오르길 싫어하는 사람이 출근을 한다. 그가 정류소로 걸어갈 때, 버스가 왔고 이에 사람들이 밀치며 차에 오르고 있다. 이때 그는 어쩔 수 없이 '나도 밀치며 차에 올라야 하나' 라며 이해타산을 따지게 된다. 그가 이렇게 이해타산을 따지는 근거는 무엇일까? 다른 게 아니라, 다음 차가 얼마 뒤에 올 것인가? 그동안 어느 정도 사람들이 차를 기다릴까? 다음 차에 오를 수 있을까 하는 것이다. 한마디로 내가 얼마 동안을 기다려야 붐비지 않는 차에 오를 수 있을까라는 것이다. 우리는 아래와 같이 추론해 볼 수 있다. 만약에 그가 이해타산을 따진 결과 5분이나 10분 후면 차에 오를 수 있다면 그는 기다릴 것이다. 하지만 한두 시간을 기다려야 한다고 생각하면, 그는 분명 밀치며 오르는 대열에 들어갈 수밖에 없을 것이다. 이러한 추론은 모든 사람에게 적용할 수는 없지만, 적어도 대다수에게는 적용할 수 있다.

우리가 이론적인 언어로 상술의 과정을 개괄해보면, 밀치며 차에 오르는 것에 반감을 지닌 사람이 최후에는 그 대열로 들어가는 까닭은 줄을 서서 기다리는 비용이나 대가가 너무 크기 때문이다. 다시 말해서 밀치며 차에 오르는 현상이 보편적으로 존재하는 까닭은 사람들이 밀치며 차에 오르는 것을 좋아하는 경향에서가 아니라 줄을 서서 기다리는 대가가 너무 크기 때문이다.

질문: 밀치며 차에 오르는 이러한 것에만 그치는 것이 아니다. 이러한 논리는 사회생활의 여러 방면에 존재한다.

쑨리핑: 그렇다. 이로부터 추론해 볼 때, 사회의 공중도덕에 부합하는 일이나 사회규범에 부합하는 행위의 대가가 너무 크면, 이것에 위배되는 행위를 부추기게 될 것이다. 한동안 중국 사회에 정의를 지키는 영웅이 적어지고 사회풍조가 날로 나빠지는 것을 몹시 한탄하면서도, 그 이면에 담긴 원인을 탐구하는 사람은 거의 없었다.

정의를 지키거나 도덕을 준수하는 것에 비용이 들지 않는 건 아니다. 하지만 사람들이 이러한 비용을 지불할 때면 아래와 같은 난처한 지경에 직면하게 될 것이다. 그가 대가를 지불한다는 것은, 실제로 공공재를 생산하고 있는 것이다. 이런 공공재는 나쁜 사람을 징벌하고 정의를 신장시키며 사회질서를 유지하는 것을 의미한다. 사회질서가 이러한 공공재로 잘 전환된다는 것은 누구든지 이런 공공재의 혜택을 받을 수 있는 것으로, 이는 그 누구나 이러한 공공재의 소비자가 되고 아울러 기타 소비자들은 이로 인해 비용을 지불할 필요가 없다. 이러한 공공재의 생산을 위해 대가를 지불하는 것은 일부 정의를 지키려는 영웅과 자각적으로 도덕을 준수하는 사람들일 뿐이다.

바로 여기에서 문제가 발생한다. 정의를 지키는 사람들 입장에서 또 자각적으로 도덕을 지키는 사람들 입장에서, 그러한 대가와 수익이 어떠한 것인가? 만약 대가와 수익의 이성적 선택에서 이렇게 해야 하는 근거를 찾을 수 없다면, 분명 이러한 상황이 나타날 것이다. 사람마다 사회질서가 양호한 상태로 있길 바라면서도 이것을 지키기 위해 큰 대가를 지불하려는 사람은 아마도 거의 없을 것이다.

하지만 인간은 이익을 가지고 계산하는 완벽한 이성주의자가 아니다. '측은지심은 인간 모두가 지니고 있다(惻隱之心, 人皆有之)'라는 말은, 사람은 이성적인 이익 계산 이외에도 인성적인 충동이 작용하고 있음을 뜻한다. 바로 이렇기에, 세상의 풍조가 옛날 같지 않다고 질타하는 오늘날에도 다른 사람을 도와주고자 하는 사람이 상당히 많음을 볼 수 있다. 어떤 노인은 낯선 사람에게 길을 가르쳐주려 힘써 몸을 움직이고, 어떤 청년은 노인에게 자리를 양보하기 위해 일어난다. 그러나 이 모든 것에는 하나의 전제가 필요하다. 그것은 이러한 행위를 하는 대다수 사람들에 있어서 타인을 돕는 이런 행위가 그리 큰 대가를 지불하지 않는 것을 전제로 한다는 점이다. 설령 자질구레한 일에 있어서는 그들이 매번 이처럼 타인을 도와준다 하더라도, 만약 생사와 관련된다면 타인에게 이러한 도움을 주지 않을 것이다. 이런 사람들은 좋은 사람이지만 목숨을 걸고 타인을 구하는 영웅만큼 그렇게 고상하지는 않다. 대다수 사람들은 바로 이러한 보통 사람인 것이다.

여기에서 한 가지 문제는, 한 사회에서 타인을 도우려는 사람, 사회의 공공도덕을 준수하려는 사람, 정의감이 넘치는 사람이 어떻게 하면 자신의 행위에 큰 대가를 지불하지 않아도 되는가라는 점이다. 이러한 조건은 사회에서 창출해야만 한다. 만약 사회에서 이런 조건을 제공할 수 없다면, 어떤 특수한 상황에서 감동을 주는 일부 영웅이 출현한다 하더라도, 대다수 사람들이 그렇게 할 수는 없을 것이다. 지금 무관심하고 또 정의를 지키려는 영웅이 없는 까닭은, 많은 교훈을 겪은 결과이다. 만약 기본 사회질서에 대한 보장이 없어 도둑의 절도행위를 폭로함으로 인해 그 사람이 도둑으로부터 구타를 당해 생명의 위협을 받는다면, 심지어 의료비조차 보상받을 수 없다면, 사람들이 이러한 행위를 하는데 뒷걸음질치기에 족할 것이다. 이러한 일을 많이 겪었을 때, 재차 이와 유사한 일에 직면할 경우 사람들은 분명 다음과 같이 예상할 것이다. 그것은 만약 자신이 직접 그 일에 간여를 한다면 이에 대해 큰 대가를 치루어야 한다는 것이다.

3. 경계심을 가질 만한 '도덕유린' 현상

질문: 일반적인 '도덕추락' 현상과 비교해 볼 때, 오늘날 중국 사회생활에서 더욱 주의할 만한 현상이 존재하고 있다. 이는 일부 사람들이 고의로 도덕을 파괴하는 것으로, 마치 전적으로 도덕에 맞서는 것처럼 보인다.

쑨리핑: 우리는 이런 현상을 '도덕유린' 현상이라고 한다. 사회의 어

떤 도덕규범을 고의로 위반하고 조소하며 비난하고, 도덕을 위반하는 말이나 행동을 고의로 하여 사람들의 주의를 끈다. 도덕적인 현상에 대해 일부러 조롱하고 모욕을 가해, 자신과 도덕은 공존할 수 없음을 드러낸다. 문학작품에서도 도덕에 대한 도전으로 가득하며, 고아한 문인을 길가의 부랑아처럼 여겨 도덕을 무시해 버린다. 이러한 상황에서 유력한 무기로 도덕을 사용한다면, 결국에는 사람들의 조소를 받을 것이다. 하지만 도덕을 위반하거나 유린하게 되면, 아주 멋있는 생활방식과 인생 경계를 이루는 것처럼 보일 것이다.

오늘날 일부 사람들은 도덕에 대한 위반, 조소, 멸시를 정신적인 향락과 쾌락의 원천으로 여기고 있다.

질문: 서구사회에서도 이와 유사한 현상이 존재하고 있는 듯하다.

쑨리핑: 일반적으로 이런 현상은 도덕에 대한 반역의 함의를 가지고 있으며, 그것은 이미 지나간 도덕에 대한 반역이다. 서구에서 극렬한 사회변천을 겪을 때마다 이와 유사한 현상이 발생했다. 히피, 성해방, 마약 등은 모두 이러한 시대에 수반하여 나온 것이다. 따라서 이러한 사고로 지금 우리 생활에 존재하는 '도덕유린' 현상을 이해한다면 거의 통할 것이다. 왜냐하면 중국 역시 사회전환기에 직면해 있고 또 현대화의 목표를 향하고 있기 때문이다. 그러나 좀 더 자세히 분석해 보면, 이런 해석이 지나치게 간단하다는 사실을 발견하게 될 것이다. 왜냐하면 지금 중국의 상황은 서양과 큰 차이가 있기에, 유사한 현상이 일어나는 배경은 분명히 구별된다.

가치의 다원화, 급변하는 시기의 '도덕추락', 시비표준의 모호함, 불균형의 심리 등으로 지금 중국에서 드러나는 도덕 혼란 상태를 해석할 수 있다. 배금주의, 물질숭배, 양극 분화 등의 허물은 더욱 말하기 힘들다. 하지만 문제는 무엇 때문에 도덕을 한 차례 유린해야만 하고, 또 무엇 때문에 도덕을 계급의 적처럼 여겨야 하는가 이다. 마치 도덕을 한 번 희롱하지 않으면 심적으로 통쾌하지 않은 것처럼 말이다.

도덕이란 참 이상한 것이다. 어떤 때는 굳고 강하여 법률보다 더 효율적이고 힘 있는 것처럼 보인다. 바로 이러하기에 토머스 헉슬리(Thomas Henry Huxley)의 "사람에게 진정 두려운 것은 법률이 아니라 다른 사람의 평론이다"라는 유명한 격언이 있다. 그런데 어떤 때는 도덕이 나약하여 아무런 도움이 되지 못하는 존재와 같다. 어떤 때는 사회에 존재하는 고질병을 통해서 이런 고질병을 만들어 낸 사람을 볼 때면, 이때의 도덕이란 아무런 역할도 할 수 없다는 것을 알 수 있다. 그러나 어떻게 말하든 간에 나는 사람들과 도덕이란 이 물건 사이에는 몇 대에 걸친 원한 관계가 맺어져 있어, 부끄러워해야만 편안해지고 사지에 처해야만 편안해진다는 것을 믿지 않는다. 아울러 오늘날 인심이 이 지경까지 나빠져, 도덕을 위반하려 할 뿐 아니라 도덕을 소멸하려 하는 데까지 이르렀다고는 보지 않는다. 도덕이란 어떤 때는 무고하게 유린당하는 대상이 되어, 각종 역사적 요소와 현실적 요소로 인해 비극적인 운명을 맞았다.

'수치로 여기지 않고 오히려 영광으로 여기다'는 말이 있다. 그 속에는 허위적이고 가식적인 요소가 있고, 심지어 겉으론 강한 것 같지만 실제로는 나약한 면이 있다. 일부 도덕을 유린하는 자들은, 표면적으로 떳떳한 것 같지만 내심으로는 걱정과 긴장, 연약함과 공허함이 가득 차 있다. 그들은 자신의 불리한 위치를 알고 또 일격에도 견디지 못함을 알기에, "나는 나쁜 놈이다", "나를 사람으로 보지 마라"라고 하면서 적극적으로 공세를 취한다. 자기가 자신을 힘껏 욕하면서, 만약 도덕을 가지고 다시 비난한다면, 이는 웃음거리가 될 뿐 아니라 그를 보살피는 꼴이 된다. 모두가 함께 뛰어들게 된다면, 그 죄를 같이 공유할 뿐 아니라 그 비난을 모두가 분담하게 되는 것이다. 법이 대중을 비난하지 못하는 이상 도덕 또한 대중을 어떻게 하라고 할 도리가 없다. 이러한 상황에서 유린을 당한 도덕이 유린한 자에게 제공하는 것은 정신적인 안위이다.

도덕의 무고함이란 또 다른 함의를 지닌다. 도덕은 경우에 따라서는 '희생양'이 된다. 도덕의 비극적 운명 역시 여기에 있다.

조금만 더 깊이 분석해보면 도덕에 대한 수치감은 흔히 작은 인물에서 나온다는 사실을 알 수 있다. 그들은 사회에서 권력이나 세력이 전혀 없는 집단으로, 사회에서 편리함을 차지할 수 없고 단지 손해만 보는 역할을 할 뿐이다. 큰 인물들은 도덕을 적대시할 필요가 없다. 그 이유는 도덕은 그들을 속박할 수 없고, 그들에게 불리한 것이 거의 없기 때문이다. 심지어 어떤 때는 작은 인물보다 도덕을 더욱 필요로 하는데, 여기에는 타인이 도덕을 준수하길 필요로 한다. 왜냐하면 그들은 그들의 안정되고 부유한 생활이 비도덕적 행위에 의해 파괴되는 것을 두려워하기 때문이다.

그러나 작은 인물에게는 상황이 다르다. 사회의 공평과 정의가 파괴될 때 도덕은 상당히 난처한 지경에 처하게 된다. 도덕이 공평과 정의를 유지할 수 없을 때, 그것은 작은 인물 앞에서 그렇게 떳떳하지 못하게 된다. 이것은 마치 밥을 잘못 지은 며느리와 같은 것이다. 작은 인물은 그것을 들어 불만을 털어놓는 대상으로 여긴다. 왜냐하면 그것은 아주 나약하기에 상당히 편리하고 쉽게 들추어낸다. 따라서 사람들은 이러한 상황을 보았을 것이다. 힘없는 자는 힘없는 발설대상을 똑같이 찾아낸다. 이와 반대로 공평과 정의가 기본적으로 유지될 수 있을 때 도덕의 역량도 강해지게 된다.

이런 의미에서 도덕은 공평과 정의의 사회질서를 체현하는 버팀목에 기대고 있다. 도덕 그 자체로 홀로 싸울 수 없다. 이것은 우리가 도덕을 다시 세울 때 반드시 알고 기억해야만 하는 것이다.

4. 도덕의 재건과 제도적 장치

질문: 도덕이란 것은 아주 특이하다. 도덕은 파괴하려면 쉽게 할 수 있다. 하지만 다시 회복하려면 어디부터 시작해야 하는지 모르겠다.

쑨리핑: 사람들도 도덕 재건에 필요한 갖가지 의견을 제기했다. 예를 들어 사상교육 등이 있다. 사실 이것은 아무런 효과가 없다. 앞서 이야기한 '도덕추락' 현상이 나타나게 된 주요 원인은 제도적 장치에 많은 문제가 있기 때문이다. 그렇다면 도덕 재건의 착수점도 이와 관련된 장치를 바꾸어야만 하는 것이다.

먼저, 다원화된 사회구조를 형성해야 한다. 정상적인 사회에서 사회구조는 다원화되어야 한다. 다원적 구조가 담당할 수 있는 사회기능은 다른 점이 있으면서도 기능상 서로 보완해주는 점이 있다. 일반적으로 구조가 다원적인 사회에서는 적어도 아래 3가지 역량이 있어야만 작용할 수 있다. 시장의 역량, 정부의 역량, 문화의 역량이다. 서구에서는 문화의 역량에 여론과 교회를 포함하고 있다. 상대적으로 복잡한 사회에 있어서 분화된 구조는 서로 다른 기능을 분별하여 담당하는 동시에 기능적으로 보완할 수 있기에, 이는 한 사회의 질서를 이루는 기초가 된다. 그렇지 않으면 사회생활은 문란해질 것이다. 예를 들어 소득 분배문제에 있어서 시장은 사회분배의 차이를 확대시키는 역할을 한다. 이것은 시장의 성질과 담당 기능으로 결정된다. 그렇지 않으면 사회와 경제의 발전에 동력이 없게 된다. 하지만 정부의 역할은 이와 다르다. 정부의 역할은 행정수단으로 시장에 의해 조성된 지나친 소득격차를 조절하는 데 있다. 그러나 문화는 상당한 초월성을 지녀야 한다. 그것은 정의와 공평을 유지해야 할 뿐만 아니라, 물욕에 대한 초월을 제창해야 한다. 바로 이 세 가지 시스템의 서로 다른 기능이 사회전체의 조화를 이룬다.

그러나 중국 사회에서는 하나의 중심 아래 각기 다른 구조의 기능이 같은 쪽으로 나아가, 이로 인해 기능의 변형과 왜곡이 초래된다. 시장 메커니즘은 끊임없이 격차를 늘이고, 정부는 일부 사람의 선부론(先富論)을 제창하며, 문화는 금전 앞에 무릎을 꿇는다. 이에 개인소득 분배의 전면적인 혼란을 초래했고 각 계층의 소득격차가 끊임없이 확대되었다.

도덕문제도 마찬가지다. 상당수의 사람들은 도덕의 재건을 상상 속의 '완벽한 시장'에 의존하고 있다. 그들은 목전의 도덕 추락은 지불해야 할 대가이기에, 시장경제체제가 완벽해짐에 따라 관련 문제 역시 그에 맞게 해결할 수 있으리라 본다. 맞다. 완벽한 시장은 가치 규율을 만들 수 있는 작용이 있다. 그러나 개인이익의 최대화를 추구하는 시장 자체의 충동은 규칙과 도덕행위에 대한 끊임없는 위반과 파괴를 초래할 수 있다. 지금 중국에서 시장의 발전이 완벽하지 않기에, 도덕을 유지하고 촉진하는 데 있어 시장역할을 높이 평가할 수는 없다.

이런 상황에서 도덕의 재건을 실현하려면 두 가지 요소의 작용이 꼭 필요하다. 이 두 가지 요소 가운데 하나는 고정불변한 것으로, 이는 바로 정부와 법률로 대표되는 고정불변한 메커니즘이다. 이런 메커니즘의 역할은 행동이지 설교가 아니다. 이것의 구체적인 표현은 다음과 같다. 일정 한도를 초과한 비도덕적인 행위에 대해서 징벌을 가함으로써, 도덕을 위반하는 행위로 불법적인 이익을 가져다 주지 않도록 하고 도덕을 준수하고 유지하는 행위에 큰 대가를 지불하지 않도록 한다. 또 하나는 부드러운 것으로, 이는 사회의 가치관, 이데올로기, 종교를 포괄한다. 후자의 메커니즘을 초월적 메커니즘으로 볼 수 있다. 초월적 메커니즘의 역량은 그 자체의 신성함에 있기에, 계산할 필요가 없을뿐더러 실리를 표준으로 삼는 것은 더더욱 아니다. 이런 메커니즘은 보기엔 아주 부드럽지만, 그 작용은 낮게 평가할 수 없다. 다시 말해 한 사람의 마음속에 '하느님'의 존재여부에 따라 크게 다르기 때문이다.

둘째, 공평과 정의는 도덕의 기초다. 우리가 '도덕유린' 현상을 분석하면서 지적한 것처럼, 도덕은 혼자서 유지될 수 없다. 기본적인 공평과 정의를 잃어버린 사회라면, 도덕이 양호한 상태일 것이라고는 상상할 수 없다. 다시 말해서 공평과 정의는 도덕의 기초다. 그래서 도덕을 확립하는 과정에서 정부가 반드시 해야 할 일은, 먼저 사회의 공평과 정의를 유지하여 도덕 재건을 위한 기초를 닦는 것이다. 아울러 도덕의 제창은 대부분 사회의 문화시스템을 통해서 행해져야 한다.

셋째, 제도 건설의 우선 과제는 도덕을 준수하는 대가와 비용을 감소시켜야 한다. 특히 도덕을 위반하는 행위가 유리함을 도모할 수 있는 행위로 되어서는 안 된다. 한 사회에서 도덕을 위반하는 행위가 이익을 가져올 수 있을 때 유해한 오도(誤導)를 초래할 수 있다. 지난 수십 년 동안 형성된 거짓말하는 습관은 바로 이러한 오도의 산물이다. 거짓말로 출세하거나 간부로 발탁될 수 있기에, 이는 분명 전형적인 효과를 조성할 수 있다. 따라서 사회의 제도적 장치를 통해 도덕을 지키지 않는 자는 이익을 얻을 수 없을 뿐 아니라 손해를 볼 수 있게 하여야만, 도덕의 중건이 이루어질 수 있다.

또 다른 문제는 바로 도덕의 모범이다. 도덕의 모범은 대부분 위에서 아래로의 과정이다. 몇 년 전에 "나부터 시작하자"라는 구호가 있었다. 이는 자율적인 측면에서는 맞는 말이다. 그러나 전체 사회의 각도에서 보면, 이 구호는 부족하다. 사회 전체 입장에서 '위에서부터 시작하자'는 것은 '나부터 시작하자'는 것보다 더 중요하다. 특히 사회, 경제, 정치 등 영역에서 정부와 관료의 도덕적 이미지가 좋아야만 한다. 사람들이 말하는 '도덕추락'과 중국 사회에서 만연하고 있는 부패현상이 관련이 없는 것은 아니다. 따라서 어떤 의미에서 부패 문제를 해결하지 않으면 '도덕추락' 현상을 억제할 수 없다.

기업의 사회적 책임 : 기업과 사회의 긴장관계를 해소

질문 : 최근 학계나 업계 모두 기업의 사회적 책임을 강조하고 있다. 이것을 기업의 자각으로 간주하는 사람도 있고 기업의 새로운 공공관계 전략으로 간주하는 사람도 있다. 이 문제를 어떻게 생각하는가?

쑨리핑 : 사실 이 문제의 이면은 아주 복잡하다. 기업이 사회적 책임을 강조할 때면 회사의 이미지를 개선함으로써 자신의 업무를 촉진시키는 고려임이 틀림없다. 그러나 이것을 하나의 전략으로만 간주한다면 너무 지나친 감이 있다.

기업이 사회에 존재하기에, 기업의 생산과 경영활동은 사회의 일환에서 실현되어야 한다. 뒤집어 말해서 기업에서 생산되는 제품이 없으면, 수많은 사회의 수요를 만족시킬 수 없고 사회 또한 존재할 수 없다. 그러나 이 두 요소의 관계는 시장의 일환을 통해서 실현되어야 하는 것이다. 그래서 시장이란 이 쌍방관계에다 긴장의 가능성을 조성하게 되는 것이다. 이런 긴장상태에 대해 기업이나 사회 모두 그것을 올바로 바라보아야만 한다. 우리는 일상생활에서 다음과 같은 일들을 자주 볼 수 있다. 어떤 주민은 주위에 있는 기업의 환경과 수질오염에 대해 원망하고, 어떤 소비자는 모 회사 상품의 질이 나쁘고 값이 비싸다고 비난한다. 심지어 판매 과정에 속이는 행위가 있다고 비난한다. 어떤 기업에서는 직원을 심하게 다루어 노동자의 권리를 보장하지 않고, 심지어 노동자의 권리를 심각하게 침해하는 것 등이다. 이것은 기업과 사회 사이에 긴장관계가 존재하고 있다는 것을 설명한다.

현대사회에서 기업의 사회적 명망은 기업경영 성공의 중요한 선결조건이 되었다. 과거에 우리는 기업과 상품의 인지도를 항상 이야기했다. 하지만 지금은 기업과 상품의 '명예' 문제까지 고려한다. 이치는 아주 간단하다. 명성은 좋은 명성일 수도 있고 나쁜 명성일 수도 있다. 어떤 기업가는 좋은 명성이건 나쁜 명성이건 명성이 없는 것보다 낫다고 믿고 있다. 그래서 TV에서 여러 번 반복하여 사람들을 불쾌하게 하는 방식으로 자사의 상품을 소비자의 기억 속에 억지로 전달하는 방법이 나타나기도 했다. 이것은 시장과 소비자 간의 관계가 그다지 성숙하지 않는 상황에서는 일시적인 효과를 거둘 수 있을 것이다. 하지만 갈수록 성숙해지는 시장경제의 환경에서 이런 방법은 정반대로 소비자의 반감을 자아내게 만든다. 이런 의미에서 기업이 사회적 책임을 강조하는 것은 자신의 이미지를 개선하고 '명예'를 높이기 위함이다.

지금 기업의 사회적 책임을 강조하는 것은 하나 혹은 몇몇 기업의 일이 아님을 분명히 알아야 한다. 세계의 유명 기업들은 이러한 대열에 합류하고 있다. 아울러 우리는 이러한 행동에서 그들이 상당히 높은 인식과 행동상의 일치성을 지니고 있음을 알아야 한다. 많은 회사에서는 이미 사회적 책임 강조를 회사관리의 구성부분으로 삼았다. 재계에서는 회사의 사회적 책임을 강조함으로써 사회와의 긴장관계를 완화하고, 기업경영의 사회적 환경을 개선함으로써, 회사 발전을 위해 더욱 양호한 조건을 만든다. 셰브론(Chevron) 종합석유회사 총재 케네스 볼(Kenneth Boll)은 "만약 당신들이 다양성을 존중하고 경제성장을 도와주며 각국의 환경과 교육에 도움을 준다면, 당신들은 지속적인 번영을 이룰 것이다"라고 했다. 이어서 "몇 년 전만 하더라도 이처럼 신선한 논의를 듣지 못했을 것이다"라 했다.

사회적인 측면에서 이것은 더 조화로운 사회를 만드는 중요한 구성성분이다. 내가 기억하건데 모 학술포럼에서 유럽에서 온 학자이자 제3섹터(비영리부문)의 활동가인 그는, 지금 우리가 당면하고 있는 문제가 아주 복잡하기에 정부와 기업 그리고 제3섹터 간의 협력을 통해서만이 이 문제를 해결할 수 있다고 호소했다. 정부이건 기업이건 아니면 제3섹터이건 간에, 한 부서의 힘만으로는 이 문제를 해결할 수 없다. 지금 세계는 이 문제의 해결 방안을 모색하고 있는 중이다. 그것은 바로 정부와 기업 그리고 사회 간의 협력을 통해서 인류가 공동으로 직면하고 있는 이 문제를 같이 해결하는 것이다.

질문: 기업과 사회의 긴장관계는 인류사회에 기업이 생겨날 때부터 존재한 것이다. 그럼 이 문제가 왜 유달리 오늘날 우리의 주목을

받는가?

쑨리핑: 그렇다. 기업이 있고 시장이 있기만 하면, 기업과 사회 간의 이러한 긴장관계는 나타난다. 공업화의 초기단계에 이런 관계는 오늘날보다 더 심각했다고 말할 수 있다. 그 이유는 공업화의 초기 또한 자본의 원시축적단계이기 때문이다. 지금 되돌아보면 그것은 정말 극악무도한 시기였다. 나는 영국의 공업화 초기 자료를 살펴본 적이 있는데, 당시에도 가짜 상품이 도처에 깔려있었음을 발견할 수 있었다. 당시 노동자의 인권 침탈이나 소년공을 부린 현상이 지금보다 심각했고, 환경오염도 오늘날보다 더욱 심각했다.

그렇다면 왜 오늘날에 와서야 이 문제에 대해 유달리 관심을 가지는가? 여기에는 여러 가지 원인이 있다. 그 중 한 가지 요인은 바로 소비자 운동단체의 압력이다. 1983년 국제소비자조직연맹은 해마다 3월 15일을 '국제소비자권익의 날'로 정했다. 이는 소비자운동이 활발하게 전개되는 서두가 되었다. 사람들이 소비자운동을 해석할 때 덧붙이는 설명은, "소비자 입장에서 출발하여 기업에다 요구와 비판을 가하며, 그에 상응하는 효율적인 보호조치와 행동을 취한다"라는 것이다.

소비자운동은 소비자의 합법적 권익을 보호할 뿐만 아니라, 회사 행위에 대한 소비자의 영향력이 증가하고 있음을 의미한다. 기업이 사회적 책임을 중시하는 것도 바로 소비자운동과 불가분의 관계가 있다. 다 아시다시피 인도 보팔(Bopal) 독가스누출사건은 6,000여 명의 생명을 앗아갔다. 당사자인 유니언 카바이트사의 사회적 이미지도 큰 손실을 입었다. 그 회사의 판매액은 사고가 발생하기 전만 하더라도 일 년에 99억 달러였는데, 사고가 발생한 후 거의 8년 동안 판매액이 48억 달러로 떨어졌다. 그리고 엑손(Exxon)

석유회사의 발데스 유조선이 110만 배럴의 석유를 알래스카의 프린스 윌리엄 사운드에 유출시켜, 재난성의 공업사고를 야기했다. 이로 인해 엑손 석유회사는 10억 달러에 가까운 대가를 지불하여야만 했다. 이것은 모두 소비자의 반응과 직접적인 관련이 있다. 이 두 사건은 화학공업의 다국적기업에게 자발적인 계획을 수립하도록 했다. 예를 들어 '안전책임' 계획 등이 있다. 이것으로부터 기업은 사회적 책임을 중시하기 시작했다.

또 하나의 전형적인 예가 운동화회사인 나이키와 리복이다. 이 두 회사는 아시아에 있는 협력업체의 노동방식으로 말미암아 소비자 운동단체의 비난을 받았다. 당시 노동권익과 소비자권익에 관심을 둔 이 민간조직은 소비자에게 이러한 협력업체에다 항의서신을 보내어 그들의 불만을 드러내길 호소했다. 아울러 그들에게 협력업체의 생산 절차와 노동자의 노동권익에 관심을 가지도록 정중하게 촉구했다. 그 결과 이러한 압력으로 회사에서는 새로운 생산원칙을 만들었다.

이 중에는 또 한 가지 중요한 배경이 있다. 그것은 다국적기업의 전 세계적인 확장이다. 바로 이 때문에 기업의 사회적 책임문제를 토론할 때면, 늘 세계화와 세계적인 사회 불평등의 문제를 같이 연관시키고 있음을 알 수 있다. 어떤 이는 회사의 사회적 책임 원칙을 만들 때, 주요한 동력이 되는 것은 세계화로 인한 불평등현상이라고 분명히 여기고 있다. 이러한 배경 아래 다국적 기업은 전례 없는 속도로 세계 각지에서 확장되고 있다. 확장되는 곳은 다국적기업과 선명한 대조를 이루는 빈곤한 낙후 지역이다. 다국적기업 자체도 이런 불평등을 확대시키는 역할을 하고 있다. 아주 낙후된 지역에서 얻는 풍부한 이윤에 직면하면서, 기업계 인사들은 회사에다 보편타당한 사회원칙을 준수하도록 요구하였다. 어떤 다국적기업의 규모는 한 국가정부보다 크고 경제수익도 한 국가의 재정보다 많게 되었다. 이런 상황에 사회적 책임을 지라고 요구하는 것은 당연한 일이다.

질문: 그렇다면 기업 자체로 볼 때, 사회적 책임을 중시하는 동력 메커니즘은 어떻게 형성되는가? 다시 말해서 사회적 책임에 대한 관심을 어떻게 하면 기업 관리의 일부분으로 만들 수 있는가?

쑨리핑: 지금 상황에서 볼 때, 기업의 사회적 책임 운동을 촉진하는 것은 두 가지 역량이 있다. 한 가지 역량은 기업이나 업계의 외부에서 나온다. 예를 들어 연합국과 그 기구, 세계은행, OECD와 아시아개발은행(ADB) 등의 국제조직이 있고, 또 책임감이 있는 상업단체, 퇴직한 CEO, 학자, 비정부조직 그리고 선두에 서서 솔선수범하는 개인 등이 있다. 이러한 요소는 국제조직이나 비영리조직의 적극적인 추진으로 부단히 성장하고 있다. 또 다른 한 가지 역량은 회사 자체다. 지금 일부 유명 다국적기업에서는 회사의 사회적 책임을 적극 창출하고 있다.

회사내부에서 사회적 책임을 중시하거나 승인하는 메커니즘을 형성하는 데 있어, 이론적으로나 실천적인 방면에서 해결해야할 문제가 많이 있다. 아울러 이에 가장 먼저 직면하는 것은 사회적 책임과 회사의 이익목표와의 관계이다. 저명한 자유주의 경제학자인 밀턴 프리드만(Miltom Friedman)은 "아주 조그마한 이러한 추세는, 기업의 CEO가 주식으로 굉장한 돈을 버는 것 이외에 사회적 책임을 져야 한다는 것에 비해, 자유사회의 근간을 철저히 파괴시킬 수 있다"라고 하였다. 그는 또 공정한 경쟁은 기업이 준수해야 할 규칙이라 여겼다. 그는 "기업이 행해야 할 항목이자 유일한 사회적 책임은 경쟁규칙의 범위 내에서 이윤을 증가시키는 것이다. 다시 말해서 속임수 없이 공개적이고 자유로운 경쟁을 해야 한다"고 했다. 하지만 이것은 시야를 기업 자체에만 고정해야 한다. 만약 기업보다 더 큰 범위인 시장요소를 고려한다면 결론은 완전히 다르게 될 것이다.

만약 기업이 중시하고 또 인정하는 사회적 책임 문제를 진정으로 해결하려면, 사회적 책임에 대한 기업의 인정이 기업경쟁력의 일부분으로 되어야 한다는 것이 관건이다. 이렇게 말하면 사람들에게 다소 이상적이거나 실질적이지 못한 인상을 가져다주지만 사실 그렇지 않다. 만약 중국 시장이 성숙해지고 소비자가 성숙해질 수 있다는 가정 아래, 여기에 두 기업이 있다고 치자. 한 기업은 사회적 책임을 중시하고 직원들의 권익을 존중하고 보호하여 양호한 사회적 명성을 지니고 있지만, 다른 기업은 사회적 책임을 중시하지 않고 직원의 권익을 아무렇게나 침해하여 사회적 명성이 그다지 좋지 않다면, 어떤 기업이 시장에서 경쟁력을 가지는지는 분명하지 않겠는가?

미국에 있는 기업의 사회책임추진 단체에서 다방면의 연구를 통해 다음과 같이 밝히고 있다. 서로 긴밀하게 연관되어있는 부분(예를 들어 관리부서 그리고 직원과 고객 간의 이익)을 함께 고려할 수 있는 기업은, 그 업무 증가율이 다른 기업보다 4배나 높고 채용증가율도 다른 기업보다 8배나 높았다. 이와 동시에 직업의 도덕적 이미지가 좋지 않을 때는 기업의 주식이 적어도 6개월 동안 지속적으로 하락할 수 있다고 밝혔다.

여기에서 관건은 기업의 사회적 책임과 이익목표가 일치해야 한다는 점이다. 이 두 요소를 일치시키게끔 하는 필요조건은 기업경영활동에 대한 외부로부터의 제약이다. 여기서 외부란 일반적으로 시장이다. 이는 앞서 이야기한 시장 속의 소비자운동 등과 같은 것이다.

질문: 그럼 중국의 기업이 자발적으로 사회적 책임을 지게 하려면 어떤 문제를 해결해야 하는가?

쑨리핑: 중국에서 기업의 사회적 책임을 강조하는 데는 어떤 특수한 상황이 있음을 인정해야 한다. 우리는 기업의 사회적 책임에 대해 충분히 주시해야 할 요소가 몇 가지 있다.

먼저, 최근 들어 사회의 빈부격차현상이 갈수록 심해지고 약소집단의 이익이 존중받거나 보장받기는커녕 침해를 당하고 있다. 어떤 기업에서는 노동자의 합법적인 권리를 침해하는 사건이 자주 발생하고 사회적 모순도 끊임없이 격화되기에, 이런 상황에서 기업과 사회 간의 긴장관계를 완화시키는 것은 분명 필요한 것이다. 우리는 이것이 기업의 책임이라고 말할 수는 없지만, 이런 모순을 완화하고 풀어내는 데는 정부와 기업 그리고 사회와의 공동 노력과 협조가 필요하다.

둘째, 계획경제체제에서 시장경제체제로 전환하는 과정에서 객관적인 조절과 제어메커니즘이 완벽하지 않음으로 인해, 기업의 경영활동이 일정정도 부도덕하고 부적합한 인상을 가져다주었다. 특히 최근 국유기업의 구조조정 과정에서 국유자산을 부당 배분하는 이런 불공정한 수단은, 기업경영자의 자본축적과 확장에 중요한 역할을 했다. 따라서 민간에서는 '부자를 증오'하는 심리가 어느 정도 존재한다. 이러한 심리는 사회적으로 아주 조그만 변화가 생기기만 하면 분명하게 알 수 있다. 이러한 요소도 기업과 사회 간의 긴장관계를 강화시키고 있다. 기업의 사회적 책임에 대한 인정을 통해서만이 어느 정도의 완화 역할을 할 수 있다.

셋째, 기업의 경쟁력을 높이는 것이다. WTO에 가입한 후에 국내 기업은 국내·외시장에서 다국적기업과 만나게 될 것이다. 만약 기업의 사회적 책임을 중시하지 않으면 시장경쟁에서 열세에 처하게 될 것이다.

현재 상황에서 볼 때, 중국에서 기업의 사회적 책임을 강조하는 데 주시해야할 몇 가지 문제가 있다.

첫째, 기업의 사회적 책임을 인정하는 외부요소를 형성한다. 기업의 사회적 책임을 형성하는 초보적인 동력은 기업의 내부가 아닌 기업의 외부에서 나온다. 그것은 바로 기업행위에 대한 소비자의 제약이다. 소비자운동의 발전은 근본적으로 시민사회의 산물이라 할 수 있다. 하지만 중국은 시민사회의 기초가 빈약하고 또 각종 민간 사회조직이 발달하지 않았기에, 진정한 소비자운동을 통해 기업행위를 제약하는 역량을 형성하기란 어렵다. 이러한 외부 환경 아래, 사회적 책임을 이행하는 기업은 사회적 책임을 이행함으로 인해 시장경쟁력에서 우위를 점할 수 없다. 이와 반대로 사회적 책임을 이행한다는 것은 경제적인 대가만을 의미할 뿐이다. 따라서 기업행위를 제약하는 사회 환경의 발양을 통해, 기업이 사회적 책임을 인정하고 이행하고픈 메커니즘과 동력을 형성하는 것이 관건이다.

둘째, 기업에 대한 사회적 신뢰도를 높인다. 기업의 사회적 책임은 아주 넓은 영역에 걸쳐 이루어진다. 그러나 실제적인 상황에서 매우 급박한 문제는 기업에 대한 사회와 소비자의 신뢰를 재구축해야 한다는 것이다. 최근 들어 가짜 상품이 성행하고 사기행각이 자주 일어난다. 부동산 같은 일부 큰 소비시장에는 갖가지 함정이 가득하다. 이러한 영역에서 소비자가 실제로 소비하고자 할 때면, 확실한 필요성과 구매력뿐만 아니라 그에 상응하는 용기와 모험정신이 필요하다. 이러한 현상은 사업가에 대한 소비자의 신뢰를 크게 손상시키게 된다. 그래서 소비자는 결국 그 필요성을 억제하게 되는 것이다. 따라서 지금 기업의 사회적 책임의 기본내용은, 기업의 시장행위의 규범화를 통해 기업에 대한 사회나 소비자의 신뢰를 재구축하는 것이다.

셋째, 노동자의 합법적인 권리를 확실히 보호하는 것이다. 최근 들어 노사분규 소식이 끊임없이 들려온다. 관련 보도에 따르면, 노사분규가 발생할 때 나타나는 정황은, 대부분 노동자의 권리와 권익에 대한 자본가의 침해인 것으로 드러났다. 전국적으로 노동자나 일용근로자의 월급을 지불하지 않은 액수가 100억 위안이나 되었고, 선전에서는 만여 명의 노동자가 신체적 손상을 입었다. 일부 기업에서는 피고용자와 '생사계약'을 맺었고 사망사고가 끊임없이 나타나고 있다. 또한 일부 기업에서는 초과 근무가 보편적인 현상이 되어, '과로사'를 유발하고 있다. 그래서 기업의 사회적 책임에 있어 가장 중요한 것은 노동자의 합법적인 권익을 존중하고 보호하는 것이다.

역자후기

선부론(先富論)에서 공부론(共富論)으로 바뀌는 정책

　21세기를 맞이하면서 중국은 정치적으로 새로운 세계 질서 확립에 주도적인 역할을 하고 있고, 경제적으로는 정부의 수출 주도형 경제정책으로 연 평균 9.6%라는 경이로운 경제성장률을 보이고 있다. 이러한 경제성장과 더불어 무역 규모, 외화보유고, GDP 규모 등은 중국을 세계 초강대국 반열로 발돋움하게 만들었다. 하지만 2006년 중국 정부는 중국 경제정책의 전환을 담고 있는 〈11·5 규획(規劃)〉을 발표하여 20년 동안 중국 경제정책의 근간이었던 '선부론(先富論)'에서 과감히 벗어나 '공부론(共富論)'을 제시했다. 이러한 정책전환은 중국 사회의 문제점을 해소하기 위한 균형발전에 중점을 두겠다는 정부의 의지가 담겨 있다. 국민 경제와 사회 발전의 균형적 발전이라는 정책 전환이 의미하는 것은 지금까지 억눌려왔던 사회적 모순이 표면화되고 있음을 시사하고 있다. 다시 말해서 중국 사회에 만연해 있는 빈부격차나 양극화 문제는 어제 오늘의 일이 아니라 경제성장 정책의 그늘에 짓눌려 드러나지 못했을 뿐이다. 이처럼 지금 중국이 당면하고 있는 사회적 이슈를 정확하게 진단하고 분석하여 해법을 제시하고 있는 것이 이 책의 특징이다.

이 책의 저자인 쑨리핑(孫立平) 교수는 중국 사회의 변화에 따른 문제점을 정확하게 직시하는 대표적인 사회학자로, 중국 사회에 대한 견해와 비평은 정책 결정자들에게 지대한 영향을 끼치고 있다. 그는 90년대부터 중국의 사회구조에 관심을 가지고 이에 관련하여 많은 집필활동을 하고 있다. 특히 그는 《經濟觀察報(The Economic Observer)》등 여러 신문 잡지에다 중국 사회가 처한 상황을 날카롭게 지적하는 글들을 기고하여 많은 독자들의 지지를 받고 있다. 아울러 그는 자신의 블로그(http://sunliping.vip.bokee.com/)에다 이러한 사회평론성 글들을 올려두어 독자들과 만남을 지속하고 있다. 『단절』역시 이러한 글들 가운데 중국 사회의 구조적 모순에 관련된 글들을 취합하고 재정리하여 출판한 것이다.

이 책을 처음 대하는 독자들은 이 책의 내용이 광범위하여 자칫 일반적인 시사성 글로 판단할 수도 있다. 하지만 각 장마다 독립성을 지니면서도 저자의 견해가 충분히 용해되어 있어 저자의 중국 사회에 대한 다년간의 연구 성과를 충분히 엿볼 수 있을 것이다.

이 책의 원 제목은 『斷裂(Cleavage)』(2003년)로 쑨리핑 교수의 기획 시리즈 가운데 서두를 장식하였고, 이를 이어 『失衡(Imbalance)』(2004년)과 『博奕(Gaming)』(2006년)이 차례로 출판되었다. 그래서 이 책들을 합쳐 '斷裂三部曲'이라 부르기도 한다. 이 중 『失衡』은 『斷裂』에서 다루어진 문제에 대해 좀 더 세밀한 분석을 한 것으로 이 책의 속편이라 할 수 있다.

쑨리핑 교수가 제시한 '단절사회' 란 명제(이 명제는 쑨리핑 교수와 리챵(李强) 교수가 함께 제시한 것임)에는 크게 세 가지 함의를 지니고 있다. 첫째, 사회 등급과 분층 구조에 있어서 각기 다른 계층과 집단 간에 이를 정합(整合)할 적당한 메커니즘이 부족하다는 것이다.

둘째, 지역 간에 있어서는 도시와 농촌 간 단절로 나타난다는 것이다. 셋째, 사회의 단절에 있어서는 문화적으로나 사회생활의 다방면에 걸쳐 표현될 수 있다는 점이다. 이처럼 쑨리핑 교수의 '단절사회'란 명제는 경제적인 측면과 사회구조적인 측면에 중점을 두고 있으며, 그것의 분석 방법에 있어서도 사회 정합, 이원구조, 중심과 주변 등의 사회학적 이론에 초점을 두고 있음을 알 수 있다. 쑨리핑 교수는 이러한 명제에 기초하여 사회 분층, 도시화, 도시와 농촌의 차별, 이원구조, 지니계수, 빈부 격차, 양극 분화, 약소 집단, 사회 정합 등의 문제를 다루고 있다. 게다가 그는 소득 분배, 빈곤과 불평등, 실업과 샤강(下崗), 의료 개혁, 대학 개혁, 부동산, 도덕 추락, 국민의 권리평등, 기업의 사회적 책임 등 현재 중국이 안고 있는 주요 사회 이슈에 대해 자신의 견해를 피력하고 있다.

이 책이 지니는 편면성 또한 없지는 않다. 저자는 경제와 사회구조적인 측면에만 중점을 둘 뿐 정치적인 측면에서 언급은 하지 않고 있다. 이 책에서도 「정부의 기능 변화와 사회질서」편에서 정부 기능의 잘못만을 지적하는 것에 그칠 뿐 더 이상 진전을 시키지 못하고 있다. 이 점은 중국 사회의 '정치적 이슈에 대한 회피성'에 따른 결과이다. 하지만 사회현실 문제는 정치적 판단과 밀접한 관련성을 지니고 있다. 그래서 사회현실과 정치와의 상관관계에 대한 논의도 심도 있게 다루어져야 한다고 본다.

90년대 중반 역자가 자주 들렀던 베이징의 만성서옥(萬聖書屋)이 생각난다. 작년 그 무더웠던 여름 이 서점에서 역자는 쑨리핑 교수에게 이 책의 번역작업이 마무리되어 곧 출판되리라 약속을 했다. 하지만 역자의 부족함과 기타 상황으로 인해 일 년이 지난 지금에서야 그 약속을 지킬 수 있게 되었으니, 이 점 저자에게 죄송스러울 따름이다.

개인적인 관심에서 출발한 번역 작업이었기에, 역자의 무딘 붓끝으로 저자의 깊은 뜻을 얼마나 정확하게 헤아릴 수 있었는지 더 나아가 전공자의 시야를 흐리게 한 것은 아닌지 먼저 두려움이 앞선다. 역자의 천박한 지식으로 적지 않은 오류가 있으리라 생각한다. 부디 기탄없는 질정을 바라마지 않는다.

마지막으로 이 책이 나오기까지 주위의 많은 도움을 받았다. 번역 작업에 꼼꼼한 지적과 역자의 무지와 잘못을 올바르게 일깨워준 주위 동료와 대학원생들의 사심 없는 도움이 없었다면, 이 역서의 출판은 더욱 더뎌졌을 것이다. 이 점 깊이 감사의 마음을 전한다. 아울러 이 역서의 출판을 허락해주신 산지니 출판사 강수걸 대표님과 편집·교정에 정성을 다한 김은경님께 심심한 감사의 뜻을 표한다.

2007년 7월 초 UCLA에서
김창경

단절

초판 1쇄 발행 2007년 8월 20일
　　　2쇄 발행 2010년 3월 29일

지은이 쑨리핑
옮긴이 김창경
펴낸이 강수걸
펴낸곳 산지니
등록 2005년 2월 7일 제14-49호
주소 부산광역시 연제구 거제1동 1493-2 효정빌딩 601호
전화 051-504-7070 | **팩스** 051-507-7543
sanzini@sanzinibook.com
www.sanzinibook.com
편집 김은경·권경옥 | **제작** 권문경
인쇄 대정인쇄

ISBN 978-89-92235-22-8 93330

값 15,000원